십계명 해설

토마스 왓슨 지음 | 이 기 양 옮김

기독교문서선교회

기독교문서선교회(Christian Literature Crusade: 약칭 CLC)는
1941년 영국 콜체스터에서 켄 아담스에 의해 시작되었으며
국제 본부는 영국의 쉐필드에 있습니다.
현재 약 650여명의 선교사들이 59개 나라에서 180개의 본부를 두고,
이동도서차량 40대를 이용하여 문서 보급에 힘쓰고 있으며
이메일 주문을 통해 130여국으로 책을 공급하고 있습니다.
CLC는 청교도적 복음주의 신학과 신앙을 선포하는
국제적, 초교파적, 비영리 문서선교기관으로서, 하나님의 뜻에 합당한 책을 만들고
이 책을 통해 단 한 영혼이라도 구원되길 소망하며
이를 위해 주님이 오시는 그날까지 최선을 다할 것입니다.

THE TEN COMMANDMENTS

by
Thomas Watson
translated by
Kee-Yang Lee

2007
Christian Literature Crusade
Seoul, Korea

목차 contents

제1장 서문

1. 순종 · 07
2. 사랑 · 16
3. 십계명 서문 · 26
4. 율법의 올바른 이해 · 79

제2장 십계명 해설

1. 제 1계명 나 외에 다른 신을 두지 말라 · 089
2. 제 2계명 우상을 만들지 말라 · 107
3. 제 3계명 여호와의 이름을 망령되이 일컫지 말라 · 150
4. 제 4계명 안식일을 기억하여 거룩히 지키라 · 165
5. 제 5계명 네 부모를 공경하라 · 210
6. 제 6계명 살인하지 말라 · 235
7. 제 7계명 간음하지 말라 · 261
8. 제 8계명 도적질하지 말라 · 280
9. 제 9계명 거짓 증거하지 말라 · 289
10. 제10계명 네 이웃의 집을 탐내지 말라 · 297

제3장 율법과 죄

1. 도덕법을 지킬 수 없는 인간의 무능력 · 313
2. 죄의 등급 · 320
3. 하나님의 진노 · 330

제4장 구원의 길

1. 믿음 · 339
2. 회개 · 349
3. 말씀 · 358
4. 세례 · 368
5. 주의 만찬 · 377
6. 기도 · 402

THE TEN COMMANDMENTS

십계명 해설

제1장 서문

1. 순종

 "이스라엘아 잠잠히 들으라 오늘날 네가 네 하나님 여호와의 백성이 되었으니 그런즉 네 하나님 여호와의 말씀을 복종하여 내가 오늘날 네게 명하는 그 명령과 규례를 행할지니라"(신 27:9-10).

1) 하나님이 사람에게 부과하신 의무는 무엇인가?

계시하신 하나님의 뜻에 순종하는 것이다. 하나님의 음성을 듣는 것으로는 충분하지 않다. 우리는 또한 순종을 해야 한다. 순종은 우리가 하나님께 마땅히 돌려드려야 할 공경의 일면이다. "내가 아비일진대 나를 공경함이 어디 있느냐?"(말 1:6)라고 하였다. 순종은 그 속에 신앙의 산 생명을 담고 있다. "주 하나님의 말씀을 순종하며" 그의 계명대로 실행하라고 하였다. 지식 없는 순종은 맹목이고 순종 없는 지식은 절름발이이다. 라헬은 외모가 예뻤지만 임신을 못하였기 때문에 "나로 자식을 낳게 하라 그렇지 아니하면 내가 죽겠노라"(창 30:1)고 불평하였다. 이런 맥락에서 만일 지식이 순종의 자식을 낳지 못한다면, 그 지식은 죽고 말 것이다. "순종이 제사보다 낫고"(삼상 15:22)라고 하였다. 사울은 하나님의 명령에 불순종했으면서도 제사만 드리면 충분하다고 생각하였다. 그러나 하나님은 순종이 부족하면 제사를 거부하신다. "대저 내가 너희 열조를 애굽 땅에서 인도하여 낸 날에 번제나 희생에 대하여 말하지 아니하며 명하지 아니하고 오직 내가 이것으로 그들에게 명하여 이르기를 너희는 내 목소리를 들으라"(렘 7:22-23)고 하였다. 하나님이 저들 예배의 종교 의식을 분부하시지 않은 것은 아니지만 그 의미는 하나님께서 우선적으로 순종을 찾으셨다는 뜻이다. 순종이 없었다면, 제사는 경건한 사악에 불과하였다. 하나님이 우리에게 그의 율법을 주신 목적은 순종이다. "너희는 나의 법도를 좇으며 나의 규례를 지켜 그대로 행하라"(레 18:4)고 하였다. 지키게 할 목적이 아니라면 왕이 무엇 때문에 칙령을 공포하겠는가?

2) 순종의 규칙은 무엇인가?

기록된 말씀이다. 말씀이 요구하는 것은 철저한 순종이다. 사본이 원본과 부합하듯, 우리의 순종은 말씀과 부합해야 한다. 외면적으로 열심 있어 보이는 것은, 만일 말씀에 준거하지 않는다면, 순종이 아니라 자기 의지적 숭배(will-worship)이다. 말씀에 기반을 두지 않은 로마 가톨릭교의 전통은 가증스럽다. 그래서 하나님은 "그것을 누가 너희에게 요구하였느뇨?"(사 1:12)라고 말씀하실 것이다. 사도는 겸손의 겉치레만 꾸몄던 천사숭배를 정죄하고 있다(골 2:18). 유대인들은 자기들이 직접 하나님께 담대히 나아가기를 혐오하였노라고 말할는지 모른다. 그들은 보다 겸손하고 싶었던 나머지 천사들 앞에 엎드렸다. 그러면 천사들이 자기들의 청원을 하나님께 제출해주겠지 바라는 마음이었다. 그러나 이런 겸손의 겉치레가 하나님께 미움을 샀던 이유는 이것을 보증해 주는 말씀의 근거가 없었기 때문이다.

3) 받으실 만한 순종의 요소는 무엇인가?

(1) 순종은 '자원하는 마음으로'(cum animi prolubio), 곧 자유스럽고 기쁜 마음으로 해야 한다.

그렇지 않은 순종은 고행(苦行)이지 제사가 아니다. "너희가 즐겨 순종하면"(사 1:19)이라고 하였다. 우리가 비록 하나님을 섬긴다는 것이 연약하지만 이 일을 기쁘게 할 수는 있다. 당신도 하인들이 기쁘게 맡은 일에 힘쓰는 것이 보기에 사랑스러울 것이다. 율법 아래서도 하나님은 자원하는 예물을 원하신다(신 16:10). 위선자들은 하나님께 마지못해서 순종하며 본의 아니게 한다. '선을 행하나'(*facere bonum*) '자원함으로'(velle) 하지 않는다. 가인은 재물을 드렸으나 자기의 마음을 드리지 않았다. '무엇이나 마음으로 하지 않는 것은 하지 않는 것이다'(*Quicquid cor non facit non fit*)라는 말은 진리의 준칙이다. 자원함이 순종의 기본 정신이다. 하나님은 간혹 행위 없는 자원함을 받으실지언정 자원함이 없는 행위는 결코 받으시지 않는다. 즐거움이란 것은 의무이행에 사랑이 있다는 표시이다. 그리고 사랑과 우리의 봉사와의 관계는 마치 태양과 과일과의 관계와 같다. 태양은 풍요하게 하고 완숙하게 하며, 보다 향기로운 풍미를 가지고 무르익게 한다.

(2) 순종은 경건하면서도 열렬해야 한다.

"열심을 품고"(롬 12:11)라고 하였다. 이는 '열정으로 끓어오르는 것'(*Quae ebullit prae ardore*)을 뜻한다. 물이 끓어 넘치듯이 마음이 하나님을 섬기는 뜨거운 애정으로 끓어 넘쳐야 한다. 스랍이라 일컬어지는 영광의 천사들은 열정과 헌신으로 불타므로 하늘나라에서 하나님을 섬기라고 하나님께 선택받은 존재들이다. 달팽이가 율법에서 부정하였던 까닭은 이것이 둔하고 나태한 동물이기 때문이었다. 열정이 없는 순종은 불 없이 드리는 제사와 같다. 어찌하여 우리의 순종이 활기차고 열렬하지 못하단 말인가? 하나님은 우리의 아름답고 열렬한 애정을 마땅히 받으실 분이다. 도미티아누스(Domitian) 황제는 자기의 조상을 목재나 철물에 새기지 않고 금으로 만들기를 원하였다. 활기찬 애정이 황금처럼 빛나는 봉사활동을 낳는다. 순종을 받으실 만하게 하는 것은 바로 열정이다. 엘리야는 영적으로 열렬하였다. 그래서 그의 기도는 하늘을 열리게도 하였고 닫히게도 하였다. 그리고 그가 다시 기도하니 불이 그의 원수들에게 떨어졌다(왕하 1:10). 엘리야의 기도가 하늘에서 불을 내렸던 까닭은 그의 열렬한 기도가 불을 하늘에 상달케 하였기 때문이다. '무엇이든지 멋진 것은 믿음에서 출발한다' (quicquid decorum ex fide proficiscitur, Augustine).

(3) 순종은 광범위해야 한다.

하나님의 모든 계명에 순종해야 하는 것이다. "내가 주의 모든 계명에 주의할 때에는 부끄럽지 아니하리이다"(또는 히브리어로 lo Ehosh, 얼굴을 붉히다, 시 119:6)라고 하였다. '무엇이든지 하나님을 위해 하는 일은 골고루 해야 한다' (Quicquid propter Deum fit aequaliter fit). 하나님의 모든 계명에는 신적 권위가 인쳐져 있다. 따라서 내가 한 가지 율례를 하나님의 명령인고로 순종한다면, 모든 율례를 다 순종해야 마땅하다. 참다운 순종은 모든 신앙의 의무들을 골고루 행하는 것이다. 이는 마치 피가 모든 혈관을 두루 돈다든가 태양이 열두 별자리를 두루 운행하는 것과 같다. 선한 그리스도인은 복음적 경건과 도덕적 공평으로 서로 입맞추게 한다. 바로 이 점에서 어떤 이들은 자기들이 위선적임을 드러낸다. 그들은 보다 수월한 어떤 일에는 하나님을 순종하며 명성을 얻기도 하지만 다른 일들은 미완으로 방치한다. "네게 오히려 한 가지 부족한 것이 있으니"(막 10:21)라고 하였다. 헤롯은 세례 요한의 설교를 듣기 원했으나 자기의 근친 간음죄를 버리려 하지 않았다. 어떤 이들은 기도는 잘하나 구제하지 아니하며, 어떤 이들은 구제는 잘하나 기도하지 않는다. "너희가 박하와 회향과 근채의 십일조를 드리되 율법의 더 중한바 의와 인과 신은 버렸도다"(마 23:23)라고 하였다. 오소리는 한쪽 발이 다른 쪽보다 짧다고 한다. 마찬가지로 그런 사람들은 어떤 의무를 이행할 때 다른 의무보다 모자라게 한다. 하나님은 그런 편파적인 종들, 그가 맡기신 일의 얼마간은 하려하고 다른 것은 미완으로 방치하는 그런 종들을 기뻐하시지 않는다.

(4) 순종은 진지해야 한다.

우리는 순종할 때 하나님의 영광을 겨냥해야 한다. '목적이 행동을 한정짓는다' (Finis specificat actionem). 신앙에는 목적이 전부다. 순종의 목적은 양심의 입을 틀어막기 위한 것이어서도 안 되고 칭찬이나 고위직을 따내기 위한 것이어서도 안 된다. 단지 우리가 보다 더 하나님을 닮아가며, 보다 더 영광을 하나님께 돌리기 위한 것이어야 한다. "다 하나님의 영광을 위하여 하라"(고전 10:31)고 하였다. 많은 명예로운 행동들을 망쳐놓고, 상급을 놓쳐버리게 만든 원인은 사람들의 목표가 잘못 설정되어 있기 때문이다. 바리새인들은 구제를 하면서도, 사람들의 영광을 얻기 위하여 나팔을 불어댔다(마 6:2). 구제는 빛나야 하겠지만 불타올라서는 안 된다. 예후는 바알 숭배자들을 박멸하는 일을 잘 해냈고, 하나님도 이 일로 그를 칭찬하셨다. 그러나 그의 목표가 적절하지 못했기 때문에(그는 왕국에서 자기 입신을 목표로 삼았다) 하나님은 이를 살인행위나 다름없게 보셨다. "내가 이스르엘의 피를 예후의 집에 갚으며…"(호 1:4)라고 하였다. 아아, 우리는 순종할 때 우리의 목적을 살펴보자. 행동은 올바르지만 본심은 그렇지 못할 수가 있다(대하 25:2). 아마샤는 여호와 보시기에 옳은 일을 했으나 완전한 마음으로 하지 않았다. 순종하는 데는 두 가지 사항을 특히 눈여겨봐야 하는데, 그것은 바로 원칙과 목적이다. 하나님의 자녀라면 비록 사격은 빗나가더라도 조준은 정확해야 하는 것이다.

(5) 순종은 그리스도 안에서, 그리고 그리스도를 통해서 해야 한다.
"그의 사랑하시는 자 안에서 우리에게 거저 주시는 바"(엡 1:6)라고 하였다. 우리의 순종이 아닌 그리스도의 공로가 우리를 받으시게 한다. 우리는 예배의 모든 순서 순서마다 그리스도를 믿음의 두 팔에 모셔 하나님을 만나 뵈어야 한다. 우리가 하나님을 이처럼 그리스도의 공로에 대한 소망과 확신 안에서 하나님을 섬기지 않으면 하나님을 기쁘시게 하기는커녕 노여움을 유발하기 십상이다. 웃시야 왕이 제사장 없이 분향하려 하자 하나님이 그에게 노하셔서 그를 문둥병으로 치셨던 것처럼(대하 26:20), 우리가 그리스도 안에서, 그리고 그리스도를 통해서 하나님께로 가지 않으면, 우리는 제사장 없이 하나님께 분향하는 셈이 된다. 그러면 엄중한 문책밖에 무엇을 기대할 수 있으랴?

(6) 순종은 한결같아야 한다.

"항상 의를 행하는 자는 복이 있도다"(시 106:3)라고 하였다. 참다운 순종은 일시적인 기분의 상기된 혈색 같은 것이 아니고 단정한 용모를 말한다. 항상 타오르던 제단 위의 불과도 같다(레 6:13). 위선자들의 순종은 잠시 동안뿐이다. 그것은 회칠하는 미장공사(美裝工事)와 같아서 머지않아 씻겨 나간다. 그러나 참다운 순종은 한결같다. 설혹 고생을 만날지라도 우리는 순종을 계속해야 한다. "의인은 그 길을 독실히 행하고"(욥 17:9)라고 하였다. 우리는 불변성을 서약한 바 있다. 세상의 사치와 허영을 버리겠노라고, 그리스도의 깃발 아래 죽기까지 싸우겠노라고 서약하였다. 하인이 주인과 더불어 계약을 맺고 계약서에 날인하였으면 돌이킬 수 없고 계약기간을 모두 마쳐야 한다. 이와 같이 세례 받을 때 작성한 계약서가 있다. 그래서 주의 만찬 때 우리 측에서 계약서를 갱신하고 날인함으로써, 우리의 순종이 충성스럽고 한결같을 것임을 다짐하는 것이다. 그러므로 우리는 죽기까지 순종하신 그리스도를 본받아야 한다(빌 2:8). 면류관은 견인불발(堅忍不拔)의 머리에 씌워준다. "끝까지 내 일을 지키는 그에게…새벽 별을 주리라"(계 2:26, 28)고 하였다.

적용 1 이 말씀은 본문 말씀에 어긋나게 살면서 순종의 멍에를 벗어던진 사람들을 유죄 판결한다. "네가 여호와의 이름으로 우리에게 하는 말을 우리가 듣지 아니하리니"(렘 44:16)라고 하였다. 하나님은 사람들에게 가정예배 기도를 드리라고 명하시건만, 사람들은 이것을 아예 무시하고 산다. 안식일을 거룩하게 하라고 명하시지만, 그들은 안식일에 자기의 쾌락을 따라간다. 죄라면 겉모양이라도 버리라고 명하시지만, 그들은 죄의 행동도 버리지 않는다. 그들은 보복행위와 부정행위를 일삼고 산다. 이런 생활은 고도의 하나님 모욕행동이다. 이것은 반역이며, 반역은 주술의 죄와 같다.

사람들이 하나님을 순종치 않는 까닭은 무엇인가? 그들은 자기 의무를 알고도 행하지 않는다.

사람들이 하나님을 순종치 않는 첫 번째 이유는 믿음이 없기 때문이다.

'누가 믿었는가?' (*Quis credidit?*) "우리의 전한 것을 누가 믿었느뇨?"(사 53:1)라고 하였다. 죄가 그토록 쓰라린 것이고 지옥이 죄의 뒤를 따르리라고 믿는다면, 사람들이 계속해서 죄를 짓겠는가? 의인에게 그런 고귀한 상급이 있으리라 믿고 경건은 유익이 되리라 믿는다면, 사람들이 그것을 추구하지 않겠는가? 하지만 그들은 무신론자들이니 이런 사실들을 완전히 믿어볼 엄두가 나지 않는다. 다들 그런 연유로 하여 순종하지 않는 것이다. 사단의 걸작품인 무수한 사람들을 지옥으로 끌어가는 데 쓰는 그의 새 그물은 사람들을 불신앙 속에 가둬두기 위한 것이다. 진리를 믿지 못하게만 한다면 틀림없이 진리를 순종치 못하게 되리라는 것을 사단은 알고 있다.

사람들이 하나님을 순종하지 않는 두 번째 이유는 극기가 없기 때문이다. 하나님이 명령하시는 것과 인간의 정욕이 명령하는 것은 전혀 딴판이다. 그래서 사람들은 자기 정욕을 부정하기보다는 차라리 죽는 것이 낫겠다고 한다. 정욕을 부정할 수 없다보니 하나님을 순종할 수 없는 것이다.

 적용 2 하나님의 음성에 순종하라. 이것이 그리스도인의 미학이다.

그렇다면 순종을 유발하는 중대한 논거 또는 동기는 무엇인가?

첫째로 순종은 우리를 하나님께 소중한 존재, 곧 그의 총아로 만든다. "너희가 내 목소리를 순종하면, 너희는 열국 중에 내게 특이한 보화가 될 것이요, 내 소유, 내 보배, 내 눈의 눈동자가 되리라"(출 19:5)고 하였다. 또 "나는 열국을 네 속량물로 주리라"(사 43:3)고 하였다.

둘째, 순종하여 잃을 것이라곤 하나도 없다. 하나님의 뜻을 순종하는 것은 우리 뜻을 이루는 길이다. 재산상의 축복을 받고 싶은가? 하나님께 순종하라. "네가 네 하나님 여호와의 말씀을 삼가 듣고 그 모든 명령을 지켜 행하면, 들에서도 복을 받을 것이며, 네 광주리와 네 떡반죽 그릇이 복을 받을 것이며"(신 28:1, 3, 5)라고 하였다. 순종하는 것이 우리의 자산을 증식시키는 최선의 길이다.

영적인 축복을 받고 싶은가? 하나님께 순종하라. "순종하라, 그리하면 나는 너희 하나님이 되리라"(렘 7:23)고 하였다. 나의 성령이 너를 인도하는 자, 성화시키는 자, 그리고 위로하는 자가 되리라. 그리스도는 "자기를 순종하는 모든 자에게 영원한 구원의 근원이 되시고"(히 5:9)라고 하였다. 우리는 하나님을 기쁘시게 하는 사이에 우리자신을 기쁘게 한다. 그에게 의무를 다 해드리는 사이에, 그는 우리에게 혼인지참금을 주신다. 우리는 아마샤처럼 "우리가 일백 달란트를 어찌할꼬?"(대하 25:9)라고 말하기 쉽다. 당신이 순종한다고 잃을 것은 하나도 없다. 순종의 아들에게 유산 상속이 확정된다. 순종하라, 그리하면 천국을 얻으리라. "너희 아버지께서 그 나라를 너희에게 주시기를 기뻐하시느니라"(눅 12:32)고 하였다.

셋째, 불순종이야말로 얼마나 큰 죄인지 모른다. 먼저 불순종은 불합리한 죄이다. 우리는 하나님께 대들면서 끝까지 버텨낼 수 없다. "우리가 그보다 강하랴?" 죄인은 하나님과 더불어 힘을 겨루어 볼 수 없다(고전 10:22). 그는 대군을 지휘할 수 있는 전능하신 성부 하나님이시다. 우리가 그에게 저항할 힘이 없을진대, 그에게 불순종하는 것은 불합리하다. 불순종은 모든 율법과 형평의 원칙에 역행하므로 불합리하다. 우리는 매일의 생존을 하나님에게서 부여받는다. 하나님 안에서 우리는 살며 운동한다. 우리는 하나님에 의해 살고 있으니, 또한 하나님을 위해 사는 것이 당연하지 않은가? 그가 우리에게 급여액을 지급하시니, 우리도 그에게 충성을 바치는 것이 당연치 않은가?

다음으로 불순종은 파멸적인 죄이다. "주 예수께서 저의 능력의 천사들과 함께 하늘로부터 불꽃 중에 나타나실 때에 복음을 순종치 않는 자들에게 형벌을 주시리라"(살후 1:7-8)라고 하였다. 명령하실 때 하나님의 뜻에 순종하기를 거부하는 사람은 형벌하실 때 그의 뜻에 기어코 복종하게 되리라. 죄인이 순종의 매듭을 벗어날 생각을 하다가는, 자신의 정죄의 노끈에 얽혀 들어 용서 없이 망한다. "주인의 뜻을 알고도 그 뜻대로 행치 아니한 종은 많이 맞을 것이요"(눅 12:47)라고 하였다. 하나님은 '어째서 너는 순종하지 아니하였느냐? 선을 행할 줄 알면서 행하지 아니하였으니 그러므로 네 피가 네 머리 위에 있느니라' 고 말씀하실 것이다.

그러면 우리는 어떻게 순종할 수 있을까?

곰곰이 생각해 보면 하나님의 계명은 괴로운 것이 아니다. 하나님은 무리한 일을 조금도 명령하시지 않는다(요일 5:3). 죄짓는 것보다 하나님의 명령에 순종하는 것이 더 수월하다. 죄의 명령은 고되기 짝이 없다. 사람이 정욕의 세력 아래 굴복해 보라. 얼마나 자신이 피곤해지는가! 사람이 자기의 정욕을 만족시키기 위해서는 자기의 건강과 영혼을 위태롭게 하기까지 얼마나 모험을 감행하는가! 안티오쿠스 에피파네스(Antiochus Epiphanes)는 유대인들을 박해하느라 얼마나 지루한 여행을 했던가! "그들은 불법을 저지르다 지쳐버린다." 그렇지만 하나님의 명령은 순종하기가 보다 수월하지 않은가? 크리소스톰은 미덕이 악덕보다 더 편안하다고 말한다. 절제는 술에 빠지기보다 덜 고되다. 어떤 이들은 다른 사람들이 지옥에 갈 때보다 덜 고통스럽게 천국으로 갔다.

하나님은 유익한 것이 아니면 아무것도 명령하시지 않는다. "이스라엘아 네 하나님 여호와께서 네게 요구하시는 것이 무엇이냐 곧 네 하나님 여호와를 경외하여…내가 오늘날 네 행복을 위하여 네게 명하는 여호와의 명령과 규례를 지킬 것이 아니냐"(신 10:12-13)라고 하였다. 하나님께 순종하는 것은 우리의 의무라기보다 우리의 특권이다. 그의 명령은 우리의 입안에 음식을 먹여준다. 그는 우리에게 회개하라고 명하신다. 왜일까? 우리의 죄를 말소하기 위해서이다(행 3:19). 그는 우리에게 믿으라고 명하신다. 왜일까? 우리로 구원받게 하기 위해서이다(행 16:31). 모든 계명 하나하나에 사랑이 스며 있다. 마치 어떤 임금이 신하 한 사람에게 금광에서 금을 캐내어 그 금을 가지라고 명하는 것과 같다.

그런즉 당신이 순종을 계속할 수 있도록 성령의 도우심을 간청하라. 하나님의 성령은 순종을 편안하고 즐겁게 해준다. 자석이 쇠붙이를 끌면, 쇠붙이는 움직이기 어렵지 않다. 이와 같이 하나님의 성령이 마음을 일깨우고 이끌어주시면 순종하기 어렵지 않다. 성령의 강풍이 불 때 우리의 순종은 순풍에 돛을 달고 일사천리로 달린다. 그의 약속을 기도로 전환시키라. "또 내 신을 너희 속에 두어 너희로 내 율례를 행하게 하리니"(겔 36:27)라고 하였다. 약속은 우리를 격려하고, 성령은 우리가 순종하도록 힘 주신다.

2. 사랑

순종의 준칙은 도덕적 율법으로서 십계명에 포함되어 있으며 그 다음의 문제는 이렇다.

1) 십계명의 요지는 무엇인가?

십계명의 요지는 우리의 심정을 다하고, 우리의 영혼을 다하고, 우리의 능력을 다하고, 우리의 마음을 다하여 주 우리 하나님을 사랑하며, 또 우리의 이웃을 우리 자신처럼 사랑하라는 것이다.

"너는 마음을 다하고 성품을 다하고 힘을 다하여 네 하나님 여호와를 사랑하라"(신 6:5)고 하였다. 하나님이 요구하신 의무는 사랑이다. 참으로 "네 심정을 다하는" 사랑의 능력이다. 하나님은 우리의 사랑을 절대로 잃지 않으신다. 사랑은 신앙의 핵심이며, 참다운 그리스도인을 구성하는 요체이다. 사랑은 은혜의 여왕이다. 사랑은 아론의 흉패에 달린 보석들처럼 하나님 보시기에 반짝반짝 빛난다.

2) 사랑이란 무엇인가?

사랑은 애정으로 불타는 거룩한 불이다. 이 불로써 그리스도인은 최고선이신 하나님을 향해 강력히 이끌림을 받는다.

3) 하나님께 대한 사랑의 선행조건은 무엇인가?

사랑의 선행조건(antecedent)은 지식이다. 성령은 이해력 위에 환히 비춰

주시어 하나님 안에 있는 지혜, 거룩, 그리고 자비의 아름다움을 깨닫게 해 주신다. 그리고 이런 것들은 하나님께 대한 사랑을 유인하고 이끌어내는 자석이 된다. '모르면 아무 욕망도 없다'(*Ignoti nulla cupido*). 하나님을 알지 못하는 자들은 하나님을 사랑하지 못한다. 깨달음의 태양이 지면 애정의 밤이 올 수밖에 없다.

4) 사랑의 형식적 본성은 무엇인가?

사랑의 본질은 한 대상을 즐거워하는 데 있다. 아퀴나스는 '사랑하는 자의 기쁨은 그의 사랑받는 자에게 가 있다'(*Complacentia amantis in amato*)라고 하였다. 하나님을 즐거워하는 것이 하나님을 사랑하는 것이다. 신부가 자신의 보석을 기뻐하듯이 "또 여호와를 기뻐하라"(시 37:4)는 것이다. 은혜는 그리스도인의 목표와 즐거움을 변화시킨다.

5) 하나님께 대한 우리의 사랑은 어떤 조건부라야 하는가?

(1) 진실한 사랑이라면 우리는 온 마음을 다하여 하나님을 사랑한다.
"너는 마음을 다하여 네 하나님 여호와를 사랑하라"(신 6:5)고 하였다. 하나님은 온전한 마음을 원하신다. 우리는 우리의 사랑을 하나님과 죄 사이에 나눠 가져서는 안 된다. 진짜 어머니는 아이를 나눠 가지고 싶지 않았듯이 하나님도 심정이 나누이기를 원하지 않으신다. 온전한 마음이라야 한다.

(2) 우리는 하나님을 하나님 '자신 때문에'(*propter se*), 즉 하나님 자신의 본질적 탁월성 때문에 사랑해야 한다.
하나님의 사랑스러우심 때문에 우리는 그를 사랑해야 한다. '신랑보다 금가락지를 더 사랑하는 것은 창녀의 사랑이다'(*Meretricius est amor plus annulum quam sponsum amare*). 위선자들은 하나님이 곡식과 포도주를 주시기 때문에 하나님을 사랑한다. 우리는 하나님 자신 때문에, 하나님 안에 있는 빛나는 완전성들 때문에 하나님을 사랑해야 한다. 황금은 자체의 가치 때문에 사랑받는다.

(3) 우리는 있는 힘을 다하여, 히브리어 원문으로는 우리의 열정(*vehemency*)을 다하여 하나님을 사랑해야 한다.

우리는 하나님을 할 수 있는 한 힘을 다해(*quoad posse*) 사랑해야 한다. 그리스도인들은 거룩한 사랑으로 불타고 있는 스랍천사들 같아야 한다. 우리는 하나님이 마땅히 받으셔야 할 만큼 하나님을 결코 사랑하지 못한다. 하늘의 천사들도 하나님이 마땅히 받으셔야 할 만큼 하나님을 사랑하지 못한다.

(4) 하나님께 대한 사랑은 그 범위에서 행동적이라야 한다.

사랑은 부지런한 애정이다. 사랑은 하나님을 위하여 머리로 연구하게 하고, 손으로 일하게 하며, 발로 그의 계명의 길에 달리게 한다. 그것은 사랑의 수고라 일컬어진다(살전 1:3). 막달라 마리아는 그리스도를 사랑하였으며, 그래서 자기의 향유를 그에게 부어 드렸다. 우리는 우리의 사랑하는 사람을 위하여 결코 족하리만치 해주지 못한다고 생각한다.

(5) 하나님께 대한 사랑은 최상급이어야 한다.

하나님은 아름다움의 본체이시며 완전한 기쁨의 낙원이시다. 따라서 하나님은 우리의 사랑에서 마땅히 우선권을 가지셔야 한다. 기름이 물 위에 뜨듯이 하나님께 대한 우리의 사랑은 모든 여타의 만물보다 더욱 뛰어나야 한다. 우리는 하나님을 재산과 친족보다 더욱 사랑해야 한다. 친족에 대한 사랑도 크다. 프랑스 한림원(French Academy)에 한 딸에 관한 이야기가 있다. 딸의 아버지가 굶어죽는 사형판결을 받았을 때, 그녀는 아버지에게 자신의 젖을 먹였다고 한다. 그러나 우리의 하나님께 대한 사랑은 아버지와 어머니에 대한 사랑보다 뛰어나야 한다(마 10:37). 우리는 피조물에게 사랑의 젖을 먹여줄 수도 있지만 하나님께는 가장 좋은 부분을 드려야 한다. 신부는 그리스도를 위해 자신의 석류즙을 준비해 둔다(아 8:2).

(6) 우리의 하나님께 대한 사랑은 베스타(Vesta) 여신의 처녀들이 로마 시에 피워놓아 꺼지지 않던 불처럼 일정불변해야 한다.

사랑은 생명이 있는 한 고동치는 맥박의 운동 같아야 한다. "이 사랑은 많은 물이 꺼치지 못하겠고" 박해의 물도 꺼뜨리지 못한다(아 8:7). "사랑 가운데서 뿌리가 박히고"(엡 3:17)라고 하였다. 뿌리에서 자라지 않는 가지는 말라죽는다. 이와 같이 사랑도 죽지 않으려면 뿌리가 잘 박혀 있어야 한다.

6) 우리의 하나님께 대한 사랑의 가시적 표징은 무엇인가?

우리가 하나님을 사랑한다면 우리의 욕망은 하나님께 가 있으리라. "주의 이름 곧 주의 기념 이름을 우리 영혼이 사모하나이다"(사 26:8)라고 하였다. 하나님을 사랑하는 이는 그와 영적으로 호흡한다. "내 영혼이 하나님 곧 생존하시는 하나님을 갈망하나니"(시 42:2)라고 하였다. 사랑에 빠진 사람들은 자주 함께 의논하기를 갈망한다. 하나님을 사랑하는 이는 많이 하나님 앞에 있기를 갈망하며 규례를 사랑한다. 규례는 하나님의 영광이 눈부시게 빛나는 거울이다. 규례 안에서 우리는 우리 영혼이 사랑하는 그분과 만나고, 하나님의 미소와 속삭임을 들으며, 하늘나라의 예비 경험을 얼마간 맛본다. 규례를 사모하지 않는 사람들은 하나님을 전혀 사랑하지 않는 사람이다.

두 번째 가시적 표징은 하나님을 사랑하는 이가 하나님 없이는 아무데서도 만족감을 갖지 못한다는 것이다. 하나님을 사랑하는 체하는 위선자에게 곡식과 포도주를 주어 보라. 그러면 그는 하나님 없이도 만족할 수 있다. 그러나 하나님께 대한 사랑으로 불붙는 영혼은 하나님 없이는 만족할 수 없다. 연인들은 그 사랑하는 상대가 한시라도 눈앞에 안보이면 실신할 지경에 이른다. 은혜로운 영혼은 건강 없이는 살 수 있을망정·자기 얼굴의 건강이신 하나님 없이는 도저히 살 수 없다(시 43:5). 만약 하나님이 당신을 온전히 사랑하는 영혼에게 "편히 쉬어라, 쾌락에 잠겨라, 세상 즐거움에 스스로 위로 받으라. 그러나 너는 내 앞에 있지 못하리라"고 말씀하신다면, 이것이 그를 만족시키지 못할 것이다. 아니 하나님이 "너를 하늘로 올려가게 하고, 나는 다른 방으로 물러나 있을 터이니, 너는 내 얼굴을 보지 못하리라"고 말씀하신다 해도 그 영혼을 만족시키지 못할 것이다. 하나님 없이 지내는 것이 지옥이다. 철학자의 말에 태양의 영향력이 없다면 황금이 있을 수 없다고 한다. 정녕코 행복한 하나님의 임재와 감화력이 없이는 영혼에 황금빛 찬란한 기쁨이 있을 수 없다.

세 번째 가시적 표징은 하나님을 사랑하는 이는 자기와 하나님 사이를 이간시키는 이간쟁이를 미워한다는 것이며, 바로 그것이 죄이다. 죄는 하나님으로 하여금 얼굴을 숨기게 하며 이것은 교사자(敎唆者)와 같아 가장 절친한 친구도 갈라놓는다. 그러므로 그리스도인의 통렬한 증오심이 죄를 대적한다. "내가 모든 거짓 행위를 미워하나이다"(시 119:128)라고 하였다. 상극끼리는 결코 화해되지 않는다. 독극물을 반드시 미워하지 않고는 건강을 지킬 수 없다. 이와 같이 우리의 하나님과의 영교를 파괴하려는 죄를 반드시 미워하지 않고는 하나님을 사랑할 수 없다.

네 번째 가시적 표징은 공감성이다. 사랑하는 친구들은 피차간 닥치는 불행을 서로 마음 아파한다. 아가멤논이 부득불 자기 딸을 희생 제물로 바치지 않을 수 없게 된 비통한 장면을 호머(Homer)가 묘사하는 데를 보면, 상복을 입고 아가멤논과 함께 제사에 동행하면서 슬피 우는 그 모든 친구들이 등장하고 있다. 사랑하는 사람들은 함께 마음 아파한다. 만일 우리가 마음속에 하나님께 대한 참 사랑을 품고 있다면, 그를 슬프시게 하는 일들을 보고 우리도 슬퍼하지 않을 수 없다. 우리는 하나님을 불명예롭게 하는 사치와 향락, 술에 빠짐, 하나님과 신앙에 대한 멸시들을 마음속에 깊이 새겨들 것이다. "내 눈물이 시냇물 같이 흐르나이다"(시 119:136)라고 하였다. 어떤 이들은 다른 이들의 죄를 이야기하며 그들을 비웃는다. 그러나 하나님의 성령을 슬프시게 하는 일을 보고 웃을 수 있는 이들은 틀림없이 하나님께 대한 사랑이 전혀 없는 이들일 것이다! 자기 아버지가 욕먹는 것을 듣고도 웃을 수 있는 이가 과연 그 아버지를 사랑할까?

다섯 번째 가시적 표징은 하나님을 사랑하는 이는 다른 이들에게도 하나님이 사랑받으시도록 힘쓴다는 것이다. 그는 하나님을 경모(敬慕)할 뿐만 아니라 하나님을 칭송하는 말을 함으로써 다른 사람들도 하나님을 사랑하도록 부추기고 당긴다. 사랑에 빠진 여자는 자기의 사랑하는 남자를 극구 칭찬하는 법이다. 사랑에 매혹된 그리스도의 배우자들이 그리스도를 찬양하며 그의 공덕을 칭송하고 기리는 것은 다른 이들을 설득하여 하나님을 사랑하게 하려는 것이다. "머리는 정금 같고"(아 5:11)라고 하였다. 하나님께 대한 참사랑은 침묵할 수 없고, 그의 높으신 이름을 천명하느라 웅변을 토할 것이다. 하나님의 사랑스러우심을 나타내 보이고 회심자들을 하나님께로 끌어들이는 일보다 더 적절한 하나님께 대한 사랑의 표시는 없다.

여섯 번째 가시적 표징은 하나님을 사랑하는 이는 하나님을 잃으면 슬피 운다는 것이다. 마리아는 울면서 "사람이 내 주를 가져다가 어디 두었는지 내가 알지 못함이니이다"(요 20:13)라고 하였다. 어떤 이는 "나는 건강을 잃었다!" 또 어떤 이는 "나는 재산을 잃었다!"라고 울부짖는다. 그러나 하나님을 사랑하는 이는 "나의 하나님을 잃어버렸다! 나는 그를 사랑하건만 그를 즐거워할 수 없다"라고 울부짖는다. 하나님이 떠나버리시면 그 모든 세상적인 안락이 무슨 소용 있을까? 이는 많은 음식을 차렸으나 기쁨이 없는 장례식의 진수성찬과 같은 것이다. "나는 햇볕에 쬐지 않고 검어진 살을 가지고 걸으며"(욥 30:28)라고 하였다. 라헬이 자식을 잃고 대성통곡하였다면, 하나님의 행복한 존재를 잃어버린 그리스도인의 슬픔이야말로 무슨 조의금이나 조의문으로 감싸줄 수 있겠는가? 그런 영혼은 눈물을 홍수같이 쏟으며 애통하면서 이렇게 하나님께 말할 것만 같다. "주여! 당신은 하늘에 계시며, 거기서 천사들의 아름다운 가락과 환희의 노래를 들으시겠지요. 그러나 나는 여기 눈물 골짜기에 앉아 당신이 안 계시므로 슬피 울고 있습니다. 오오! 당신께서는 언제나 내게로 오셔서, 당신의 얼굴빛으로 나를 소생시키실는지요! 만일 주여! 당신께서 내게로 오시지 않는다면 나로 당신께 가게 하옵소서. 거기서 나는 하늘에 계신 당신의 얼굴의 영원한 미소를 뵈올 것이며 더 이상 '나의 사랑하는 이가 떠나가셨네'라고 한탄하지 아니하오리다."

일곱 번째 가시적 표징은 하나님을 사랑하는 이는 하나님을 위해 기꺼이 일하며 고난 받는다는 것이다. 그는 하나님의 명령에 동의하고, 그의 뜻에 굴복한다. 그는 하나님의 명령에 찬성한다. 만일 하나님이 그에게 죄를 억누르라, 원수를 사랑하라, 세상에 대해 십자가에 못 박히라고 명하시면, 그는 순종한다. 사람이 하나님을 사랑한다고 말하고, 그의 명령을 경시한다면, 이는 자만하는 짓이다. 하나님을 사랑하는 이는 하나님의 뜻에 굴복한다. 만약 하나님께서 당신을 위해 그가 고난 받기를 원하신다면, 그는 두말없이 순종한다. "사랑은 모든 것을 견디며"(고전 13:7)라고 하였다. 사랑 때문에 그리스도께서 우리를 위하여 고난당하셨으며, 사랑 때문에 우리는 그리스도를 위하여 고난당할 것이다. 그리스도인이라고 다 순교자가 아닌 것이 사실이지만 순교의 정신만큼은 마음속에 품고 있다. 하나님의 부르심만 있으면, 그는 언제든지 고난 받겠다는 마음가짐이 준비되어 있다. "관제와 같이 벌써 내가 부음이 되고"(고후 4:6)라고 하였다. 고난이 바울을 위해 마련돼 있었을 뿐 아니라 바울도 고난 받을 태세가 완비돼 있었다. 오리겐은 플로티누스와 함께 신앙을 부인하고 군주의 은총을 힘입어 높아지기보다는 차라리 알렉산드리아에서 천대받는 생활을 택하였다(계 12:11). 많은 사람이 하나님을 사랑하노라 하지만, 하나님을 위해 무슨 손실이건 입으려 하지 않는다. 만일 그리스도께서 우리에게 "나는 너를 진심으로 사랑하고, 너는 나에게 소중하다만, 나는 너를 위해 고난 받을 수 없고, 너를 위해 내 생명을 버릴 수 없단다"라고 말씀하셨다면, 우리는 그의 사랑에 대대적으로 의문을 제기했으리라. 그러니까 우리가 하나님을 사랑한다고 자처하면서, 그를 위해 아무 어려움도 견뎌내려 들지 않는다면, 주님은 우리 사랑을 의심하지 않겠는가?

적용 1 그 마음속에 하나님께 대한 사랑이 한 푼어치도 없는 이들에게 무슨 말을 할까? 그들은 하나님에게서 생명을 받았건만, 하나님을 사랑하지 않는다. 하나님이 매일같이 그들 식탁을 차려주시건만, 그들은 하나님을 사랑하지 않는다. 죄인들은 하나님을 심판자로서 무서워하지만, 아버지로서 사랑하지 않는다. 천사들에게 있는 모든 힘을 다 가지고도 마음속으로 하나님을 사랑하게 할 수는 없으며, 심판으로도 그것을 하지 못할 것이다. 오직 전능하신 은혜만이 사랑으로 돌같이 굳은 마음을 녹일 수 있다. 하나님을 사랑함이 전혀 없다는 것이 얼마나 슬픈 사실인가? 몸이 싸늘해지고 온기가 전혀 없다는 것이 사망의 표징이다. 이와 같이 그 마음속에 하나님을 사랑하는 열정이 없는 사람은 영적으로 죽었다. 하나님을 사랑하지 않는 그런 사람이 하나님과 더불어 살까? 하나님이 원수를 자기 품속에 품으실까? 사랑의 밧줄에 끌려가지 않겠다는 사람들은 어둠의 쇠사슬에 결박당할 것이다.

적용 2 우리는 온 심정과 온 힘을 다하여 하나님을 사랑하겠다고 굳게 마음먹자. 아, 우리는 사랑을 다른 사물에서 빼앗아다 하나님께 바치자. 사랑은 신앙의 진수이며, 제물의 가장 좋은 부위이다. 사랑은 그리스도께서 가장 많이 질문하시는 은혜이다. "시몬아 네가 나를…사랑하느냐?"(요 21:15)라고 하였다. 사랑은 우리의 모든 섬김을 받으시기 합당하게 하고 섬김을 향기롭게 해주는 사향(麝香)이다. 의무보다는 의무에 대한 사랑, 이것을 하나님은 기뻐하신다. 그러므로 하나님을 섬기는 것과 사랑하는 것은 밀착되어 있다(사 56:6). 하나님을 섬기기보다 그를 사랑함이 보다 올바르다. 사랑 없는 순종은 알코올 성분 없는 포도주와 같다. 아아, 그러므로 온 심정과 온 힘을 다하여 하나님을 사랑하겠다고 굳게 마음먹으라.

하나님이 바라시는 것은 당신의 사랑 외엔 없다. 주님은 당신의 자녀들을 제물로 바치라고 요구하실 수도 있었고, 당신 자신들의 몸을 베고 찌르라든지, 또는 잠시 지옥에 누워 있으라고 명하실 수도 있었다. 그러나 하나님은 오직 당신의 사랑을 요구하시며, 오직 이 최고의 미덕만을 바라신다. 하나님을 사랑하라는 것, 이것이 힘든 요구사항인가? 이보다 더 쉽사리 갚았던 빚이 일찍이 있었던가? 아내가 그 남편을 사랑하는 일이 무슨 노역이라도 된다는 건가? 사랑은 즐거운 것이다. '즐겁지 않은 사랑이란 있을 수 없다'(*Non potest amor esse, et dulcis non esse*). 사랑은 정의상 달콤할 수밖에 없다는 뜻이다(버나드). 우리의 사랑에는 도대체 무엇이 있기에 하나님이 이를 바라실까? 왕이 무엇 때문에 빚에 쪼들리고 병든 한 여인의 사랑을 갈망하랴? 하나님은 우리의 사랑이 필요하시지 않다. 하늘에는 그를 숭배하며 사랑하는 천사들이 얼마든지 있다. 우리의 사랑이 하나님께 무슨 이득이 되랴? 하나님의 완전하신 복락에 우리의 사랑은 단 한치도 보태드리지 못한다. 하나님은 우리의 사랑이 필요하지 않지만, 그것을 요구하신다. 무슨 까닭에 하나님은 우리의 심정을 그에게 드리기를 바라실까?(잠 23:26) 하나님은 우리의 마음이 필요해서가 아니라 우리 마음을 보다 복되게 하기 위해서이다.

하나님을 사랑하면 우리에게 유익이 클 것이다. 우리가 손해 보라고 하나님이 우리의 사랑을 구하시지는 않는다. "하나님이 자기를 사랑하는 자들을 위하여 예비하신 것은 눈으로 보지 못하고 귀로도 듣지 못하고"(고전 2:9)라고 하였다. 만일 당신이 하나님을 사랑할 마음이 있다면, 당신은 믿음을 능가하는 보상을 받을 것이다. 하나님은 지극하신 사랑으로 당신과 약혼하실 것이다. "내가 네게 장가들어 영원히 살되…은총과 긍휼히 여김으로 네게 장가들며"(호 2:19)라고 하였다. "너의 하나님 여호와가…너를 잠잠히 사랑하시며 너로 인하여 즐거이 부르며 기뻐하시리라"(습 3:17)고 하였다. 당신이 하나님을 사랑하면 그는 그의 모든 풍부와 존귀로써 당신을 이롭게 하실 것이며 당신에게 결혼예물로 하늘과 땅을 주실 것이며, 당신의 머리에 면류관을 씌워주실 것이다. 베스파시아누스 황제는 자기에게 돌아온 한 여인에게 큰 상급을 베풀면서, 그녀가 황제를 사랑하고 있다고 공언하였다. 하지만 하나님은 그를 사랑하는 성도들에게 생명의 면류관을 주신다(약 1:12).

사랑은 하늘나라에서 우리와 생존할 유일한 은총이다. 하늘나라에서 우리는 죄가 없겠기 때문에 회개할 필요가 없어진다. 또 하나님을 마주 대하여 뵙게 되므로 믿음도 필요가 없어진다. 오직 하나님께 대한 사랑만이 영존할 것이다. "사랑은 언제까지든지 떨어지지 아니하나"(고전 13:8)라고 하였다. 모든 은총들보다 영속하며 영겁의 세월과 병존할 이 은혜를 우리는 얼마나 배양해야 하랴!

하나님께 대한 우리의 사랑은 우리에 대한 하나님의 사랑의 표징이다. "우리가 사랑함은 그가 먼저 우리를 사랑하셨음이라"(요일 4:19)고 하였다. 천성적으로 우리는 하나님을 사랑하지 않는다. 우리는 돌 같은 무정한 마음을 가진 것이다(겔 36:26). 그런즉 돌 같은 마음에 무슨 사랑이 있을 수 있는가? 우리가 하나님을 사랑하는 것은 그가 우리를 사랑하시는 데서 비롯된다. 거울이 뜨거워진다면 이는 태양이 거울에 비추었기 때문이다. 이와 같이 우리의 마음이 사랑으로 뜨거워진다면 이는 의의 태양이 우리에게 비추셨기 때문이다.

7) 하나님을 올바로 사랑하려면 어떻게 할까?

(1) 말씀의 설교를 받들어라.
믿음은 들음에서 나듯이 사랑도 들음에서 난다. 말씀은 하나님의 비할 데 없는 탁월성을 밝혀준다. 말씀은 하나님의 그 모든 영광을 판독하고 묘사한다. 그래서 그의 아름다우심의 풍모가 사랑에 불을 붙인다.

(2) 하나님께 하나님 사랑하는 마음을 달라고 구하라.
솔로몬 왕이 하나님께 지혜를 구한 일이 주님을 기쁘시게 하였다(왕상 3:10). 그러므로 당신이 하나님께 "주여 당신을 사랑하는 마음을 나에게 주소서. 내가 당신을 지금보다 더 사랑하지 못한다는 것은 비통한 일이옵니다"라고 부르짖는다면, 틀림없이 이 기도가 주님을 기쁘시게 할 것이며, 주님은 당신에게 그의 성령을 부어주실 것이다. 그의 순금 기름은 당신의 사랑의 등불을 환히 타오르게 할 것이다.

(3) 하나님께 대한 사랑을 가지고 있는 당신, 이 사랑을 당신의 마음의 제단 위에 계속 불타오르게 하라.
사랑은 불과 같아 걸핏하면 꺼져버린다. "너의 처음 사랑을 버렸느니라"(계 2:4)고 하였다. 의무태만으로 인하여, 또는 세상을 너무 많이 사랑하기 때문에, 우리의 하나님께 대한 사랑은 식어지게 마련이다. 아아! 당신의 하나님께 대한 사랑을 보존하라. 당신이 몸의 평상시 온도를 유지하려고 애쓰듯, 당신의 영혼에 하나님께 대한 사랑의 열기를 유지하려고 애쓰라. 사랑은 차

바퀴의 윤활유와 같이 하나님을 섬기도록 우리를 북돋는다. 당신의 사랑이 약해지고 식어지는 것이 눈에 띄거든, 모든 수단을 강구하여 그 사랑을 되살려라. 불이 꺼지려 한다면 당신은 계속 땔감을 집어넣는다. 이와 같이 사랑의 불꽃이 꺼지려 할 때, 규례를 거룩한 땔감으로 사용하여 사랑의 불을 계속 지피라.

3. 십계명 서문

 "하나님이 이 모든 말씀으로 일러 가라사대 나는 너를 애굽 땅, 종 되었던 집에서 인도하여 낸 너의 하나님 여호와로라"(출 20:1-2).

1) 십계명의 서문은 무엇인가?

십계명의 서문은 "나는 너의 하나님 여호와로라"이다. 서문의 서문은 "하나님이 이 모든 말씀으로 일러 가라사대"이다. 이 서문의 서문은 엄숙한 선포 직전에 울리는 나팔소리와 같다. 성경의 다른 부분들은 거룩한 선지자들의 입을 통해 발표된 것이라고 말하거니와(눅 1:70) 여기서는 하나님 자신이 직접 말씀하셨다.

2) 하나님은 몸의 지체나 발언기관이 없으실 터인데, 하나님이 말씀하셨다는 것을 어떻게 이해할까?

하나님은 어떤 이해할 수 있는 음향을 발하셨거나 공중에다 음성을 조성하셨다. 이것이 유대인들에게 마치 하나님이 친히 그들에게 말씀하신 것처럼 되었다. 다음을 보자.

(1) 율법 제정자

"하나님이 가라사대"라고 하였다. 율법 제정자에게는 두 가지 요건이 있다.

첫째, 지혜이다. 율법은 이성에 기초를 두고 있다. 그래서 율법을 만드는 이는 지혜로워야 한다. 하나님은 이런 점에서 입법자가 되기에 가장 적합하시다. "하나님은 마음이 지혜로우시고"(욥 9:4)라고 하였다. 그는 지혜의 독점권자이시다. "홀로 지혜로우신 하나님"(딤전 1:17)이라고 하였다. 그러므로 그는 율법을 규정하고 제정하기에 가장 적합하시다.

둘째, 권위이다. 신하가 법을 만들면 그들은 아무리 지혜롭다 하더라도 권력자의 날인을 필요로 한다. 하나님은 최고의 권력을 쥐고 계시며, 그는 만물에 존재를 부여하신다. 사람들에게 생명을 주시는 그분은 사람들에게 율법을 주실 최고의 권리를 가지신다.

(2) 율법 자체

"이 모든 말씀"이라고 하였다. 다시 말해, 통칭 십계명(Decalogue, Ten Commandments)이라 부르는 도덕적 율법의 모든 말씀을 뜻한다. 이것을 도덕적 율법이라 칭하는 까닭은 생활과 언행의 규칙이기 때문이다. 크리소스톰이 말한 바와 같이 성경은 정원이고 도덕적 율법은 정원 안에 피어 있는 최고의 꽃이다. 성경은 연회이고 도덕적 율법은 거기 나오는 최고 요리이다.

이러한 도덕적 율법은 완전하다. "여호와의 율법은 완전하여"(시 19:7)라고 하였다. 그것은 신앙의 정확한 모범이며 강령이다. 진리의 표준이고, 분쟁의 심판관이며, 우리를 하늘나라로 인도하는 지도원리이다. "명령은 등불이요"(잠 6:23)라고 하였다. 비록 도덕적 율법은 우리를 의롭다 칭해주는 그리스도가 아니지만 우리를 훈계하는 법규이다. 도덕적 율법은 변경할 수 없으며, 그것은 변함없이 유효하다. 비록 의식적 율법이나 사법적 율법은 폐지되었으나, 하나님 자신의 입의 말씀으로 전달된 도덕적 율법은 교회에서 영구히 유용하다. 이것의 영속성을 나타내기 위하여 그것은 돌판에 기록되었다. 도덕적 율법은 매우 걸출하며 영광으로 가득 차 있다.

하나님은 공포의 형식으로 그것에 영광을 부여하셨다.

백성은 도덕적 율법이 공포되기에 앞서 의복을 빨아 입어야 했다. 이렇게 함으로써 하나님은 율법을 받으려면 백성의 귀와 마음을 성화시킬 것을 요구하셨다(출 19:10).

아무나 산에 접촉하지 못하게 제한구역을 설정해 놓았다. 이것은 백성들에게 율법에 대한 경외심을 불러일으키기 위해서였다(출 19:12).

하나님은 친히 자기 손가락으로 그 율법을 쓰셨다. 이것은 아무 다른 문서에서도 읽어본 유례없는 존귀가 그 도덕적 율법에 부여되었음을 의미하였다(출 31:18). 하나님은 어떤 능력적인 작동에 의해 율법을 마치 당신 자신의 손가락으로 쓰신 것처럼 판독가능하게 문자화시키셨다.

하나님은 율법을 언약궤 안에 넣어 보관케 하셨다. 이것은 그것에 존귀를 더하셨다는 또 하나의 암호적인 표시였다. 언약궤는 열 가지 보석인 십계명을 넣어둔 금고였다.

도덕적 율법은 수많은 천사들의 호위 중에 공포되었다(신 33:2). 천사들의 회의가 소집되었으며 하나님이 친히 의장이셨다.

적용 1 여기서 주목할 것은 우리를 율법 없는 자로 내버려두지 않으신 하나님의 선하심이다. 하나님은 우리에게 계명을 주시는 일을 흔히 그의 사랑의 표시로 규정하신다. "아무 나라에게도 이같이 행치 아니하셨나니 저희는 그 규례를 알지 못하였도다"(시 147:20)라고 하였다. 또 "진정한 율법과 선한 율례와 계명을 저희에게 주시고"(느 9:13)라고 하였다. 인간이 자신을 감독할 율법도 없다면 인간은 얼마나 괴상한 동물로 전락할까! 세상에서 생존하기는 불가능할 것이다. 다만 이스마엘 자손으로 출생한 자들밖에 없을 것이니, 우리 각 사람의 손은 그 이웃 사람을 대적하며 지낼 것이다. 인간은 자기를 길들일 고난과 자기를 인도할 도덕적 율법이 없다면 방종해지게 마련이다. 하나님의 율법은 근신과 경건의 범위 안에 우리를 가두는 울타리이다.

적용 2 하나님이 이 모든 도덕적 율법의 말씀을 하셨다면 이는 다음 사항들을 정죄한다는 뜻이다.

도덕적 율법을 경시하는 말을 하고 게다가 모독하는 말까지 하는 말시온파(Marcionites)들과 마니교도(Manichees)들을 정죄한다. 그들은 도덕적 율법이 그리스도인보다 저급하며 육신적이라고 말한다. 이런 말을 바울 사도는 "율법은 신령한 줄 알거니와 나는 육신에 속하여"(롬 7:14)라는 말씀으로 논박한다.

도덕적 율법은 믿는 자의 실행규칙임을 인정치 않으려는 무율법주의자(Antinomians)들을 정죄한다. 믿는 자는 율법의 저주 아래 있지 않으나 계명 아래에 있다고 말한다. 도덕적 율법이 그리스도라고 말하지 않으나 그리스도께로 인도하는 새벽별이라고 말한다. 도덕적 율법이 구원한다고 말하지 않으나 성화시킨다고 말한다. 하나님의 율법을 뒤로 버리는 사람들의 기도를 하나님은 뒤로 버리실 것이다. 율법으로 자신을 다스리게 할 의사가 없는 이들은 율법으로 자신을 심판하게 될 것이다.

로마 가톨릭교도들은 마치 하나님의 율법이 불완전하고 하나님이 이 율법을 말씀하셨을 때 충분히 말씀하지 못하신 것처럼 자기들의 법규와 관례를 덧붙인다. 이것은 마치 하나님이 당신 자신의 율법을 어떻게 세징하실지 모르시기라도 한 듯, 하나님의 지혜를 공제하는 행위이다. 이것은 분명히 고도의 도발행위이다. "만일 누구든지 이것들 외에 더하면 하나님이 이 책에 기록된 재앙들을 그에게 더하실 터이요"(계 22:18)라고 하였다. 인간의 날인한 유언장에 무엇이든 덧붙이는 행위가 큰 악행인 것처럼, 더욱이 하나님이 친히 말씀하시고 자신의 손가락으로 친히 기록하신 율법에 무엇이든 덧붙이는 행위는 그만큼 더 큰 악행이다.

적용 3 하나님이 모든 도덕적 율법의 말씀을 하셨으면, 몇 가지 의무가 우리에게 지워진다.

하나님이 이 모든 말씀을 하셨으면, 우리는 이 모든 말씀을 경청해야 한다. 하나님이 하시는 말씀은 너무나 귀중하기 때문에 잃어버릴 수 없다. 우리가 기도할 때 아뢰는 모든 말을 하나님이 들으시기 바라듯, 하나님이 말씀하실 때 그 모든 말씀을 우리는 들어야 한다. 귀를 막아버리는 귀머거리 독사 같아서는 안 된다. 하나님이 외치실 때 자기 귀를 막는 자는 자기가 외칠 때 하나님이 듣지 않으신다.

하나님이 이 모든 말씀을 하셨으면 경외심을 가지고 말씀에 주의해야 한다. 도덕적 율법의 모든 말씀 말씀이 하늘에서 내려주신 계시말씀(oracle)이다. 하나님이 친히 설교자시니 경외심이 요구된다. 판사가 법정에서 훈시하면 모두가 경의를 표하여 경청한다. 도덕적 율법에 있어서는 하나님이 친히 훈시하신다. "하나님이 이 모든 말씀을 하여 가라사대"라고 하였다. 그런즉 어떤 존경심을 가지고 우리는 경청해야 마땅할까! 하나님이 모세에게 말씀하려 하시자, 모세는 경외심의 표시로 발에서 신을 벗어버렸다(출 3:5-6).

하나님이 이 모든 도덕적 율법의 말씀을 하셨으면 우리는 그것들을 기억해야 한다. 반드시 하나님이 말씀하시는 모든 것은 기억해야 할 가치가 있다. 그 말씀들은 구원에 관계된 중대한 말씀이다. "이는 너희에게 허사가 아니라 너희의 생명이니"(신 32:47)라고 하였다. 우리의 기억력은 율법을 보관했던 언약궤 안의 수납함 같아야 한다. 하나님의 계시말씀은 몸치장 귀금속과도 같은데 우리가 잊어버릴 수 있는가? "처녀가 어찌 그 패물을 잊겠느냐"(렘 2:32)라고 하였다.

하나님이 이 모든 말씀을 하셨으면 그 말씀을 믿으라. 모든 계명 위에 일일이 명기된 하나님의 이름을 보라. 이교도들도 그들의 법률에 대한 신용을 얻어 놓으려고 그것이 로마의 신들에게서 영감 받은 것이라고 공표했다. 도덕적 율법은 그 계보가 하늘에서 유래한다. '친히 말씀하셨다'(Ipse dixit). 이 모든 말씀을 하나님이 하셨다. 우리는 하늘의 하나님을 신용하지 않겠는가? 천사는 여인들에게 어떻게 그리스도의 부활을 확인시키던가? "보라 내가 너희에게 일렀느니라"(마 28:7)고 하였다. 나는 천사의 말을 인용하여 말하고 있다. 하물며 도덕적 율법은 하나님의 말씀으로 우리에게 전해오는 만큼 더 철저히 믿어져야 하리라. "하나님이 이 모든 말씀을 하셨다." 불신은 하나님의 말씀의 효력을 무효화시키며 말씀을 결국 수포로 돌아가게 만든다. "말씀이 저희에게 유익되지 못한 것은 듣는 자가 믿음을 화합치 아니함이라"(히 4:2)고 하였다. 마귀가 말하매 하와는 하나님보다 마귀를 더 신용하였다.

하나님이 이 모든 말씀을 하셨으면, 계명을 사랑하라. "내가 주의 법을 어찌 그리 사랑하는지요 내가 그것을 종일 묵상하나이다"(시 119:97)라고 하였다. 또 "내가 주의 법도 사랑함을 보옵소서"(시 119:159)라고 하였다. 도덕적 율법은 하나님의 뜻의 대본이며 우리들의 영적 지침서이다. 그래서 그것은 어떤 죄를 멀리할지, 어떤 의무를 이행할지 안내해 준다. 십계명은 우리 몸을 단장할 진주 목걸이이고, 우리를 부요케 할 보물단지이다. 십계명은 향신료 토양이나 다이아몬드 암석보다도 더욱 값지다. "주의 입의 법이 내게는 천천 금은보다 승하니이다"(시 119:72)라고 하였다. 하나님의 법은 내용적으로 진리와 선하심을 담고 있다. 진리가 담겨 있음은 하나님이 그것을 말씀하셨기 때문이고, 선하심이 담겨 있음은 계명은 우리에게 유익한 것 아니고는 아무것도 명하지 않기 때문이다. 오오, 그런고로 우리는 이 계명을 사랑하자.

하나님이 이 모든 말씀을 하셨으면 당신의 자녀에게 하나님의 율법을 가르치라. "오늘날 내가 네게 명하는 이 말씀을 너는 마음에 새기고 네 자녀에게 부지런히 가르치며"(신 6:6-7)라고 하였다. 경건한 사람은 다이아몬드이면서 동시에 천연자석이다. 다이아몬드인 것은 그의 은혜의 불꽃이 번득이기 때문이고, 천연자석인 것은 하나님의 법도를 사랑하는 데까지 다른 이들을 이끄는 흡인력 때문이다. '선한 사람은 다른 이들을 자신보다 더 유익하게 한다'(*Vir bonus maxis aliis prodest quam sibi*). 부모된 당신이여, 당신의 의무를 다하라. 비록 당신의 자녀에게 은혜는 나눠줄 수 없으나 지식은 나눠줄 수 있으리라. 당신의 자녀에게 하나님의 계명을 알도록 일러주라. "그것을 너희의 자녀에게 가르치며"(신 11:19)라고 하였다. 당신은 자녀에게 재산을 물려주려고 고심하거니와, 자녀에게 하늘나라의 계시말씀을 물려주라. 그들을 하나님의 율법으로 교훈하라. 하나님이 이 모든 말씀을 하셨으면, 당신의 자녀에게 그것을 거듭거듭 말해주어야 마땅하다.

하나님이 이 모든 말씀을 하셨으면 도덕적 율법에 복종해야 마땅하다. 왕이 한번 말했다하면, 그의 말은 충성을 요구할 권세를 가진다. 하물며 하나님이 말씀하시면, 그의 말씀에는 더욱 복종해야 마땅하다. 어떤 이들은 편파적으로 순종하려는 듯, 어떤 계명에는 순종하고 어떤 계명에는 순종하지 않는다. 마치 딱딱한 땅뙈기에 맞닥뜨리면 갈아엎지 못하고 그냥 남겨두는 쟁기와도 같다. 그러나 모든 도덕적 율법을 말씀하신 하나님은 모든 계명을 모조리 다 복종 받으시기 바라신다. 한 가지 율법이라도 위반하면 하나님은 특별 사면이라는 게 없으시다. 군주들은 그야말로 특별한 이유라 하여 이따금 형사상의 법규를 면제해 주고, 법의 엄격성을 굳이 강행하지 않기도 한다. 그러나 이 모든 말씀을 말씀하신 하나님은 모든 율법에 복종하라는 소환장으로 사람들을 구속(拘束)하신다.

이 율법은 도덕적 율법 전체는 순종하지는 않고, 어떤 계명은 말소시키고, 어떤 계명들은 특별 면제시키는 로마 가톨릭교회를 정죄한다. 그들이 둘째 계명을 교리문답서에서 제외시키는 이유는 이 계명이 우상을 금하기 때문이다. 그리고는 10이라는 수자를 채워 넣으려고 제10계명을 둘로 나눈다. 이렇게 하여 그들은 저 무서운 정죄를 자초한다. "만일 누구든지 이 책의 예언의 말씀에서 제하여 버리면 하나님이 이 책에 기록된 생명나무와 및 거룩한 성에 참예함을 제하여 버리시리라"(계 22:19)고 하였다. 그들은 한 계명을 말소해버려 풀지 못하는 매듭을 단칼에 잘라버리듯이 다른 계명들은 지키지 않아도 된다고 특별 면제한다. 그들은 제6계명을 특별 면제함으로써 로마 가톨릭교회의 대의를 전파시킨다는 명분이면 살인범행도 공적으로 치부한다. 그들은 하나님이 간음죄를 금지하신 바 제7계명도 특별 면제한다. 벌과금과 정해진 금액을 교황의 금고에 상납하면 음탕한 죄, 실로 근친상간의 죄도 교황이 면죄해주는 것을 보면 그렇다. 교황이 사람들을 하나님께 불충성하도록 가르치는 판국이고 보면, 왕들과 군주들에 대한 충성심에서 사람들을 떼어 놓는 일쯤이야 조금도 놀랄 일이 아니다. 어떤 가톨릭교도들은 그들의 책에 쓰기를, 교황은 하나님의 율법을 면제해 줄 특권을 가지며, 사람들에게 신구약 계명을 위반하도록 인허해줄 능력이 있다고 명시적으로 말하고 있다. 그런 종교가 행여 영국에 또다시 발을 들여놓지나 않을지, 자비하신 주님 막으소서! 하나님이 그 모든 계명을 말씀하셨으면, 우리는 그 모두를 다 순종해야 한다. 계명의 담을 뚫는 자는 뱀에게 물리리라.

    그러나 어떤 사람이 모든 하나님의 계명을 순종할 수 있는가? 율법주의적인 의미에서 율법에 순종한다는 것, 즉 율법이 요구하는 일체를 모조리 다 행한다는 것은 아무도 할 수 없다. 죄는 우리의 강점이 내재해 있던 원초적 의(original righteousness)의 자물쇠를 깨뜨렸다. 하지만 참다운 복음적 의미에서는 인정받을 만큼 우리는 도덕적 율법에 순종할 수 있다. 이 복음적 순종은 도덕적 율법 전체를 준수하려는 참다운 노력 안에 내재한다. "내가… 주의 계명을 행하였나이다"(시 119:166)라고 하였다. 이는 내가 행하어야 할 모든 일을 다 행하였다는 뜻이 아니라 내가 행할 수 있는 모든 일을 행하였다는 뜻이다. 나의 순종이 못 미치는 마당에, 나는 그리스도의 완전한 의와 순종을 바라보게 되며, 그의 피로 말미암아 용서하심을 바라게 된다. 이것이 도덕적 율법을 복음적으로 순종하는 길이며 비록 완전속죄에는 이르지 못하나 용서하심에는 이르는 것이다.

3) 서문의 내용

이제는 서문 자체를 살펴보겠는데, 이것은 세 부분으로 이루어져 있다. 첫째, '나는 너의 하나님 여호와로라.' 둘째, '너를 애굽 땅에서 인도하여 낸.' 셋째, '종 되었던 집에서.'

(1) 나는 너의 하나님 여호와로라

여기서는 하나님을 묘사하기를, 먼저 그의 본질적 위대성에 의하여 "나는 여호와로라"(히브리어로 JEHO VAH)고 하였다.

이 광대하신 이름에 의하여 하나님은 자기의 위엄을 선포하신다. '그 이름은 무엇보다 거룩하였다'(*Sanctius habitum fuit*)라고 벅스롤프(Buxtorf)는 말한다. 여호와의 이름은 유대인들 가운데서 다른 어느 하나님의 이름보다도 더한 경외의 대상이 되었다. 이것은 하나님의 자기충족성, 영원성, 독립성, 그리고 불변성을 표시한다(말 3:6).

적용 1 하나님이 여호와 곧 존재의 근원이신지라 무엇이나 뜻대로 행하실 수 있는 분이실진대, 우리는 그를 두려워하자. "네 하나님 여호와라 하는 영화롭고 두려운 이름을 경외하지 아니하면"(신 28:58)이라고 하였다.

적용 2 하나님이 여호와 곧 지극히 높으신 주님이실진대, "우리 주 하나님 교황"이라는 식으로 말하는 불경스런 가톨릭교도들은 정죄당한다. 교황이 하나님의 칭호를 찬탈하여 "자기를 보여 하나님이라" 하면서 왕들과 황제들의 머리보다 높이 자기의 삼중관(三重冠)을 추켜올리는 일이 이상할 것 있겠는가(살후 2:4)? 교황이 자기를 하늘나라의 주로 자처하기를 꾀하는 이유는 거기서 성도들에게 종교적 위세를 부리려는 뜻이 있기 때문이고, 땅위의 주로 자처하기를 꾀하는 이유는 자기의 열쇠를 가지고 원하는 대로 아무나 맺고 풀기 때문이며, 지옥의 주로 자처하기를 꾀하는 이유는 그가 연옥에서 사람들을 해방시키기 때문이다. 하나님은 이들 교만의 깃털장식들을 뜯어버리실 것이며, 이 죄의 사람을 "그 입의 기운으로…강림하여 나타나심으로"(살후 2:8) 소멸하실 것이다.

다음으로 하나님은 자신을 묘사하기를, 그의 상대적인 선하심에 의하여 "너의 하나님"이라고 하였다. 하나님이 자신을 오직 여호와로만 부르셨다면 이것이 우리를 무섭게 했을지도 모르고, 우리를 그로부터 도피하도록 만들었을지도 모른다. 그러나 하나님이 "너의 하나님"이라고 말씀하실 때는, 이것은 자신에게로 우리를 인도하여 끌어들이는 말씀이다. 이것은 율법의 서문이지만 순수한 복음이다. "너의 하나님"(Eloeha)이라는 단어는 너무나도 달콤한지라 그 말에서 우리는 꿀맛을 몽땅 다 맛볼 수가 없다. "나는 너의 하나님"이라 함은 창조하심에 의해서 뿐 아니라 택하심에 의해서도 그렇다는 것이다. "너의 하나님"이라는 말씀은 비록 이스라엘에게 말씀하셨지만 모든 성도들에게 해당되는 헌장이다. 더 자세히 설명하자면 여기 세 가지 질문이 생긴다.

① 어떻게 하나님이 우리 하나님 되시는가?

예수 그리스도로 말미암아서이다. 그리스도는 성삼위일체 중에서 제2위이시다. 그는 임마누엘, 곧 "우리와 함께 하시는 하나님"이시다. 그는 상이한 두 당사자들을 화해시키신다. 우리의 인성을 하나님께 사랑스럽게 하시고, 하나님의 신성을 우리에게 사랑스럽게 하신다. 그의 죽으심에 의해 친밀한 관계 즉 연합을 이루신다. 그리고 우리를 언약의 경계 안으로 인도하신다. 이렇게 하여 하나님은 우리 하나님이 되시는 것이다.

② 하나님이 우리 하나님 되신다는 것은 무슨 뜻을 암시하나?

그것은 모든 선한 일들을 포함한다. 하나님은 우리의 강한 요새이시고, 우리의 생수의 근원이시며, 바로 우리의 구원이시다. 보다 구체적으로, 우리의 하나님이 되심은 가장 아름다운 관계를 함축한다.

첫째, 그것은 아버지의 관계이다. "너희에게 아버지가 되고"(고후 6:18)라고 하였다. 아버지는 자기 자녀에 대하여 다정스런 배려로 가득 차 있다. 자기 자녀가 아니면 누구에게 유산을 물려주겠는가? 우리 하나님이신 하나님은 또 우리에게 아버지가 되시고자하신다. "자비의 아버지지요"(고후 1:3) 또 "영존하시는 아버지라"(사 9:6)고 하였다. 하나님이 우리 아버지시라면, 우리는 영원히 죽지 않으시는 아버지를 하늘나라에 모시고 있는 것이다.

둘째, 그것은 남편의 관계를 뜻한다. "너를 지으신 자는 네 남편이시라"(사 54:5)고 하였다. 하나님이 우리의 남편이시면 그는 우리를 자기 눈동자같이 자신에게 소중한 존재로 여기신다(슥 2:8). 그는 자기의 비밀도 우리에게 알려주신다(시 25:14). 그는 결혼 예물로 우리에게 왕국을 하사하신다(눅 12:32).

③ 언약상의 연합에 의해 하나님이 우리의 하나님이신 줄 우리는 어떻게 알 수 있나?

첫째, 그의 은혜를 우리 속에 심어주셨음으로 알 수 있다. 왕의 자녀들은 값비싼 보석들에 의해 식별된다. 우리가 하나님께 속하였음을 나타내는 것은 보통의 은사를 받아서는 되지 않는다. 많은 사람이 하나님 없이도 하나님의 은사를 받아 가지고 있다. 하지만 하나님께 나아갈 참다운 진정한 권리를 우리에게 주는 것은 은혜이다. 자세히 말하자면 믿음은 '연합의 매는 줄' (*vinculum unionis*) 곧 연합의 은혜이다. 이 연합으로 우리는 하나님 안에 있는 우리의 이권을 모조리 누릴 수 있다. 믿음은 닻을 선원처럼 아래로 던지지 않고 위를 향해 던진다. 믿음은 하나님의 긍휼과 보혈을 신뢰하며, 하나님을 신뢰하므로 우리 하나님이 되시도록 그와 계약을 맺는다. 다른 은혜들은 우리를 하나님을 닮도록 하거니와 믿음은 우리를 하나님과 하나가 되게 한다.

둘째, 우리 마음속에 그의 성령의 열심을 주심으로써 알 수 있다(고후 1:22). 하나님은 종종 악인에게도 재산을 주시지만, 성령만큼은 자기의 상속자로 삼고자 의도하신 자들에게만 주신다. 우리는 성령의 거룩케 하심을 받아가졌는가? 우리가 성령의 인치시는 사역을 여태 받아 가지지 못하였더라도, 그 치유의 사역은 받아가지고 있는가? "너희는 거룩하신 자에게서 기름 부음을 받고"(요일 2:20)라고 하였다. 성령은 그 계신 곳에서 자신의 거룩의 각인으로 마음에 인을 치신다. 성령은 영혼을 수놓아 아름답게 장식하며, 내적으로 영혼을 온통 영화롭게 해주신다. 우리는 성령의 이끌림을 받아왔는가? "너는 나를 인도하라 우리가 너를 따라 달려가리라"(아 1:4)고 하였다. 성령은 그 자성(磁性)의 능력으로 우리 마음을 하나님께로 인도하셨는가? 우리는 "내 마음에 사랑하는 자야"(아 1:7)라고 말할 수 있는가? 하나님은 우리의 즐거운 낙원이신가? 우리의 '세굴라'(segullah, 기업), 또는 제일 가는 보배이신가? 우리의 마음이 너무나 하나님께 단단히 매여 있어서 아무 다른 대상물도 우리를 매료시키거나 하나님에게서 우리를 떼어놓을 수 없는가? 우리는 성령의 높이심(elevation)을 받아가졌는가? 성령의 높이심이 우리 마음을 세상보다 높이 일으켜 세워주셨는가? "주의 신이 나를 들어올려"(겔 3:14)라고 하였다. 성령은 우리로 하여금 '위엣 것을 갈망하게'(*superna anhelare*), 그리스도께서 계신 위엣 것들을 찾게 하셨는가? 비록 우리의 육체는 땅위에 있지만, 우리의 마음은 하늘나라에 있는가? 비록 우리는 여기서 살고 있지만, 우리는 위에서 사업하는가? 성령은 이렇게까지 우리를 높이셨는가? 이런 것에 의해 우리는 하나님이 우리 하나님이심을 알 수 있다. 하나님이 그의 성령을 보증으로 주시는 곳, 거기서 그는 자신을 기업으로 주신다.

셋째, 하나님이 자녀의 마음을 주셨다면 알 수 있다. 우리는 순종하는 마음을 가졌는가(시 27:8)? 하나님의 명령이 우리의 의지와 엇갈릴 때 우리는 그의 명령에 찬성하는가? 참다운 성도는 해바라기 꽃과 같이 태양과 함께 피고 진다. 그는 하나님께 열려있고 죄에게 닫혀 있다. 우리가 자녀의 마음을 가졌으면, 하나님은 우리의 아버지이시다.

넷째, 하나님의 이권을 옹호함으로써 하나님이 우리 하나님이신 것과 우리는 하나님 안에서 이권을 가진 줄을 알 수 있다. 우리는 하나님을 위해 투신하여 그의 참되심을 변호할 것이며, 이렇게 하는 데에는 그의 영광이 크게 관련되어 있다. 아타나시우스는 진리의 보루였으며, 온 세상이 거의 다 아리안파일 때 혼자서 진리를 옹호하였다. 그 옛날 폴로니아(Polonia)의 귀족들은 복음을 읽혀 들려주면 검 위에 자기 손을 얹음으로써 신앙을 수호하며 복음을 위해 자기들 생명의 위험도 무릅쓸 각오가 되어 있음을 표시하였다. 하나님 안에 이권을 가졌다는 표시로는 하나님의 이권을 옹호하는 행위보다 더 좋은 표시가 없다.

다섯째, 하나님이 우리 안에 이권을 가지심으로 말미암아, 하나님이 우리 하나님이신 것과 우리도 하나님 안에 이권을 가진 줄을 알 수 있다. "나의 사랑하는 자는 내게 속하였고 나는 그에게 속하였구나"(아 2:16)라고 하였다. 하나님이 우리 영혼에 말씀하시기를 "너는 내 것이라"고 하실 때, 우리 영혼은 "주여! 나는 당신의 것입니다. 내가 가진 모든 것은 당신의 분부대로 따르오며, 나의 머리도 당신을 연구하기 위한 당신의 것이오며, 나의 혀도 당신을 찬송하기 위한 당신의 것이옵니다"라고 대답한다. 증여의 형식으로 하나님이 우리 하나님이 되신다면, 헌신의 형식으로 우리는 하나님의 것이 된다. 우리는 하나님을 위하여 살며, 우리가 우리 자신의 것이라기보다 오히려 하나님의 것이다. 이렇게 해서 우리는 하나님이 우리 하나님이신 줄 알게 된다.

적용 1 무엇보다도 먼저, 하나님이 우리 하나님이시라는 이 위대한 헌장을 확고히 해두자. 하나님의 신격은 적법성이 아니면 편안하시지 않다. 우리는 하나님이 우리 하나님이라는 확실한 증거들을 얻기 위해 힘써 노력하자. 우리는 건강, 자유, 재산을 우리 것이라 칭할 수 없다. 그렇지만 우리는 하나님을 우리 하나님이라 부를 수 있다. 교회의 신분으로 "하나님 곧 우리 하나님이 우리에게 복을 주시리로다"(시 67:6)라고 말하자. 모든 영혼은 이런 '십보레스'(shibboleth) 곧 '나의 하나님'을 발음하려고 힘써 노력하자. 하나님을 우리 하나님으로 소유하고자 노력하기 위하여, 하나님을 자기 하나님으로 소유하지 못한 자들의 비참함을 깊이 생각하라. 고통의 때가 오면 그들은 얼마나 슬픈 곤경에 처하는가! 사울이 바로 이런 곤경에 처하여, "나는 심히 군급하니이다. 블레셋 사람은 나를 향하여 군대를 일으켰고 하나님은 나를 떠나서…"(삼상 28:15)라고 말하였다. 곤란에 빠진 악인은 닻도 없이 바다 위에 요동치는 선박과 같으며, 이것은 바위나 모래사장에 부딪치고 만다. 하나님을 자기 하나님으로 소유하지 못한 죄인은 건강과 재산이 지탱하는 동안 그럭저럭 꾸려나가겠지만, 그가 의지하던 목발이 부러질 때, 그의 마음은 함몰하고 만다. 그의 경우는 홍수로 멸망한 옛 세상과 같다. 물이 처음에 계곡으로 들이닥치니, 사람들은 언덕과 산으로 피하려 하였다. 하지만 물이 산으로 들이닥치자, 그때 산 위에는 얼마간 나무들이 있었고, 사람들은 나무 위로 올라가려 하였다. 아아, 물들은 나무 꼭대기들보다 높이 차올라왔다. 그러자 그들의 마음은 낙담이 되었고, 구원을 얻을 모든 희망은 사라졌다. 하나님을 자기 하나님으로 소유하지 못한 사람은 이와 같다. 만일 한 가지 위로를 빼앗기면 다른 위로가 있다. 그가 자녀를 잃어도 그에게는 재산이 있다. 그러나 물이 보다 높이 차올라올 때, 죽음이 닥쳐와서 모든 것을 빼앗아가고, 도움이 될 아무것도 남아 있지 않으며, 찾아갈 하나님도 없으니, 그는 절망 가운데 죽을 수밖에 없다. 하나님을 우리 하나님으로 소유하는 것이야말로 얼마나 위대한 특권이랴! "여호와를 자기 하나님으로 삼는 백성은 복이 있도다"(시 144:15)라고 하였다. 어거스틴은 말하기를, '인간의 행복은 바로 하나님이다'(Beatitudo hominis est Deus)라고 하였다.

이 헌장이 가진 특권을 알아보자.

하나님이 우리 하나님이시면, 우리는 비록 악에게 일격을 당하더라도 그것의 독침에는 쏘이지 않는다. 아무것에도 피해를 입지 않는다는 조건하에 있는 사람이야말로 행복하지 않을 수 없다. 그는 자기의 명성을 잃더라도, 그것이 생명책에 기록된다. 자유를 잃더라도, 그의 양심은 자유하다. 재산을 잃더라도 그는 값진 진주를 소유한다. 그가 폭풍을 만나더라도 어디에 입항할지를 안다. 하나님은 그의 하나님이시며, 하늘나라는 그의 하늘나라이다.

하나님이 우리 하나님이시면, 우리의 영혼은 안전하다. 영혼은 보석이며, 영원한 꽃이다. "나 다니엘이 중심에 근심하며"라고 하였는데, 갈대아어로는

"나는 칼집 속에 있어서"로 되어 있다(단 7:15). 몸은 칼집에 지나지 않는다. 영혼은 인간의 군주다운 부분이며, 이것이 이성을 가지고 군림한다. 다마스커스인이 일컬었듯이 그것은 하늘나라의 섬광이다. 하나님이 우리 하나님이시면, 영혼은 요새 안에 있듯 안전하다. 다윗이 사울의 옷자락을 베면서도 그를 해하지 않았던 것처럼, 죽음은 하늘나라에 태어난 정숙한 영혼을 해하지 못한다. 영혼은 안전하게 약속 안에 숨겨져 있고, 그리스도의 상처 안에 숨겨져 있으며, 하나님의 법령 안에 숨겨져 있다. 영혼은 진주이며, 하늘나라는 그것을 하나님이 안전히 보관해 두시는 금고이다.

하나님이 우리 하나님이시면, 하나님 안에 있는 모든 것이 다 우리 것이다. 이스라엘 왕이 아람 왕에게 "나와 나의 것은 다 왕의 것이니이다"(왕상 20:4)라고 말했다. 이와 같이 하나님은 "나는 너의 것이니라"고 말씀하신다. 하나님의 선물을 상속받을 뿐 아니라 하나님 자신을 상속받는 사람이야말로 얼마나 행복한가! 하나님은 "내가 가진 모든 것은 네 것이 될 것이며, 나의 지혜는 네 것이 되어 너를 가르칠 것이며, 나의 능력은 네 것이 되어 너를 받쳐 줄 것이며, 나의 긍휼은 네 것이 되어 너를 구원하리라"고 말씀하신다. 하나님은 무한한 축복의 대양이며, 그에게 있는 것은 우리를 채워주기에 충분하다. 마치 수천 개의 그릇들이 바다에 던져졌는데, 바다는 그것들을 채워 넣기에 충분함과 같다.

하나님이 우리 하나님이시면, 그는 전폭적으로 우리를 사랑하실 것이다. 소유물은 사랑의 근거가 된다. 하나님은 사람들에게 왕국을 주시면서, 그들을 사랑하지 않을 수도 있다. 그러면 하나님은 우리 하나님이 되실 수 없고, 우리를 사랑하시지도 않는다. 하나님은 자기와 언약 맺은 성도들을 "내 마음의 사랑하는 것"(렘 12:7)이라 부르신다. 하나님은 진정한 기쁨으로 그들을 즐거워하시며, 그는 말없이 사랑하신다(습 3:17). 성도들은 하나님의 정제된 은이고(슥 13:9), 하나님의 보석이며(말 3:17), 하나님의 왕관이다(사 62:3). 하나님은 성도들에게 자기사랑의 진수와 정화를 주신다. 하나님은 자기 손을 펴서 그들에게 채워주실 뿐 아니라 그의 마음을 열어 그들에게 채워주신다(시 145:16).

하나님이 우리 하나님이시면, 그는 우리를 위하여 온 세상이 따로 해줄 수 있는 것보다 더 많이 해주실 것이다. 먼저 하나님은 우리에게 곤경 가운데도 평안을 주실 것이다. 외부에 폭풍이 일 때도, 내부에 음악을 들려주실 것이다. 세상은 평화 가운데도 분쟁을 일으킬 수 있지만, 하나님은 분쟁 가운데도 평화를 이루실 수 있다. 하나님은 보혜사를 보내시며, 보혜사는 비둘기처럼 입에 평화의 감람나무가지를 물고 오신다(요 14:16).

또한 하나님은 우리에게 영원한 면류관을 주실 것이다. 세상은 황금의 왕관을 줄 수 있겠지만, 그런 왕관 속에는 가시가 돋쳐 있고 사망이 도사리고 있다. 그러나 하나님은 우리에게 쇠하지 않는 영광의 면류관을 주실 것이다(벧전 5:4). 낙원의 꽃들로 엮어진 화환은 절대 시들지 않는다.

하나님이 우리 하나님이시면, 그는 많은 결점들을 참아주실 것이다. 하나님은 죄인들을 잠시 동안 집행유예하시겠지만 장기유예라고 절대로 채무가 면제 되는 것은 아니다. 하나님은 그들을 죄의 대가로 지옥에 던지실 것이다. 그렇지만 하나님이 우리 하나님이시면, 일일이 결함 때문에 우리를 멸하지는 않으실 것이다. 하나님은 자기 배우자를 약한 그릇 대하듯 참아주신다. 하나님은 징계를 내리실 수도 있다(시 139:32). 하나님은 회초리와 가지치기 칼을 사용하실 수도 있지만, 피 묻은 도끼는 사용하시지 않는다. "여호와는 야곱의 허물을 보지 아니하시며"(민 23:21)라고 하였다. 하나님이 자기 백성 가운데 죄를 살피시는 것은 그들을 멸하려는 뜻이 아니라 그들을 긍휼히 여기시려고 그들의 죄를 살피신다. 하나님은 마치 의사가 환자의 병을 보고 고치듯이 백성의 죄를 보고 고치신다. "내가 그 길을 보았은즉 그를 고쳐줄 것이라"(사 57:18)고 하였다. 일일이 실수할 때마다 결혼의 유대관계가 깨져나가지는 않는다. 제자들에게는 큰 결점들이 있었으며, 그들은 모두다 그리스도를 버리고 도망쳤다. 그러나 이런 것도 하나님 안에 있는 그들의 이권관계를 단절시키지 못했다. 그렇기 때문에 그리스도께서는 승천하실 때 "내가 나의 하나님 곧 그들의 하나님께로 간다고 내 제자들에게 일러 주어라"고 말씀하셨다.

하나님이 한번 우리 하나님이시면 영원히 그러하시다. "이 하나님은 영영히 우리 하나님이시니"(시 48:14)라고 하였다. 어떤 세상적인 안위를 우리가 누리더라도 그것들은 한때뿐이며, 우리는 모든 것과 결별하지 않으면 안 된다(히 11:25). 바울의 친구들이 그를 배에까지 전송하였고 거기서는 그를 떠났던 것처럼(행 20:38), 우리의 모든 땅 위의 안위도 무덤까지만 우리와 동행할 뿐, 거기서는 우리를 떠나고 만다. 당신은 건강하니까 영원히 건강하리라고 말할 수는 없다. 또 자녀를 두었으니까 자녀를 영원히 두리라고 말할 수는 없다. 그렇지만 하나님이 당신의 하나님이시면, 당신은 하나님을 영원히 소유하리라. "이 하나님은 영원히 우리 하나님이시니"(시 48:14)라고 하였다. 하나님이 우리 하나님이시면, 그가 하나님으로 존속하시는 한 우리에게 하나님이시리라. "너희가 나의…신들을 취하여 갔으니"라고 미가는 말했다(삿 18:24). 그렇지만 믿는 자에게는 그의 하나님을 빼앗긴다고 말할 수 없다. 그는 여타의 모든 것들을 잃을 수 있겠지만, 그의 하나님은 잃을 수 없다. 하나님은 택정하신 영원부터 영광 받는 영원까지 우리 하나님이시다.

하나님이 우리 하나님이시면, 우리는 하늘나라에서 하나님과 모든 거룩한 관계를 누릴 것이다. 땅 위에서 더없는 행복은 어떤 관계를 누리느냐에 있다. 아버지는 자식에게서 자신의 모습을 바라보며, 아내는 자기 남편에게서 자신을 발견한다. 우리는 사랑의 꽃을 우리의 관계 가운데 심어놓으며, 그 관계를 잃는다는 것은 몸에서 수족을 뽑아버리는 것과 같다. 그렇지만 하나님이 우리 하나님이시면, 우리는 영광 가운데 우리의 모든 거룩한 관계를 하나님의 즐거움으로 즐거워하게 되리라. 은총 입은 자녀는 그의 거룩한 아버지를 보게 될 것이며, 정숙한 아내는 그리스도의 품안에서 그녀의 신령한 남편을 보게 될 것이다. 그러면서도, 비록 훨씬 차원이 다르지만, 이전에 있던 어떤 관계보다 더욱 소중한 관계의 사랑이 있을 것이다. 그러면 그 관계는 만나서는 결코 헤어지지 않을 것이다. "그리하여 우리가 항상 주와 함께 있으리라"(살전 4:17)고 하였다.

적용 2 이런 언약에 의한 연합을 잘 이해할 수 있는 이들에게 드릴 몇 가지 권고사항이 있다.

하나님이 우리 하나님이시라면, 우리는 하나님 안에 있는 우리의 이권을 활용하며, 그에게 우리의 모든 부담을 떠맡기자. 즉 우리의 두려움의 부담과, 우리의 소원과 우리의 죄까지 그에게 떠맡기자. "네 짐을 여호와께 맡겨 버리라"(시 55:22)고 하였다. 하나님의 무거운 짐인 악인들은 하나님께 자기들 짐을 떠맡길 권한이 전혀 없지만, 하나님을 자기 하나님으로 소유한 사람들은 하나님에게 자기들 짐을 떠맡기라는 요구를 받는다. 자녀가 자기 부모의 품속이 아니면 어디다 자기의 모든 염려를 떠맡길 수 있겠는가? "그대의 모든 쓸 것은 나의 담책이니"(삿 19:20)라고 하였다. 마찬가지로 하나님은 그의 자녀에게 "너희의 모든 쓸 것은 나의 담책이다"라고 말씀하실 것만 같다. 그리스도인이여, 무엇이 그대를 괴롭히는가? 그대는 그대의 죄를 용서해주시고 또 그대의 필요를 공급해주시는 하나님을 소유하고 있다. 그런고로 당신의 짐을 그에게 옮겨드리라. "너희 염려를 다 주께 맡겨 버리라"(벧전 5:7)고 하였다. 어째서 그리스도인들의 마음이 불안한가? 그들은 염려를 떠맡겨야 할 때 염려를 떠맡고 있다.

하나님이 우리 하나님이시라면, 비록 다른 것들이 부족할지라도 만족하기를 배우자. 만족감은 희귀한 보석이며, 염려의 치료제이다. 하나님을 우리 하나님으로 소유한다면, 우리는 만족하는 것이 당연하다. "나의 의뢰한 자를 내가 알고"(딤후 1:12)라고 하였다. 바울의 이권은 하나님 안에 있었다. "아무것도 없는 자 같으나 모든 것을 가진 자로다"(고후 6:10)라고 하였다. 바로 여기에 그의 만족감이 있었다. 하나님과 언약의 연합을 이룬 사람들이 영적 만족감으로 충만할 수 있기 위하여, 하나님은 얼마나 풍부한 영적 축복이신가를 깊이 생각하라.

하나님은 '충족하신 선'(*bonum sufficiens*)이다. 하나님을 소유한 이는 충족하다. 만일 누군가 목마르거든 그를 샘물로 인도하라. 그는 만족을 얻으리라. 하나님 안에는 하늘나라에 태어난 영혼을 채워줄 것이 충분히 있다. 하나님은 "은혜와 영화를 주시며"(시 84:11)라고 하였다. 하나님 안에는 충족성뿐 아니라 잉여성까지도 있다. 하나님은 그릇으로서 충만하실 뿐 아니라 샘물로서도 충만하시다. 다른 것들로는 전혀 영혼을 채워줄 수 없음은 마치 선원의 호흡이 배의 돛을 채워줄 수 없음과 같다. 그러나 하나님 안에는 '무한 충만함'(*cornucopia*)이 있다. 그는 천사들을 채워줄 만큼 충분히 가지셨으며 우리를 채워주기에 충분하시다. 사람의 마음은 삼각형으로 되어 있어 이것은 오직 성삼위께서만 채워주실 수 있다.

하나님은 '성화시키는 선'(*bonum sanctificans*)이시다. 하나님은 우리의 모든 위로거리들을 성화시켜 축복으로 바꾸신다. 건강도 축복받으며, 재산도 축복받는다. 하나님은 사냥한 짐승고기를 놓고도 축복을 내리신다. "내가 이 성의 식료품에 풍족히 복을 주고"(시 132:15)라고 하였다. 하나님은 마치 '보증금처럼'(*tanquam arrhabo*), 즉 더 많이 주실 것의 보증으로 우리의 생명을 우리에게 주신다. 하나님은 통속의 근소한 식품을 낙원의 호화판 향연의 보증으로 주신다. 하나님은 우리의 모든 십자가들도 성화시키신다. 하여 십자가들은 파괴적 형벌이 아닌 치료약이 될 것이고, 십자가들은 죄의 독성을 부식시켜서 먹어치울 것이며, 십자가들은 우리의 은총을 연마시켜서 세련되게 하리라. 다이아몬드는 깎으면 깎을수록 더욱 번쩍인다. 하나님께서 바이올린 줄을 당기실 때는 보다 아름다운 음악을 연주하시려는 뜻에서이다.

하나님은 '정선된 선'(*bonum selectus*)이시다. 만물은 '태양 아래서'(*sub sole*) 발판 정도의 선, 즉 어거스틴이 말한 대로 발판의 축복에 지나지 않지만, 하나님 자신을 우리 하나님으로 소유한다는 것, 그것이야말로 왕좌의 축복이다. 아브라함은 첩의 자식들에게도 선물을 주었으나, 상속은 이삭에게 내려주었다. "아브라함이 이삭에게 자기 모든 소유를 주었고"(창 25:5)라고 하였다. 하나님은 세상 사람들에게 선물을, 약간의 금과 은을 줘서 멀리 보내버리실지 모르지만, 우리에게는 당신 자신을 주심으로써, 우리에게 본질 자체를, 그의 은혜, 그의 사랑, 그의 왕국을 주시니, 여기에 더할 나위 없는 축복이 있는 것이다.

하나님은 '최고의 선'(bonum summum), 즉 제1위의 선이시다. 제1위의 선에는 유쾌함이 있게 마련이다. 거기에는 무엇인가 맛깔스럽고 달콤한 것이 들어 있음에 틀림없다. 그러니까 하나님 안에서가 아니면 어디에서 우리는 기쁨으로 황홀하게 해주는 저들 순결한 본질적 위안을 흡수할 수 있는가? '하나님 안에는 영혼을 유쾌하게 하는, 아니 오히려 매료시키는 무언가 달콤한 것이 있다'(In Deo quadam dulcedine delectatur anima immo rapitur). "주의 우편에는 영원한 즐거움이 있나이다"(시 16:11)라고 하였다. 제1위의 선에는 초월성이 내재함에 틀림없고, 그것은 초절적(超絕的)인 탁월성을 보유함에 틀림없다. 이처럼 하나님은 모든 여타의 사물보다 무한히 우월하시다. 여타의 사물들을 신격과 비교하는 것은 신격에 어울리지 않는다. 누가 새털 하나를 황금의 산과 비교하겠는가? 하나님은 '샘물과 근본'(fons et origo), 즉 모든 실체의 근원이시다. 그리고 원인은 결과보다 더 고귀하다. 창조물을 흩뿌려 번쩍거리게 하고, 태양 속에 빛을 투입시키며, 지구의 동맥을 은괴로 채우시는 이는 하나님이시다. 피조물이 하는 일은 다만 생명을 유지함에 불과하고, 하나님은 생명을 주신다. 하나님은 무한히 모든 하늘아래의 영광을 무색하게 하신다. 그는 영혼보다, 천사들보다, 그리고 하늘보다 더 빛나신다. 제1위의 선하심에는 충만하심 뿐 아니라 다양하심도 내포돼 있음에 틀림이 없다. 다양성이 결여된 곳이면 우리는 지겨워하기 쉽다. 꿀만 주식으로 먹고 산다면 역겨움이 생기겠지만, 하나님 안에는 모든 다양성의 충만함이 깃들여있다(골 1:19). 하나님은 우리의 모든 부족함에 균형을 잡아주시는 보편적 선이시다. 하나님은 '그 안에 모든 선함이 들어 있는 선하심'(bonum in quo omnia bona)이니, 곧 그 안에 아들이며, 기업이며, 구원의 뿌리 들어 있다. 하나님은 "모든 위로의 하나님"(고후 1:3)이라 일컫는다. 하나님 안에는 모든 아름다움들과 즐거움들의 복합체가 들어 있다. 건강은 아름다움의 위로를 가지지 못하였고, 아름다움은 부요의 위로를, 부요는 지혜의 위로를 가지지 못하였지만, 하나님은 모든 위로의 하나님이시다. 제1위의 선하심에는 영원하심도 내포돼 있게 마련이다. 하나님은 뽑아낸다고 줄어들지 않고, 길어낸다고 고갈되지 않는 보고이시다. 천사들은 계속적으로 하나님의 것을 소비하고 있지만, 하나님은 결코 소모되실 수 없다. 하나님은 영원히 거하시니까. 영원하심은 하나님의 면류관의 정화이다. 그러니까 하나님이 우리 하나님이시면, 우리의 영혼에 충만한 만족감을 넣어주시기에 충분하시다. 우리에게 태양이 있다면, 횃불이 무슨 소용인가? 만일 하나님이 우리에게 보석을 주셨을진대, 꽃을 거절하신들 무슨 상관인가? 어떻게 하면 그리스도인의 심정이 이런 반석 위에 기초를 두게 될는지! 우리가 만일 하나님은 우리 하나님이시라고 말하고, 그러면서 우리가 만족해하지 못하다면, 하나님 안에 있는 우리의 이권 여부를 의문시할 이유가 생긴다.

하나님이 우리 하나님이시라는 언약에 의한 연합을 우리가 밝히 이해할 수 있다면, 이것이 모든 상황에서 우리를 성원하며 소생시키는 역할을 하게 하라. 하나님으로 만족하는 것 가지고는 불충분하며, 적어도 원기 왕성해야 한다. 신격과 연합하는 것보다 더 강력한 무슨 강심제를 당신은 얻을 수 있는가? 예수 그리스도께서 승천하실 때에 "내가 내 하나님 곧 너희 하나님께로 올라간다"(요 20:17)라고 하신 말씀, 이보다 더 진한 위로를 제자들에게 남기실 수 없으리라. 무한하시고, 모든 것이 충족하시며, 영원하신 하나님을 자기들의 기업으로 받는 사람들이 아니면 누가 기뻐할 일인가? 그들이야말로 하늘나라에서 마련해 줄 수 있는 만큼의 부자들이 아닌가? 내가 설혹 건강이 부족한들 어떠리? 나는 내 얼굴을 도우시는 하나님, 곧 나의 하나님을 소유하고 있다(시 42:11). 내가 비록 세상에서 비천한들 어떠리? 나는 땅을 소유하지 못한다 하여도, 나는 땅을 지으신 분을 소유한다. 철학자는 이렇게 말하면서 스스로를 위로하였다. "비록 나는 음악이나 포도나무가 없지만 여기 집의 수호신들이 나와 함께 있다." 그러니까 우리는 비록 포도나무나 무화과나무가 없지만 우리에게는 하나님이 함께 계신다. 하나님이 부유하신 이상 나는 가난할 수가 없다고 버나드는 말한다. 그 까닭은 하나님의 부는 나의 것이기 때문이다. 아아, 성도들은 이런 언약에 의한 연합을 즐거워하라! 하나님이 우리 하나님이시라고 말하는 것은 하늘나라가 우리 하늘나라라고 말하는 것 이상이다. 그 까닭은 하나님 없이는 하늘나라가 성립되지 못하기 때문이다. 모든 별들이 다 빛나도 태양 없이는 낮을 만들지 못한다. 모든 천사들, 저 모든 아침의 별들도 의의 태양 그리스도 없이는 하늘나라를 이루지 못한다. 그리고 하나님을 우리 하나님으로 모시는 것이 살아서 기뻐할 일인 것처럼, 죽어서는 특별히 더욱 그러하리라. 그리스도인이어든 이렇게 생각하라. 나는 내 하나님께로 가노라고. 어린 아이는 아버지를 보러 집에 돌아가는 것이 기쁘다. 그리스도께서는 이 세상을 떠나실 때가 그의 위안이었다. "내가 내 하나님께로 올라가노라"(요 20:17)고 하였다. 그러니까 믿는 자의 임종시 위로도 이와 같아야 한다. "나는 내 하나님께로 간다. 나는 나의 처소가 바뀌겠지만, 나의 친족은 바뀌지 않으리라. 나는 내 하나님 내 아버지께로 간다."

하나님이 우리 하나님이시라면, 우리는 목이 터져라 찬송을 부르자. "주는 나의 하나님이시라 내가 주를 높이리이다"(시 118:28)라고 하였다. 오오! 그 무한하시고 놀라우신 긍휼이여, 하나님이 흙과 먼지를 가지고 그토록 친근한 사랑의 결속을 이루서 친히 우리 하나님이 되셨으니! "내게 오히려 있는 것이 무엇이냐"(삿 18:24)라고 미가가 말했듯이, 하나님께 무엇이 더 남아 있는가? 자기 자신보다 더 값비싼 무슨 보석을 하나님이 가지셨기에 우리에게 주시겠는가? 하나님께 무엇이 더 남아 있는가? 하나님이 세상에게는 부와 명예 따위로 대충 얼버무려 주시고 우리에게는 은혜의 선물로 자기 자신을 넘겨주셔서 우리 하나님이 되시고도, 이를 연유로 또 우리에게 왕국을 물려주셨으니 아아 제일 좋은 악기인 마음을 가지고 하나님을 찬양하자. 그리고 이 악기를 가장 아름다운 음조에다 조율시켜 놓자. 우리의 온 심정을 다하여 하나님을 찬송하자. 어떻게 다윗이 단계적으로 가락을 높여 가는지 보라. "여호와를 기뻐하며 즐거워할지어다…즐거이 외칠지어다"(시 32:11)라고 하였다. 기뻐하라, 거기 감사함이 있고, 즐거워하라, 거기 상쾌함이 있으며, 외치라, 거기 승리감이 있다. 찬양을 분향이라 부르는 까닭은 향기로운 제사이기 때문이다. 성도들은 마땅히 하나님을 찬양하는 성가대원이 되라. 가장 깊은 샘이 가장 달콤한 물을 낸다. 우리를 사랑하시는 하나님의 언약의 사랑을 더욱 깊이 의식할수록, 그만큼 더욱 향기로운 찬양을 드려야 한다. 우리는 여기에서 하나님의 이름을 영원히 전하기 시작해야 하며, 하늘나라에서 항상 하고 있을 바로 그 작업을 세상에 있을 때 해야 한다. "나의 생전에 여호와를 찬양하며"(시 146:2)라고 하였다.

우리는 하나님을 자기 하나님으로 삼은 사람들답게 처신하자. 다시 말하면, 무언가 하나님의 것다움이 우리에게 있음을 다른 사람들이 볼 수 있도록 행하자는 것이다. 거룩하게 살아라. 끊지 않으면 우리의 이권을 약화시킬 죄가 우리와 무슨 상관이 있단 말인가? "내가 다시 우상과 무슨 상관이 있으리요"(호 14:8)라고 하였다. 그런즉 그리스도인은 이렇게 말할 것이다. "하나님은 나의 하나님이시니, 내가 더 이상 죄, 육욕, 교만, 악의와 무슨 상관이 있으랴! 나더러 죄지으라 명하라! 나더러 독을 마시라 명함과 같으리. 하나님 안에 가진 나의 이권을 박탈당하랴? 내 기쁨의 면류관이신 그분 곧 내 구원의 하나님을 고의로 거역하느니 나는 차라리 죽으리라."

(2) 너를 애굽 땅에서 인도하여 낸

애굽과 종살이하던 집은 같은 것이다. 다만 우리에게 다른 표현을 써서 나타냈을 뿐이다. 첫째 표현은, "너를 애굽 땅에서 인도하여 낸"이다.

① 왜 주님은 이스라엘을 애굽 땅에서 구해내셨다고 말씀하시는가?

첫째, 구출의 진기함 때문이다. 하나님은 기이한 표적과 기사에 의해, 바로 왕에게 재앙을 연거푸 보내기고, 그 땅의 산물들을 말려죽이시며, 애굽의 모든 장자들을 죽이심으로써 자기 백성 이스라엘을 구출해 내셨다(출 12:29). 이스라엘이 애굽 땅에서 행진해 나왔을 때, 하나님은 바닷물을 갈라놓으셔서 그의 백성에게 벽이 되게 하셨으며, 그새 백성들은 마른 땅 위를 건너갔다. 그런데 하나님은 그 똑같은 바다를 이스라엘에게는 인도가 되게 하셨고, 바로와 그의 병거들에게는 무덤이 되게 하셨다. 주님은 이런 진기한 구출에 대해 언급할 만하셨다. 주님은 그 백성을 구출하기 위하여 기적에 기적을 거듭 행하셨던 것이다.

둘째, 하나님이 애굽 땅에서 이스라엘을 구출하셨다고 언급하시는 것은 그 구출의 위대하심 때문이다. 하나님은 애굽의 오염으로부터 이스라엘을 구출하셨다. 애굽은 살아가기에 불량한 분위기였으며, 우상숭배로 감염되어 있었다. 애굽 사람들은 극심한 우상숭배자들이었으며, 그들은 사도가 로마서 1:23에서 말씀하는 죄를 짓고 있었다. "썩어지지 아니하는 하나님의 영광을 썩어질 사람과 금수와 버러지 형상의 우상으로 바꾸었느니라"고 하였다. 애굽 사람들은 참 하나님 대신 부패하는 인간을 숭배하였으며, 자기들의 임금 아피스(Apis)를 신격화시켜 모든 사람으로 죽음의 고통의 위협 아래 그가 사람이라 말하지 못하도록 금지시켰다. 그들은 매와 같은 새들을 숭상하였고, 황소와 같은 짐승들을 숭상하였다. 그들은 짐승의 형상을 만들어 자기들의 신으로 삼았다. 그들은 악어와 인디언 생쥐와 같이 기는 것들을 숭상하였다. 그러므로 하나님은 그와 같은 우상숭배의 나라에서 그들을 인도해 내셨다는 이스라엘에 대한 신호적인 은총으로서 말씀하신다. "나는 너를 애굽 땅에서 인도해 내었다."

내가 유의하고 싶은 것은 우상숭배의 장소로부터 구출받는 것이야말로 적시 않은 축복이라는 사실이다. 하나님은 구약에서 이에 관해 자그마치 열 번이나 말씀하시기를, "나는 너를 애굽 땅에서 인도하여 내었다"라고 하였다. 그곳이 바로 우상숭배의 장소이다. 애굽 땅에 쇠풀무는 없었다 하더라도 많은 제단이 거기 있었다. 또 거짓 신들을 보면 애굽 땅으로부터 구출받는 일이 이스라엘에게는 큰 특권이었다. 아브라함의 조상들이 다른 신들을 섬기던 장소인 갈대아의 우르로부터 하나님이 아브라함을 인도해 내신 사실을, 여호수아는 하나님이 아브라함에게 베푸신 중요하고도 가장 잊지 못할 긍휼하심으로 평가한다(수 24:2-3). 박토에 심겼던 나무가 자라고 번성하기에 더 알맞은 옥토로 이식된다는 것은 다행한 일이다. 이처럼 우상숭배자들 가운데 심겨졌던 어떤 사람이 시온 땅으로 옮겨 심어짐으로써, 거기서 하나님 말씀의 은빛 이슬로 거룩하게 자란다는 것이 긍휼하심이다.

② 우상숭배의 장소로부터 구출받은 것이 어떤 면에서 그토록 큰 축복으로 보이는가?

이것이 큰 긍휼이 되는 이유는 우리의 본성이 우상숭배에 잘 쏠리기 때문이다. 이스라엘은 애굽 땅의 우상들로 더럽혀지기 시작했다(겔 22:3). 마른 장작이 불붙기 쉬운 것처럼 우리의 본성은 우상숭배에 기울어지기 쉽다. 유대인들은 하늘의 여왕, 다시 말하면 달한테 과자를 만들어 바쳤다(렘 7:18).

③ 우리가 우상숭배의 성향이 강한 까닭은 무엇인가?

첫째, 우리는 보이는 대상에 많이 현혹되기 때문이며, 감각적인 쾌락을 사랑하기 때문이다. 인간은 천성적으로 자기 눈으로 볼 수 있는 어떤 신을 마음에 그린다. 비록 그 신이 사람들을 볼 줄 모르는 따위의 신이긴 하지만, 사람들은 시각적으로 그것을 보고 싶어 한다. 참 하나님은 보이지 않는다. 이런 사실이 우상숭배자로 하여 무언가 시각적으로 보이는 것을 숭배하게 만든다.

둘째, 우상숭배의 처소로부터 구출받는 것이 긍휼인 까닭은, 우상숭배의 죄 곧 하나님께 마땅히 드려야 할 영광을 우상에게 드리는 죄가 중죄이기 때문이다. 하나님께 드리는 모든 예배라 예배는 하나님 자신이 독점하시게 마련이며, 이것은 하나님의 면류관의 정화이다. 희생제사의 기름을 하나님은 요구하신다(레 3:3). 하나님께 드리는 예배는 희생제사의 기름이며, 이를 하나님은 자신의 몫으로 비축해두신다. 이런 예배를 우상숭배자는 우상에게 봉헌하니, 주님은 이것을 절대 용납하시지 않는다. "나는 내 영광을 다른 자에게 내 찬송을 우상에게 주지 아니하리라"(사 42:8)고 하였다. 우상숭배는 영적인 간음죄이다. "또 그 우상과 행음하며"(겔 23:37)라고 하였다. 하나님 외에 어느 다른 것을 숭배하는 행위는 결혼관계의 파괴행위이며, 주님으로 하여금 백성 안에 있는 자기의 이권을 포기케 하는 행위이다. "너희 어미와 쟁론하고 쟁론하라 저는 내 아내가 아니오"(호 2:2)라고 하였다. "네 백성이 부패하였도다"라고 하였다. 더 이상 내 백성이 아니라, 네 백성이다(출 32:7). 하나님은 우상숭배를 모독죄라 일컬으신다. "너희 열조가…나를 욕되게 하였느니라"고 하였다. 우상숭배는 마귀숭배이다(겔 20:27, 31). "그들은 하나님께 제사하지 아니하고 마귀에게 하였으니 곧 그들의 알지 못하던 신, 근래에 일어난 새 신…이로다"(신 32:17)라고 하였다. 이 새 신들은 옛 마귀였다. "그들은…수염소에게 다시 제사하지 말 것이니라"(레 17:7)라고 하였다. '수염소'(La-sairim)는 털이 많은 자를 말하는데, 그 이유는 마귀가 털이 많아서, 사티로스(半人半獸)와 염소의 형태로 나타났기 때문이다. 우상숭배는 얼마나 끔찍한 죄인가! 그리고 롯이 소돔으로부터 천사들의 손에 간신히 구출받은 것처럼, 우상숭배의 처소로부터 간신히 구출받는 일이 얼마나 큰 긍휼인가!

셋째, 우상숭배의 처소로부터 구출받는 일이 긍휼인 까닭은, 우상숭배가 그토록 어리석고 불합리한 종교행위이기 때문이다. 예레미야 8:9의 말씀처럼 "그들에게 무슨 지혜가 있으랴?"라고 나는 말하고 싶다. 최선을 거절하고 최악을 선택하는 것이 어리석은 짓 아닌가? 요담의 비유에 나오는 벌판의 나무들은 하나님과 사람을 기쁘게 하는 포도나무, 기름이 줄줄 흐르는 올리브나무, 그리고 단맛이 가득한 무화과나무를 업신여기고, 자기들을 다스리라고 가시나무를 택하였으니, 이것이야말로 어리석은 선택이었다(삿 9장). 이토록 어리석은 짓이 바로 우리를 구원할 능력 있으신 살아 계신 하나님을 거부하고, 눈이 있으나 보지 못하고 발이 있으나 걷지 못하는 우상을 선택하는 행위이다(시 115:6-7). 이것이 얼마나 기괴망측한 미친 짓인가? 그러므로 그런 어리석음을 범하지 않게 구출받는 일이야말로 긍휼이다.

넷째, 우상숭배의 처소로부터 구출받는 일이 긍휼인 까닭은 우상숭배자들에게 가해지는 비참한 심판 때문이다. 이 죄는 바로 하나님을 격노케 하며, 그의 얼굴에 분노를 떠오르게 하는 죄이다(겔 38:18). 하나님의 책 전체를 샅샅이 뒤져보라, 그러면 당신은 아무리 큰 죄도 우상숭배보다 더 많은 재앙으로 뒤를 따르게 하신 죄가 없음을 발견하리라. "다른 신에게 예물을 드리는 자는 괴로움이 더할 것이라"(시 16:4). "저희 조각한 우상으로 그를 진노케 하였으며"(시 78:58). "하나님이 들으시고 분내어 이스라엘을 크게 미워하사 실로의 성막…을 떠나시고"(시 78:59, 60)라고 하였다. 실로는 에브라임 지파에 속하는 도시로서, 하나님이 자기 이름을 두신 고장이다(렘 7:12). 그러나 그들의 우상숭배 때문에, 하나님은 그 처소를 버리셨고, 자기의 백성을 칼에 붙이셨고, 그의 제사장들을 학살당하게 하셨으며, 그의 언약궤도 탈취를 당함으로써 다시는 되돌아오지 못하게 하셨다. 이스라엘이 금송아지를 숭배한 죄에 대하여 하나님이 얼마나 혹독하셨던가(출 32:27)! 유대인들은 자기들에게 닥쳐오는 모든 불행에는 '그 이면에 1온스짜리 금송아지가 있다'(uncia aurei vituli)라고 말한다. "내 백성아 거기서 나와 그의 죄에 참여하지 말고 그의 받을 재앙들을 받지 말라"(계 18:4)고 하였다. 우상숭배란, 그 죄 속에 살면, 사람들을 하늘나라에서 끊어버리는 죄이다(고전 6:9). 이렇게 되고 보면 우상숭배의 처소로부터 구출받는 일이야말로 적지 않은 긍휼이다.

적용 1   우리 민족에게 향하신 하나님의 선하심을 볼지니, 우리를 영적인 의미의 애굽으로부터 인도해 내셨고, 로마 가톨릭교의 우상숭배인 교황으로부터 우리를 구출해 내셨으며, 하나님의 진리의 빛으로 우리 가운데서 영광스럽게 터치고 나오게 하신 것이다. 옛날에는, 특히 메리 여왕의 시대에 영국은 우상숭배로 뒤덮였었다. 영국은 하나님을 잘못된 방식으로 예배했었다. 그리고 거짓된 신을 경배함 뿐 아니라 참 하나님을 거짓된 방식으로 경배함 또한 우상숭배이다. 그러한 거짓이 바로 예전의 우리 경우였다. 우리는 연옥, 면죄부, 우상숭배의 미사, 미지의 방언 안에다 잠가버린 성경, 성자와 천사에게 하는 기도, 그리고 성상숭배를 자행했었다. 성상은 거짓 스승이다(합 2:18). 그것들이 어떤 면에서 거짓을 가르치는가? 그것들은 볼 수 없는 하나님을 육체의 형상으로 나타낸다. "너희가 그 말소리만 듣고 형상은 보지 못하였느니라"(신 4:12)고 하였다. '보이지 않는 것은 그릴 수 없다'(Quod invisibile est, pingi non protest)라고 암브로시우스는 말한다. 무슨 손가락으로도 하나님을 그릴 수는 없다. 심지어 영혼도 영인고로 그릴 수 없거든, 하물며 하나님이랴. "그런즉 너희가 하나님을 누구와 같다 하겠으며"(사 40:18)라고 하였다. 로마 가톨릭교도들은 말하기를 성상에 의해 하나님께 예배한다고 한다. 이것은 중대한 부조리이다. 왜냐하면 만일 왕이 있는데서 왕의 초상화에 엎드려 절하는 것이 도리에 어긋난다면, 하물며 하나님이 친히 계신데서 신의 형상에 엎드려 절하는 짓이 얼마나 더욱 도리에 어긋나랴(렘 23:24). 가톨릭교라는 것이 터무니없는 종교의식 집단이 아니고 무어란 말인가? 그들의 밀랍, 꽃장식, 성체용기, 하나님의 어린양 상, 유지(乳脂)와 성유, 묵주, 십자가 목걸이, 이런 것들이 육체의 마음에 맞추어 육체적 숭배를 분장하기 위한 사단의 계략이 아니고 무엇인가? 오! 우리를 가톨릭교로부터 구해내 주심이 하나님을 찬양할 얼마나 좋은 명분이 되는가! 스페인의 침략과 화약음모사건으로부터 구해내 주신 것이 하나님의 긍휼이었다. 하지만 하나님으로 우리에게 이혼장을 써주시게 할 뻔한 로마 가톨릭의 종교로부터 구해내 주심은 훨씬 더 큰 긍휼이다.

적용 2 가톨릭교 우상숭배의 애굽으로부터 구해냄을 받는 일이 크나큰 축복이라면, 애굽으로부터 인도해 냄을 받고도 그리로 되돌아가기를 서슴지 않는 자들의 죄와 어리석음이 어떤지 보여준다. 사도는 "우상 숭배하는 일을 피하라"(고전 10:14)고 말하고 있다. 그러나 이들은 오히려 우상숭배하려 달려느니, 이런 짐에서 그들은 애굽의 모든 우상숭배와 학정을 겪어보고도 애굽으로 되돌아가기를 동경하였던 이스라엘 백성과 똑같다. "우리가 한 장관을 세우고 애굽으로 돌아가자"(민 14:4)라고 하였다. 그러나 어떻게 그들이 애굽으로 돌아갈 터인가? 어떻게 그들이 광야에서 먹을 것을 얻을 터인가? 하나님이 그런 반역자들에게 여전히 만나를 비처럼 내려주실까? 그들이 어떻게 홍해를 건널 터인가? 하나님 섬김을 그만두고 우상숭배의 애굽으로 돌아가는 그따위 인간들을 위하여 하나님이 재차 기적적으로 물을 갈라 주실까? 그럼에도 그들은 "장관을 세우자"고 말한다. 그러면 우리 가운데도 "두목을 세우고 로마 가톨릭교의 애굽으로 되돌아가자"라고 말하는 그따위

인물들이 없는가? 만일 우리가 그리한다면 무엇을 얻을까? 염려컨대 애굽의 부추와 양파가 우리를 병들게 하지 않을까 두렵다. 만일 우리가 음행의 잔을 마신다면, 우리가 구원의 잔을 마시게 되리라 혹시라도 상상하는가? 오! 누구라도 이성을 박탈당한 나머지 로마의 주교관구에 스스로 노예가 되지나 않을는지! 기꺼이 미사집전 사제를 위해 촛불을 켜들고, 다른 신에게 경배할 자가 생기지지나 않을는지! 우리는 두목을 세우겠다고 말하지 말고, 오히려 에브라임처럼 "내가 다시 우상과 무슨 상관이 있으리요"(호 14:8)라고 말하자.

적용 3 애굽으로부터 인도해 내주시는 일이 긍휼일진대, 손에 성경책을 들고 있다 들키면 사형죄에 해당할 수도 있는 우상숭배의 처소에 자리 잡고 살겠다는 것은 바람직하거나 안전하지가 않다. 어떤 이들은 세속적인 이득을 위해 우상숭배자들 가운데 뛰어들어서, 사단의 권좌가 있는 곳에 살아도 아무 위험이 없다고 여긴다. 그들은 하나님이 자기들을 시험 가운데 인도하지 마시기를 기도하지만, 실상은 자기들이 시험 가운데로 인도한다. 그들은 오염되어 타락할 큰 위험에 처해 있다. 짠 바닷물 속에서 민물고기가 생생하게 살아남기 힘들다. 사람은 변색되지 않고서는 아프리카 흑인 가운데 살아갈 수가 없다. 그들이 당신에 의해 회심하기보다 우상숭배자들에 의해 부패하기가 보다 쉬우리라. 요셉은 우상숭배의 궁중에 살면서 아무 유익도 얻지 못했다. 그는 바로에게 기도하기를 가르쳐주지 않았으나, 바로는 그에게 맹세하기를 가르쳐주었다. 그들은 "열방과 섞여서…그 우상들을 섬기므로"(시 106:35-36)라고 하였다. 이것이 결국 많은 사람들의 파멸의 원인이 되어오지 않았나 싶다. 그들은 상업거래를 추진할 목적으로 우상숭배자들 가운데 정착하였다가, 마침내 그들의 상품만 거래할 뿐 아니라 그들의 종교까지 거래하게 되었다는 것이다.

적용 4 죄가 지배하는 더럽혀진 곳, 애굽 땅으로부터 인도해 내주신 것은 긍휼이다. 자녀들을 병역에 내보낼 때나, 결혼을 시켜줄 때나, 자기 자녀들의 영혼을 위해 제대로 사랑을 나타내지 못하는 부모들은 수치스럽다. 자녀들을 군복무에 내보낼 때, 관심사가 주로 그들의 몸을 위하여 공급이 잘 될까 하는 것이지, 그들의 영혼이 어찌 될지는 유념하지 않는다. 그들의 영혼은 애굽에, 즉 술 마시고, 맹세하며, 안식일을 범하는 집이요, 하나님의 이름이 매일같이 욕을 먹는 집에 가서 있다. 자기 자녀들을 결혼시킬 때도, 그들은 오로지 돈에만 눈이 간다. "너희는 믿지 않는 자와 멍에를 같이 하지 말라"(고후 6:14)고 하였다. 혹시 자기 자녀들이 재산상으로는 같이 멍에를 진다하더라도, 신앙적으로 멍에를 메지나 않을지를 괘념치 않는다. 그런 부모들은 자기 자녀들의 영혼이 얼마나 귀중한가 생각해 보라. 그 영혼은 불멸이며, 하나님과 천사들과 더불어 친교를 나눌 수 있다는 것이다. 당신은 한 영혼을 잘못된 집안에 들여보냄으로써 망하게 할 작정인가? 당신에게 사랑하는 말이 있다면, 당신은 그 말을 병들어 앓는 다른 말들과 함께 같은 마구간에 넣어두지 않으리라. 그런데 당신은 말보다 당신의 자녀를 더 사랑하지 않는가? 하나님은 당신에게 자녀들의 영혼을 위탁하셨으니, 당신은 영혼들을 보호할 책임이 있다. 하나님이 "이 사람을 지키라 만일 저를 잃어버리면 네 생명으로 저의 생명을 대신하거나…"(왕상 20:39)라고 말씀하신다. 하나님은 이같이 말씀하시기를, 만일 그대의 자녀의 영혼이 그대의 태만으로 인하여 잘못된다면, 그의 피를 나는 그대의 손에서 찾으리라고 하신다. 부모가 된 그대들 모두여, 이것을 생각하라. 당신의 자녀들을 애굽 땅에, 악한 집안에 데려나 놓을까 조심하리. 그들을 마귀의 입속에 넣어주지 말라는 말이다. 자녀들을 위하여 여호수아의 가정 같은 건실하고 믿음 깊은 가정을 찾아 주라. "나와 내 집은 여호와를 섬기겠노라"(수 24:15)고 하였다. 크랜머(Cranmer)의 가정과 같은 가정, 그곳은 '경건의 도장'(*palaestra pietatis*)이었고, 하나의 벧엘이었으며 "그의 집에 있는 교회"(골 4:15)라 부를 만한 곳이었다.

적용 5 우리는 하나님이 우리 조국을 애굽의 더럽힘으로부터 지켜주도록, 다시는 이 나라가 미신과 우상숭배로 온통 뒤덮이지 않도록 기도

하자. 아아, 우리 재산, 우리 몸 뿐 아니라 우리의 양심까지 노예로 만들어버린 슬픈 종교여! 진정한 프로테스탄트 신앙이 여전히 우리 가운데 흥왕하도록, 복음의 태양이 여전히 우리의 지평선에 비취도록 기도하라. 복음은 국민을 하늘 높이 높여주는 바, '왕국의 기둥과 영광'(columna et corona regni)이다. 만일 복음이 제거된다면 '영광은 떠났다'(Ichabod)이다. 너도밤나무의 꼭대기가 잘려 나가면, 그 나무의 온 몸통은 빨리 시든다. 이와 같이 복음은 우리의 모든 축복의 정점이다. 이 정점이 잘리면, 국가 전체가 곧 말라죽을 것이다. 아아, 주님께서 친히 우리 가운데 임재하신다는 증거, 곧 그의 규례들을 계속 유지해주시어 조국이 '여호와 삼마'(Jehovah-Shammah), 즉 "여호와께서 여기 계시다"(겔 48:35)라고 불릴 수 있도록 기도하라. 의와 화평이 서로 입 맞추도록, 그리하여 영광이 우리 땅에 거하도록 기도하라.

(3) 종 되었던 집에서

애굽과 종 되었던 집은 동일한 것이며 단지 다른 개념으로 표현되었을 따름이다. 애굽이라 하면 우상숭배와 미신의 장소를 의미하고 종 되었던 집이라 하면 고생의 장소를 의미한다. 이스라엘은 애굽에 있는 동안 심한 폭정에 시달리고 있었다. 공사감독들은 이스라엘 백성들에게 중노동을 강요하였으며 벽돌 만드는 일을 시켜놓고도 짚을 주지 않았다. 그런 까닭에 애굽은 신명기 4:20에 철 용광로라 불리고 있으며 본문에서는 종 되었던 집이라 불리고 있다. "내가 너희를 종 되었던 집에서 인도하여 냈다"라는 이 표현에서 두 가지 사실이 주목된다. 하나님의 자녀들은 때때로 쓰라린 고난에 처해질 수도 있다는 것이다. '종 되었던 집에서'라고 하였다. 그러나 하나님은 적시에 그들을 괴로운 처지에서 인도해 내신다. "나는 너희를 종 되었던 집에서 인도하여 냈다."

하나님의 자녀들은 때때로 '종살이 집에서'(in demo servitutis) 쓰라린 고생을 겪을 수도 있다. 하나님의 백성은 안일하게 살아도 된다는 공식문서를 받은 적도 없고, 금생에서 괴로움을 면제받는 특허장을 받은 적도 없다. 악인들이 달콤한 삶을 영위하는가 하면, 경건한 이들이 종종 눈물에 젖은 삶을 영위한다. 만일 하나님이 가끔 그들을 곤경 속으로 끌어들이지 않으신다면, 그들을 곤경으로부터 인도해 내주시는 하나님의 능력을 과연 어떻게 보여줄 수 있겠는가? 만일 땅위에서 그들이 눈물을 전혀 흘리지 않는다면, 어떻게 하늘나라에서 하나님이 그들의 눈에서 눈물을 씻어주시겠는가? 의심할 여지없이, 하나님은 그의 자녀들이때로는 종살이 집에 있어야할 필요가 있다고 보신다. "잠간 근심하게 되지 않을 수 없었으나 오히려 크게 기뻐하도다"(벧전 1:6)라고 하였다. 몸은 때때로 달콤한 것보다는 쓰디쓴 몫이 더 필요할 때가 있다.

① 왜 하나님은 자기 백성을 종살이 집이나 괴로운 처지에 놓아두시는가?

첫째, 시험 또는 시련을 위해서이다.

"너를 인도하여 그 광대하고 위험한 광야…을 지나게 하였으며…이는 다 너를 낮추시며 너를 시험하사"(신 8:15-16)라고 하였다. 고생은 진실성을 시험하는 시금석이다. "하나님이여 주께서 우리를 시험하시되 우리를 단련하시기를 은을 단련함 같이 하셨으며…어려운 짐을 우리 허리에 주셨으며"(시 66:10-11)라고 하였다. 위선자들이 번영하는 동안은 참 신앙을 받들어 번영의 여왕이 보석 귀걸이를 하고 있을 때는 구애도 하는 수가 있다. 그러나 고난당하는 시기에 하나님을 가까이하는 사람이야말로 좋은 그리스도인이다. "이 모든 일이 우리에게 임하였으나 우리가 주를 잊지 아니하며"(시 44:17)라고 하였다. 하늘나라에서 하나님을 사랑하는 것은 놀라운 일이 못된다. 그러나 하나님이 우리를 징벌하실 때 그를 사랑하면, 여기서 진실성이 발견된다.

둘째, 정화를 위해서이다.

우리의 부패를 씻어내는 것이다. '왕겨는 타버리고 금은 정화된다'(*Ardet palea, purgatur aurum*). 눈은 예민한 부위이지만 염증을 일으키면, 얼얼한 가루와 물약을 투여해서 티를 녹여 없앤다. 이와 같이 하나님의 백성은 하나님께 소중하지만, 백성 가운데 부패가 만연하기 시작하면, 하나님은 고난의 매서운 가루약을 투여하셔서, 눈 속의 잡티를 녹여 없애신다. 고난은 우리의 겉껍데기를 두들겨 탈곡하시는 하나님의 도리깨이다. 고난은 우리의 게으름, 사치, 교만, 세상 사랑을 씻어내기 위하여 하나님이 사용하시는 수단이다. 하나님의 용광로는 시온에 있다(사 31:5). 용광로는 소멸하기 위한 것이 아니라, 정제하기 위한 것이다. 만일 이런 수단을 써서 죄를 덜 짓는다면, 보다 많은 고난을 당한들 어떠하랴!

셋째, 증진을 위해서이다.

성령의 은혜를 증강시키자는 것이다. 은혜는 철 용광로 속에서 가장 왕성해진다. 된서리가 알곡을 살찌게 하고, 역시 모진 고생이 은혜를 강화시킨다. 성도들 속에 있는 은혜는 흔히 등걸불 속에 감추어진 불과 같고, 고난은 그 불을 불어서 불꽃을 일으키는 풀무와 같다. 주님은 종살이 집을 은혜의 친구가 되게 하신다. 그러면 믿음과 인내가 그들의 분담 역할을 맡는다. 밤의 어둠은 별의 빛남을 막지 못한다. 이와 같이 다이아몬드는 깎일수록 더욱 반짝이고, 하나님이 우리를 괴롭게 하실수록 그만큼 우리 은혜는 더욱 빛나는 광채를 발한다.

넷째, 준비를 위해서이다.

성도들이 영광을 받기에 합당하도록 준비케 하려는 것이다(고후 4:7). 건축을 위해 잘라놓은 돌들은 먼저 다듬고 네모반듯하게 깎는다. 경건한 자들을 '산 돌'이라고 하였다(벧전 2:5). 성도들이 하늘나라의 건물에 합당하게 하기 위하여, 하나님은 그들을 먼저 고난에 의해 다듬어내시고 단련하신다. 종살이 집은 손으로 만들지 않은 집으로 갈 준비를 하는 곳이다(고후 5:1). 긍휼의 그릇들은 고난으로 단련시키고, 그런 다음에 영광의 포도주를 부어놓는다.

② 경건한 자의 고난은 악인의 고난과 어떻게 다른가?

첫째, 경건한 자의 고난은 견책에 불과하지만 악인의 고난은 형벌이다. 전자는 아버지에게서 오고, 후자는 재판관에게서 온다.

둘째, 경건한 자에게 닥치는 고난은 언약적인 긍휼의 열매이다(삼하 7:14). 악인에게 닥치는 고난은 하나님의 진노의 결과이다. "병과 분노가 저에게 있느니라"(전 5:17)고 하였다. 악인에게 닥치는 고난은 지옥의 담보와 보증이다. 그런 고난은 범죄자를 포승으로 묶어놓음 같으며, 곧 처형당할 것이라는 전조가 된다.

셋째, 경건한 자에게 닥치는 고난은 그들을 교화시키지만, 악인에게 닥치는 고난은 그들을 악화시킨다. 경건한 자는 더욱 기도하고(시 130:1), 악인은 더욱 하나님을 모독한다. "사람들이 크게 태움에 태워진지라…하나님의 이름을 훼방하며"(계 16:9)라고 하였다. 악인에게 닥치는 고난은 그들을 더욱 완악하게 한다. 애굽에 내린 재앙마다 바로의 마음을 완강하게 하는 재앙을 증폭시켰다. 어떤 이들은 중병을 앓고 난 후에 얼마나 괴기적인 사악으로 치닫는가? 경건한 자에게 닥치는 고난은 양념을 으깨는 것과 같이 지극히 달콤하고 향기롭다. 악인에게 닥치는 고난은 절굿공이로 잡초를 짓이기는 것같이 그것들로 더욱 역겨운 냄새를 풍기게 한다.

적용 1 이스라엘이 종살이 집에 있는 것을 본다 해서 놀랄 일이 아니다(벧전 4:12). 성도들이 성결하다고 고난을 면제해 주지는 못할 것이다. 그리스도는 하나님의 거룩한 자이셨건만, 철 용광로에서 지내셨다. 그리스도의 배우자는 가시밭 가운데 백합화이다(아 2:2). 비록 그의 양들은 몸에 선택받은 귀표를 달고 있지만 그들의 양털은 깎일 수도 있다. 경건한 자는 자기들 속에 다소 선한 면을 지니고 있기에 마귀가 그들을 괴롭힌다. 동시에 그들 속에는 다소 악한 면도 지니고 있기에 하나님이 그들을 괴롭히신다. 세상에 두 자손이 있는 동안엔, 험한 고난당할 줄을 예상하고 있으라. 복음은 우리가 왕 노릇하리라 말씀하지만 그보다 먼저 고난 받을 것을 말씀한다(딤후 2:12).

고난은 항상 하나님의 노여움의 표시가 되는 것은 아니다. 이스라엘은 하나님의 눈동자요 모든 민족 위에 뛰어난 하나님의 진귀한 보배였는데, 종살이 집에서 지냈다(출 19:5). 우리는 괴로운 처지에 놓인 사람들을 판단하고 악평하는 경향이 있다. 야만인들은 바울의 손에 독사가 매달린 것을 보자 "진실로 이 사람은 살인한 자로다"(행 28:4)라고 말하였다. 이와 같이 고난의 독사가 경건한 자에게 달라붙은 것을 볼 때 악평하는 경향이 있다. 그래서 이 사람들은 다른 이들보다 더 큰 죄인인지라 하나님이 그들을 미워하시는 것이라고 말한다. 그러나 이와 같이 경솔한 악평을 하는 까닭은 지혜가 없기 때문이다. 이스라엘은 종살이 집에 있었지 않았나? 예레미야는 지하 감옥에 있었으며, 바울은 일주야를 깊음 속에 있지 않았는가? 하나님의 괴롭히심은 아니 괴롭히심과 똑같이 미워하신다는 증거가 되지 않는다. "너희 딸들이 행음하여도…내가 벌하지 아니하리니"(호 4:14)라 하였다. 버나드(Benard)는 '하나님은 노하시지 않을 때 가장 많이 노하신다'(*Deus maxime irascitur cum non irascitur*)라고 말했다. 하나님은 형벌하시지 않을 때 가장 많이 형벌하시며, 하나님의 손길은 가장 가벼워 보일 때 가장 무거우시다. 재판관은 자기가 처형할 예정인 자의 손에 화상을 입히지 않을 것이다.

하나님의 친 백성 이스라엘도 종살이 집에 있을 수 있는 걸 보면, 고난당한다 해서 덮어놓고 그 사람이 곧 비참하다는 증거가 되지는 않는다. 실로 회개하지 않는 죄야말로 사람을 비참하게 만들지 십자가는 사람을 비참하게 만들지 않는다. 만일 하나님이 괴롭게 하실 때 자기 자녀들을 행복하게 만들 계획으로 그리하신다면, 그 자녀들은 비참하지 않다. 다만 하나님이 자녀들을 괴롭게 하시는 이유가 그들을 행복하게 만들려는데 있으니 그들은 불행하지 않다. "하나님께 징계 받는 자에게는 복이 있나니"(욥 5:17)라고 하였다. 세상은 고난을 피할 수 있는 사람을 행복하다고 생각하지만 성경은 고난당하는 이들을 행복하다 일컫는다.

③ 어찌하여 그들이 행복한가?

그들은 더욱 거룩해지기 대문이다(히 12:10). 그럴수록 그들은 더욱 하나님의 은총 안에 들어가기 때문이다(잠 3:12). 금세공은 자기의 황금이 용광로 안에 있을 때 그것을 사랑한다. 그 이유는 고난당할수록 더욱 행복한 하나님의 함께하심을 받기 때문이다(시 91:15). 그들이 고난 받을 때 하나님이 강력하게 함께하심으로써 그들을 지원해 주며, 하나님이 은혜롭게 함께하심으로써 그들을 성화시켜 주시므로, 그런 이들이 불행할 수가 없다. 왜냐하면 보다 많이 고난을 받을수록 그만큼 고단위의 영광을 누릴 것이고, 철 용광로 속에서 보다 낮은 위치에 처해질수록 그만큼 보다 높은 영광의 보좌에 앉을 것이며, 그들의 십자가가 보다 무거울수록 그들의 면류관도 보다 무거울 것이기 때문이다. 그러니까 만일 고난이 그리스도인을 행복하게 만든다면, 사람들이 그 그리스도인을 불행하다 일컬을 수 없는 것이다.

하나님의 자녀들에 대한 자비로운 섭리를 보라. 비록 그들이 종살이 집에서 고난을 받다보니 쓰리고 아프겠지만 고난으로 인하여 상처를 입지는 않을 것이다. 키질한다고 알곡이 무슨 상처를 입겠는가? 키질은 알곡으로부터 겨를 갈라낼 따름이다. 외과수술용 메스가 몸에 무슨 상처를 입히겠는가? 종기를 도려낼 따름이다. 종살이 집은 때때로 규례로는 하지 못하는 일도 해준다. 낮추어주고 개혁해 주는 것이다. "혹시 그들이…환난의 줄에 얽혔으면…그들의 귀를 열어 교훈을 듣게 하시며 명하여 죄악에서 돌아오게 하시나니"(욥 36:8, 10)라고 하였다. 아아! 비록 하나님이 자기 백성을 때리시더라도, 때리시는 동안에 그들에게 선을 베푸시니 이 얼마나 자비로운 섭리인가! 이것은 마치 한 사람이 다른 이에게 돈 자루를 던져주는 것과 같아, 그 사람을 조금 상하게는 하지만 그를 부자로 만들어주는 것과 같다. 고난은 영혼을 윤택하게 하며 의의 아름다운 열매를 맺게 한다(히 12:11).

이스라엘이 종살이 집에 있다면, 주께서 자기의 친자녀를 그같이 대우하신다면, 하물며 악인이야 얼마나 혹독히 대하시겠는가! 주님이 그의 사랑하시는 자들에게 그토록 가혹하시다면, 그가 미워하시는 자들에게는 얼마나 가혹하시겠는가! "푸른 나무에도 이같이 하거든 마른나무에는 어떻게 하리요"(눅 23:31)라고 하였다. 기도하며 죄로 인해 애통하는 사람들이 그토록 혹독히 취급받거든, 욕지거리나 하고 안식일을 범하며, 게다가 음란부정한 자들이야 어떻게 되겠는가! 만일 이스라엘이 철 용광로 속에 들어가 있다면, 악인은 지옥의 불타는 용광로에 누우리라. 하나님의 백성이 고난을 당한다는 이야기를 들으면, 악인들에게는 최대의 슬픈 소식이 되리라. 그들은 죄인들의 소송이 얼마나 무섭게 될지 생각해 보라. "하나님 집에서 심판을 시작할 때가 되었나니 만일 우리에게 먼저 하면 하나님의 복음을 순종치 아니하는 자들의 그 마지막이 어떠하며"(벧전 4:17)라고 하였다. 만일 하나님이 자기의 알곡을 도리깨로 두들기신다면, 그는 겨 따위는 아예 태워버리시리라. 만일 경건한 자가 견책을 당한다면 악인은 정죄를 당하리라. 만일 하나님이 자기 백성의 잔을 쑥으로 섞으실진대, 악인의 잔은 불과 유황으로 섞으시리라.

 적용 2 이스라엘이 종살이 집에 있다면 어떻게 해야 할까?

고난에 대해 너무 어렵다는 생각을 품지 말라. 그리스도인들은 십자가와 철 용광로를 무시무시한 것으로 여기는 경향이 있으며 될 수 있으면 그것들을 피하려고 애쓴다. 아니, 때로는 고난을 피하려다가 스스로 죄 가운데 뛰어들기도 한다. 그러나 고난을 너무 어렵게 생각하지 말며, 그것을 두려움의 확대경을 통해 바라보듯 하지 말라. 종살이 집은 지옥이 아니다. 고난은 무슨 일이 우리에게 닥치든 그렇게 지시하시는 지혜의 하나님으로부터 온다는 사실을 곰곰이 생각하라. 핍박은 약사와 같이 의사이신 하나님이 처방하시는 약을 우리에게 준다. 고난은 어두운 측면은 물론 밝은 측면도 가지고 있다. 하나님은 우리의 고난을 달게 하실 수 있으며, 우리의 쑥을 캔디처럼 달콤하게 하실 수 있다. 우리의 고난이 넘치듯, 우리의 위로 또한 넘친다(고후 1:5). 알게리우스(Argerius)는 자기 편지에 레오 교황의 감옥이라는 유쾌한 정원을 발신지로 적었다. 하나님은 때때로 곤란에 처한 자기 자녀들을 소생시키시므로, 그들은 안일보다는 오히려 고난을 견디고 싶어 한다. 그러할진대 어째서 그리스도인들이 고난에 대해 그토록 어려운 생각을 품는가? 고난의 엄한 얼굴을 보지 말고, 고난이 가져다주는 메시지를 바라보라. 이것이 은혜를 가지고 또 위로를 가지고 우리를 부요케 하리라.

이스라엘이 때때로 종살이 집에, 괴로운 처지에 놓인다고 한다면, 고난에 대해 사전에 깊이 생각하라. "나는 내 보금자리에서 선종하리라"(욥 29:18)라고 욥처럼 말하지 말라. 환락의 집에 있을 때 종살이 집을 생각하라. 지금 나오미인 당신은 장차 마라가 될지 모른다(룻 1:20). 얼마나 신속하게 장면이 바

꿸 수 있으며, 과장된 기쁨이 파국으로 끝날 수 있는가! 모든 외부 사항은 변하게 마련이다. 고난을 예상하고 있으면 적법한 기쁨을 누리는 순간에도 우리를 근엄하고 절도 있게 할 것이며, 그것은 과도한 탐닉을 치유해 줄 것이다. 그리스도께서는 어떤 연회석에서 자기의 장례식을 언급하신다. 이것은 과도한 탐닉을 방지하는 하나의 좋은 해독제이다. 고난을 예상하고 있으면 우리로 고난에 대해 대비하게 할 것이며, 우리를 세상에서 멀어지게 할 것이며, 우리로 우리의 증거들을 찾아 나서게 할 것이다.

우리는 불운한 날에 버텨낼 수 있으려면, 우리 등잔에 무슨 기름이 들어 있는지, 무슨 은혜를 받을 수 있을지 점검해 봐야 할 것이다. 막 전투하러 나갈 즈음에서야 칼을 가는 병사는 신중치 못하다 할 것이다. 고난을 예측하는 사람은 믿음의 방패와 성령의 검을 준비하고 있음으로써, 유사시에 새삼스레 놀라워하지 않을 것이다.

만일 고난이 닥치거든 그리스도인답게 지혜롭게 처신함으로써 우리의 고난을 돋보이게 하자. 다시 말하면 인내로써 견뎌내자. "형제들아 주의 이름으로 말한 선지자들로 고난과 오래 참음의 본을 삼으라"(약 5:10)고 하였다. 사단은 우리를 낙심하게 하거나 불평하게 만듦으로써 우리를 고난 가운데 이용하려고 애쓴다. 사단은 울화통과 불만의 석탄불에 부채질하고 그 불에 자기 몸을 쬔다. 인내는 고난을 돋보이게 한다. 그리스도인은 예수 그리스도처럼 "주여 내 뜻대로 마옵시고 낭신의 뜻대로 하옵소서"라고 말해야 하리라. 마음이 느긋하고 고분고분 순응하는 심경으로 진척할 때 가서야, 그것은 고난이 성화되었다는 하나의 신호가 된다. 하나님은 그때 가서야 고난을 제거하실 것이며, 우리를 철 용광로에서 건져내실 것이다.

"종 되었던 집에서 너희를 인도해 낸"이란 말씀을 문자적으로, 또는 영적으로나 신비적으로 고찰해도 무방할 것이다. 문자적으로는 철 용광로 속과 방불한 애굽에서 고통과 속박으로부터 구출해 냈다는 말씀이다. 영적으로나 신비적으로는 그리스도께서 우리를 죄와 지옥으로부터 구원해내신 사실의 예표이다.

문자적으로 철 용광로 속의 극심한 고통과 노예생활로부터 인도해 내셨다. 내가 여기서 주목하는 바는 하나님은 때때로 자기 백성을 고통 속에 몰아넣으시지만 그들을 또다시 이끌어 내신다는 사실이다. 이스라엘은 종 되었던 집에 있었으나 마침내는 인도해 내심을 받았다. 여기서 우리가 애써 설명하고자 하는 바는 하나님은 곤란에서 구해내신다는 것이다. 그런데 어떤 방식으로, 어떤 시기에, 무엇 때문에 하나님은 구해내시는가 하는 것이다. 또한 곤란에서 경건한 자를 구해내심과 악인을 구해내심이 어떻게 다른가하는 것이다.

하나님은 그의 자녀들을 곤란에서 구해내신다. "우리 열조차 주께 의뢰하였고 의뢰하였으므로 저희를 건지셨나이다"(시 22:4). "내가 사자의 입에서 건지웠느니라"(딤후 4:17). 즉 네로에게서 건짐을 받았다. "어려운 짐을 우리 허리에 두셨으며…주께서 우리를 끌어내사 풍부한 곳에 들이셨나이다"(시 66:11-12). "저녁에는 울음이 기숙할지라도 아침에는 기쁨이 오리로다"(시 30:5)라고 하였다. 하나님은 다니엘을 사자의 굴에서 건지셨고, 시온을 바벨론에서 건지셨다. 정하신 적절한 시기에 하나님은 곤란에서 빠져나올 출구를 마련해 주신다(시 68:20). 겨울에는 죽은듯하던 나무가 봄에는 소생한다. 폭풍 후에는 태양이 떠오른다(*Post nubila Phoebus*). 독사가 바울에게 달려들듯 고난이 우리에게 달려들 수 있지만 마침내 이것은 떨어져나가고 만다. 이것은 고난의 잔이라 일컬어진다(사 51:17). 악인은 진노의 바다를 마시고, 경건한 자는 단지 고난의 잔을 마시는데, 하나님은 얼마 안 있어 "이 잔은 없어지리라"고 말씀하실 것이다. 하나님은 그의 백성을 강제 석방시키실 것이다.

④ 어떤 방식으로 하나님은 그의 백성을 구해내시는가?

하나님은 이것을 하나님답게 지혜롭게 하신다.

그는 때때로 이것을 불시에 하신다. 천사를 신속히 날아오게 하셨듯이(단 9:21) 하나님은 때때로 구출을 쏜살같이 달려오게 하시며 별안간 죽음의 그림자는 아침빛으로 바뀐다. 하나님은 우리가 생각할 수 있는 것 이상으로 우리에게 긍휼을 베푸시는 것처럼(엡 3:20) 앞서서 긍휼을 베푸신다. "여호와께서 시온의 포로를 돌리실 때에 우리가 꿈꾸는 것 같았도다"라 하였으니, 긍휼은 꿈처럼 우리에게 불시에 닥쳐왔다는 것이다(시 126:1). 요셉은 한날한시에 감옥에서 석방되고 왕국에서 최고 통치자가 되는 급작스런 상황변화가 있으리라곤 상상할 수도 없었다. 때로는 긍휼이 출현하기까지 오래 버티지 못하고, 불시에 나타난다.

하나님은 때때로 그의 백성을 기묘하게 구출해 내신다. 이렇게 요나를 삼켰던 고래는 그를 육지에 안전하게 상륙시켜 주는 수단이 되었다. 하나님은 때때로 사람들이 멸망하리라 생각하는 바로 그런 방법으로 그의 백성을 구출하신다. 이스라엘을 애굽에서 인도해 내실 때, 하나님은 애굽인들의 마음을 분기시키셔서 이스라엘을 미워하게끔 하셨으며(시 105:25), 그것이 바로 그들을 구출하시는 방법이었다. 하나님은 바울을 역풍에 의해 해변에 당도케 하셨는데, 깨어진 배 조각에 의지하여 가도록 하셨다(행 27:44).

⑤ 하나님이 그의 백성을 고난의 속박에서 구출하시는 시기와 때는 통상적으로 언제인가?

먼저 그들이 최악의 곤경에 빠졌을 때이다. 요나는 비록 지옥 뱃속에 들어가 있었지만 "주께서 내 생명을 구덩이에서 건지셨나이다"(욘 2:6)라고 하였다. 경건한 자와 죽음 사이가 일촉즉발일 때, 하나님은 구출받는 길을 안내하신다. 배가 거의 파도로 뒤덮일 뻔했을 때, 그리스도께서는 잠에서 깨어 바람을 꾸짖으셨다. 이삭이 제단 위에 올려 졌고 칼이 그의 목을 베려는 순간, 천사가 와서 말한다. "그 아이에게 네 손을 대지 말라." 베드로가 물에 빠지기 시작하자 그리스도께서 그의 손을 잡아주셨다. '벽돌의 숫자가 갑절로 늘었을 때 모세가 왔다'(*Cum duplicantur lateres, venit Moses*). 다시 말하면, 벽돌 총수가 갑절로 늘어나자 현세의 구원자 모세가 온다는 것이다. 하나님의 백성이 최악의 위험에 처할 때 구원의 새벽별은 나타난다. 환자가 막 실신하려는 찰나에 강심제를 투여한다.

두 번째 시기는 고난이 성도들에게 그 역할을 다했을 때, 곧 하나님이 고난을 보내신 목적이 성취되었을 때이다. 첫째, 고난이 사람들을 낮추었을 때이다. "고초와 재난 곧 쑥과 담즙을 기억하소서 내 심령이…낙심이 되오나"(애 3:19-20)라고 하였다. 그때는 하나님의 부식제가 교만한 육체를 다 먹어버린 때이다. 둘째, 고난이 사람들의 조급증을 길들였을 때이다. 이전에는 그들이 부모와 다투는 비뚤어진 아이들처럼 교만하고 성급하였다. 그러나 그들은 심술 사나운 마음이 길들여질 때 "내가 여호와께 범죄하였으니…그의 노를 당하려니와"(미 7:9)라고 하며, 엘리처럼 "이는 여호와시니 선하신 소견대로 하실 것이니라"(삼상 3:18)라고 한다. 또 "그가 나를 은혜로 삼으실진대, 나를 가시울타리로 두르셔도 좋으리라"고 말한다.

다음으로 그들이 더욱 거룩함에 참여하는 자가 되며, 더욱 경건한 마음으로 충만해질 때이다(히 12:10). 고난의 매서운 서릿발이 은혜의 봄꽃을 생산할 때, 십자가는 성화되며, 하나님은 그들을 종 되었던 집에서 인도해 내실 것이다. '슬픔은 기쁨으로, 잿더미는 꽃다발로 변하리라' (*Luctus in laetitiam vertetur, cineres in corollas*). 금속이 정제되면 용광로에서 꺼낸다. 고난이 우리를 치료하고 나면, 하나님은 그 쓰리고 아픈 고약을 제거하신다.

⑥ 왜 하나님은 자기 백성을 종살이 집에서 인도해 내시는가?

이 방법으로 하나님은 자신의 영광을 위해 길을 여신다. 하나님의 영광은 이외의 어느 것보다도 그에게 가장 소중하며, 그것은 면류관의 보석이다. 자기 백성을 높이 올림으로써 하나님은 자신의 영광의 트로피를 높이 올리신다. 하나님은 자신의 신적 속성을 영광스럽게 하시며, 그리하여 그의 능력, 진리, 그리고 선하심은 승리를 거두신다.

만일 하나님이 때때로 자기 백성을 고난 속으로 인도해 들이지 않는다면, 어떻게 그들을 인도해 내시어 그의 능력을 보이실 수 있겠는가? 하나님은 기적에 기적을 행하셔서 이스라엘을 종살이 집에서 인도해 내셨다. 그는 펴신 팔로 백성을 구원하셨다. "바다야 네가 도망함은 어찜이며"(시 114:5)라고 하였다. 바다가 도망하고 물들이 서로 나뉘었다고 한 말씀은, 이스라엘이 애굽에서 진군해 나오는 것을 두고 말씀한 것이다. 여기에 하나님의 권능이 밝히 나타난다. "내게 능치 못한 일이 있겠느냐"(렘 32:27)라고 하였다. 정황으로

미루어 희망이 없어 보일 때 하나님은 도와주시기를 좋아하신다. 하나님은 구출의 길을 창출하신다(시 124:8). 하나님은 시들어버린 태에서 이삭을 출산케 하셨고, 처녀의 태에서 메시야를 출산케 하셨다. 아아! 하나님이 불가능으로 보이는 일들을 극복하실 때 얼마나 그의 권능이 빛을 발하며, 사태가 절망적으로 보일 때 얼마나 치유의 역사를 일으키시는가!

하나님은 자기 백성이 심한 압제를 당할 때 그들을 구출하신다는 약속을 백성에게 하셨으며, 그의 진리는 그의 약속 안에 보증이 서 있다. "환난 날에 나를 부르라 내가 너를 건지리니"(시 50:15)라고 하였다. "여섯 가지 환난에서 너를 구원하시며 일곱 가지 환난이라도 그 재앙이 네게 미치지 않게 하시며"(욥 5:19)라고 하였다. 창공에 별들이 총총하듯 성경엔 얼마나 이런 약속들이 총총한가! 하나님은 백성들을 죽음으로부터 구해내시든가 아니면 죽음에 의해 구해내시리라. 하나님이 피할 길을 열어주시리라는 것이다(고전 10:13). 약속들이 확증될 때, 하나님의 진리는 증대되는 것이다.

하나님은 불행에 처해진 사람들에 대해 긍휼(Racham)하심으로 충만하시다. 긍휼을 뜻하는 히브리어 단어 '라캄'은 내장을 의미한다. 하나님은 "간곡한…긍휼"을 베푸신다(사 63:15). 그리고 이런 연민의 정이 하나님을 분기시켜 구출하게 하신다. "그 사랑과 그 긍휼로 그들을 구속하시고"(사 63:9)라고 하였다. 이 긍휼은 하나님의 선하심이 승리하도록 길을 열어놓는다. 하나님은 다정다감하시니 너무 괴롭게 하시지 않으시리라. 그는 철 빗장을 산산조각내시며, 압제자의 멍에를 부쉬버리신다. 이처럼 하나님의 모든 속성은 자기 백성을 곤경에서 구원하심으로써 승리의 길을 달리신다.

⑦ 곤경에서 경건한 자를 구출하는 것과 악인을 구출하는 것은 어떻게 다른가?

경건한 자의 구출은 보존이고, 악인의 구출은 보류이다. "주께서 경건한 자는 시험에서 건지시고 불의한 자는 형벌 아래 두어 심판날까지 지키시며"(벧후 2:9)라고 하였다. 죄인이 위험한 질병에서, 그리고 감옥으로부터 구출받을 수도 있다. 그러나 이 모두가 어떤 보다 큰 불행을 당하도록 보류한 것에 지나지 않는다.

하나님은 악인을 구출하시든지 반대로 분노 가운데 그들을 관대히 놔두신다. 구출은 악인에게 하나님의 사랑의 담보로 준 것이 아니고, 노여움의 징후로 준 것이다. 분노 가운데 이스라엘에게 메추라기를 주신 것과 같다. 그러나 경건한 자의 구출은 사랑으로 하신다. "나를 기뻐하심으로 구원하셨도다"(삼하 22:20)라고 하였다. "주께서 나의 영혼을 사랑하사 멸망의 구덩이에서 건지셨고", 이것을 히브리어로는 Chashiaqta Naphshi(사 38:17)라고 하였다. 주께서 나를 사랑하시어 멸망의 구덩이에서 건지셨다는 말씀이다. 악인도 "주여! 당신은 나를 멸망의 구덩이에서 건지셨습니다"라고 말할 수 있을지는 모르지만, 경건한 자는 "주여! 당신은 나를 사랑하시어 멸망의 구덩이에서 건지셨습니다"라고 말할 수 있다는 것이다. 하나님의 능력으로 우리가 구출받는 것과, 하나님의 사랑으로 우리가 구출받는 것은 전혀 다르다. 히스기야는 "주께서 나의 영혼을 사랑하사 멸망의 구덩이에서 건지셨고"라고 말했다.

⑧ 사랑으로 구출받는 것을 어떻게 알 수 있는가?

구출을 받아 우리 심정이 하나님께 대한 사랑으로 끓어오를 때 알 수 있다. 여호와께서 내 음성과 내 간구를 들으시므로 내가 저를 사랑하는도다"(시 116:1)라고 하였다. 우리에게 베푸신 긍휼을 사랑하는 것과, 주님을 사랑하는 것은 전혀 다르다. 구출이 사랑을 일으킬 때 그것이 사랑에서 이루어진 것이다.

우리가 하나님의 영광을 위하여 구출을 향상시킬 마음을 먹을 때 구출은 사랑으로 이루어진 것이다. 악인은 구출받으면 하나님의 영광을 위해 구출을 향상시키지 않고 자기들의 부패를 증가시킨다. 금속이 불에서 나오면 더 단단해지는 것처럼, 그들은 구출받아 더 악화되는 것이다. 그러나 우리의 구출은 우리가 하나님의 영광을 위해 구출을 향상시킬 때 사랑으로 이루어진 것이다. 하나님은 우리를 비천한 상태에서 일으키시고, 우리는 하나님을 찬양 가운데서 높이며, 우리의 재물로 그를 공경한다(잠 3:9). 하나님은 우리를 질병에서 회복시키시고, 우리는 우리 자신을 다 바쳐서 그를 섬긴다. 긍휼은 태양이 불에게 하듯 구출을 둔화시키고 냉각시키지 않고, 다만 바퀴에 기름을 치듯 구출을 보다 빨리 달리게 한다.

구출이 우리를 보다 모범적으로 거룩하게 만들 때 그 구출은 사랑에서 온 것이다. 그래서 우리의 생활은 걸어 다니는 성경이 된다. 일천 가지 찬양과 송영보다 한 가지 육욕을 죽이는 것이 더 하나님께 영광이 된다. "오직 시온 산에서 피할 자가 있으리니 그 산이 거룩할 것이요"(욥 17장)라고 하였다. 이 두 가지가 곧 구출과 거룩함이 같이 다닐 때, 우리가 긍휼의 기념비가 되어 경건의 모범으로 화할 때, 그때 구출은 사랑에서 온 것이다. 우리는 히스기야처럼 "주께서 나의 영혼을 사랑하사 멸망의 구덩이에서 건지셨나이다"라고 말할 수 있는 것이다.

적용 1 만일 하나님이 자기 백성을 종살이에서 이끌어 내신다면, 아무도 괴로움 가운데 낙담하지 말라. "이 무거운 짐을 지고 나는 쓰러지리라"고 말하지 말라. 또는 다윗처럼 "내가 언젠가는 사울의 손에 망하리라"고 말하지 말라. 하나님은 자기 백성을 종살이 집에서 인도해 내신다는 본문 말씀을 개인적으로나 민족적으로나 성취하실 수 있다. 하나님은 적절한 시기다 싶으면, 자기 팔을 내밀어 그들을 구원하실 것이며, 그것도 쉽사리 하실 수 있다. "여호와여…주밖에 도와줄 이가 없사오니"(대하 14:11)라고 하였다. 대세를 일변시키실 수 있는 그분은 때를 바꿔놓으실 수 있다. 죽은 나사로를 일으키신 그분은 병든 당신을 일으키실 수 있다. "내가 본즉 도와주는 지도 없고 붙들어주는 자도 없으므로…내 팔이 나를 구원하며"(사 63:5)라고 하였다. 낙담하지 말고, 하나님의 권능을 믿으라. 믿음은 하나님으로 우리를 구출하시게 만든다.

적용 2 만일 당신이 곤경에 처했거든 구출받기에 합당하도록 노력을 다하라. 많은 사람이 구출받고 싶어 하지만 구출받기에 합당하지 못하다. 그렇다면 언제 우리는 구출받기에 합당한가? 우리가 받는 고난 때문에 그리스도께 순응하게 될 때, 즉 우리가 순종함을 배웠을 때이다. "받으신 고난으로 순종함을 배워서"라고 하였다. 다시 말하면, 그리스도께서는 아버지의 뜻에 즐거이 복종하기를 배우셨다는 것이다(히 5:8). "내 원대로 마옵시고 아버지의 원대로 되기를 원하나이다"(눅 22:42)라고 하였다. 우리가 이와 같이 고난으로 순종을 배우고 나면, 우리는 하나님이 우리에게 행하기 바라시는 바를 즐겨 행하게 되며, 하나님이 우리에게 되기 바라시는 그런 인물이 되는 것이다. 우리는 그리스도께 순응하게 되며, 따라서 구출받기에 합당하게 된다.

적용 3 만일 하나님이 어느 때든지 당신을 종살이 집에서, 극심한 곤경에서 인도해 내셨거든 크게 찬양을 드리라. 구출은 찬양을 요구한다. "주께서…나의 베옷을 벗기고 기쁨으로 띠 띠우셨나이다 이는 잠잠치 아니하고 내 영광으로 주를 찬송케 하심이니"(시 30:11-12)라고 하였다. 내 영광이란 다시 말하면 나의 혀이며, 나의 혀는 하나님을 영화롭게 하는 악기라는 뜻이다. 성도들은 성령의 전이다(고전 3:16). 하나님의 성전이 아니면 어디서 하나님의 찬양이 울려 퍼지겠는가? '은총은 책임을 요구한다' (*Beneficiuin postulat Officium*). 즉 은총에는 감사함이 따라야 한다. 가장 깊은 샘이 가장 단물을 낸다. 그러니까 하나님의 구원을 깊이 있게 지각할 줄 아는 마음이 가장 아름다운 찬송을 발한다. 모세는 애굽에서 나올 때 바로에게 말하기를, "우리가 우양을 데리고 가겠나이다"(출 10:9)라고 하였다. 왜 그랬을까? 왜냐하면 자기들을 구출해 주심에 대하여 하나님께 감사의 제사를 드릴 준비를 하기 위해서였다. 구출에 대해 감사하는 마음은 구출 그 자체보다 더 큰 축복이다. 문둥병자 가운데 하나는 "자기의 나은 것을 보고 큰 소리로 하나님께 영광을 돌리며 돌아와"(눅 17:15)라고 하였다. 그 문둥병자의 감사에 넘치는 마음은 그가 문둥병을 고침 받은 일보다 더 큰 축복이었다. 여러분 가운데 누구든지 종살이 집에서, 감옥에서나 질병에서나 또는 무슨 죽을 뻔한 위험에서 인도해 냄을 받아본 사람이 있는가? 감사에 넘치기를 잊지 말라. 무덤이 되지 말고, 성전이 되라. 보다 감사함이 넘치기 위하여, 당신은 구출받을 때의 모든 주안점들과 정황을 잘 살펴보라. 가령 당신이 '죽음 직전에' (*in* *articulo mortis*) 처했을 때, 당신과 죽음 사이가 불과 간발의 차이였을 때, 곤경에서 구해냄을 받았다든지, 또는 죄 없이 양심을 함정에 빠뜨림으로써 매수하지 않고도 고난에서 구해냄을 받았다든지, 또는 기도의 날개를 타고 곤경에서 구해냄을 받았다든지, 또는 당신을 곤경 속에 몰아넣었던 장본인들이 당신을 구해내는 도구가 되었다든지. 이런 정황들을 비교 검토해 본다면 구출을 강화시켜 주며 우리의 감사함에 넘치는 마음을 강화시켜 주리라. 돌을 잘라내는 행위가 그 돌 자제보다 더욱 가치가 있을 수 있다. 그러니까 구출의 상황설정이 구출 자체보다 더욱 중요할 수 있다는 것이다.

⑨ 구출받음에 대하여 어떻게 올바른 태도로 하나님을 찬양할까?

첫째, 거룩한 인격자가 되라. 감사의 제사를 드릴 때, 누구든지 자신에게 부정함이 있는 채로 제물을 먹는 자는 제거당하게 마련이었다(레 7:20). 이런 규정은 죄 가운데 사는 자들의 찬양과 감사예물이 얼마나 맞지 않는가를 예표하려는 것이다.

둘째, 겸손한 마음으로 하나님을 찬양하고, 당신이 얼마나 구출받을 자격이 없는지를 자인하라. 하나님의 긍휼은 빚이 아니라 유산이니, 긍휼을 유산으로 물려받아야 한다는 사실이 당신을 겸손하게 만들 것이다. "장로들이 엎드려 얼굴을 대고(겸손의 표현) 하나님께 경배하여"(계 11:16)라고 하였다.

셋째, 구출받음에 대해 진심으로 하나님을 찬양하라. "내가…전심으로 여호와께 감사하리로다"(시 111:1)라고 하였다. 신앙에시는 미음과 혀기 협언히는 연주회 외에는 음악이란 아예 없다.

넷째, 구출받음에 대하여 끊임없이 하나님을 찬양하라. "나의 생전에 여호와를 찬양하며"(시 146:2)라고 하였다. 어떤 이들은 구출받은 기억이 생생한 동안은 감사에 넘치는데, 그러고 나서는 그쳐버린다. 카르타고 사람들은 처음에 나라의 연간 세입 십분의 일을 헤라클레스(Hercules)에게 꼬박꼬박 보냈지만, 차츰 지겨워지자 그들은 보내기를 그만둬버렸다. 그러나 우리의 감사는 성찬식 예배나 감사예배 때 한결같아야 한다. 우리가 드리는 찬양의 선율은 생명이 연장되는 한 쉬지 않고 뛰는 맥박의 고동처럼 쉬지 않고 진행돼야 한다. "나의 평생에 내 하나님을 찬송하리로다"(시 146:2)라고 하였다.

⑩ **종살이 집에서 이스라엘을 구해낸 말씀들은 죄, 사단, 그리고 지옥으로부터 영적으로 구원함을 예표한다.**

먼저, 종살이 집은 죄로부터 이스라엘을 구출한다는 예표였다. 죄는 진정한 의미의 속박이며, 이것이 영혼을 노예로 삼는다. '종살이보다 더 가혹한 삶은 없다'(*Nihil durius servitute*, 키케로). 노예 신분이야말로 최악의 상태라는 것이다. 어거스틴은 "회심하기 전에 나는 쇠사슬이 아닌 나 자신의 의지의 완고성에 결박당해 있었다"라고 말한다. 죄는 노예로 사로잡는 자이거니와, 죄를 법이라 일컫는 까닭은 이것이 인간을 사로잡는 구속력을 가지기 때문이다(롬 7:23). 죄를 왕 노릇한다고 말하는 까닭은 이것이 폭군적인 위력을 자행하기 때문이다(롬 6:12). 또한 사람들을 죄의 종이라 말하는 까닭은 사람들이 너무도 죄에 사로잡혀 있기 때문이다(롬 6:17). 이와 같이 죄는 종살이 집이다. 이스라엘이 철 용광로에 사로잡혀 있었어도 죄인이 죄에 사로잡혀 있는 정도까지는 아니었다. 죄의 세력에 눌려 있는 사람들은 지상의 폭군들의 권력 하에 압제받는 사람들보다 더 비참한 노예들과 신하들이다.

여타 노예들은 자기들 몸만 폭군들에게 지배당하지만, 죄인은 자기의 영혼을 압제당한다. 저 제왕적인 위엄을 뽐내던 영혼, 이성의 왕권을 휘두르면서, 한때는 완전한 지식과 거룩함으로 왕좌에 앉았더니, 이제는 걸어 다니고 있구나! 영혼은 노예가 되었으며, 온갖 비열한 육욕의 종복이 되어 버렸구나!

여타 노예들은 얼마간 동정을 끌기도 한다. 폭군은 그들에게 식사도 제공하며 휴식할 시간도 내어주지만, 죄는 무자비한 압제자로서 사람들에게 조금도 쉴 틈을 내주지 않는다. 유다는 그리스도를 배반하기까지 조금도 쉴 틈이 없었다가, 배반한 후에는 전보다 더욱 쉴 틈이 없었다. 얼마나 사람은 죄를 섬기느라 스스로 지치고, 자기 몸을 소모시키고, 잠을 설치며, 자기 마음을 괴롭히는가! 악한 삶은 매일같이 죄의 고역에 시달리고 있다.

여타 노예들은 노예적인 작업을 하지만, 그 일은 합법적이다. 갤리선에서 노역하며, 뼈 빠지게 노 젓는 일은 합법적이지만, 죄의 모든 법과 명령은 다

불법이다. 죄는 한 사람에게 사기를 치라, 다른 이이게 음란하라, 또 다른 이에게 원수를 갚으라, 또 다른 이에게 거짓 맹세를 하라고 말한다. 이와 같이 모든 죄의 명령은 불법이므로, 우리는 하나님의 법을 위반하지 않고는 절대로 죄의 법에 복종할 수 없다.

여타 노예들은 자기 의지에 거슬러 강제를 당한다. 이스라엘은 종살이에 시달리며 탄식하였다(출 2:23). 그러나 죄인들은 죄의 지배를 받는 것에 만족하고, 노예 되는 것이 즐겁고, 쇠사슬을 사랑하고, 자기들 자유를 되찾고 싶지 않으며, 그들의 "영광은 저희의 부끄러움에 있다"(빌 3:19). 그들은 죄를 족쇄가 아닌 장식물로 몸에 걸친다. 그들은 죄악으로 즐거움을 삼는다(렘 11:15).

여타 노예들은 잘못을 고침 받지만, 죄의 노예들은 회개할 길도 없이, 정죄를 당한다. 여타 노예들은 철 용광로 속에 눕고, 죄의 노예들은 화염이 치솟는 용광로 속에 눕는다. 죄인이 누리는 의지의 자유가 무엇이기에 자기 혼란에 빠진 나머지, 죄가 시키는 것밖에 아무것도 못하는 것인가? 죄인은 노예로 사로잡혀 있는 있다는 것이다. 이와 같이 죄인들은 종살이 집에 갇혀 있지만, 하나님은 종살이 집에서 자기의 택한 자들을 끌어내시고, 하나님은 죄의 사슬과 족쇄를 두드려 벗기시고, 하나님은 그들을 노예상태에서 구출하시며, 하나님은 그들을 "하나님의 자녀들의 영광의 자유"(롬 8:21) 안으로 끌어들여 자유롭게 하신다. 이제야 사랑의 법이 지배하고, 죄의 법이 지배하지 않는다. 비록 죄의 생활은 연상되더라도, 죄의 지배력은 연장되지 않는다. 마치 다니엘서에 나오는 짐승들이 생명은 잠시 동안 연장되었으나, 지배력은 빼앗긴 것과 같다(단 7:12). 성도들은 자기들의 부패를 다스리고 정복하도록, '이 왕들을 사슬로 결박' 하도록, 영적인 왕으로 임명받았다. 종살이 집에서 구출받고, 노예로 사로잡는 육욕에서 자유로워지며, 영원히 영광 가운데 다스리는 왕으로 임명받는다는 것이야말로 최고의 찬양과 감사함을 드릴 일이다.

다음으로, 이스라엘을 종살이 집에서 구출하는 일은 사단에게서 구출받는 것의 예표였다. 인간들은 선천적으로 종살이 집에 태어나며, 그들은 사단에게 노예로 사로잡혀 있다. 사단이 이 세상의 임금이나(요 14:30) 이 세상 신이라고도 일컬어지는(고후 4:4) 까닭은 사람들을 명령하고 노예로 삼을 능력을 가지고 있기 때문이다. 비록 사단은 언젠가는 사슬에 묶여 감금당한 신세가 되겠지만, 현재로 그는 인간의 영혼들을 욕보이며 압제하고 있다. 죄인들은 사단의 지배를 받고 있으며 그는 케사르(Caesar)가 원로원에 행사했던 유의 사법권을 사람들에게 행사하고 있다. 사단은 사람들의 두뇌를 오류로 가득 채우고, 사람들의 마음을 악의로 가득 채운다. "어찌하여 사단이 네 마음에 가득하여"(행 5:3)라고 하였다. 죄인의 마음속은 마귀의 저택이다. "내가 나온 내 집으로 돌아가리라"(마 12:44)고 하였다. 그러니까 마귀의 저택이 되는 집은 종살이 집이 될 것임에 틀림이 없다. 사단은 철두철미한 폭군이다. 그는 인간들의 마음을 지배하며, 그들을 무지로 눈멀게 한다. "이 세상 신이 믿지 아니하는 자들의 마음을 혼미케 하여"(고후 4:4)라고 하였다. 사단은 사람들의 기억력도 지배한다. 사람들은 악한 것을 기억하고, 선한 것을 잊어버린다. 사람들의 기억력은 거름망과 같이 순수한 용액은 통과시키고 찌꺼기만을 보존한다. 사단은 사람들의 의지도 지배한다. 비록 그는 의지를 강제하지 못하지만, 의지를 유인하는 것이다. "너희 아비의 욕심을 너희도 행하고자 하느니라"(요 8:44)고 하였다. 사단은 당신의 마음속을 장악하고 있으며, 그래서 그에게 당신은 복종할 것이다. 사단의 강력한 유혹이 사람들을 악으로 유인하기는 하나님의 모든 약속들이 사람들을 선으로 유인할 수 있기보다 더 심하다. 이런 형편이 바로 모든 사람이 선천적으로 타고난 타락상이다. 사람은 종살이 집에 있으며, 마귀는 사람을 마음대로 부려먹는다. 죄인은 마귀의 방앗간에서 맷돌질하고 있으니, 나귀가 주인의 명령에 따르듯 사람은 사단의 명령에 따른다. 사람들이 압제하며 핍박하는 것을 보아도 조금도 놀랍지 않다. 노예처럼 그들은 이 세상의 신이 시키는 대로 행하지 않을 수 없다. 저 돼지 떼들 속에 귀신들이 들어갔을 때, 돼지 떼가 달아나지 않고 어떻게 배겨낼 수 있었겠는가(마 8:32)? 마귀가 아나니아를 유혹하여 거짓말하게 했을 때, 아나니아는 사단이 그의 마음속에 넣어준 것을 말할 수밖에 없었다(행 5:3). 마귀가 유다에게 들어가 그리스도를 팔라고 명령했을 때, 유다는 비록 스스로 목을 매었지만 처음에 그대로 할 마음을 먹었다. 종살이 집에 살면서, 사단의 권력과 폭정에 시달리는 것은 슬프고 가련한 일이다. 다윗이 하나님의 원수들을 저주하고 싶었을 때, 그는 어떻게 기도로 그들을 대적하였던가? 사단이 원수들의 오른편에 서기를 간구하였다(시 109:6). 다윗은 그렇게 하면 그들을 아무 덫에나 걸리게 할 수 있을 줄 알았다. 만일 죄인이 자기 오른편에 사단을 두고 있다면, 그는 자기가 하나님의 왼편에 있지 나 않은지 주의할 일이다. 사람들이 사단 마음대로 포로로 잡혀가는 것을 보니 이 어찌 통탄할 일이 아닌가(딤후 2:26)?

사단은 죄인들을 노예처럼 앞세우고 승승장구하며, 그들을 송두리째 소유한다. 사람들은 기르는 짐승들이 마귀에게 홀리고 점유당하면 몹시 당황할 터이면서도 자기들의 영혼이 사단에게 점유당함에도 불구하고 의식하지 못한다. 사람들이 종살이 집에 살면서, 마귀가 시키는 대로 육욕에 빠져 부랴부랴 멸망을 향해 달려가는 것보다 무엇이 더 비참할 수 있는가? 죄인들은 자진해서 사단의 노예로 사로잡힌다. 그들은 자기들의 감금자를 사랑하고, 사단의 권력 밑에 얌전히 앉아 있는 것이 마음 편하며, 잠시 후 가시나무에서 불이 나와 자기들을 삼켜버릴 터인데도 이 가시나무를 자기들의 통치자로 선택한다(삿 9:15). 하나님이 불쌍한 영혼들을 종살이 집에서 인도해 내실 때, 그들을 어둠의 왕에게서 집단 탈옥시킬 때, 이 얼마나 무한한 긍휼이신가! 예수 그리스도께서는 사로잡힌 자들을 구속하시고, 대가를 지불하고 죄인들을 속량하시며, 강권으로 그들을 구소하시다. 다윗이 사자의 입에서 새끼 양을 빼앗았듯이(삼상 17:35), 그리스도께서도 포효하는 사자의 입에서 영혼들을 구출해 내신다. 아아, 종살이 집에서, 공중 권세의 왕에게 사로잡힌 몸에서, 끌려나와 화평의 왕의 신하가 되다니 이 얼마나 크나큰 긍휼이신가! 이것은 말씀의 전파에 의해 이루어진다. "사단의 권세에서 하나님께로 돌아가게 하고"(행 26:18)라고 하였다.

끝으로, 이스라엘을 종살이 집에서 이끌어 낸다는 것은 그들을 지옥에서 구출한다는 것의 예표였다. 지옥은 '노예의 집'(*domus servitutis*), 즉 종살이 집이며, 죄인들이 그 가운데 누워 있게 할 목적으로 지은 집이다. 저주받은 자가 누워 있는 그런 종살이 집이 있다. 시편기자는 "악인이 음부로 돌아감이여"(시 9:17)라고 하였다. 또한 예수님께서는 "너희가 어떻게 지옥의 판결을 피하겠느냐"(마 23:33)라고 하였다. 만일 어떤 이가 이 종살이 집이 어디 있는가 묻는다면 지옥의 위치는 어디인가? 원컨대 그런 사람은 결코 경험해서 알지 말기를 바라는 마음 간절하다. "우리는 지옥이 어디에 있는지 알려고 노력하기보다 지옥을 어떻게 하면 피할까 노력합시다"라고 크리소스톰(Chrysostom)은 말한다. 하지만 호기심을 만족시키려면, 지옥은 '지하의 어느 곳'(locus subterraneus), 즉 저 아래 어딘가 있다고 말할 수 있으리라. "아래 있는 음부"(잠 15:24)라고 하였다. 헤시오드(Hesiod)는 말하기를, "하늘나라가 땅보다 높이 있듯이 지옥은 저 멀리 땅 밑에 있다"라고 하였다. 귀신들은 그리스도께 간청하기를 "무저갱으로 들어가라 하지 마시라"(눅 8:31)고 하였다. 지옥은 깊은 속에 있다.

왜 이 종살이 집이 있어야 하는가? 왜 지옥이 있어야 하는가? 하나님의 공의를 시행할 처소가 있어야 했기 때문이다. 땅 위의 제왕들도 범죄자들을 처벌할 감옥을 마련하거든, 하물며 하나님께 그런 감옥이 없으시겠는가? 죄인들은 범죄자들이며 하나님께 죄를 저질렀다. 그런데 하나님의 법이 침해당했는데도 벌을 주지 않는다면, 이는 하나님의 거룩하심과 공의와 일치하지 않음일 것이다.

저 무시무시한 처소! 당신이 한 시간만 지옥형벌 받는 자의 신음과 비명소리를 들을 수 있다고 한다면, 과연 지옥은 종살이 집이라는 사실을 당신에게 확증해 주리라. 지옥은 비참함의 극치이다. 하나님의 영광스러운 면전에서 영혼이 제외됨을 의미하는 '손실의 형벌'(poena damni)이라는 형벌이 있는데, 이것을 신학자들은 지옥의 최악의 국면이라고 생각하거니와, 그 외에도 '감각적 형벌'(plena sensus)이라는 것이 있을 것이다. 하나님의 진노가 조금만 불붙어서, 그 불티가 금생에서도 인간의 양심에 날아들면, 그것이 그토록 무섭거든(삽비라의 경우처럼) 지옥 아랫목이야말로 어떠하겠는가?

지옥에는 절대다수의 고통들이 복합되어 있으니, 결박의 쇠사슬이 있을 터이고(벧후 2:4), 구더기가 들끓을 터인데(막 9:48), 이것은 양심을 파먹는 구더기이며, 불타는 연못도 있을 것이다(계 20:15). 여느 불은 이것에 비하면 헛된 것에 지나지 않는다.

이 지옥불이 타는 집에는 마귀가 들끓는다(마 25:41). 안셀무스(Anselm)는 말하기를, "나는 육안으로 마귀를 보느니 차라리 모든 고통을 견디겠노라"고 하였다. 지옥에 가는 사람은 부득이 마귀를 보지 않을 수 없을 뿐 아니라, 이런 사자굴 속의 사자와 함께 갇히지 않으면 안 되며, 마귀와 동행하지 않으면 안 된다. 마귀는 인류에게 앙심을 가득 품고 있는, 사람들의 얼굴에 불을 내뿜는 붉은 용이다.

지옥의 고통은 영원히 지속된다. "그 고난의 연기가 세세토록 올라가리로다"(계 14:11)라고 하였다. 시간도 그것을 끝내지 못하며 눈물도 그것을 끄지 못한다(마 9:44). 악인은 지옥 불 속에 항상 살면서 소멸되지 않는 불도마뱀들과 같다. 그들은 수백만 년의 무수한 세월을 지옥에 살아온 후에도, 그들의 형벌은 처음이나 다름없이 끝날 줄을 모른다. 모든 땅과 바다가 다 모래이고, 천년마다 새 한 마리가 와서 한 알의 모래를 물고 간다면, 그 거대한 모래더미가 옮겨지기 위해서는 길고긴 세월이 걸리리라. 하지만 그 오랜 세월 후에라도 그 지옥판결 받은 자가 지옥에서 나온다면, 그나마 희망이 얼마간 있으리라. 그러나 이 세세토록(ever)이라는 단어가 마음을 아프게 한다.

⑪ **순간적으로 범한 죄를 영원한 고통으로 형벌하시는 것이 하나님의 공의에 어떻게 어울릴 것 같은가?**

인간성 안에 있는 죄가 영원하기 때문이다. 죄는 '존엄성을 상해한 범죄행위'(*crimen laesae majestatis*)이다. 즉 '무한하신 위엄을 거슬러 범죄한' 것이기에 죄 자체가 무한하고 그에 비례해서 형벌도 무한해야 마땅하다. 유한한 피조물은 무한한 진노를 당해낼 수 없으므로, 인간은 자기가 결코 만족시킬 수 없는 죄값을 영원토록 만족시켜 가지 않으면 안 된다. 만일 지옥이 그런 종살이 집이라 한다면, 거기서 구원받은 사람들이야말로 얼마나 하나님을 칭송할 무한대한 이유를 가지는가! 예수님은 "장래 노하심에서 우리를 건지시는"(살전 1:10) 분이시다. 예수 그리스도께서 자기 영혼에 지옥의 고통을 당하신 것은 믿는 자들이 그런 고통을 당하지 않게 하기 위해서이다. 만일 우리가 감옥으로부터 속량받았을 때나 불로부터 구출받았을 때, 감사에 넘친다면, 아아 장차 닥쳐올 진노로부터 보존함을 받음에 우리는 얼마나 하나님을 칭송해야 마땅하랴! 대다수의 사람들이 종살이 집으로, 심지어 지옥으로 가는 것을 보면, 더더욱 감사함이 우리 마음속에 우러나리라. 지옥으로부터 구출받는 저들 소수 가운데 든다는 것은 무한 감사할 일이다. 대다수의 사람들이 죽을 때에 종살이 집으로, 말하자면 지옥으로 간다. "멸망으로 인도하는 문은 크고 그 길이 넓어 그리로 들어가는 자가 많고"(마 7:13)라고 하였다. 세계의 대부분은 악독 가운데 처하여 있다(요일 5:19). 브렐우드(Brerewood)는 말하기를, 세계를 31개 부분으로 나누면, 19개 부분은 유대인과 터키인이, 7개 부분은 이교도들이 차지하게 되며 겨우 5개 부분만이 기독교인들이다. 이들 기독교인들 가운데서도 한편으로 수많은 사람들이 미혹된 로마 가톨릭교도들이고, 한편으로 수많은 사람들이 형식적 개신교도들이고 보면, 세계의 대부분이 지옥으로 간다고 우리는 결론지을 수 있으리라. 성경은 악인을 가시나무에 비교하고 있다(사 10:17). 당신의 밭에는 백합화가 조금밖에 없으나 모든 울타리에는 가시나무와 엉경퀴가 있다. 성경은 또 그들을 "가로상의 진흙"(사 10:6)에 비유한다. 거리에는 보석들은 거의 없지만 진흙은 발자국을 떼어놓을 때마다 있다. 악한 자는 거리에 오물같이 흔하다. 사람들의 대다수를 바라보라. 술 취하지 않는 사람에 비하여 얼마나 많은 술주정뱅이들이 있는가! 정숙한 사람에 비하여 얼마나 많은 간음 죄인들이 있는가! 진실한 사람에 비하여 얼마나 많은 위선자들이 있는가! 마귀는 추수를 하는가 하면 하나님은 몇 개의 이삭줄기나 하실 분이다. 오! 그렇다면 종살이 집, 곧 지옥으로부터 구원받은 사람이야말로 하나님을 찬미하며 송축할 무한한 이유를 가지고 있다. 은총의 그릇들이야말로 얼마나 감사로 흘러넘쳐야 하랴! 대부분의 다른 사람들이 지옥으로 포로 되어 갈 때 그들은 다가올 노하심에서 구원받는 것이다.

⑫ 내가 지옥으로부터 구원받은 줄을 어떻게 알 것인가?

그리스도께서 지옥으로부터 구원하시는 자들은 죄로부터 구원하신다. "그가 자기 백성을 저희 죄에서 구원할 자이심이라"(마 1:21)라고 하였다. 하나님께서 당신을 타락의 권세로부터 교만과 악평과 정욕으로부터 구원하셨는가? 만약에 그가 당신을 죄의 지옥으로부터 구원하셨다면 그는 당신을 고통의 지옥으로부터 구원하신 것이다.

만약에 당신이 그리스도에게 관심을 가지고 있다면, 그리고 그를 존경하고 신뢰하며 사랑한다면 당신은 지옥과 저주로부터 구원받은 것이다. "그리스도 예수 안에 있는 자에게는 결코 정죄함이 없나니"(롬 8:1)라고 하였다. 만약에 당신이 그리스도 안에 있다면 그는 그의 의의 옷을 당신에게 입히실 것이며 지옥의 불이 결코 그것을 태우지 못한다. 플리니(Pliny)는 말하기를 눈물과 피만큼 불을 잘 끄는 것은 아무것도 없을 것이라고 하였다. 회개의 눈물과 그리스도의 피가 지옥의 불을 끌 것이며 그 불은 절대로 당신에게 옮겨 붙지 못할 것이다.

4. 율법의 올바른 이해

 "내 앞에서 다른 신을 네게 두지 말라"(출 20:3).

계명에 관해서 언급하기 전에 질문에 답변을 하고 도덕법에 관한 규칙을 수립하고자 한다.

1) 도덕법과 복음의 차이는 무엇인가?

(1) 율법은 우리가 하나님을 우리의 창조주로 경배할 것을 요구한다.
복음은 우리가 창조주를 그리스도 안에서, 그리고 그리스도를 통해서 경배할 것을 요구한다. 그리스도 안에서 하나님은 은혜로우시다. 그리스도 밖에서 우리는 하나님의 권능과 공의와 거룩을 볼 수 있고, 그리스도 안에서는 하나님의 자비가 나타난 것을 보게 된다.

(2) 도덕법은 순종을 요구하나 힘을 주지 않는다(바로가 벽돌을 요구하면서 짚을 주지 않았던 것처럼).

그러나 복음은 힘을 준다. 그것은 택한 자에게 믿음을 내려주고, 그것은 율법을 달콤하게 하며, 우리로 하여금 하나님을 기름으로 섬기게 한다.

2) 도덕법은 우리에게 무슨 쓸모가 있는가?

그것은 우리에게 우리의 죄를 보여주는 거울이다. 그래서 우리의 오염과 비참을 보게 되면 우리가 예전의 죄책을 면하기 위해 불가불 그리스도께로 피해 가서 장차의 진노로부터 구원받고자 하는 것이다. "율법이 우리를 그리스도에게로 인도하는 몽학선생이 되어"(갈 3:24)라고 하였다.

3) 그러나 도덕법이 아직도 신자들에게 유효한가? 그것은 폐지되지 않았는가?

도덕법은 어떤 의미에서는 신자들에게 폐지되었다. 첫째, 칭의에서 그렇다. 그들은 도덕법에 순종함으로 의롭다 함을 받지 못한다. 신자들은 도덕법을 많이 사용해야 되지만 의롭다 하심을 받기 위해서는 다만 그리스도의 의에만 의뢰해야 한다. 노아의 비둘기가 날기 위해서 날개를 사용했지만 안전을 위해서는 방주에 의존했던 것과 같다. 도덕법이 의롭다 할 수 있다면 그리스도의 죽으심이 무슨 필요가 있었겠는가? 둘째, 도덕법은 저주에서 신자들에게 폐지되었다. 신자들은 도덕법의 저주와 정리적인 권능에서 자유함을 받았다. "그리스도께서 우리를 위하여 저주를 받은 바 되사 율법의 저주에서 우리를 속량하셨으니"(갈 3:13)라고 하였다. 어떻게 그리스도께서 우리를 위하여 저주를 받으신 바 되었는가? 하나님의 아들이라는 점에서 볼 때 그는 저주받으신 바 아니나 우리의 보증과 담보라는 점에서 우리를 위해 저주받으신 바 되었다(히 7:22). 이 저주는 그의 신성에 내린 것이 아니라 그의 인성에 내린 것이다. 그것은 하나님의 진노가 그의 위에 내려진 것이며, 이렇게 해서 그는 신자들을 위해 저주받으신 바 되사 그들이 질 율법의 저주를 대신 짊어지셨다. 그러나 비록 도덕법이 이와 같이 폐지되긴 했으나 신자들에게 그것은 하나의 항구적인 규칙으로 남아 있다. 그것이 비록 그들의 구세주는 아닐망정 안내자는 된다. 비록 그것이 '언약'(foedus), 즉 생명의 언약은 아니지만 '규칙'(norma), 즉 생활규칙이 된다. 모든 그리스도인은 꼭 거기에 따라야 하며 될 수 있는 대로 정확하게 그대로 행해야 된다. "그런즉 우리가 믿음으로 말미암아 율법을 폐하느뇨 그럴 수 없느니라"(롬 3:31)고 하였다. 그리스도인은 율법의 정죄적 권세 아래 있지 아니하나 그는 명령적 권세 아래 있다. 하나님을 사랑하고 그를 존경하며 복종하는 것은 언제나 구속력이 있으며 또한 하늘에서도 구속력이 있게 될 율법이다. 나는 이것을 도덕법이 신자들에게 폐기되었다고 말하는 무율법주의자들(Antinomians)을 향해 역설하는 바이다. 이것은 성경에 어긋나는 것이니 모든 방종에 이르는 문을 열어놓는 열쇠가 된다. 율법으로 하여금 자기들을 다스리게 하고자 아니하는 자들은 결코 복음으로 하여금 자기들을 구원하게 하고자 아니 할 것이다. 이 질문들에 답변하였으니 다음에는 십계명의 바른 이해를 위해서 약간의 규칙을 수립해 보겠다. 이들은 계명들의 뜻과 의미에 대한 어느 정도의 광명을 우리에게 비쳐주는 역할을 할 것이다.

 규칙 1 도덕법의 명령과 금지는 마음속에까지 미친다.

도덕법의 명령은 마음속에까지 미친다. 계명은 외부적 행동 뿐만 아니라 내적인 사랑까지 요구한다. 순종이라는 외부적 행위 뿐만 아니라 사랑이라는 내부적 애정도 요구한다. "너는 마음을 다하고…네 하나님 여호와를 사랑하라"(신 6:5)고 하였다.

도덕법의 경고와 금지는 마음속에까지 미친다. 하나님의 율법은 죄의 행동 뿐만 아니라 욕망과 기호까지 금지한다. 간음죄 뿐만 아니라 색욕을(마 5:28), 도적질 뿐만 아니라 탐심까지(롬 7:7) 금지한다. '인간의 법은 손을 속박하고 하나님의 법은 혼을 제어한다' (*Lex humana ligat manum, lex divina comprimit animam*). 즉 인간의 법은 손만을 속박하고 하나님의 법은 마음을 속박한다는 것이다.

규칙 2 계명에는 대유법(synecdoche)이 들어 있어서 말씀한 것보다 더 많은 것이 의도되어 있다.

어떤 의무를 명한 곳에는 그 반대되는 죄가 금지되어 있다. 우리가 안식일을 거룩하게 지키라는 명령을 받을 때 우리는 안식일을 범하는 것이 금지된 것이다. "엿새 동안 너는 일을 하고"라고 우리가 직업을 가지고 살라는 명령을 받을 때 우리는 게으르게 직업 없이 사는 것이 금지된 것이다.

어떤 죄가 금지된 곳에서는 그 반대되는 의무가 명령되어진다. 하나님의 이름을 망령되이 일컫는 것이 금지되면 그의 이름을 존경해야 된다는 그 반대의 의무가 명령되어진다. "네 하나님 여호와라 하는 영화롭고 두려운 이름을 경외하지 아니하면"(신 28:58)이라고 하였다. 우리의 이웃을 해하는 것이 금지된 곳에는 그 반대되는 의무, 즉 그 이웃의 이름을 변호해주며 그의 부족을 공급해줌으로써 우리가 할 수 있는 모든 선을 그에게 베풀어주어야 한다고 하는 의무가 포함되어 있다.

규칙 3 계명에서 어떤 죄가 금지된 곳에는 그 죄의 기회도 또한 금지된다. 살인이 금지된 곳에는 이것을 유발시킬 수 있는 시기심과 성급한 분노도 금지된다. 간음이 금지된 곳에는 음탕한 눈짓이나 창녀와 함께하는 것과 같이 간음으로 유도될 수 있는 모든 것이 금지된다. "그 집 문에도 가까이 가지 말라"(잠 5:8)라고 하였다. 전염병을 앓지 않고자 하는 사람은 전염된 집 가까이 가지 말아야 할 것이다. 율법 아래서 나실인은 포도주 마시는 것이 금지되었으며 포도주를 만드는 재료인 포도도 먹지 못했다.

규칙 4 '한 가지 진술에서 또 다른 진술이 추가적으로 이해된다' (*In relato subintelligitur correlatum*). 계명에서 한 가지가 진술되었으면 다른 진술이 포함되어 있다. 자녀에 관하여 언급된 곳에 아비가 포함된다. 부모에 대한 자식들의 의무가 언급된 곳에 자식들에 대한 부모의 의무가 또한 포함된다. 자녀에게 부모를 공경하라고 명한 곳에 부모가 또한 자녀를 교훈하고 사랑하며 부양하라고 명한 것이 함축되어 있다.

규칙 5 더 큰 죄들이 금지된 곳에 더 작은 죄들 또한 금지된다. 그 어떤 죄도 그 자체의 성격상 작다고 할 수 없으나 그래도 어떤 죄는 다른 것보다 비교적 작다고 할 수 있다. 우상숭배가 금지된 곳에 미신이나 또는 하나님이 지명하시지 않은 새 제도를 하나님 예배에 끌어들이는 것도 금지된다. 아론의 아들들이 우상을 숭배하는 것이 금지되었던 것처럼 하나님께 다른 불로 제사하는 것도 금지되었다(레 10:1). 거룩한 것에 섞인 혼합물은 포도주에 약간 가미한 것과 같아서 색깔을 내긴 하지만 그것을 저하시키고 불순하게 할 뿐이다. 하나님이 규정하지 않으실 어떤 미신적 의식을 예배에 끌어들이는 것은 하나님을 크게 노엽게 하는 일이다. 그것은 마치 하나님이 어떻게 섬김을 받으실 지 그 예법을 지정해 주실 만큼 충분히 지혜로우시지 못한 듯이 여기는 것이다.

규칙 6 하나님의 율법은 온전하다. '율법은 연계적이다' (*Lex est copulativa*). 즉 율법은 모두 연결되어 있다. 제1부와 제2부는 같이 접합되어 있으니, 하나님께 대한 경건, 그리고 우리 이웃에 대한 공평이다. 하나님이 함께 연결해 놓으신 이 두 부분은 따로따로 떼어놓아서는 안 된다. 도덕적인 사람을 제1부의 의무들, 곧 하나님께 대한 경건으로 시험해 보라. 그러면 거기서 그가 태만한 것을 발견하게 될 것이다. 위선자를 제2부의 의무들,

곧 그의 이웃에 대한 공평으로 시험해 보라. 그러면 거기서 그가 억지인 것을 발견하게 될 것이다. 제2부에서 엄격한 사람이 제1부를 소홀히 하거나, 또는 제1부에서 열심인 사람이 제2부를 등한히 하면 그의 마음은 하나님 앞에서 올바르지 못하다. 바리새인들은 그 제 일부를 열심과 거룩을 가지고 제일 잘 지키는 체했던 사람들이다. 그러나 그리스도는 그들의 위선을 탐지하신다. "너희가…의와 인과 신을 버렸도다"(마 23:23)라고 하였다. 그들은 제 이부에서 잘못하였다. 그들은 그들의 행동에서 의, 또는 정의로움을 버렸고, 가난한 자 구제함에서 인을 버렸으며, 사람들과의 약속과 계약에서 신, 또는 성실성을 버렸다. 하나님께서 그 두 부분을 다 기록하셨으니 우리의 순종도 그 양자 모두에 보증이 되어야 한다.

규칙 7 하나님의 율법은 우리가 몸소 죄의 행동을 하는 것 뿐만 아니라 다른 사람들의 죄를 따르는 종범자가 되거나, 또는 어떤 관련을 갖는 것도 금하신다.

어떻게, 그리고 어떤 의미에서 우리가 다른 사람들의 죄에 동참하거나 관계한다고 말할 수 있는가?

불의한 법령을 발표하며 불법적인 것을 다른 사람들에게 부과하는 것이다. 여로보암은 이스라엘 백성으로 하여금 죄를 짓게 만들었다. 그는 금송아지를 세움으로써 그들의 우상숭배에 종범자가 되었다. 다윗은 비록 몸소 우리아를 죽이지는 않았지만 요압에게 편지를 써서 전장의 최전방에 우리아를 배치시켰고, 이것이 그의 명령에 의해서 된 것이기 때문에 그는 우리아의 죽음에 대해서 종범자가 되었으며, 그의 살해를 나단 선지자는 다윗의 책임으로 돌렸다. "네가 칼로 헷 사람 우리아를 죽이되"(삼하 12:9)라고 하였다.

우리가 능력이 있음에도 불구하고 다른 사람들의 죄를 방해하지 않는 것이다. '할 수 있을 때 방지하지 않는 사람은 명령하는 것이다'(*Qui non prohibet cum protest, jubet*). 즉 당신의 능력 범위 내에 있을 때 어떤 것을 방지하지 못하는 것은 그것을 지시하는 것에 해당한다. 집주인이 그의 하인이 안식일을 범하는 것을 보거나, 또는 그가 맹세하는 것을 듣고도 그를 억제해야 할 능력을 사용하지 않는다면 그 주인은 그 하인의 죄에 종범자가 된다. 엘리는 그의 아들들이 여호와께 드리는 예물을 멸시하였을 때 처벌하지 않음으로써 스스로 유죄자가 되었다(삼상 3:13-14). 범죄자를 처벌하지 않고 무사통과시키는 사람은 자기 자신을 범죄자로 만드는 것이다.

다른 사람들을 죄짓도록 조언, 선동, 또는 자극하는 것이다. 아히도벨은 압살롬에게 그의 아비의 후궁들에게로 들어가서 그들을 더럽히라고 조언함으로써 그 비행 사실에 대해 스스로 유죄자가 되었다(삼하 16:21). 다른 사람을 술취하도록 유혹하거나 애걸하는 사람은 자기 자신은 취하지 않았다 하더라도 다른 사람의 죄를 유발시켰으므로 그것에 대해 그는 종범자가 된다. "이웃에게 술을 마시우되 자기의 분노를 더하여 그로 취케 하고 그 하체를 드러내려 하는 자에게 화 있을진저"(합 2:15)라고 하였다.

다른 사람의 죄에 동의하는 것이다. 사울은 스데반에게 돌 하나도 던지지 않았으나 성경은 말하기를, "사울이 그의 죽임 당함을 마땅히 여기더라"(행 8:1)고 하였다. 이와 같이 그는 그것에 관여하였다. 몇이서 한 사람을 살해하기 위하여 공모하는 경우, 그리고 그들의 의도를 또 다른 사람에게 이야기해서 그가 이것에 동의한다면 그는 유죄자가 될 것이다. 왜냐하면 그의 손은 살인죄에 가담하지 아니했지만 그의 마음은 그것에 가담했기 때문이다. 그는 비록 그것을 행하지 아니했지만 그것을 찬성했으며, 따라서 그것은 그의 죄가 될 것이다.

본을 보여줌으로써이다. '우리는 본보기에 따라 산다'(*Vivitur rnemplis*). 본보기들은 강력하며 설득력이 있다. 나쁜 본보기를 보여주는 것은 다른 이로 하여금 죄를 짓도록 하는 계기가 된다. 그래서 그 사람은 종범자가 된다. 아버지가 맹세를 하고 그 자식이 그의 본보기를 배워 맹세하게 되면 그 아버지는 그 자식의 죄에 종범자가 된다. 그는 자기의 본보기로 자식을 가르친 것이다. 유전적인 병이 있듯이 유전적인 죄도 있는 것이다.

규칙 8 계명에 대한 마지막 규칙은 우리가 우리 자신의 힘으로 이 모든 계명들을 지킬 수 없지만 우리가 할 수 있는 것을 함으로써 주님은 우리에게 격려를 해주셨다는 것이다. 여기 세 가지 격려가 있다.

비록 우리는 어느 한 계명도 순종할 능력이 없지만 하나님은 새 언약에서 그가 우리에게 요구하시는 바를 이루시겠다고 약속하셨다. "너희로 내 율례를 행하게 하리니"(겔 36:27)라고 하였다. 하나님께서는 우리에게 그를 사랑하라고 명하신다. 아! 우리의 사랑은 얼마나 약한가! 그것은 아직도 겨우 새싹이 나고 있는 목초와 같다. 그러나 하나님은 우리의 마음에 할례를 행하여 우리가 그를 사랑하도록 할 것을 약속하셨다(신 30:6). 우리에게 명령하시는 그는 우리에게 가능케 하실 것이다. 하나님은 죄로부터 돌이키라고 우리에게 명하신다. 그러나 오호라! 우리는 돌이킬 능력이 없다. 그런고로 그는 우리를 돌이켜 주시고 우리 속에 그의 성령을 부어주시고, 돌 같은 마음을 부드러운 마음으로 전환시켜 주실 것을 약속하셨다(겔 36:26). 명령에는 아무것도 없으나 약속에는 동일한 것이 들어 있다. 그러므로 그리스도인이여, 여러분 자신의 힘이 없을지라도 낙심하지 말라. 하나님이 여러분에게 힘을 주실 것이다. 철은 움직일 능력이 없지만 자석으로 끌면 움직일 수가 있다. "주에서 우리 모든 일을 우리를 위하여 이루심이니이다"(사 26:12).

비록 우리는 도덕법을 엄격하게 지키지 못할망정 하나님은 그리스도를 위하여 율법의 엄격성을 완화시키실 것이며, 그가 요구하는 것보다 조금 못한 것도 용납하실 것이다. 하나님은 율법에서 엄격한 순종을 요구하시지만 그러면서도 성실한 순종을 용납하실 것이다. 내부의 진실성이 있다면 그는 그 엄격도를 어느 정도 감하실 것이다. 그는 믿음을 보시고 실수를 관대히 보아주실 것이다. 복음은 도덕법의 엄격함을 경감시킨다.

우리의 개인적인 순종이 부족한 경우에 하나님은 우리를 그리스도 안에서 용납하시기를 기뻐하실 것이다. "그의 사랑하시는 자 안에서 우리에게 거저 주시는 바"(엡 1:6)라고 하였다. 비록 우리의 순종은 불완전하지만 우리의 보증이실 그리스도를 통해서 하나님은 이것을 완전한 것으로 보신다. 하나님의 율법이 정죄할 바로 그런 일도 그의 자비심은 우리의 중보자의 피에 의하여 상주시기를 기뻐하신다. 계명들에 대한 이와 같은 규칙들을 제시하였으니 다음에는 계명들 자제를 취급할 것이다.

THE TEN COMMANDMENTS

십계명 해설

제2장 십계명 해설

1. 제1계명 나 외에 다른 신을 두지 말라

 "너는 나 외에는 다른 신들을 네게 있게 말지니라"(출 20:3).

왜 계명은 제2인칭 단수 너(Thou)로 말씀하였는가? 왜 하나님은 '너희는 다른 신들을 네게 있게 말지니라'고 말씀하지 않으셨는가?

왜냐하면 계명은 각 개인에게 관계되며 하나님은 각 사람이 개인적으로 자기에게 말씀하신 것으로 받아들이기를 원하시기 때문이다. 우리들은 이익을 취하기 위해서는 앞서 나가려 하지만 의무는 다른 사람에게로 전가시키기를 잘한다. 그러므로 계명은 제2인칭, 너와 너로 말씀해서 각 개인이, 말하자면, 개별적으로 자기에게 말씀한 것인 줄 알게 하려 함이다. "너는 나 외에는 다른 신들을 네게 있게 말지니라"는 계명은 선도적인 위치에 있으며 모든 계명들 앞에 놓을 만하다. 왜냐하면 이것은 모든 참 신앙의 기초가 되기 때문이다. 이 계명의 총화는 우리 마음속에 하나님을 거룩하게 해야 한다는 것이다. 그리고 모든 창조물에 뛰어난 우위성을 그에게 인정해 드려야 한다는 것이다. 이 계명은 두 가지로 나누어진다. 첫째는 우리가 한 하나님을 모셔야 한다는 것이다. 둘째는 우리는 한 하나님밖에 가질 수 없다는 것이다. 따라서 우리는 하나님을 우리의 하나님으로 모셔야 한다는 것과 우리는 다른 하나님을 가질 수 없다는 것을 명심해야 한다.

1) 우리는 하나님을 우리의 하나님으로 모셔야 한다.

우리가 하나님을 모셔야 한다는 것은 명백하다. 그래서 "여호와 외에 누가 하나님이며"(삼하 22:32)라고 하였다. 주 여호와(삼위일체 하나님)는 참되시고 살아 계시고 영원하실 하나님이시며, 따라서 우리는 그를 우리의 하나님으로 모셔야 한다.

(1) 하나님을 우리의 하나님으로 모신다는 것은 그를 하나님으로 인정하는 것이다.

이방인의 신들은 우상들이다(시 96:5). 그리고 "우상은 세상에 아무것도 아니며"(고전 8:4)라고 하였다. 즉 그 안에 아무것도 신성이란 없다. 만약 우리가 "도우소서! 우상이여"라고 부르짖는다 해도 우상은 돕지 못한다. 우상 자체들이 포로로 사로잡혀 갔으므로 우상이란 아무것도 아니다(사 46:2). 우상은 허무한 것이므로 우리는 그것을 신으로 인정하지 않는다(렘 14:22). 그러나 '마음속으로부터' (exanimo) 우리가 하나님을 하나님으로 인정할 때, 이 하나님은 우리에게 하나님이시도록 모시게 되는 것이다. 모든 백성이 엎드려서 "여호와 그는 하나님이시로다 여호와 그는 하나님이시로다"(왕상 18:39)라고 말했다. 그렇다. 우리는 그를 유일하신 하나님으로 인정한다. "그룹들 위에 계신 이스라엘의 하나님 여호와여 주는 천하만국에 홀로 하나님이시라"(왕하 19:15)고 하였다. 신성은 다만 그의 왕관에만 속하는 보석이다. 더 나아가서 우리는 그와 같은 하나님이 또 없다는 것을 인정한다. "솔로몬이 여호와의 단 앞에서 이스라엘의 온 회중을 마주서서 하늘을 향하여 손을 펴고 가로되 이스라엘 하나님 여호와여 상전하지에 주와 같은 신이 없나이다"(왕상 8:22-23). "대저 궁창에서 능히 여호와와 비교할 자 누구며 권능있는 자 중에 여호와와 같은 자 누구리이까"(시 89:6)라고 하였다. 갈대아어로 그것은 "전사들 중에 누가?"로 되어 있다. 아무도 하나님처럼 할 수 없다. 그는 무로부터 세상을 창조하셨다. "땅을 공간에 다시며"(욥 26:7)라고 하였다. 그가 유일하신 참 하나님이시며 그와 비교할 자가 아무도 없다는 것을 우리 마음에 믿으며 우리 혀로 고백하며 우리 손으로 서명할 때 이것이 하나님을 우리에게 하나님이시도록 하게 하는 것이다.

(2) 하나님을 우리의 하나님으로 모시는 것은 그를 선택하는 것이다.
"너희 섬길 자를 오늘날 택하라. 오직 나와 내 집은 여호와를 섬기겠노라"(수 24:15). 즉 우리는 여호와를 우리의 하나님이시도록 선택하겠다는 것이다. 판단력으로 하나님을 시인하는 것과 의지로 그를 선택하는 것은 별개의 문제다. 신앙은 우연(chance)의 문제가 아니라 선택의 문제다. 하나님을 우리의 하나님으로 선택하기 이전에 지식이 있어야 한다. 우리는 그를 선택하기 전에 피를 알아야 한다. 어떤 사람이건 그가 결혼할 사람을 선택하기 이전에 그 사람에 대한 어느 정도의 지식을 가지고 있어야 한다. 이와 같이 우리는 하나님을 우리의 하나님으로 선택할 수 있기 전에 하나님을 알아야만 한다. "너는 네 아비의 하나님을 알고"(대상 28:9)라고 하였다. 우리는 하나님의 속성이 거룩함에 영화로우시며 인자함에 부요하시며 약속에 성실하신 줄을 알아야 한다. 우리는 그를 그의 아들 안에서 알아야 한다. 얼굴이 거울에 반영되듯이 그리스도 안에서 우리는 하나님의 아름다우심과 사랑이 빛나는 것을 본다. 이 지식이 하나님을 선택하는 것보다 선행하여야 한다. 락탄티우스(Lactantius)는 철학자들의 모든 학식은 하나님을 아는 지식이 결여되어 있기 때문에 머리가 없는 것과 같다고 말했다. 이 선택은 심사숙고의 행위이다. 그리스도인은 하나님 안에서 최상의 우수성을 바라본 후에, 그리고 그의 완전성에 대한 거룩한 경탄심에 압도되어 그의 마음을 쏟고 싶은 모든 다른 대상들로부터 그를 선발해 내게 된다. 따라서 야곱처럼 "여호와께서 나의 하나님이 되실 것이요"(창 28:21)라고 말하게 된다. 하나님을 선택하는 사람은 하나님께 자기 자신을 바친다. "주를 경외함에 전심하는 주의 종을"(시119:38, 영어성경을 직역함-역주)이라고 하였다. 성소의 그릇들이 다른 그릇과 달리 거룩한 용도로 구별되었듯이 하나님을 자기의 하나님으로 선택한 사람은 하나님께 자신을 봉헌한 것이다. 따라서 세속적인 용도를 위해 다시는 더 헌신하지 않을 것이다.

(3) 하나님을 우리의 하나님으로 모시는 것은 그와의 엄숙한 언약을 체결하는 것이다.

선택 후에는 결혼 언약이 따르게 마련이다. 하나님이 "내가 너희에게 영원한 언약을 세우리니 곧 다윗에게 허락한 확실한 은혜니라"(사 55:3)라고 우리와 언약을 맺어주시듯이, 우리도 "열조의 하나님 여호와를 찾기로 언약하고"(대하 15:12)라고 함과 같이 하나님과 언약을 맺어야 한다. "혹은 이르기를 나는 여호와께 속하였다 할 것이며…혹은 자기가 여호와께 속하였음을 손으로 기록하고"라고 하였다. 이것은 점호부에 적힌 자기들의 이름에서 명하는 병정들과 같다(사 44:5). "하나님이 우리의 하나님이 되실 것이라"는 이 언약은 우리가 주의 만찬에서 자주 새롭게 반복하는 바이다. 이것은 계약에 날인함과 같이 우리를 하나님께 단단히 붙들어 매며 우리가 그에게서 떠나지 않도록 우리를 지키는 것이다.

(4) 하나님을 우리의 하나님으로 모시는 것은 그에게 경배를 드리는 것이다.

이것은 그를 존경하는 데서 성립한다. "하나님은…둘러 있는 모든 자 위에 더욱 두려워할 자시니이다"(시 89:7)라고 하였다. 하나님의 보좌 주위에 둘러 서 있던 스랍들은 그들의 얼굴을 가리었으며(사 6:2) 엘리야도 여호와께서 지나가실 때 경의의 표시로 겉옷으로 자기를 가리었다. 이 경외심은 하나님의 실성한 위엄에 대해서 우리가 가지는 높은 존경심이다. 경배는 그에게 굽혀 절하는 것, 또는 그에게 예배하는 것에서 성립한다. "거룩한 옷을 입고 여호와께 경배할지어다"(시 29:2)라고 하였다. "몸을 굽혀 얼굴을 땅에 대고 여호와께 경배하였느니라"(느 8:6)라고 하였다. 거룩한 예배는 하나님께 속하는 특이한 존귀이다. 이것에 대하여 하나님은 질투하시며 아무 피조물도 이를 공유하기를 허용치 않으신다. "나는 내 영광을 다른 자에게…주지 아니하리라"(사 42:8)라고 하였다. 행정장관들은 세속적인 존경이나 숭배를 받을 수 있겠지만 오직 하나님만이 신앙심 깊은 경배를 받으셔야 할 것이다.

(5) 하나님을 우리 하나님으로 모시는 것은 그를 두려워하는 것이다.
"네 하나님 여호와라 하는 영화롭고 두려운 이름을 경외하지 아니하며"(신 8:58)라고 하였다. 이렇게 하나님을 두려워하는 것은 첫째, 항상 그를 우리 안중에 두는 것이다. "내가 여호와를 항상 내 앞에 모심이여"(시 16:8)라고 하였으며, "내 눈이 항상 여호와를 앙앙함은"(시 25:15)이라고 하였다. 하나님을 두려워하는 사람은 무엇이든지 그가 하고 있는 것을 하나님이 보고 계시며 재판장으로서 모든 행위를 달아보신다는 것을 상상한다. 둘째, 하나님을 두려워한다는 것은 우리 마음속에 하나님에 대한 너무나 거룩한 경외심을 가진 고로 우리가 감히 죄를 짓지 못하는 것이다. "너희는 떨며 범죄치 말지어다"(시 4:4)라고 하였다. 악인은 범죄하고도 두려워하지 않으며 경건자는 두려워하여 범죄치 않는다. "그런즉 내가 어찌 이 큰 악을 행하여 하나님께 득죄하리이까"(창 39:9)라고 하였다. 나에게 죄 지으라고 명하라. 그러면 당신은 나에게 독을 마시라고 명하는 것이다. 안셀름은 "만약에 지옥이 한 쪽에 있고 죄가 다른 쪽에 있다면 나는 하나님을 거슬러 자발적으로 죄를 짓기보다는 차라리 지옥 속으로 뛰어 들어가겠다"라고 말한다. 하나님을 두려워하는 사람은 그것이 아무리 비밀스럽다 하더라도 죄를 지으려 하지 않는다. "너는 귀먹은 자를 저주하지 말며 소경 앞에 장애물을 놓지 말고 네 하나님을 경외하라"(레 19:14)라고 하였다. 당신이 귀먹은 자를 저주한다고 하자. 그는 그 말을 듣지 못할 것이다. 또는 당신이 소경 앞에 장애물을 놓아서 그를 넘어지게 한다면, 그는 당신이 그렇게 하는 것을 보지 못할 것이다. 그러나 하나님께 대한 두려움이 사람들에게 들리지도 않고 보이지도 않는 죄를 당신으로 하여금 버리도록 만들 것이다. 하나님께 대한 두려움은 사람에 대한 두려움을 없앤다. 다니엘의 세 친구는 하나님을 두려워하였다. 따라서 그들은 왕의 진노를 두려워하지 않았다(단 3:16). 더 큰 소음이 더 작은 소음을 삼켜 버린다. 천둥소리가 강물 소리를 삼켜 버린다. 하나님께 대한 두려움이 영혼 속에서 최고조에 달해 있을 때, 그것은 다른 모든 육신적인 두려움을 삼켜 버린다. 우리가 그에게 대해 거룩한 지식으로서의 두려움을 가질 때 이것은 하나님을 우리에게 하나님이시도록 만드는 것이다.

(6) 하나님을 우리의 하나님으로 모시는 것은 그를 신뢰하는 것이다.

"주 여호와여 내 눈이 주께 향하며 내가 주께 피하오니"(시 141:8)라고 하였고, "나의 하나님이시여 나의 피할 바위시여"(삼하 22:3)라고 하였다. 하나님밖에는 우리가 신뢰할 수 있는 자는 아무도 없다. 모든 피조물들은 거짓의 피난처이다. 그들은 애굽의 갈대와 같아서 우리를 지탱하기엔 너무 약하고 우리를 상처주기엔 충분히 강하다(왕하 18:21). '모든 운동은 부동자 위에서 이루어진다'(Omnis motus fit super Immobili). 즉 부동자는 그 어떤 동요에도 동요되지 않는다. 하나님만이 우리의 신뢰를 쌓아 올릴 수 있는 충분한 토대가 되신다. 우리가 그를 신뢰할 때 우리는 그를 우리에게 하나님이시도록 하는 것이다. 우리가 그를 신뢰하지 한을 때 우리는 그를 우상으로 만드는 것이다. 하나님을 신뢰하는 것은 창조주로서의 그의 능력에 의존하는 것이며 아버지로서의 그의 사랑에 의존하는 것이다. 하나님을 신뢰하는 것은 우리의 중요한 보배, 즉 우리의 영혼을 그에게 의탁하는 것이다. "내가 나의 영을 주의 손에 부탁하나이다"(시 31:5)라고 하였다. 고아가 그의 유산을 그의 후견인에게 위탁하듯 우리는 우리의 영혼을 하나님께 위탁한다. 그럴 때 그는 우리에게 하나님이 되신다.

그러나 어떻게 우리는 하나님을 바르게 신뢰하는 줄 알까? 우리가 하나님을 바르게 신뢰한다면 한 때 뿐이 아니라 언제나 그를 신뢰하게 된다. "시시로 저론 의지하고"(시 62:8)라고 하였다. 우리는 우리의 곤경 가운데서도 그를 신뢰할 수 있는가? 무화과가 번성하지 아니할 때, 우리의 땅 위의 목발이 부러질 때, 우리는 하나님의 약속에 의지할 수 있는가? 우리에게 늘 위로를 주던 피리가 끊길 때 우리의 모든 새 샘물이 있는 하나님께 우리는 마음을 두고 살 수 있는가? 우리가 근심의 떡 외에는 먹을 떡이 없을 때(겔 12:19), 시편 80:5에 있는 말씀에 "다량의 눈물을 마시게 하셨나이다"라고 함과 같이 눈물밖에 마실 물이 없을 때, 우리는 그때도 하나님의 섭리가 우리에게 공급할 것임을 믿을 수 있는가? 선한 그리스도인은 하나님이 까마귀들도 먹이신다면 그의 자녀들도 먹이실 것을 믿는다. 그는 은혜에 대해서 뿐만 아니라 양식에 대해서도 하나님의 전적 충족에 의거해서 살아간다. 그는 하나님이 그에게 천국을 주신다면 일용할 양식도 줄 것이라는 것을 믿는다. 그는 하나님의 약속인 "정녕히 먹으리로다"(시 37:3)를 신뢰한다. 우리는 두려움 중에도 하나님을 신뢰할 수 있는가? 역경이 고조될 때 우리는 믿음의 기치를 과시할 수 있는가? "내가 두려워하는 날에는 주를 의지하리이다"(시 56:3)라고 하였다. 믿음은 마음의 떨림을 치료한다. 그것은 기름이 물 위에 뜨듯이 두려움을 초월한다. 하나님을 신뢰하는 것은 그를 우리에게 하나님이시도록 하는 것이다.

(7) 하나님을 우리의 하나님으로 모시는 것은 그를 사랑하는 것이다. 경건자 안에서는 두려움과 사랑이 서로 입맞춘다.

(8) 하나님을 우리의 하나님으로 모시는 것은 그를 순종하는 것이다. 여기에 대해서는 제2계명에서 좀더 자세히 말할 것이다.

(9) 우리는 왜 우리의 하나님이시도록 주님을 굳게 붙들어야 하는가?
첫째, 그 정당성 때문이다.
우리가 우리의 존재를 부여받는 그 분에게 집착해 있어야 한다는 것은 아주 정당하다. 우리의 호흡을 주는 분외에 누가 우리에게 향한 보다 큰 권리론 가질 수 있겠는가? "그는 우리를 지으신 자시요 우리는 그의 것이니"(시 100:3)라고 하였다. 하나님 이외의 그 어떤 것에게 우리의 사랑이나 경배를 주어 버리는 것은 부정할 뿐 아니라 배은망덕이다.
둘째, 그 유용성 때문이다.
우리가 우리의 하나님으로서 주님을 충실히 붙들고 있으면 그는 우리를 축복하실 것이다. "하나님 곧 우리 하나님이 우리에게 복을 주시리로다"(시 67:6)라고 하였다. 그는 우리의 재산에 축복하실 것이다. "내 토지의 소산과…네 광주리와 떡 반죽 그릇이 복을 받을 것이요"(신 28:4-5)라고 하였다. 우리는 곡식을 자루 가득히 갖게 될 뿐 아니라 자루 아귀에 돈도 갖게 될 것이다. 하나님은 우리를 평안으로 축복하실 것이다. "여호와께서 자기 백성에게 평강의 복을 주시리로다"(시 29:11)라고 하였다. 풍요의 유모인 외부적 정화로도 축복하실 것이다. "네 경내를 평안케 하시고"(시 147:14)라고 하였다. 꿀이 방울져 떨어짐보다 더 달콤한 미소를 짓는 양심인 내적 평화로 축복하실 것이다. 하나님은 모든 악을 변하여 우리의 선이 되게 하실 것이다(롬 8:28). 그는 독에서 당밀을 만드실 것이다. 요셉의 옥살이는 승진의 수단이 되었다(창 50:20). 쓰디쓴 약으로부터 그는 그의 영광과 우리의 구원을 추출해내실 것이다. 요컨대, 그는 죽음에 이르는 우리의 안내자가 되실 것이며, 죽음에서 우리의 위로가 되실 것이며, 죽음 후에 우리의 상급이 되실 것이다. 그러므로 그것의 유용성이 우리 하나님으로서의 주님께 우리를 집착하도록 만들 것이다. "여호와를 자기 하나님으로 삼는 백성은 복이 있도다"(시 114:15).

셋째, 그 불가피성 때문이다.

만약 하나님이 우리의 하나님이 아니시라면 그는 우리의 축복을 저주하실 것이다. 그리고 하나님의 저주는 그것이 어디에 임하든지 망치게 한다(말 2:2). 만약 하나님이 우리의 하나님이 아니시라면 우리가 곤궁에 처했을 때 우리를 도울 자가 아무도 없다. 그가 그의 원수들을 도우시겠는가? 그가 자기를 부인하는 자들을 원조하시겠는가? 만약 우리가 하나님을 우리의 하나님으로 삼지 아니하면 그는 그 자신이 우리의 재판관이 되실 것이다. 그리고 만일 그가 정죄하신다면 고등법원에 호소할 길은 전혀 없다. 그러므로 우리가 영원히 불행과 결혼할 의사가 없을진대 하나님을 우리 하나님으로 삼는 것은 필수적이다.

적용 1 우리가 주 여호와를 우리의 유일하신 하나님으로 삼아야 된다면 이것은 하나님이 없다고 하는 무신론자들을 정죄한다. "어리석은 자는 그 마음에 이르기를 하나님이 없다 하도다"(시 14:1)라고 하였다. 그가 믿거나 예배할 그런 하나님이 없는 것이다. 그러한 무신론자들 중에는 디아고라스(Diagoras)와 데오도루스(Theodorus)가 있었다. 세네카(Seneca)가 그의 불경건에 대해서 네로(Nero)를 책망했을 때, 네로는 "내가 그런 일을 할 때에 어떤 하나님이 있다고 내가 믿는 줄 당신은 생각하는가?"라고 말했다. 실레시아의 대공은 너무나 얼이 빠져서 이렇게 단언했다. '낮은 자도 없고 높은 자도 없다'(*Neque inferos, neque superos esse*). 즉 하나님도 없고 마귀도 없다는 것이다. 우리는 하나님을 그의 손으로 하신 일을 통해 볼 수 있다. 창조물은 우리가 하나님을 읽을 수 있는 하나의 커다란 책이며, 따라서 하나님을 부인하는 자는 마땅히 그 자신의 눈을 빼버려야 한다. 아리스토텔레스(Aristoteles)는 이방인이었지만 "존재들의 존재이신 그대여, 나에게 자비를 내리소서"라고 외쳤을 때 그는 하나님을 시인했을 뿐만 아니라, 하나님을 고백하지 않는 자는 살 가치도 없다고 생각했다. 하나님을 믿고자 아니하는 자들은 그를 느끼게 될 것이다. "살아 계신 하나님의 손에 빠져 들어가는 것이 무서울진저"(히 10:31)라고 하였다.

적용 2 하나님을 자기들의 하나님으로 모신다고 고백하면서도 마치 그분이 하나님이 아닌 양 사는 그리스도인들은 정죄받는다.

그들은 그를 하나님으로 믿지 않는다. 그들은 자기들의 죄를 바라볼 때, 과연 하나님이 용서하실 수 있는가라고 말하기 쉽다. 그들은 자기들의 결정을 바라볼 때 '하나님이 보태줄 수 있으시랴, 광야에서 그가 식탁을 베풀 수 있으시랴'고 말한다.

그들은 그를 하나님으로 사랑하지 않는다. 그들은 하나님에게 그들의 사랑의 가장 좋은 부분을 드리지 않고 다른 것들을 하나님보다 더 사랑하는 경향이 있다. 그들은 하나님을 사랑한다고 말한다. 그러나 하나님을 위해서 아무것도 끊으려고 하지 않는다.

그들은 그를 하나님으로서 경배하지 않는다. 그들은 마치 하나님에게 기도하는 것과 같은 그런 경의를 그에게 드리지 않으며, 그런 헌신을 가지고 기도하지도 않는다. 그들의 마음은 얼마나 죽어 있는가! 죄 가운데 죽어 있지 아니하면 그들은 의무에 대해서 죽어 있다. 그들은 눈을 가지고 있으나 보지 못하며, 귀를 가지고 있으나 듣지 못하는 그런 신을 향해서 기도한다. 말씀을 들을 때 얼마나 주의가 산만하며 얼마나 마음이 무관심한가? 그들은 그들의 상점과 남아도는 상품을 생각하고 있다. 왕이 우리에게 말하고 있을 때 우리가 깃털을 가지고 놀고 있다면 이것이 왕을 공경하는 것이겠는가? 하나님이 그의 말씀으로 우리에게 말씀하고 있을 때 우리의 마음이 세상 생각으로 붙잡혀 있다면 그것은 깃털을 가지고 노는 것이 아니겠는가? 오! 우리가 하나님을 우리에게 하나님이시도록 모시지 않는 것이 얼마나 우리를 친하게 만들 것인가! 우리는 그를 하나님으로 믿지도 않고 사랑하지도 않고 경배하지도 않는다. 많은 이방인들은 어떤 그리스도인들이 참 하나님에게 하는 것보다 더 많은 진실함과 신앙심을 가지고 그들의 거짓 신들을 숭배해왔다. 오! 우리는 우리 자신을 꾸짖자. 우리는 우리 신앙이 죽었음과 형식화되었음을 인하여 우리 자신을 혐오하자. 얼마나 우리는 하나님을 고백해왔으며, 그러면서도 그를 하나님으로 경배하지 아니했는가!

2) 우리는 다른 신을 두어서는 안 된다. "너는 나 외에는 다른 신들을 네게 있게 말지니라."

(1) '나 외에는' 이라는 말씀은 무엇을 의미하는가?

이것은 '내 면전에'(before my face)를 의미한다. 다시 말해 '나의 시야'(conspectu moo) 안에, 즉 내 눈 앞에서이다. "조각하였거나 부어 만든 우상은 여호와께 가증하니 그것을 만들어 은밀히 세우는 자는 저주를 받으라 할 것이요"(신 27:15)라고 하였다. 어떤 사람들은 다른 사람들의 눈앞에서 우상에게 절을 하지 않으나 비밀히 그것에 절을 하려 할 것이다. 그러나 비록 이것은 사람의 눈에는 벗어났으나 하나님의 눈에서는 벗어나지 못했다. "우상을 은밀한 곳에 두는 자는 그러므로 저주를 받을 것이요"라고 하나님은 말씀하신다.

"너는 다른 신들을 네게 있게 말지니라"고 하였는데, 실제로 다른 신이란 없다. 발렌틴인들은 두 신이 있다고 믿었으며, 다신론자들은 많은 신이 있다고 믿었다. 페르시아인들은 태양을, 애굽인들은 황소와 코끼리를, 그리스인들은 주피터를 숭배했다. 그러나 참 하나님 외에 다른 것은 없다. "그런즉 너는 오늘날 상천하지에 오직 여호와는 하나님이시요 다른 신이 없는 줄을 알아 명심하고"(신 4:39)라고 말하였다. 왜냐하면 첫째, 스스로 자기 존재를 가지며 다른 모든 존재들이 의존하는 바 제1원인(First Cause)은 하나밖에 없기 때문이다. 하늘에서 제1동작자(Primum Mobile)가 모든 다른 천체들을 움직이는 것처럼, 하나님은 크신 동작자(Great Mover)이시다. 그는 존재하는 모든 것에게 생명과 운동을 주신다. 둘째, 전능하신 능력자(Omnipotent Power)는 한 분밖에 없기 때문이다. 만약에 전능자가 둘이라면 항상 둘 사이에 다툼이 있을 것이다. 동등하기 때문에 하나가 하려고 하는 것을 다른 하나가 반대할 것이다. 그러니 모든 것이 혼란에 빠질 것이다. 배에 동등한 권력을 가진 두 항해사가 있다면 한 사람은 언제나 다른 사람을 방해할 것이다. 한 사람이 항해하고자 하면 다른 사람은 닻을 내리고자 할 것이니 혼란이 일어날 것이고 배는 침몰할 것이다. 세계 내에 있는 질서와 조화, 만물의 일정불변한 통치는 단 한 분만의 전능자, 곧 만물을 다스리는 유일하실 하나님이 계시다고 하는 명백한 논증이 된다. "나는 처음이요 나는 마지막이라 나 외에 다른 신이 없느니라"(사 44:6)고 하였다.

또한 "너는 나 외에는 다른 신들을 네게 있게 말지니라"는 계명이 금하는 것은 거짓 신을 섬기고 참 하나님을 섬기지 않는 것이다. "그들이 나무를 향하여 너는 나의 아비라 하며 돌을 향하여 너는 나를 낳았다"(렘 2:27)라고 하였다. 거짓 신과 참 하나님을 연합시키는 것이다. "이와 같이 저희가 여호와도 경외하고 또한…자기의 신들도 섬겼더라"(왕하 7:33)라고 하였다. 이런 것들은 계명에 금지되었다. 우리는 참 하나님께 집착해 있어야 하며 다른 신에게 집착해서는 안 된다. "하나님은 질투하시는 하나님"이시므로 적수를 견디지 못하신다. 한 아내는 두 남편을 합법적으로 한꺼번에 소유하지 못한다. 우리도 두 신을 두지 못한다. "너는 다른 신에게 절하지 말라. 여호와는 질투라 이름하는 질투의 하나님임이니라"(출 34:14)고 하였다. "다른 신에게 예물을 드리는 자는 괴로움이 더할 것이라"(시 16:4)라고 하였다. 주님은 이것을 "그를 버리고" 다른 신과 혼인하는 것으로 해석하신다. "여호와를 버리고 다른…신들을 좇아"(삿 2:12)라고 하였다. 하나님은 그의 백성이 우상 신들의 이름을 들어 말하는 것조차 용납지 않으신다. "다른 신들의 이름은 부르지도 말며 네 입에서 들리게도 말지니라"(출 23:13)라고 하였다. 하나님은 다른 신들을 좇아가는 것을 결혼 언약의 파기로 간주하신다. 그러므로 이스라엘이 금송아지를 가지고 우상숭배의 죄를 범했을 때 그들에 대한 관심을 포기하셨다. "네 백성이 부패하였도다"(출 32:7)라고 하였다. 전에는 하나님이 이스라엘을 그의 백성이라 부르셨다. 그러나 그들이 다른 신들을 좇아갔을 때 주님은 모세에게 말씀하신다. "자, 그들은 더 이상 내 백성이 아니요 네 백성이다." "너희 어미와 쟁론하고 쟁론하라 저는 내 아내가 아니요"(호 2:2)라고 하였다. 그들은 나와의 믿음을 지키지 아니한다. 그들은 우상들로 자신을 더럽혔으며, 따라서 나는 그들과 이혼하겠다. "저는 내 아내가 아니요"라고 하셨다. 다른 신들을 따라가는 것은 하나님이 견디실 수 없는 것이다. 그것은 얼굴에 분노가 떠오르게 한다. "네 동복형제나 네 자녀나 네 품의 아내나 너와 생명을 함께 하는 친구가 가만히 너를 꾀어 이르기를 너와 네 열조가 알지 못하던 다른 신들을…우리가 가서 섬기자 할지라도 너는 그를 좇지 말며 듣지 말며 긍휼히 보지 말며 애석히 여기지 말며 멀어 숨기지 말고 너는 용서 없이 그를 죽이되 죽일 때에 네가 먼저 그에게 손을 대고 후에 뭇백성이 손을 대라"(신 13:6, 8-9)라고 하였다.

무엇이 참 하나님 외에 다른 신들을 두는 것인가? 필자는 연구해보고 두려움을 금치 못하였는데 그것은 우리가 알고 있는 것보다도 더 않은 우상숭배자들이 우리 가운데 있다는 것이다.

(2) 무슨 일에나 하나님보다 더 신뢰하는 것은 그것을 신으로 삼는 것이다.
만약 우리가 우리의 재물을 신뢰한다면 그것은 재물을 신으로 삼는 것과 다름없다. 하지만 재물을 위로거리로 삼을 수는 있을지언정 그것들을 신뢰할 수는 없다. 그것들을 신뢰하는 것은 어리석은 일이다. 그것들은 속이는 재물이며, 그리고 우리를 속이는 그것에 의지하는 것은 어리석다(마 13:22). 그들은 견고한 일관성이 전혀 없으며 그들은 풍경이나 황금의 꿈과 같아서 영혼이 꿈을 깨거나 또는 제 정신으로 돌아올 때 공허밖에 남는 것이 없다. 그 것들은 약속해주는 바가 없다. 그것들은 우리의 욕망을 만족시켜 준다고 약속하지만 욕망을 증가시켜 준다. 우리와 함께 머물러 있겠다고 약속하지만 도망간다. 그것들은 해롭다. "소유주가 재물을 자기에게 해되도록 지키는 것이라"(전 5:13)고 하였다. 사람을 해롭게 하는 것에 의지하는 것은 어리석다. 누가 면도날을 잡아 쥐고 무사하겠는가? 그것들은 가끔 교만과 육욕에 절감이 된다(겔 28:5; 렘 5:7). 우리가 재물을 신뢰하는 것은 어리석은 것이다. 그러나 얼마나 많은 사람이 이렇게 하며 돈을 자기들의 신으로 삼는가! "부자의 재물은 그의 견고한 성이요"(잠 10:15)라고 하였다. 그는 금패물을 자기의 소망으로 삼는다(욥 31:24). 하나님은 사람을 땅의 티끌로 만드셨다. 그리고 사람은 땅의 티끌로 신을 만든다. 돈이 그의 창조주와 구속주와 보혜사가 된다. 그의 창조주라 함은 그가 돈을 가지고 있으면 되는 줄로 생각함이요, 그의 구속주라 함은 그가 위험에 처해 있을 때 그의 돈이 자기를 구해줄 줄로 신뢰함이요, 그의 보혜사라 함은 그가 슬플 때 돈이 악령을 쫓아버리는 금 거문고가 되기 때문이다. 이와 같이 돈에 의지함으로써 우리는 이것을 신으로 삼는다.

만일 우리가 육체의 힘을 신뢰한다면 우리는 이것을 신으로 삼는 것과 같다. "무릇 사람을 믿으며 혈육으로 그 권력을 삼고 마음이 여호와에게서 떠난 그 사람은 저주를 받을 것이라"(렘 17:5)라고 하였다. 아람 사람들(Syrians)은 그들의 군대를 신뢰했는데 그 군대는 너무나 수효가 많아서 나라에 가득하였다. 그러나 그들의 육체의 힘은 시들었다(왕상 20:27, 29). 우리가 의지로 삼는 것을 하나님은 우리의 수치로 삼으신다. 양은 울타리를 은신처 삼아 달아나지만 그곳에서 그들은 잡혀 털을 잃는다. 이와 같이 우리도 도움을 얻기 위해 제2원인들에게로 달려가지만 결국에는 많은 금양털을 잃어버리게 되는 것이다.

그것들은 우리를 실패케 하는 갈대였을 뿐만 아니라 우리를 찌르는 가시였다. 우리는 목발을 너무 의지함으로서 그것들을 부러뜨렸다.

만일 우리가 우리의 지혜를 신뢰하면 우리는 그것을 신으로 삼는 것이다. "지혜로운 자는 그 지혜를 자랑치 말라"(렘 9:23). 자랑하는 것은 자신감의 극치이다. 허다한 사람이 자기들의 재간과 재능을 우상화한다. 자기 자신을 신격화시키지만 그러나 하나님은 얼마나 자주 지혜자를 그들 자신의 교활에 빠지게 하시는가(욥 5:13)! 아히도벨은 큰 재간을 가지고 있었고 그의 조언은 하나님께 물어 받은 말씀과 같았다. 그러나 그의 재간은 그를 교수형에 이르게 했다(삼하 17:23). 만일 우리가 우리의 예의범절을 신뢰하면 우리는 이것을 신으로 삼는 것이다. 많은 사람들이 이것에 의지하는데 아무도 그들을 큰 죄를 짓는다고 나무라지는 않는다. 예의범절은 세련되고 교양있는 품성에 지나지 않는다. 사람은 씻으나 변화되지 않을 수 있으며 그의 생활은 예의바르나 그의 마음속에는 죄가 지배하고 있을 수 있다. 바리새인은 "나는…간음을 하는 자들과 같지 아니하고"(눅 18:11)라고 말할 수 있었다. 그러나 그는 "나는 교만하지 아니 하오며"라고 말하지는 못하였다. 예의범절을 의지하는 것은 거미줄에 의지하는 것이다.

만일 우리가 우리의 의무들이 우리를 구원할 것으로 믿는다면 우리는 그것들을 신으로 삼는 것이다. "우리의 의는 더러운 옷 같으며"(사 64:6) 그것들은 죄로 인해 구더기가 들끓는다. 금을 불에다 넣으라. 그러면 많은 찌끼가 나온다. 이와 같이 우리의 가장 귀중한 의무들도 약점으로 혼합되어 있다. 우리는 의무를 소홀히 하거나 아니면 그것을 우상화하기 쉽다. 의무를 사용하라. 그러나 그것을 신뢰하지 말라. 왜냐하면 그렇게 되면 당신은 그것을 신으로 삼는 것이 되기 때문이다. 당신의 기도함과를 듣는 것을 신뢰하지 말라. 그들은 구원의 수단이지만 구세주가 아니다. 만일 당신이 의무들을 신뢰할 공기주머니로 여긴다면 당신은 그것과 함께 지옥으로 갈아 앉게 되는지 모른다.

만일 우리가 우리의 세련을 신뢰한다면 그것을 우리의 신으로 삼는 것이다. 세련도 피조물에 지나지 않는다. 우리가 만일 그것에 의지한다면 그것을 우상으로 삼는 것이다. 세련도 불완전하다. 따라서 우리를 구원하기에 불완전한 것에 우리는 의지하지 말아야 한다. "내가 나의 완전함에 행하였사오며…여호와를 의지하였사오니"(시 26:1). 다윗은 그의 완전함에 행하였다. 그러나 그의 완전함을 신뢰하지 아니하였다. "나는 여호와를 의지하였사오니"라고 하였다. 우리가 만일 우리의 세련을 신뢰하면 그것을 그리스도로 삼는 것이다. 그들은 좋은 세련들이지만 나쁜 그리스도들이다.

(3) 무엇이든지 하나님보다 더 사랑하는 것은 그것을 신으로 삼는 것이다.
우리가 우리의 재산을 하나님보다 더 사랑하면 우리는 그것을 신으로 삼는 것이다. 복음서에 나오는 부자 관원은 그의 황금을 구세주보다 더 사랑했다. 세상이 그의 마음에 그리스도보다 더 가까이 있었다(마 19:22). '이 금은 번쩍이는 것으로 눈을 무디게 한다'(*Fulgens hoc aurum praestringit oculos*), 즉 이 금은 그 번쩍이는 것으로 눈을 멀게 한다(바리우스). 탐심 많은 사람은 우상숭배자라고 부른다(엡 5:5). 왜 그런가? 그는 그의 재산을 하나님보다 더 사랑하기 때문이며, 따라서 그것을 그의 신으로 삼기 때문이다. 비록 그는 우상에게 엎드려 절하지 아니할지라도 그의 동전 안에 새겨진 형상을 숭배하면 그는 우상숭배자. 마음의 대부분을 차지하는 그것을 우리는 신으로 삼는 것이다. 만일 우리가 우리의 쾌락을 하나님보다 더 사랑하면 그것을 신으로 삼는 것이다. "쾌락을 사랑하기를 하나님 사랑하는 것보다 더하며"(딤후 3:4)라고 하였다. 많은 사람이 고삐를 늦추어 가지가지의 육감적 즐거움에 탐닉한다. 그들은 쾌락을 우상화한다. "그들이 소고와 수금으로 노래하고 피리 불어 즐기며 그 날을 형통하게 지내다가"(욥 21:12-13)라고 하였다. 필자는 아프리카에 있는 어떤 곳에 대해서 읽어본 일이 있는데 거기서는 사람들이 춤추며 흥청거리는데다 그들의 시간을 다 써버린다. 우리에게도 쾌락을 신으로 삼아 구경 다니고 무도장을 찾는 데다 그들의 시간을 써 버리는 많은 사람이 있어서 마치 하나님께서 그들을 리워야단 같이 만드셔서 물에서 놀게 하신 것 같은 자들은 없는가(시 104:26)? 사르디니아 나라에는 진통제 같은 풀이 있는데 누구든지 이것을 너무 많이 먹으면 그는 웃으면서 죽는다. 그런 풀이 쾌락이다. 누구든지 그것을 과도히 먹으면 그는 웃으면서 지옥으로 갈 것이다. 쾌락을 신으로 삼는 그런 자들은 다음 두 성경구절을 읽어볼지어다. "우매자의 마음은 연락하는 집에 있느니라"(전 7:4). "그가 어떻게 자기를 영화롭게 하였으며 사치하였는지 그만큼 고난과 애통으로 갚아주라"(계 18:7)라고 하였다. 습기 있는 장소에 놓아둔 설탕은 물로 변한다. 이와 같이 모든 달콤한 죄인들의 기쁨과 쾌락은 마침내 눈물의 강수로 변할 것이다.

만일 우리가 우리의 배를 하나님보다 더 사랑하면 우리는 그것을 신으로 삼는 것이다. "저희의 신은 배요"(빌 3:19)라고 하였다. 클레멘스 알렉산드리누스(Clemens Alexandrinus)는 가슴이 그 뱃속에 들어 있는 그런 물고기에 대해서 쓰고 있다. 자기의 뱃속에 마음이 있는 자는 쾌락주의자이다. 그들은 '수호신에게 제사하기를'(sacrificare sari) 꾀하니 그들의 배가 그들의 신이며 이 신에게 그들은 관제를 붓는 것이다. 주님은 자연을 보충하는 데 적합한 것을 허락하신다. "들에 풀이 나게 하시리니 네가 먹고 배부를 것이라"(신 11:15)라고 하였다. 그러나 식욕의 탐닉 외에는 아무것도 염두에 두지 않는 것이 우상숭배다. "저희의 신은 배요." 이성의 홀을 휘두르며 천사들을 방불케 하는 저 왕자적 부분인 영혼이 금수 같은 부분에게 종 노릇한다는 것은 이 얼마나 애석한 일인가!

만일 우리가 자녀를 하나님보다 더 사랑하면 우리는 이것을 신으로 삼는 것이다. 이런 면에서 얼마나 많은 사람이 유죄한가? 그들은 그들의 자녀들에 대하여 생각하고 하나님보다 그들을 더 기뻐한다. 그들은 처음 사랑을 잃은 것보다도 그들의 장자를 잃은 것으로 더욱 슬퍼한다. 이것은 자녀를 우상으로 삼는 것이며, 이 우상을 하나님의 방에 놓는 것이다. 이렇게 해서 하나님은 가끔 격동되셔서 우리의 자녀들을 데려가 버리신다. 우리가 보석을 사랑하기를 그것을 주신 이보다 더하면 하나님은 그 보석을 취해 가심으로 우리의 사랑이 그에게로 다시 돌아오게 하실 것이다.

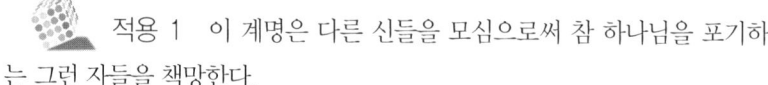 적용 1　이 계명은 다른 신들을 모심으로써 참 하나님을 포기하는 그런 자들을 책망한다.

우상을 세우는 자들이다. "유다여 너의 신들이 너의 성읍 수와 같도다"(렘 2:28)라고 하였고, "그 제단은 밭이랑에 쌓인 돌무더기 같도다"(호 12:11)라고 하였다.

신접자들을 찾는 자들이다. 이것은 하나님의 율법에 의해 정죄된 죄이다. "진언자나 신접자나 박수나 초혼자를 너희 중에 용납하지 말라"(신 18:11)라고 하였다. 통상적으로 사람들은 무슨 물건을 잃어버리면 마법사나 점쟁이들에게 심부름꾼을 보내서 어떻게 물건들을 되찾을 수 있는가 알아본다. 마귀에게 문의해 보고 마귀에게 신임을 두니 이것이야말로 마귀를 신으로 삼는 것이 아니고 무엇인가? 당신은 당신의 물건을 잃어버렸기 때문에 당신의 영혼도 잃어버릴 셈인가(왕하 1:6)? 당신이 마귀에게 의논하는 것은 당신이 하늘에 하나님이 안 계시다고 생각하기 때문이 아니겠는가? 누구든지 이런 죄가 있거든 낮아지라.

적용 2 이것은 우리 귀에 나팔소리로 들린다. 그것으로 하여금 그 어떤 피조물이라도 우상화하지 못하도록 우리를 불러내게 하며 다른 신들을 버리고 참 하나님과 그의 봉사에 충실히 붙어 있도록 우리를 인도하게 하라. 만일 우리가 하나님께로부터 멀리 가버리면 어디서 우리 자신을 고쳐야 할지 모른다.

참 하나님을 섬기는 것은 명예스러운 일이다. '하나님을 섬기는 것은 왕 노릇하는 것이다'(*Servire Deo tost regnare*). 즉 하나님을 섬기는 것이 왕들로 우리를 섬기게 하는 것보다 더 명예스럽다.

참 하나님을 섬기 는 것은 즐거운 일이다. "기도하는 내 집에서 그들을 기쁘게 할 것이며"(사 56:7)라고 하였다. 하나님은 가끔 그의 사랑의 기치를 율례로서 나 타내신다. 그리고 기쁨의 기름을 마음속에 부어주신다. 하나님의 모든 길은 즐거움이며 그의 행로는 장미로 뿌려져 있다(잠 3:17).

참 하나님을 섬기는 것은 유익하다. 사람들은 여기서 큰 이익과 숨겨진 만나와 내적 평화와 그리고 장차 큰 상급을 받는다. 하나님을 섬기는 그들은 죽을 때 천국을 차지하며, 낙원의 꽃들로 엮어진 면류관을 쓰게 될 것이다(눅 12:32; 벧전 5:4). 참 하나님을 섬기는 것은 우리의 참 관심사이다. 하나님은 그의 영광과 우리의 구원을 같이 꼬아서 합쳐 놓았다. 그는 우리에게 믿으라고 명하신다. 왜 그런가? 우리가 구원받기 위해서이다. 그러므로 모든 것을 다 버려두고 참 하나님께 충실히 붙어 있자.

당신은 다른 모든 것을 버리고 참 여호와를 섬기겠다고 언약하였다. 사람이 그 주인과 언약 관계에 들어가서 계약서를 작성하고 날인하면 그는 되돌아 갈 수 없고 계약 기간을 마치기까지 섬겨야 한다. 우리들은 세례를 통해서 다른 모든 것을 버리고 주님을 우리의 하나님으로 모시기로 언약을 맺었다. 그리고 이 언약을 성만찬에서 새롭게 하였다. 그러므로 우리는 우리의 엄숙한 맹세와 언약을 지켜야 하지 않겠는가? 우리가 하나님께로부터 떠나 버리는 것은 극악한 위증죄를 짓는 것이다. "뒤로 물러가면(병사가 그의 군기로부터 몰래 빠져나가듯이) 내 마음이 저를 기뻐하지 아니하리라"(히 10:38)라고 하였다. "내가 진노의 잔을 그에게 붓고 나의 화살을 피로 취케 하리라."

아무도 하나님과 그를 봉사함에 충실한 것을 회개할 이유를 가졌던 자가 없었다. 어떤 사람들은 세상을 신으로 삼았던 것을 회개하였다. 추기경 월시는 "오! 내가 하나님을 섬기기를 내 임금을 섬기듯 했었더라면 하나님은 나를 결코 이 모양으로 내버려두지 않으셨을 것을!"이라고 말했다. 어떤 사람도 일찍이 하나님 섬기기를 불평한 자는 없다. 그것은 그들의 임종시에 위로와 면류관이었다.

2. 제2계명 우상을 만들지 말라

"너를 위하여 새긴 우상을 만들지 말고 또 위로 하늘에 있는 것이나 아래로 땅에 있는 것이나 땅 아래 물 속에 있는 것의 아무 형상이든지 만들지 말며 그것들에게 절하지 말며 그것들을 섬기지 말라 나 여호와 너의 하나님은 질투하는 하나님인즉 나를 미워하는 자의 죄를 갚되 아버로부터 아들에게로 삼 사대까지 이르게 하거니와 나를 사랑하고 내 계명을 지키는 자에게는 천대까지 은혜를 베푸느니라"(출 20:4-6).

1) 너를 위하여 새긴 우상을 만들지 말라

제1계명에서는 거짓 신을 숭배하는 것이 금지되었고, 이번 계명에서는 참 하나님을 거짓 방식으로 숭배하는 것이 금지되었다.

"너를 위하여 새긴 우상을 만들지 말고"라고 하였다. 이것은 세속적인 용도를 위해 형상을 만드는 것을 금지하지 않는다. "이 형상과 이 글이 뉘 것이냐 가로되 가이사의 것이니이다"(마 22:20-21)라고 하였다. 그러나 이 계명은 종교적인 목적이나 또는 예배를 위해서 형상을 세우는 것을 금지한다.

"아무 형상이든지"는 하나님에 관한 모든 착상과 초상화와 형체와 형상은 화상이든지 그림이든지 여기서 다 금지할 것을 말한다. "너희는 깊이 삼가라 두렵건대 스스로 부패하여 자기를 위하여 아무 형상대로든지 우상을 새겨 만들되"(신 4:15-16)라고 하였다. 하나님은 마음으로 공경할 것이요 눈에 보이게 공경할 것이 아니다.

"그것들에게 절하지 말며"라고 하였다. 우상과 그림을 만드는 취지는 그것들을 숭배하려는 것이다. 느부갓네살의 금 우상이 세워지자마자 모든 백성이 엎드려 그것에 참배하였다(단 3:7). 하나님은 우상 앞에 그와 같이 우리 자신을 부복시키는 것을 금하신다. 이 계명에서 금지된 것은 우상참배이다. 하나님을 나타내기 위해서 우상을 세우는 것은 그를 천하게 만드는 것이다. 만일 어떤 사람이 뱀이나 거미의 형상을 만들어서 그의 왕을 나타내고자 한 것이라고 말한다면 그 왕은 모욕감을 가지지 않겠는가? 무한하신 하나님을 유한한 것으로 나타내는 것보다 더 큰 모욕이 어디 있겠으며, 살아 계신 하나님을 생명 없는 것으로, 만물의 창조자를 창조된 것으로 나타내는 것이 얼마나 큰 모욕이겠는가?

(1) 하나님의 참 형상을 만드는 것은 불가능하다.

하나님은 영적 실체이며 영이시기 때문에 그는 보이지 않는다(요 4:24). "여호와께서 호렙 산 화염 중에서 너희에게 말씀하시던 날에 너희가 아무 형상도 보지 못하였은즉"(신 4:15)이라고 하였다. 아무 사람이든지 어떻게 신성을 그릴 수 있겠는가? 그들은 한 번도 본 적이 없는 형상을 만들 수 있겠는가? '보이지 않는 것은 그릴 수 없다' (*Quod invisibile erst, pingi non protest*-Ambrose). "너희가 아무 형상도 보지 못하였은즉"이라고 하였다. 영혼의 그림을 그리는 것이나 천사들을 그리는 것은 불가능하다. 왜냐하면 그것들은 영적 성질을 가졌기 때문이다. 하물며 우리는 무한하시고 창조되시지 않은 성령(Spirit)이신 하나님을 형상으로 그릴 수는 더욱 없다.

(2) 하나님을 우상에 의해 숭상하는 것은 어리석기도 하고 불법이기도 하다.

먼저 그것은 어리석고 불합리하다. 왜냐하면 "일하는 자는 그 일보다 더 훌륭하다." "마치 집 지은 자가 그 집보다 더욱 존귀함 같으니라"(히 3:3)라고 하였다. 만일 일하는 자가 그 일보다 더 낫고 아무도 그 일꾼에게 절하는 사람이 없는데 그의 손으로 한 일에 절하는 것은 얼마나 어리석은가! 왕 자신이 현존하는데 왕의 그림에게 절한다면 이 아니 어리석은 짓인가? 하나님이 스스로 어느 곳에나 임재하시는데 하나님의 형상에게 절을 하는 것은 더욱 어리석다.

또한 하나님을 우상에 의해 숭상하는 것은 불법이다. 그것에 대한 교회의 훈계는 다음과 같다. "하나님과 우리 구주와 동정녀 마리아의 형상들은 다른 모든 것들 중에서 가장 위험스럽다. 그러므로 그것들이 성전과 교회에 서 있지 않도록 각별한 주의를 해야 한다." 이와 같이 우상숭배는 우리 자신의 훈계에 어긋나며 영국교회의 권위를 모욕한다. 우상숭배는 성경의 내용에 명백히 저촉된다. "너희는 자기를 위하여 우상을 만들지 말지니 목상이나 주상을 세우지 말며 너희 땅에 조각한 석상을 세우고 그에게 경배하지 말라"(레 26:1). "자기를 위하여 주상을 세우지 말라 네 하나님 여호와께서 미워하시느니라"(신 16:22). 또 "조각신상을 섬기며 허무한 것으로 자긍하는 자는 다 수치를 당할 것이라"(시 97:7)라고 하였다. 우리는 하나님의 마음에 어긋나는 것을, 그리고 하나님이 명백히 금하신 것을 행함으로써 하나님을 기쁘시게 할 것으로 생각하는가?

(3) 우상숭배는 옛날 성도들의 행실에 어긋난다.

저 유명한 임금 요시아는 작은 숲들과 우상들을 파괴하였다(왕하 23:6, 24). 콘스탄틴은 성전에 세워진 우상들을 폐기시켰다. 그리스도인들은 바젤, 취리히, 보헤미아에서 우상들을 파괴하였다. 로마의 황제들이 그들에게 우상들을 강매하려고 했을 때 그들은 순결한 신앙을 우상숭배로 망치느니 차라리 죽는 것을 택하겠다고 하였다. 그들은 어떠한 화가나 조각가도 그들의 사회 속으로 받아들이기를 거부하였다. 왜냐하면 그들은 그 어떤 조각한 하나님의 입상이나 우상을 가지고 싶지 않았기 때문이었다. 세라피온(Seraphion)이 우상에게 절했을 때 그리스도인들은 그를 파문했으며 그를 사단에게 내주었다.

적용 1 로마교회는 그 종교의 알파에서 오메가까지 전부 우상숭배이므로 책망받고 정죄받는다. 로마 가톨릭교도들은 성부 하나님의 형상을 교회 창문에다 한 젊은이처럼 그려 만든다. 그리고 그리스도의 형상을 그리스도 수난상에 그려 놓는다. 이것이 제2계명의 뜻에 저촉되기 때문에 신성모독적으로 이것을 그들의 교리문답서에서 빼버리고, 제10계명을 둘로 나눈다. 우상숭배는 대단히 불경건하고 신성모독임에 틀림없다. 왜냐하면 그것은 오직 하나님께만 해당되는 종교적 경배를 피조물에게 주는 것이기 때문이다. 가톨릭교도들이 하나님께는 마음의 경배를 드리고 우상에게는 몸의 경배만을 드린다고 말하는 것은 소용이 없다. 왜냐하면 몸의 경배도 마음의 경배와 똑같이 하나님께 마땅히 돌려야 하는 것이기 때문이다. 그래서 우상에게 외형적인 존경을 드리는 것은 하나님께만 속하는 예배를 피조물에게 주는 것이다. "나는 내 영광을 다른 자에게…주지 아니하리라"(사 42:8)라고 하였다.

가톨릭교도들은 우상을 숭배하는 것이 아니라 그것을 하나님을 경배하는 하나의 매개체로 사용할 뿐이라고 말한다. '그리스도의 형상이라 하더라도 그 어떤 나무에든 새기지 말 것이며 그것에 경의를 표하지도 말 것이다'(*Ne imagini quidem Christi in quantum cst lignum sculptum, olla debetur reverentia*). 즉 그리스도의 상이라 하더라도 존경을 돌려서는 안 된다. 그것은 조각한 나무토막에 불과하기 때문이다(Aquinas).

그 어디에서 하나님이 그를 화상이나 형상으로 경배하라고 명하셨는가? "그것을 누가 너희에게 요구하였느뇨"(사 1:12)라고 하였다. 가톨릭교도들은 마귀만큼도 '성경에 기록하였으되'(*Scriptum tost*)라는 말을 할 줄 모른다.

이교도들은 가톨릭교도들이 그들의 우상숭배를 위해서 하는 것처럼 그들의 엄청난 우상숭배를 위해서 똑같은 논법을 사용한다. 그 어떤 이교도가 금이나 은이나, 또는 황소나 코끼리의 모양을 하나님이라고 생각할 정도로 단순했단 말인가? 이것들은 다만 신을 나타내고자 하는 상형문자였던 것이다. 그들은 보이지 않는 하나님을 이와 같이 보이는 사물로 숭배하였다. 우상에 의해 하나님을 숭배하는 것은 하나님께서 그 우상 자체에게 한 것으로 간주하신다. 그러나 가톨릭교도들은 우상들이 평신도들의 책이 되며 하나님을 생각나게 하기에 좋다고 한다. 어떤 가톨릭회의는 지루한 성경연구를 통해서보다 우상을 통해서 더 많이 배울 수 있을 것이라고 확언하였다.

"새긴 우상은 그 새겨 만든 자에게 무엇이 유익하겠느냐 부어 만든 우상은 거짓 스승이라 만든 자가 이 말하지 못하는 우상을 의지하니 무엇이 유익하겠느냐"(합 2:18)라고 하였다. 우상이 평신도의 책인가? 그렇다면 이 책이 무슨 과목을 가르치는지 말해보라. 그것은 거짓을 가르친다. 그것은 보이지 않는 하나님을 보이는 형체로 나타낸다. 가톨릭교도들이 하나님을 생각나게 하려고 우상을 이용한다고 말하는 것은 마치 여자가 그녀의 남편을 생각나게 하기 위해서 다른 남자와 교제하는 것이라고 말하는 것과 같다.

모세도 구리뱀의 형상을 만들지 아니하였는가? 그렇다면 왜 우상들을 세워서는 안 되는가? 그것은 하나님의 특별 명령으로 된 것이었다. "불뱀을 만들어"(민 21:8)라고 하였다. 거기에는 또한 문자적이면서도 영적인 특별 용도가 있었다. 구리뱀 형상을 세운 것이 교회에 우상을 세워놓는 것을 정당화하는가? 모세가 하나님의 지시에 의하여 형상을 만들었다고 해서 우리도 우리 자신이 고안한 우상을 세워놓아도 된단 말인가? 모세가 물린 자들을 고치기 위해 형상을 만들었다고 해서 교회에서 우상들을 세워서 온전한 자들을 물게 하는 것이 합법적인가? 아니, 하나님 자신이 세우라고 명하셨던 바로 그 구리뱀도 이스라엘이 너무나 과도한 경외심을 가지고 이것을 바라보게 되자 히스기야는 이것을 더럽혀 놓고 '느후스단', 즉 단지 놋조각이라고 불렀다. 하나님은 그렇게 하는 것으로 그를 칭찬하셨다(왕하 18:14).

그러나 하나님은 손과 눈과 귀를 가지신 분으로 표현되지 않는가? 그렇다면 왜 우리는 우상을 만들어 그를 표현하고 우리의 헌신을 돕게 하면 안 되는가? 비록 하나님은 우리의 약한 역량에까지 스스로 낮추기를 기뻐하사 성경에서 자기 자신에 대해서 상세히 설명하시되 눈으로는 당신의 전지하심을 표시하시고 손으로는 그의 능력을 표시하시기를 기뻐하시지만 은유법과 비유적인 표현으로부터 화상들을 위한 논증을 이끌어내는 것은 어리석다. 왜냐하면 그 규칙에 의하면 하나님은 태양과 불의 원소로, 그리고 바위로 표상될 수 있기 때문이다. 하나님은 성경에서 이런 은유로서 알려져 있는 것이다. 틀림없이 가톨릭교도들은 하나님께 관하여 만들어진 그러한 우상들을 갖고 싶어 하지 않을 것이다.

성부 하나님의 형상을 만드는 것이 합법적이 아니라면, 자신에게 인성을 취하신 그리스도의 형상을 만드는 것도 안 되는가?

안 된다! 에피파니우스는 교회에 그리스도의 상이 걸려 있는 것을 보고 그것을 산산조각으로 깨뜨렸다. 그를 그리스도 되게 하는 것은 그의 인성에 결합된 바 그리스도의 신성인 것이다. 그러므로 그의 신성을 표상하지 못하면서 그의 인성을 표상하는 것은 죄다. 왜냐하면 그를 단지 반만 그리스도가 되게 하기 때문이다. 우리는 하나님이 합쳐 놓으신 것을 분리하며 그를 그리스도 되게 하는 주요사항을 생략해 놓는 것이다. 그렇지만 우리가 하나님의 어떤 철상이나 초상을 만들어서는 안 된다고 한다면 어떻게 하나님을 올바로 상상할 것인가? 우리는 하나님을 영적으로 이해해야 한다. 첫째, 그의 속성에 있어서-그의 거룩하심, 의로우심, 선하심-이것들은 그의 신적 성격을 비추어 주는 광선이다. 둘째, 우리는 그가 그리스도 안에 있는 그대로의 그를 이해해야 한다. 그리스도는 "보이지 아니하시는 하나님의 형상"으로서 밀랍 속게 도장이 찍혀 있는 것을 보는 것과 같다(골 1:15). 당신의 믿음의 눈을 그리스도-하나님-인간(Christ-God-man)에게 두라. "나를 본 자는 아버지를 보았거늘"(요 14:9)이라고 하였다.

적용 2 형상을 경배하는 우상숭배죄를 조심하라. 마른 나무가 불에 잘 타듯이 우리의 본성은 이 죄에 빠지기 쉽다. 그리고 실로 이 계명에서 그 많은 말씀이 무슨 필요가 있겠는가? "너를 위하여 새긴 우상을 만들지 말고 또 위로 하늘에 있는 것이나 아래로 땅에 있는 것이나 땅 아래 물 속에 있는 것의 아무 형상이든지 태양이나 달이나 벨들이나 암컷이나 수컷이나 물고기나 그것들에게 절하지 말며"라고 하였다. 말하자면 얼마나 이 거짓된 숭배의 죄에 우리가 얽매이기 쉬운지 보여 주려는 것 외에 그 많은 말씀들이 무슨 필요가 있겠는가? 그러므로 이것은 우리가 이 죄에 저항하기를 바라는 것이다. 조수가 보다 큰 힘으로 밀리기 쉬운 곳에는 강둑을 보다 높이, 그리고 보다 강하게 만들 필요가 있는 것이다. 우상숭배의 질병은 대단히 전염성이 높다. "열방과 섞여서 그 행위를 배우며 그 우상들을 섬기므로"(시 106:35-36)라고 하였다. 이 죄의 모든 기회를 피하라고 하는 것이 여러분에게 드리는 필자의 충고이다.

우상숭배하는 가톨릭교도들과 동석하지 말라. 그들과 한 지붕 밑에서 살 생각을 말라. 그렇지 않으면 당신은 마귀의 입 속에 빠지게 된다. 성 요한은 이단자 케린더스가 있는 목욕탕에는 들어가지 않으려고 하였다.

그들의 십자가를 보거나 우상숭배를 구경하려고 그들의 예배당에 들어가지 말라. 창녀를 바라보고 있으면 나도 모르게 간음죄에 이끌리듯이 가톨릭교의 도금한 그림을 바라보고 있으면 우상숭배에 이끌릴지도 모른다. 어떤 사람들은 그들의 우상숭배를 구경하러 가는 사람들도 있다. 아무것도 잃어버릴 것이 없는 방랑객은 도둑들이 있는 곳에 가기를 꺼리지 않는다. 이와 같이 자기들 속에 아무 선함이 없는 그런 자들은 그 어떤 우상숭배의 장소에 가든지, 또는 그 어떤 유혹에 자신들을 노출시키든지 전혀 개의치 않는다. 그러나 신변에 선한 원리의 보화를 가지고 있는 당신은 그 가톨릭교의 제사장들이 당신에게서 그것들을 빼앗을까 또 그들의 우상으로 당신을 더럽힐까 조심하라.

우상숭배자들과 결혼할 생각을 말라. 비록 솔로몬은 지혜의 사람이었으나 그의 우상숭배하는 아내들이 그의 마음을 하나님에게서 떠나게 했다. 이스라엘 백성은 그들의 딸들을 우상숭배자들에게 시집보내지 않겠다고 저주의 맹세를 했다(느 10:30). 개신교도와 가톨릭교도가 결혼하는 것은 어울리지 않는 멍에를 메는 것이다(고후 6:14). 그리고 개신교도가 가톨릭교도를 전향시키려는 소망보다도 가톨릭교도가 개신교도를 부패시킬 위험성이 더 많다. 포도주와 식초를 혼합해보라. 포도주가 식초를 달게 하기보다는 식초가 더 쉽사리 포도주를 시게 할 것이다.

미신을 피하라. 이것은 로마로 통하는 교량이다. 미신은 하나님의 예배 안으로 하나님이 절대 명하시지 않은 의식과 망상과 새 제도를 끌어들이고 있다. 이것은 하나님을 격분시킨다. 왜냐하면 이것은 마치 그가 당신 자신의 예배의 양식을 지시하실 만큼 충분히 지혜롭지 못하시거나 하듯 그의 명예에 손상을 끼치기 때문이다. 하나님은 그의 성전에서 모든 다른 불을 드리는 것을 미워하신다(레 10:1). 하나의 의식은 때가 지나면 십자가 수난상으로 인도될지도 모른다. 세례 때 십자가를 위해서 다투는 사람들은 그것만큼 케케묵은 기름과 소금과 유지는 왜 안 쓴단 말인가? 제단숭배를 찬성하여 동쪽을 향해 절하려고 하는 사람들은 시각이 지나면 성찬식 떡을 향해 절할지도 모른다. 모든 우상숭배의 기회를 조심하라. 왜냐하면 우상숭배는 마귀경배이기 때문이다(시 106:37). 만일 당신이 성경을 찾아본다면 하나님께서 우상숭배보다 더욱 진노하신 죄가 하나도 없다. 유대인들의 속담에 의하면 그들에게 '닥쳐오는 모든 재앙에는 한 금송아지'(*unica auref vituli*)가 있다. 즉 한 온스의 금송아지가 그 안에 있다는 것이다. 지옥은 우상숭배자들을 위한 장소이다. "우상숭배자들과…성 밖에 있으리라"(계 22:15)라고 하였다. 세네시우스는 마귀를 우상을 좋아하는 자라고 부른다. 왜냐하면 우상숭배자들은 지옥을 채우는 데 도움이 되기 때문이다.

적용 3 우상숭배와 우상숭배로부터 보호받기 위해서는 첫째, 반대자들을 반박할 수 있도록 충분한 원칙들을 알고 있으라. 어디서 가톨릭 종교는 설 근거지를 얻는가? 그들의 동기의 선함으로부터가 아니라 그들의 백성의 무지로부터이다. 둘째, 하나님께 대한 사랑을 가지라. 자기 남편을 사랑하는 아내는 간음자로부터 안전하며, 그리스도를 사랑하는 영혼은 우상숭배자로부터 안전하다. 셋째, 하나님이 당신을 지키도록 기도하라. 비록 우상 안에는 유혹할 만한 아무것도 없는 것이 사실이지만(왜냐하면 우리가 우상에게 기도하면 그것은 듣지 못하고 우상 에 의해 하나님께 기도하면 하나님이 듣지 아니하실 것이므로) 우리 자신의 마음을 알지 못하고, 하나님이 우리를 떠나시면 얼마나 속히 우리가 헛된 것에 이끌릴지 알지 못한다. 그러므로 거짓 숭배에 유인당하지 않기 위하여, 또는 당신의 오른손이나 이마에 짐승표를 받지 않기 위하여 기도하라. "나를 붙드소서 그리하시면 내가 구원을 얻고"(시 119:117)라고 하였다. 주여 나로 하여금 빛이 없어서 나의 길을 잘못 들지 말게 하시고 용기가 없어서 참된 길에서 떠나지 말게 하소서. 넷째, 우리가 하나님의 말씀의 꿀을 맛본 것과 우리의 눈이 밝아진 것으로 인하여 그의 진리의 지식을 우리에게 주실 하나님을 찬미하자. 그가 우리에게 그의 집의 모형을 보여주시고 올바른 예배의 모범을 보여주실 것으로 인하여 그를 찬미하자. 그가 우리에게 로마종교의 위조성과 신성모독을 발견해주실 것으로 인하여 그를 찬미하자. 하나님께서 우리 가운데 순수한 율례와 능력 있는 설교를 보존해 주시도록 기도하자. 우상숭배는 처음에 좋은 설교가 결핍하므로 들어오게 되었다. 백성들은 목석같은 제사장들을 가지게 될 때 금 우상을 가지기 시작하였다.

2) 나 여호와 너의 하나님은 질투하는 하나님인즉

왜 이스라엘이 새긴 우상을 숭배하지 말아야 하는가 하는 첫째 이유는 주님은 질투하시는 하나님이기 때문이다. "여호와는 질투라 이름하는 질투의 하나님임이니라"(출 34:14)라고 하였다. 질투가 좋은 의미로 해석되는 것은 하나님은 그 백성을 위해서 질투하시기 때문이다. 나쁜 의미로 해석되는 것은 그는 그의 백성에 대해서 질투하시기 때문이다.

(1) 좋은 의미로는 하나님은 그의 백성을 위해 질투하시기 때문이다.
"여호와의 말씀에 내가 예루살렘을 위하여 시온을 위하여 크게 질투하며"(슥 1:14)라고 하였다. 하나님은 그의 백성을 위하여 긴절한 애정을 가지고 계셔서 그들은 그의 '헵시바' 또는 기쁨이 된다(사 62:4). 그들이 그에게 얼마나 소중한지 표현하자면, 그리고 그가 그들에 대해서 얼마나 부드러우신가 표현하자면 그들은 그의 눈동자가 된다(슥 2:8). '눈동자보다도 더 소중한 것은 없다'(*Nihil caries papilla oculi Drusius*). 그들은 은혜의 보석으로 꾸며진 하나님의 배우자이다. 그들은 그의 마음에 가까이 자리 잡고 있다. 그는 배우자를 위해서 질투하신다. 그러므로 그는 그들에게 나쁜 짓을 하는 자들에게 보복하실 것이다. "여호와께서 용사같이 나가시며 전사같이 분발하여 외쳐 크게 부르시며 그 대적을 크게 치시리로다"(사 42:13)라고 하였다. 하나님께서는 성도에게 이루어지는 일을, 자기에게 이루어지는 것으로 간주하신다 (왕하 19:22). 그리고 주님은 시온을 괴롭히는 모든 것을 멸하신다. "내가 너를 괴롭게 하는 자를 다 벌하고"(습 3:19)라고 하였다.

(2) 나쁜 의미로는 하나님은 그의 백성을 질투하시기 때문이다.

"나 여호와 너의 하나님은 질투하는 하나님인즉"이라고 한 이 계명에서는 그렇게 해석이 된다. "나는 네가 거짓 신들을 좇아갈까봐, 또는 참 하나님을 거짓 방식으로 경배할까봐 질투한다. 네가 우상들로 인하여 너의 순결 신앙이 더럽힐까봐 질투한다." 하나님은 그의 배우자를 당신 가까이 두기를 원하시며 다른 애인들을 따라가지 않기를 원하신다. "다른 남자를 좇지 말라"(호 3:3)라고 하였다. 그는 경쟁자를 참지 못하신다.

우리의 부부적 사랑, 즉 존경과 숭배로 결합된 사랑은 마땅히 하나님께만 드려야 한다.

적용 1 우리는 하나님께서 질투하실 정당한 이유를 드리지 말자. 좋은 아내는 참으로 사려 깊고 정숙해서 그 남편에게 질투할 기회를 주지 않는다. 우리는 모든 죄, 특히 이런 우상숭배, 또는 우상숭배하는 것과 같은 죄를 피하자. 우리가 하나님과 일단 결혼 언약 관계에 들어간 후에 우상에게 우리 자신이 창녀 노릇하는 것은 극악한 일이다. 우상숭배는 영적인 간음죄이며, 하나님은 질투하시는 하나님이신지라 이것을 복수하실 것이다. 우상숭배는 하나님으로 하여금 백성을 극도로 싫어하시도록 만든다. "저희 조각한 우상으로 그를 진노케 하였음에 하나님이 들으시고 분 내어 이스라엘을 크게 미워하사"(시 78:58-59)라고 하였고, "그 남편이 투기함으로 분노하여"(잠 6:34)라고 하였다. 우상숭배는 하나님을 진노케 한다. 이것은 하나님으로 하여금 백성을 이혼하시게 한다. "너희 어미와 쟁론하고 쟁론하라 저는 내 아내가 아니요"(호 2:2)라고 하였고, "투기는 음부같이 잔혹하며"(아 8:6)라고 하였다. 무덤이 사람들의 몸을 삼키는 것같이 하나님은 우상숭배자들을 삼키실 것이다.

적용 2 만일 하나님이 질투하시는 하나님이실진대 가톨릭교의 우상숭배자들을 친구로 둔 사람들, 그래서 종교가 다르다고 친구들에게 미움을 사며, 어쩌면 그들에게서 원조가 끊어진 그런 사람들은 이것을 기억하라. 오! 기억하라! 하나님은 질투하시는 하나님이시다. 당신의 부모들을 격동시켜 미움을 사는 것이 하나님을 격동시켜 질투를 사는 것보다 낫다! 그들의 분노는 하나님의 분노만큼 당신에게 해를 끼치지 못한다. 만일 그들이 당신을 부양하지 않는다면 하나님이 하실 것이다. "내 부모는 나를 버렸으며 여호와는 나를 영접하시리이다"(시 27:10)라고 하였다.

3) 나를 미워하는 자의 죄를 갚되 아비로부터 아들에게로 삼 사 대까지 이르게 하리라

여기 우상숭배를 반대하는 둘째 이유가 있다. 즉 인자하심으로 하나님의 갚으시는 것이 있다. "하나님이 정녕 너희를 권고하시리니"라고 하였다. 다시 말하면 하늘의 예표인 가나안 땅으로 당신을 인도하실 것이라는 말이다(창 50:25). 이와 같이 하나님은 그의 은총의 햇살로 우리에게 갚으셨다. 그는 우리로 하여금 은총의 바다에서 헤엄치게 하셨다. 이것은 행복한 갚음이다. 진노 중에서 하나님의 갚으시는 것이 있다. "내가 어찌 이 일들을 인하여 벌하지 아니하겠으며", 다시 말하면 몽둥이로 하나님이 갚으신다는 것이다(렘 5:9). "너희에게 벌하시는 날에와 멀리서 오는 환난 때에 너희가 어떻게 하려느냐." 다시 말하면, 하나님이 그의 심판을 가지고 갚으신다는 것이다(사 10:3). 이와 같이 계명에서 하나님의 갚으심은 "악을 갚으심", 다시 말하면 악을 벌하심으로 해석된다. 다음 세 가지 사항을 유의하자.

(1) 죄는 하나님으로 하여금 갚으시게 만든다는 것이다.
"악을 갚으심"이다. 죄는 하나님이 병과 빈곤 등으로 갚으시게 하는 원인이 된다. "내 계명을 지키지 아니하면 내가 지팡이로 저희 범과를 다스리며"

(시 89:31-32)라고 하였다. 죄는 우리를 괴롭히는 노끈을 비튼다. 그것은 우리의 모든 불행을 만들어내며 우리 잔 속의 쓸개이며 우리의 빵 안의 자갈이다. 죄는 트로이의 목마요 모든 것에 불을 지르는 파이돈이다. 그것은 우리의 슬픔의 모태이며, 우리의 위안의 무덤이다. 이러한 죄를 하나님께서 갚으신다.

(2) 하나님이 갚으시는 한 가지 특별한 죄는 우상숭배이다.
"아비의 죄를 갚음"이다. 그의 독화살의 대부분은 우상숭배자들 가운데로 겨냥되었다. "너희는 내가 처음으로 내 이름을 둔 처소 실로에 가서 내 백성 이스라엘의 악을 인하여 내가 어떻게 행한 것을 보라"(렘 7:12)고 하였다. 이스라엘의 우상숭배 때문에 하나님은 그들의 군대로 하여금 참패당하게 하시고 그들의 제사장들을 참살당하게 하시며 언약궤를 탈취당하게 하셨으므로, 그것이 실로로 돌아왔다는 것을 한 번도 읽어보지 못했다. 예루살렘은 가장 유명한 세계의 중심 도시였다. 거기에 성전이 있었던 것이다. "지파들 곧 여호와의 지파들이…그리로 올라가는도다"(시 122:4)라고 하였다. 그러나 고지들과 우상들 때문에 그 도시는 갈대아 군사들에 의해 포위되고 점령당했다(왕하 25:4). 우상들이 동로마제국의 수도 콘스탄티노플에 세워졌을 때 세상의 눈에 난공불락이었던 그 도시가 터키인들에게 점령당했고 수많은 사람들이 잔인하게 학살당했다. 그때 터키인들은 승승장구하여 우상숭배하는 기독교인들을 비난하였으며 우상이나 십자가 수난상을 치욕적으로 길거리로 끌고 다니게 했으며 그것에다 오물을 던지면서 "이것이 기독교인들의 신이다"라고 소리쳤다. 여기에 그들의 우상숭배에 대한 하나님의 갚으심이 있었던 것이다. 하나님은 우상숭배자들에게 그의 진노의 특별 표시를 남겨 놓으셨다. 에폴레티움이라고 부르는 장소에서는 350명의 인원이 우상에게 제사를 드리다가 지진으로 멸망당했다. 우상숭배는 동로마 교회에 재앙을 가져왔으며 아시아의 금 촛대를 옮기게 했다. 왜냐하면 하나님은 반드시 죄를 갚으시기 때문이다.

(3) 우상숭배하는 사람들은 자기들 자신의 영혼에게 뿐만 아니라 그들의 자녀에게도 원수다.

"아비의 죄를 자녀에게 갚되"라고 하였다. 우상숭배하는 아비는 그의 기업의 땅을 남겨놓듯 하나님의 진노와 저주를 그의 자녀에게 남긴다. 질투하는 남편은 그의 아내가 그녀의 정조를 더럽힌 것을 발견하면 마땅히 그녀와 그녀의 자녀를 또한 내어쫓아도 된다. 왜냐하면 그들은 다 자기 것이 아니기 때문이다. 만일 아비가 그의 임금에게 배신자가 되면 모든 자녀가 벌받는다 해도 이상할 것이 없다. 하나님은 우상예배자들의 죄를 그들 자녀에게 갚으실 수 있다. 그러나 "각 사람은 자기의 죄로 인하여 죽을 것이니라. 아들은 아비의 죄악을 담당치 아니할 것이요"(대하 25:4; 겔 18:20)라고 말씀하지 아니하였는가? 그렇다면 어떻게 하나님은 "아비의 죄를 자녀에게 갚으시겠다"고 말씀하시는가?

비록 아들은 저주받지는 않아도 그는 그의 아비의 죄로 인하여 엄히 처벌받을 수 있다. "하나님이 그의 죄악을 쌓아두셨다가 그 자손에게 갚으신다 하거니와"(욥 21:19)라고 하였다. 다시 말하면, 하나님은 그의 죄악의 형벌을 그의 자녀들에게 내리려고 쌓아두신다. 따라서 자녀는 그 아비의 죄로 인하여 벌받는다. 여로보암은 우상숭배에 의하여 왕국을 건설한 줄로 생각했다. 그러나 그것은 그에게, 그리고 그의 모든 후손에게 멸망을 초래하였다(왕상 14:10). 아합의 우상숭배는 그의 후손에게 해를 끼쳐서 그들은 왕국을 잃어버리고 모두 목이 잘리었다. "저희가 왕자 칠십 인을 잡아 몰수이 죽이고"(왕하 10:7)라고 하였다. 여기서 하나님은 죄악을 자녀들에게 갚으셨다. 아들이 그의 아비로부터 유전병, 곧 결석 또는 통풍을 이어 받듯이 아비로부터 불행을 이어 받는다. 그의 아비의 죄가 그를 망친다.

적용 1 우상숭배자의 자녀가 되는 것은 얼마나 슬픈 일인가! 문둥병을 그 자녀에게 남겨 놓았던 게하시의 자녀 중 하나가 되는 것은 슬픈 일이었다. "나아만의 문둥병이 네게 들어 네 자손에게 미쳐 영원토록 이르리라"(왕하 5:27)라고 하였다. 이와 같이 우상숭배자나 우상숭배자의 자녀가 되는 것은 슬프다. 왜냐하면 그의 씨는 이생에서 중한 심판을 당하게 되기 때문이다. "하나님은 아비의 죄를 자녀에게 갚으신다." 생각건대 필자는 하나님께서 이사야 14:21에서 하신 말씀과 같이 지금도 "너희는 그들의 열조의 죄악을 인하여 그 자손 도축하기를 예비하여"라고 말씀하시는 것을 듣는 것만 같다.

적용 2 좋은 부모의 자녀가 되는 것은 그 얼마나 특권인가! 부모들은 하나님과 언약을 맺었고 하나님은 그 후손들을 위해서 은총을 쌓아두신다. "완전히 행하는 자가 의인이라 그 후손에게 복이 있느니라"(잠 20:7)라고 하였다. 경건한 부모는 진노를 초래하지 않고 그의 자녀들에게서 진노를 방지하는 데 도움이 된다. 그런 부모는 자녀를 경건한 원칙들로써 단련시키며 그에게 축복을 내리도록 기도한다. 그는 선한 충고와 모범으로써 그의 자녀를 그리스도께로 이끄는 자석이다. 오! 경건하고 신앙심 깊은 부모에게 태어나는 것은 그 얼마나 특권인가! 어거스틴(Augustine)은 말하기를 그의 어머니 모니카는 그의 자연 출생을 위해서보다도 그의 중생을 위해서 더 큰 심려와 고통으로 산고를 겪었다고 하였다. 악한 우상숭배자들은 그들의 후손에게 불행을 남겨 놓는다. 하나님은 "아비의 죄를 자녀에게 갚으신다." 그러나 경건한 부모들은 그들의 자녀에게 축복을 초래한다. 하나님은 그들의 후손을 위해서 은총을 예비하신다.

4) 나를 미워하는 자의

우상숭배를 반대하는 또 하나의 이유는 그것이 하나님을 미워하는 것이기 때문이다. 가톨릭교도들은 우상으로 하나님을 예배하니 하나님을 미워한다. 우상숭배는 하나님께 대한 거짓 사랑이다. 그러나 하나님은 이것을 자기를 미워하는 것으로 해석하신다. '다른 남자를 사랑하는 여자는 남편을 미워한다'(*Quae diligit alienum odic sponsum*). 즉 "다른 남자를 사랑하는 여자는 그녀 자신의 남편을 미워한다." 우상을 사랑하는 자는 하나님을 미워하는 자다. 우상숭배자들은 하나님을 떠나 매춘 행위를 하러 간다고 말씀한다(출 34:15). 어떻게 그들이 하나님을 사랑할 수 있겠는가? 우상숭배자들은 그 어떤 사랑을 가장 하더라도 하나님을 미워한다는 것을 보여준다.

(1) 그의 확실한 뜻을 거슬러 행하는 사람들은 그를 미워하는 것이다.

하나님은 '너는 나를 나타내기 위해서 그 어떤 조각상이나 우상이나 그림을 세우지 말라'고 말씀하신다. '이런 것들을 나는 미워하노라'고 말씀하신다. "자기를 위하여 주상을 세우지 말라. 네 하나님 여호와께서 미워하시느니라"(신 16:22)라고 하였다. 그래도 우상숭배자는 우상들을 세우고 그들에게 경배한다. 하나님은 이것을 자기를 미워하는 것으로 간주하신다. 자기 아비를 거스르기 위해 할 수 있는 모든 짓을 다 하는 그런 자녀가 어떻게 그의 아비를 사랑하겠는가?

(2) 입다를 내쫓은 그 사람들은 그를 미워하였다.

그러므로 그들은 그를 그의 아비 집에서 내쫓으려고 애를 썼다(삿 11:7). 우상숭배자는 진리를 문 밖으로 내쫓는다. 그는 제2계명을 말소시켜 버린다. 그는 보이지 않는 하나님의 우상을 만든다. 그는 하나님의 예배에 거짓을 도입한다. 이것들은 그가 하나님을 미워한다는 명백한 증명이 된다.

(3) 우상숭배자들은 그림 속에 있는 하나님의 거짓 형상을 사랑하지만 신자 안에 있는 하나님의 참다운 형상을 미워한다.

그들은 십자가 수난상에서 그리스도를 존귀케 하는 듯이 가장하지만 그의 지체들 안에서 그를 핍박한다. 그런 자들은 하나님을 미워한다.

적용 1 이 계명은 우상숭배자들을 위해서 변론하는 자들을 논박한다. 그들은 매우 경건한 사람들이다. 그들은 우상들을 존경한다. 그들은 십자가 수난상을 세워놓는다. 그것에 입맞춘다. 그것에 촛불을 켜놓는다. 그러므로 그들은 하나님을 사랑한다. 아니 그들의 사랑을 누가 판단할 것인가?

하나님이 말씀하시기를 그들은 하나님을 미워하며 피조물에게 종교적인 숭배를 드린다고 한다. 그들은 하나님을 미워하고 하나님은 그들을 미워하신다. 그리고 그들은 그들이 미워하는 하나님과 결코 동거하지 않을 것이다. 그는 결코 그런 독사들을 그의 가슴에 품지 않으실 것이다. 하늘은 화염검에 의해 낙원으로 지켜지며 그래서 그들은 들어가지 못할 것이다. 그는 "그를 미워하는 자에게는 당장에 보응하여 멸하시나니"(신 7:10)라고 하였다. 그는 우상숭배자들 가운데 그의 모든 죽음의 화살들을 쏘실 것이다. 하나님의 책에 있는 모든 역병과 저주들이 우상숭배자에게 닥칠 것이다. 주님은 정면으로 그를 미워하는 자에게 보복하신다.

적용 2 제2계명이 모든 사람을 권고하여 로마교회의 우상숭배로부터 도망하게 하라. 우리는 하나님을 미워하는 자들 중에 있지 말자. "자녀들아 너희 자신을 지켜 우상에서 멀리하라"(요일 5:21)고 하였다. 당신이 당신 몸을 지켜 간음죄를 멀리하려고 하는 것처럼 당신의 영혼을 지켜 우상숭배를 멀리하라. 우상들을 조심하라. 그들은 하나님을 격동시켜 진노케 하는 투기의 우상들이다. 그들은 저주받을 자들이다. 당신은 진짜 추문에 의한 것만큼 거짓 헌신에 의해서 망할 수 있다. 술 취함이나 매춘행위에 의한 것만큼이나 우상숭배에 의해서도 망한다. 사람은 권총에 의해서 죽는 것처럼 독약에 의해서도 죽을 수 있다. 우리는 크고 망신스런 죄의 권총에 맞아 죽는 것만큼 로마 가톨릭의 음행의 잔에 있는 독약을 마심으로써도 지옥에 갈 수 있다. 결론적으로, 하나님은 질투하시는 하나님이시다. 그는 대등한 경쟁자를 절대 용납지 않으실 것이다. 그는 "아비의 죄를 자녀에게 갚으실 것이다." 그는 우상숭배자들의 후손에게 천벌을 남기실 것이다. 그는 우상숭배자들을 자기를 미워하는 그런 자들로 해석하신다. 우상을 사랑하는 사람은 하나님을 미워하는 사람이다. 그러므로 당실 자신을 지켜 로마 가톨릭의 우상숭배에서 깨끗이 하라. 만일 당신이 당신의 영혼을 사랑하면 당신 자신을 지켜 우상을 멀리하라.

5) 천대까지 은혜를 베푸느니라.

우상숭배를 반대하는 또 하나의 논증은 하나님은 우상들로 하나님을 격동시키지 않는 사람들에게 자비로우시사 그들의 후손에게 은혜를 베푸신다는 것이다. 하나님의 은혜의 긍휼이 여기 나타났으니 "천대까지 은혜를 베푸느니라"라고 하신 것이다. 이교도들은 주피터를 선하고 위대하다고 일컬었을 때, 주피터를 충분히 찬양한 것으로 생각했다. 위엄의 탁월함과 은총이 하나님 안에서 서로 만난다. 은총은 곤란당하는 죄인들에게 선을 행하시려는 하나님 안에 있는 본유적 성향이다. 하나님은 은총을 베풂으로써 그의 신성을 영광 충만히 나타나게 하신다. 모세가 하나님께 "원컨대 주의 영광을 내게 보이소서"라고 말했을 때, 하나님은 "긍휼히 여길 자에게 긍휼을 베푸느니라"(출 34:19)고 말씀하셨다. 그의 긍휼은 그의 영광이다. 긍휼은 그가 알려지게 될 이름이다. "여호와께서 그의 앞으로 지나치며 반포하시되 여호와로라 여호와로라 자비롭고 은혜롭고"(출 34:6)라고 하였다. 긍휼은 일차적으로, 그리고 근원적으로 하나님께로부터 발생한다. 그는 "자비의 아버지"(고후 1:3)라고 불린다. 왜냐하면 그는 피조물에 있는 모든 긍휼을 낳으시기 때문이다. 우리의 긍휼은 그의 것에 비교하면 대양에 대한 물 한 방울만큼도 되기 어렵다.

(1) 하나님의 긍휼의 성격은 무엇인가?

첫째, 하나님이 베푸시는 긍휼은 값없고 자발적이다.

공로를 세우는 것은 긍휼을 파괴하는 것이다. 아무것도 긍휼을 받을 자격이 없으며 그것을 강탈할 수도 없다. 우리는 우리의 원수됨을 인하여 그것을 받을 자격도 없고 그것을 탈취할 수도 없다. 우리는 하나님이 우리를 벌하시도록 강제할 수는 있지만 우리를 사랑하시도록 강제할 수는 없다. "즐거이 저희를 사랑하리니"(호 14:4)라고 하였다. 구원의 금사슬에 들어 있는 모든 연결은 값없는 은혜로 세공되었고 섞여 짜여 있다. 택함은 값없이 준 것이다. "그 기쁘신 뜻대로 우리를 예정하사"(엡 1:5)라고 하였다. 의롭다 하심은 값없이 준 것이다. "하나님의 은혜로 값없이 의롭다 하심을 얻은 자 되었느니라"(롬 3:24)라고 하였다. 나는 자격이 없다고 말하지 말라. 왜냐하면 긍휼은 값없이 주기 때문이다. 만일 하나님이 자격 있는 자에게 긍휼을 베푸신다면 그는 아무에게도 긍휼을 베풀지 말아야 마땅하다.

둘째, 하나님이 베푸시는 긍휼은 능력이 있다.

돌 같은 마음을 부드럽게 하는 그 긍휼은 얼마나 능력 있는가! 긍휼이 막달라 마리아의 마음을 변화시켜서 그에게서 일곱 귀신이 쫓겨났다. 불굴의 금광석같이 단단하던 여자가 눈물짓는 참회자가 되었다. 하나님의 긍휼은 아름답게, 그러면서도 불가항력적으로 역사한다. 그것은 유인하면서도 정복한다. 율법은 무섭게 하지만 긍휼은 진정시킨다. 마음의 교만과 적개심을 굴복시키고 영혼이 사로잡혀 있는 바 죄의 사슬을 끊어버리는 그 긍휼은 얼마나 주권적 권능과 효력을 가지고 있는가?

셋째, 하나님이 베푸시는 긍휼은 지극히 풍성하다.

"인자와 진실이 많은 하나님이로라 인자를 천대까지 베풀며"(출 34:6-7)라고 하였다. 하나님은 죄를 "삼 사대까지"만 갚으시지만 긍휼은 천대까지 베푸신다(출 20:5-6). 주님은 긍휼의 보화를 준비해 가지고 계시며 그러므로 "인자함이 후하심이니이다"(시 86:5)라고 말하며, "긍휼에 풍성하신"(엡 2:4)이라고 말씀하신다. 하나님의 진노의 약병은 한 방울씩만 떨어지지만 그의 긍휼의 샘은 흘러내린다. 태양도 하나님이 사랑으로 충만한 것만큼 그렇게 빛으로 충만하지 못하다.

하나님은 모든 차원의 긍휼을 가지고 계신다. 그는 긍휼의 깊이를 가지고 계셔서 그것이 죄인들에게 이르기까지 내려가며, 긍휼의 높이를 가지고 계셔서 구름 위까지 올라간다.

하나님은 사시사철 긍휼을 가지고 계신다. 그는 밤 동안 긍휼을 베푸사 잠을 주시며 어떤 때는 밤에도 노래를 주신다(시 42:8). 그는 아침에도 또한 긍휼을 베푸신다. 그의 긍휼은 "아침마다 새로우니 주의 성실이 크도소이다"(애 3:23)라고 하였다.

하나님은 모든 종류의 긍휼을 가지신다. 가난한 자를 위한 긍휼, "가난한 자를 진토에서 일으키시며"(삼상 2:8)라고 하였다. 갇힌 자를 위한 긍휼, "그는 자기를 인하여 수금된 자를 멸시치 아니하시나니"(시 69:33)라고 하였다. 낙심한 자를 위한 긍휼, "내가 넘치는 진노로 내 얼굴을 네게서 잠시 가리웠으나 영원한 자비로 너를 긍휼히 여기리라"(시 54:8)고 하였다. 그는 옛 긍휼을 베푸신다. "주의 긍휼하심과 인자하심이 영원부터 임하였사오니"(시 25:6)라고 하였다. 새 긍휼을 베푸신다. "새 노래 곧…찬송을 내 입에 두셨으니"(시 40:3)라고 하였다. 우리는 숨 쉴 때마다 긍휼을 빨아들인다. 하나님은 하늘 아래 긍휼을 베푸시나니 우리가 맛보고 있는 것이 이것이며, 하늘에 긍휼을 베푸시나니 우리가 소망하는 것이 이것이다. 이와 같이 그의 긍휼은 지극히 풍성하다.

넷째, 하나님이 베푸시는 긍휼은 영속적이다.

"여호와의 인자하심은…영원부터 영원까지 이르며"(시 103:17)라고 하였다. 하나님의 자녀에 대한 하나님의 노여움은 잠간만 계속하지만(시 103:9) 그의 긍휼은 영원히 계속한다. 그의 긍휼은 잠간 흐르다가 곧 그쳐버린 과부의 기름과 같지 않고(왕하 4:6), 넘쳐흐르고 넘쳐흐른다. 그의 긍휼이 한이 없듯이 그것은 끝도 없다. "그 인자하심이 영원함이로다"(시 136편)라고 하였다. 하나님은 결코 택한 자에게서 긍휼의 상속을 끊지 아니하신다.

(2) 하나님은 얼마나 많은 방법으로 긍휼을 베푸신다고 하시는가?

우리는 모두 살아있는 그의 긍휼의 기념비들이다. 그는 매일의 공급을 통해 우리에게 긍휼을 베푸신다. 그는 우리에게 건강을 공급하신다. 건강은 인생을 행복하게 하는 양념이다. 병상에 매인 그 사람들이야 어떻게 이 긍휼을 고맙게 생각하랴! 하나님은 우리에게 양식으로 공급하신다. "나의 남으로부터 지금까지 나를 기르신 하나님"(창 48:15)이라고 하였다. 긍휼은 우리의 식탁을 베풀고 우리가 먹는 모든 빵 조각을 우리를 위해 자른다. 긍휼의 금관이 아니고는 우리는 결코 마시지 못한다.

하나님은 우리의 복음상의 자유를 연장시켜 주시는 데서 긍휼을 베푸신다(고전 16:9). 많은 대적자들이 있다. 많은 사람들이 성소의 물을 막아 흐르지 못하게 하려든다. 우리는 은혜의 아름다운 시절을 누리며, 즐거운 소리를 들으며, 그의 성소에서 하나님의 거동을 보며, 안식일마다 이것을 향유한다. 말씀의 만나는 우리의 장막 주변에 떨어지는데 이 땅의 다른 곳에는 만나가 없다. 하나님은 우리의 박탈당했던 특권을 존속시키는 데 우리에게 긍휼을 베푸신다.

그는 불행이 우리에게 침입하지 못하도록 방지하시는 데서 긍휼을 베푸신다. "여호와여 주는 나의 방패시요"(시 3:3)라고 하였다. 하나님은 인간들의 분노를 억제하시고 우리와 위험 사이에 장벽이 되어주셨다. 멸망시키는 철사가 널리 다니며 그의 죽음의 온역의 화살을 발했을 때, 그는 화살을 막아 우리에게 가까이 오지 못하게 하셨다.

그는 우리를 구출하시는 데 긍휼을 베푸신다. "내가 사자의 입에서 건지웠느니라"(즉 네로; 딤후 4:17)라고 하였다. 그는 우리를 무덤으로부터 회복시켜 주셨다. "히스기야가 병들었다가 그 병이 나을 때에"(사 38:9). 그가 쓴 글을 우리도 써보지 않겠는가? 우리가 우리 생명의 태양이 지고 있다고 생각했을 때 하나님은 이것을 이전의 밝음으로 돌아오게 하셨다.

그는 우리의 죄를 억제하시는 데서 긍휼을 베푸신다. 안에 있는 정욕이 밖에 있는 사자보다 더 무섭다. 하나님의 노여움의 최대 표시는 사람들을 그들의 죄에게 맡겨버리는 것이다. "그러므로 내가 그 마음의 강퍅한 대로 버려두어"(시 81:12)라고 하였다. 그들이 죄를 짓고 지옥 가는 동안, 우리에게는 하나님이 억제하는 은혜의 굴레를 씌워 놓으셨다. 그가 아비멜렉에게 하신 말씀, "너를 막아 내게 범죄하지 않게 하였나니"(창 20:6)라고 함과 같다. 우리를 사단에게는 밥이 되게 하고 우리 자신에게는 공포가 되게 할 뻔했던 저 죄들을 짓지 않도록 그는 이와 같이 우리를 저지하셨다.

하나님은 우리를 인도하시고 지도하시는 데서 긍휼을 베푸신다. 길을 벗어난 자가 인도자를 가지게 된 것이 긍휼이 아니겠는가? 여기에는 첫째, 섭리적 인도가 있다. 하나님은 우리를 위해서 우리의 업무를 인도하신다. 우리가 걸어가기를 원하시는 그 길의 윤곽을 그려주신다. 그는 우리의 의심을 풀어 주시고, 우리의 난국을 해결해 주시고, 우리의 거주의 한계를 정해 주신다(행

17:26). 둘째, 영적인 인도가 있다. "주의 교훈으로 나를 인도하시고"(시 73:24)라고 하였다. 이스라엘에게는 그들을 앞서가는 불기둥이 있었던 것처럼, 하나님은 그의 말씀의 계시와 그의 성령의 지휘로 우리를 인도하신다. 그는 오류에서 우리를 지키시려고 우리의 머리를 인도하시고, 그는 추문에서 우리를 지키시려고 우리의 발을 인도하신다. 오! 하나님을 우리의 인도자와 조종사로 모시는 것이 얼마나 은혜인가! "주의 이름을 인하여 나를 인도하시고 지도하소서"(시 31:3).

하나님은 우리를 교정하시는 데 긍휼을 베푸신다. 그는 사랑으로 노하시며 구원하시기 위해서 치신다. 그의 막대기는 우리를 꺾으려는 쇠막대기가 아니라 우리를 낮추려는 아버지의 막대기이다. "하나님은 우리의 유익을 위하여 그의 거룩하심에 참여케 하시느니라"(히 12:10)라고 하였다. 그는 얼마의 부패를 억제하시거나 아니면 얼마의 은혜를 베푸신다. 여기에 긍휼이 있지 아니한가? 모든 고난은 하나님의 자녀에게 바울의 역풍과 같아서 이것은 배를 파선시켰지만 바울을 깨어진 조각에 태워 해변으로 데려갔다(행 27:44).

하나님은 우리를 용서하시는 데서 긍휼을 베푸신다. "주와 같은 신이 어디 있으리이까 주께서는 죄악을 사유하시며"(미 7:18)라고 하였다. 우리를 먹이시는 것은 긍휼이시며, 우리를 용서하시는 것은 풍성한 긍휼이시다. 이 긍휼은 값없는 은혜의 자비심에서 자아낸 것이며, 그래서 병든 사람을 고치기에 충분하다. "그 거민은 내가 병들었노라 하지 아니할 것이라 거기 거하는 백성이 사죄함을 받으리라"(사 33:24)라고 하였다. 죄의 용서는 제일 큰 긍휼이다. 하나님은 죄인의 용서를 입맞춤으로 인치신다. 이것이 다윗으로 하여금 제일 좋은 옷을 입고 스스로 기름 바르게 만든 것이다. 최근에 그의 아이는 죽었으며 하나님은 칼이 그의 집에서 떠나지 않을 것이라고 말씀하실 바 있으나, 그는 스스로 기름을 바른다. 그 이유인즉 하나님이 선지자 나단을 통해 그에게 용서를 내리신 것이었다. "여호와께서도 당신의 죄를 사하셨나니"(삼하 12:13)라고 하였다. 용서는 괴로운 양심을 위해서 유일의 적합한 치료제이다. 용서하시는 긍휼이 아니고야 상처받은 영혼에게 무엇이 안정을 줄 수 있겠는가? 그에게 세상의 명예와 쾌락을 주어보라. 그것은 마치 정죄받은 자에게 꽃과 음악을 가져다주는 것과 같다. 나의 죄가 사함 받은 줄을 나는 어떻게 알 수 있을까? 하나님께서는 직책을 제거하시는 곳에서 죄의 세력을 꺾으신다. "우리를 긍휼히 여기셔서 우리의 죄악을 발로 밟으시고"(미 7:19)라고 하였다. 하나님은 용서하는 사랑과 함께 정복하는 은혜를 주신다.

하나님은 우리를 성화시키시는 데서 그의 긍휼을 베푸신다. "나는 너희를 거룩케 하는 여호와니라"(레 20:8)라고 하셨다. 이것은 신의 성품에 참여하는 것이다(벧후 1:4). 하나님의 성령은 성별의 영이시다. 비록 그것은 우리를 부분적으로만 성화시키지만 그래도 그것은 모든 부분에서 된다(살전 5:23). 그것은 그와 같은 긍휼이기 때문에 하나님은 그것을 노여움 중에서 주시지 못한다. 우리가 성화된다면 우리는 택함 받은 것이다. "하나님이 처음부터 너희를 택하사 성령의 거룩하게 하심과 진리를 믿음으로 구원을 얻게 하심이니"(살후 2:13)라고 하였다. 씨앗아 추수를 예비하는 것처럼 성화는 복락을 위해 예비한다. 처녀들이 기름을 바르고 향을 바르고 난 후에는 왕 앞에 서게 되었다(에 2:12). 이와 같이 우리도 하나님의 기름부음을 받았으면 우리는 하늘의 왕 앞에 서게 될 것이다.

하나님은 우리의 기도를 들으시는 데 긍휼을 베푸신다. "나를 긍휼히 여기사 나의 기도를 들으소서"(시 4:1)라고 하였다. 사람이 왕에게 탄원서를 올릴 때 그것이 들어주심을 받았으면 은총이 아니겠는가! 그러므로 우리가 용서와 양자됨과 하나님의 사랑의 느낌을 위해서 기도할 때, 은혜로운 응답을 얻는 것은 하나의 놀라운 긍휼이다. 하나님은 응답을 지연시킬 수도 있지만 거절하시지는 않는다. 당신은 음악가에게 즉시 돈을 던져주지 않는다. 왜냐하면 당신은 그의 음악을 듣기를 좋아하기 때문이다. 하나님은 기도의 음악을 사랑하시지만, 그러나 항상 하나님에게서 즉시 응답을 듣게 하시지는 않는다. 그렇지만 적당한 때가 오면 평안의 응답을 주신다. "하나님을 찬송하리로다 저가 내 기도를 물리치지 아니하시고 그 인자하심을 내게서 거두지도 아니하셨도다"(시 66:20)라고 하였다. 만일 하나님이 우리의 기도를 외면하지 않으신다면 그는 그의 긍휼을 외면하시지 않는 것이다.

하나님은 우리를 구원하시는 데서 긍휼을 베푸신다. "우리를 구원하시되…그의 긍휼하심을 좇아"(딛 3:5)라고 하였다. 이것은 긍휼의 극치이며 이 것은 하늘에 준비되어 있다. 여기서 긍휼은 그의 모든 아름다운 광택을 가지고 나타난다. 하나님이 우리를 제련하시사 부패의 모든 찌꺼기와 쓰레기를 없이하실 때 긍휼이 참으로 긍휼이 된다. 우리의 몸이 그리스도의 영광스러운 몸과 같이 되고 우리의 영혼이 천사들과 같이 되는 때이다. 구원하는 긍휼은 더할 나위 없는 긍휼이다. 그것은 단지 지옥으로부터 해방되는 것만이 아니라 천국에서 상위에 오르는 것이다. 이생에서 우리는 하나님을 향유하기보다도 그를 갈망한다. 그러나 그에게 완전히 소유하신 바 되고 그의 웃는 얼굴을 보며 우리를 그의 품에 주시는 것은 그 얼마나 풍성한 긍휼이 되겠는가! 이것은 우리를 "말할 수 없는 영광스러운 즐거움으로"(벧전 1:8) 충만케 한 것이다. "깰 때에 주의 형상으로 만족하리이다"(시 17:15)라고 하였다.

적용 1 우리는 낙심하지 말자. 우리는 여기서 얼마나 하나님을 섬기도록 격려를 받는가? 그는 수많은 사람에게 긍휼을 베푸신다. 긍휼과 인자하심이 빠져버린 왕을 누가 기꺼이 섬기려 하겠는가? 하나님은 그의 긍휼의 상징으로서 자기 주위에 무지개를 가지신 것으로 표현된다(계 4:3). 엄위의 행위는 하나님께로부터 강제된 것이다. 심판은 그의 생소한 사역이다(사 28:21). 제자들은 그리스도의 다른 이적들을 보고 이상하게 여겼다는 말이 없는데 무화과나무가 저주를 받아 시들었을 때에는 이상히 여겼다. 왜냐하면 엄위의 행위를 발휘하시는 것은 그의 습성이 아니었기 때문이다. 하나님은 인애를 기뻐하신다고 말씀하신다(미 7:18). 공의는 하나님의 왼손이요, 긍휼은 그의 오른손이다. 그는 그의 오른손을 가장 많이 쓰신다. 그는 공의보다도 긍휼에 더 익숙하시다. '하나님은 형벌하시는 데보다도 용서하시는 데 더 마음이 내키신다'(*Pronior tost Deus ad parcendum quam ad puniendum*). 즉 하나님은 형벌보다도 긍휼에 더 마음을 쏟으신다. 하나님은 노하기를 더디 하시지만(시 103:8) 용서하시기는 빨리 하신다(시 86:5). 이것은 그를 섬기도록 우리를 격려할 것이다. 만일 긍휼이 효과가 없으면 무슨 논증이 효과가 있을 것인가? 하나님이 만일 온통 공의뿐이시라면 그것은 우리를 놀라게 하여 그로부터 멀어지게 할지도 모르나, 그의 긍휼은 우리를 그에게로 이끄는 자석이다.

적용 2 하나님의 긍휼에 대해 소망하라. "자기를 경외하는 자와 그 인자하심을 바라는 자들을 기뻐하시는도다"(시 147:11)라고 하였다. 사람들에게 용서를 나누어주시는 것을 하나님은 그의 영광으로 여기신다. 그러나 나는 큰 죄인이었고 나는 아무 긍휼도 받을 자격이 없는 자임에 틀림없다!

만일 당신이 죄 가운데 계속 행하며 또 그렇게 결심했다면 긍휼은 없다. 그러나 만일 당신이 당신의 죄를 끊어버리기를 원한다면 긍휼의 금홀은 당신에게 내밀어질 것이다. "악인은 그 길을, 불의한 자는 그 생각을 버리고 여호와께로 돌아오라 그리하면 그가 긍휼히 여기시리라"(사 55:7)라고 하였다. 그리스도의 피는 "죄와 더러움을 씻는 샘"(슥 13:1)이다. 긍휼이 하나님 안에 흘러넘치는 것이 죄가 우리 안에서 흘러넘침보다 더하다. 바다가 큰 바위를 덮듯이 그의 긍휼은 큰 죄를 잠기게 할 수 있다. 자기들의 손을 그리스도의 피에 물들였던 다수의 유대인들은 구원을 받았다. 하나님은 그의 선하심을 확대하시고, 값없는 은혜의 우승패를 과시하시며, 죄를 무시하시사 그의 긍휼을 확립시키기를 기뻐하신다. 그러므로 그의 긍휼을 바라라.

적용 3 하나님의 긍휼이 당신의 것임을 알려고 노력하라. 그는 "나를 긍휼히 여기시는 하나"(시 59:17)이시다. 물에 빠져 죽어가던 한 사람이 무지개를 보고 말했다. "내가 빠져 죽는다면 하나님이 세계를 하지지 않게 하신들 내가 더 나은 것이 무엇인가?" 이와 같이 만일 우리가 망한다면 하나님이 긍휼히 여기신다 한들 우리가 더 나은 것이 무엇인가? 하나님의 특별 긍휼은 우리의 것임을 알려고 노력하자.

우리는 긍휼이 우리에게 속한다는 것을 어떻게 알 것인가?

첫째, 우리가 그것을 높이 평가하면 알게 된다. 그는 이것을 무시하는 사람에게 그의 긍휼을 던져주지 않을 것이다. 우리는 건강을 중히 여긴다. 그러나 긍휼하심을 입는 것을 더 중히 여긴다. 이것은 다이아몬드 반지이다. 이것은 다른 모든 위안을 무색케 한다.

둘째, 우리가 하나님을 두려워한다면, 우리가 우리 자신에 대해서 경건한 자존심을 갖는다면, 우리가 죄를 보고 두려워 떤다면, 그리고 모세가 뱀으로 변한 그의 지팡이를 피했던 것처럼 죄로부터 도망한다면 알게 된다. "긍휼하심이 두려워하는 자에게 대대로 이르는도다"(눅 1:50)라고 하였다.

셋째, 만일 우리가 하나님의 긍휼 안으로 성역 삼아 도망하면 우리는 굵은 밧줄을 붙잡고 구원받은 사람처럼 그것을 신뢰하는 것이다. 우리를 향한 하나님의 긍휼은 하늘에서 내려진 밧줄과도 같다. 믿음으로 이것을 굳게 붙잡음으로써 우리는 구원받는다. "하나님의 인자하심을 영영히 의지하리로다"(시 52:8)라고 하였다. 사람이 요새 안에서는 그의 생명과 재산에 대해서 안심하듯이 하나님의 긍휼 안에서 우리의 영혼은 안심할 수 있다.

어떻게 우리는 하나님의 특별 긍휼을 배당받을 것인가?

만일 우리가 긍휼을 원한다면 그리스도를 통해서만 된다. 그리스도 밖에서는 긍휼은 얻어질 수 없다. 속죄소가 있는 지성소에는 대제사장 외에는 아무도 들어가지 못한다는 것을 우리는 옛 율법에서 읽었다. 이는 우리의 대제사장이신 그리스도를 통하지 않고는 우리가 긍휼과 아무 상관없다는 것을 의미한다. 대제사장이 피 없이는 속죄소에 가까이 가지 못한다는 것은 그리스도의 피의 속죄 제사를 통하지 않고는 우리가 긍휼을 얻을 아무 권리도 없다는 것을 나타낸다(레 16:14). 대제사장이 위반하면 죽는다는 조건하에 향연 없이는 속죄소에 가까이 가지 못한다는 것은(레 16:13) 그리스도의 중보기도의 향연 없이는 하나님으로부터의 긍휼은 있을 수 없다는 것을 나타낸다. 우리가 긍휼을 얻기 원한다면 우리는 그리스도 안에서 어떤 관계를 가져야 한다. 긍휼은 그리스도의 피를 통해서 우리에게 온다.

따라서 우리가 긍휼을 얻기 원한다면 우리는 이를 위해서 기도해야 한다. "여호와여 주의 인자하심을 우리에게 보이시며 주의 구원을 우리에게 주소서"(시 85:7), 또 "내게 돌이키사 나를 긍휼히 여기소서"(시 25:16)라고 하였다. 주여! 나에게 일반 긍휼을 거두지 마옵소서. 나를 먹이시고 입히시는 긍휼 뿐만 아니라 나를 용서하시는 긍휼도 주옵소서. 아끼는 긍휼 뿐만 아니라 구원하는 긍휼도 주옵소서. 주여! 당신의 긍휼의 진수를 내게 주소서. 나로 하여금 긍휼과 인자하심을 얻게 하소서. "인자와 긍휼로 관을 씌우시며"(시 103:4)라고 하였다. 열렬한 긍휼의 청원자가 되라. 당신의 소원이 당신의 집 요함을 촉진시키게 하라. 우리는 넘치는 감정으로 기도할 때 가장 열렬히 기도한다.

6) 나를 사랑하고

하나님의 긍휼은 그를 사랑하는 자들에게 향한 것이다. 사랑은 아론의 흉패에 물린 보석처럼 그의 눈에서 번쩍이며 빛나는 은혜이다. 사랑은 영혼의 거룩한 확장, 또는 확대이며 이것에 의해 사랑은 기름을 가지고 제일의 선으로서 하나님을 찾아 운반된다. 아퀴나스(Aquinas)는 사랑을 정의하기를 '애인에 대한 만족한 기쁨'(*Complacentia amantis in amato*)이라고 하였다. 우리의 보배로서의 하나님께 대한 만족한 기쁨이다. 사랑은 종교의 핵심이다. 그것은 중차대한 은혜다. 우리가 천사와 같은 지식을, 또는 이적의 신앙을 가졌다 하더라도 사랑이 없으면 아무 유익이 없을 것이다(고전 13:2). 사랑은 "크고 첫째 되는 계명"(마 22:38)이다. 이것이 그런 이유는 사랑이 없으면 마음속에 종교가 있을 수 없기 때문이다. 믿음도 있을 수 없다. 왜냐하면 믿음은 사랑으로 역사하기 때문이다(갈 5:6). 기타의 모든 것은 허세이거나 경건한 아첨에 불과하다. 사랑은 종교의 모든 의무를 개선하며 감미롭게 한다. 그것은 의무들을 맛있는 음식으로 만들며 이것 없이는 하나님께서 그것들을 맛볼 염두도 안 두신다. 그것은 이 은혜의 우수성이라는 점에서 크고 첫째 되는 계명이다. 사랑은 은혜들 중에 여왕이며, 태양이 더 작은 유성들을 무색케 함과 같이 그것은 다른 모든 은혜들을 무색케 한다. 어떤 점에서는 그것은 믿음보다 더 우수하다. 비록 어떤 의미에서 우리를 '그리스도에게로 연합시키기 때문에'(*virtute unionis*) 믿음이 더 우수한 경우도 있기는 하지만 그것은 우리에게 그리스도의 의로 수놓은 옷을 입혀주며 이 옷은 천사들이 입는 그 어느 옷보다 더 빛난다. 다른 의미에서 '그것은 그것의 지속성이라는 점에서'(*respectu durationis*) 더욱 우수하다. 그것은 가장 오래 견디는 은혜이다. 믿음과 소망은 얼마 안 있어 그치겠지만 사랑은 머무를 것이다. 다른 모든 은혜들은 라헬처럼 산고로 죽게 될 때 그 사랑이 소생할 것이다. 다른 은혜들은 살아 있는 기간 동안만 유효한 임대차 계약의 성격을 띠고 있다. 그러나 사랑은 영원히 계속하는 자유 보유권이다. 이와 같이 사랑은 다른 모든 은혜들로부터 영예를 빼앗아 가버린다. 사랑은 가장 영속하는 은혜요 영원의 싹이다. 오로지 이 은혜만이 우리와 함께 천국에 동행할 것이다.

(1) 하나님에 대한 우리의 사랑은 어떻게 특징지어지는가?

먼저 하나님에 대한 사랑은 순수하고 진정한 것이라야 한다. 우리는 하나님이 귀한 분이기 때문에 사랑해야 한다. 이것을 스콜라 철학자들은 '우정의 사랑'(*actor amicitiae*)이라고 부른다. 우리가 하나님을 사랑해야 하는 것은 이익을 위하여서 뿐만 아니라 그가 영광을 얻으시는 바 고유의 우수성 때문이기도 하다. 우리는 그에게서 나오는 선하심 때문만이 아니라 또한 그분 안에 있는 선하심 때문으로도 하나님을 사랑하여야 한다. 참 사랑은 대가를 목적으로 하지 않는다. 하나님을 깊이 사랑하는 사람은 대가를 바랄 필요가 없다. 그는 하나님의 거룩하심의 아름다우심 때문에 하나님을 사랑하지 않을 수 없다. 이익을 구하는 것이 불법은 아니지만 말이다. 모세는 상주심을 바라보았다(히 11:26). 그러나 우리는 이익을 위해서만 하나님을 사랑해서는 안 된다. 왜냐하면 그렇게 되면 그것은 하나님 사랑이 되지 않고 자기사랑이 되기 때문이다.

다음으로 하나님께 대한 사랑은 온 마음을 다해서 해야 한다. "네 마음을 다하여 주 너의 하나님을 사랑하라"(막 12:30, 영어성경을 직역함-역주)라고 하였다. 우리는 하나님을 조금 사랑해서는 안 되며 그에게 사랑의 한두 방울만을 드려서도 안 된다. 사랑의 물줄기가 그에게로 흘러가야 한다. 마음은 하나님을 생각해야 되고, 의지는 그를 선택해야 되고, 애정은 그를 동경해야 된다. 참 어머니는 그 아이를 둘로 나누기를 원치 아니하였다. 하나님도 마음이 나누이는 것을 원치 않으신다. 우리는 우리의 전심을 가지고 그를 사랑해야 한다. 우리가 피조물을 사랑한다 해도 그것은 하위의 사랑이어야 한다. 하나님께 대한 사랑은 기름이 물 위에 뜨듯이 가장 높아야 한다.

또한 하나님께 대한 사랑은 불타올라야 한다. 차갑게 사랑하는 것은 사랑하지 않는 것과 같다. 신부는 '사랑 때문에 낙심되었다'(amort perculsa), 즉 "사랑으로 병이 났다"(아 2:5)고 한다. 스랍들은 그들의 불타는 사랑으로 인하여 그렇게 불린다. 사랑은 성도들을 스랍들로 전환시킨다. 그들로 하여금 하나님께 대한 거룩한 사랑으로 불타게 한다. 많은 물도 이 사랑을 끄지 못한다.

(2) 우리가 하나님을 사랑하는지 어떻게 알 수 있는가?

첫째, 하나님을 사랑하는 사람은 그의 임재를 갈망한다. 연인들은 오랫동안 떨어져 있을 수 없다. 그들은 그들의 사랑의 대상이 눈에 보이지 않으면 곧 낙심해버린다. 하나님을 깊이 사랑하는 영혼은 그의 율례와 말씀과 기도와 성례에서 그의 기쁨을 갈망한다. 다윗은 하나님을 뵈올 수 없었을 때 기절하여 곧 죽을 것 같았다. "내 영혼이 여호와의 궁정을 사모하여 쇠약함이여"(시 84:2)라고 하였다. 율례를 돌아보지 않고 다만 안식일이 언제나 끝날까 하는 그런 사람은 하나님께 대한 사랑의 결핍을 발견할 것이 뻔하다.

둘째, 하나님을 사랑하는 사람은 죄를 사랑하지 않는다. "여호와를 사랑하는 너희여 악을 미워하라"(시 97:10)라고 하였다. 하나님을 사랑함과 죄를 사랑함은 쇠와 진흙이 섞일 수 없음같이 섞일 수 없다. 죄를 사랑하는 것은 하나님을 거스르는 것이다. 그러나 하나님을 사랑하는 자는 죄에 대해서 혐오감을 갖는다. 두 연인을 갈라놓으려 하는 자는 혐오할 인간이다. 하나님과 믿는 영혼은 두 연인들이다. 죄는 둘 사이를 갈라놓기 때문에 영혼은 죄에 대해서 화해할 수 없는 적대 관계에 있다. 이것으로서 당신의 하나님께 대한 사랑을 시험해 보라. 들릴라는 삼손의 불구대천의 원수들인 블레셋인들과 내통하면서 어떻게 삼손을 사랑한다고 말할 수 있었을까? 하나님의 원수인 죄를 사랑하는 자가 어떻게 하나님을 사랑한다고 말할 수 있겠는가?

셋째, 하나님을 사랑하는 자는 하나님 외의 어떤 다른 것을 많이 사랑하지 않는다. 그의 사랑은 세상적인 것들에 대해서 대단히 냉담하다. 그의 하나님께 대한 사랑은 태양이 창공에서 신속히 움직이듯이 신속히 움직인다. 세상에 대하여서는 태양이 해시계 위에서처럼 천천히 움직인다. 세상 사랑은 경건의 마음을 침식시킨다. 흙이 불을 끄듯이 그것은 착한 애정을 질식시킨다. 세상은 바울에게 있어 죽은 것이었다. "세상이 나를 대하여 십자가에 못박히고 내가 또한 세상을 대하여 그러하니라"(갈 6:14)라고 하였다. 우리는 바울 안에서 낮아진 사람의 화신과 모범을 다 볼 수 있다. 하나님을 사랑하는 자는 세상을 하나님의 영광을 위하여 사용한다. 세상은 그의 은급이고 하나님은 그의 분깃이다(시 119:57). 세상은 그를 속박하나 하나님은 그를 기르게 하고 만족케 하신다. 그는 다윗처럼 "나의 극락의 하나님", 즉 내 기쁨의 진수(시 43:4)라고 말한다.

넷째, 하나님을 사랑하는 자는 하나님 없이는 살 수 없다. 우리가 사랑하는 것들은 없으면 안 되는 것들이다. 사람이 음악이나 꽃은 없어도 지낼 수 있지만 음식은 그렇지 않다. 이와 같이 하나님을 깊이 사랑하는 영혼은 하나님 없이는 살 수 없다. "주의 얼굴을 내게서 숨기지 마소서 내가 무덤에 내려가는 자 같을까 두려워하나이다"(시 143:7)라고 하였다. 그는 욥처럼 "나는 햇볕에 쬐지 않고…부르짖고 있느니라"(욥 30:28)라고 말한다. 별빛은 가지고 있으나 의의 태양이 없다면 하나님의 달콤한 임재를 누리지 못하는 것이다. 하나님은 우리의 최고선이시며 우리는 그가 없이는 살 수 없다. 오호라! 하나님 없이도 충분히 잘해 나갈 수 있는 사람들은 얼마나 그들이 하나님께 대한 사랑을 가지고 있지 않다는 것을 나타내는가! 그들로 하여금 곡식과 기름을 가지게 하라. 그러면 그들이 하나님 없음으로 불평하는 것을 절대로 들을 수 없을 것이다.

다섯째, 하나님을 사랑하는 자는 그를 얻기 위해서 모든 수고를 아끼지 않을 것이다. 상인은 인도제도로부터 풍요한 수익을 얻기 위하여 그 어떤 수고를 하며 그 어떤 모험도 감행한다. '상인은 인도 끝까지 달려간다'(*Extremos currit mercator ad Indos*). 야곱은 라헬을 사랑했으며, 그래서 그는 낮의 더위와 밤의 서리를 견뎌낼 수 있었는데 이것은 그녀를 얻기 위해서였다. 하나님을 사랑하는 영혼은 그를 소유하기 위해서 그 어떤 수고도 무릅쓴다. "나의 영혼이 주를 가까이 따르니"(시 63:8)라고 하였다. 사랑은 '영혼의 저울추이다'(*pondus animae*-Augustine). 사랑은 시계를 가게 하는 추와 같은 것이다. 사랑은 기도와 눈물과 금식으로 풍성해진다. 그의 영혼이 사랑하는 그 분을 얻기 위하여 몸부림치듯 애쓴다. 플루타크는 고대 프랑스 민족인 고을사람들에 관하여 기록하기를 그들이 이태리의 맛있는 포도주를 한번 맛 본 후에 그 나라에 도착하기까지 한 번도 쉬지 않았다고 한다. 하나님을 사랑하는 자는 그와 관계를 가지기까지 결코 쉬지 않는다. "마음에 사랑하는 자를…찾으리라"(아 3:2)라고 하였다.

하나님을 얻기 위한 방법을 사용함에 있어 열심을 내지 아니하는 그런 사람들이 어떻게 하나님을 사랑한다고 말할 수 있겠는가? "게으른 자는 그 손을 그릇에 넣고도 입으로 올리기를 괴로와하느니라"(잠 19:24)라고 하였다. 그는 고통에 있지 않고 무기력 상태에 있다. 만일 그리스도와 구원이 익은 무화과처럼 그의 입 안으로 떨어진다면 그는 만족히 그것을 먹을 것이다. 하지만 그는 너무 많은 수고를 하기 싫어한다. 그의 친구를 보려고 여행을 떠나려 하지 않는 사람이 그의 친구를 사랑한다고 할 수 있겠는가?

여섯째, 하나님을 사랑하는 자는 재산이나 생명보다도 하나님을 더 좋아한다. 그들은 하나님을 재산보다도 더 좋아한다. "내가 그를 위하여 모든 것을 잃어버리고"(빌 3:8)라고 하였다. 비싼 보석을 사랑하는 사람이면 그것을 위해서 꽃과 헤어지려 하지 않을 자 누구겠는가? 비코의 후작 갈리시우스(Galeacius)는 하나님의 순수한 법도들 안에서 하나님을 즐거워하기 위해 상당량의 재산을 남에게 넘겨주었다. 한 예수회(Jesuit) 교도가 그를 보고 이태리에 있는 로마 가톨릭으로 돌아오라고 권유하면서 막대한 양의 돈을 약속했을 때, 그는 "세계에 있는 모든 금을 예수 그리스도 및 그의 성령만큼 가치 있다고 생각하는 사람들은 그들의 돈과 함께 망할지어다"라고 말하였다.

또한 그들은 하나님을, 생명보다 더 좋아한다. "그들은 죽기까지 자기 생명을 아끼지 아니하였도다"(계 12:11)라고 하였다. 하나님께 대한 사랑은 생명에의 사랑과 죽음에의 두려움보다 높이 영혼을 이끌어간다.

일곱째, 하나님을 사랑하는 자는 그의 마음에 드는 사람들, 즉 성도들을 사랑한다(요일 5:1). '영혼은 같은 형상과 대상에게로 움직인다'(*Idem esc lotus animi in imaginers et rem*). 즉 마음은 대상 그 자체에게 반응함과 똑같이 그 대상의 형상에게도 반응한다. 하나님의 은혜로 인하여 사람을 사랑하는 것, 그리고 그 사람 안에서 하나님적인 것을 보면 볼수록 그만큼 더 그를 사랑하게 되는 것, 이것은 하나님께 대한 사랑의 틀림없는 표시다. 악한 자도 하나님을 사랑하는 체하지만 그의 형상을 미워하고 핍박한다. 군주의 동상을 학대하고 그의 사진을 찢어버리는 사람이 그 군주를 사랑하는가? 그들은 세상 떠난 성도들에게 참으로 큰 경의심을 표시하는 것 같다. 그들은 바울과 스데반과 누가에게 큰 경의심을 가지고 있다. 그들은 죽은 성도들을 성자로 모시지만 산 성도들은 박해한다. 그런데 그들이 하나님을 사랑하는가? 하나님의 자녀들을 하나님을 닮았다 하여 미워하는 자가 하나님을 사랑한다는 것을 상상할 수 있는가? 만일 그리스도께서 다시 생존해 계신다면 그는 두 번째 박해를 면치 못하시리라.

여덟째, 만일 우리가 하나님을 사랑하면, 자녀가 그 아비를 사랑하면 할수록 그만큼 더 그를 노엽게 하기를 두려워함같이, 하나님을 욕되게 하는 것을 무서워한다. 그래서 하나님께 죄를 범하면 우리는 울며 탄식한다. "베드로가…밖에 나가서 심히 통곡하니라"(마 26:75)라고 하였다. 그리스도께서 변화를 받으셨던 산에 베드로를 데리고 올라가셔서 환상 가운데 하늘의 영장을 보여주셨을 때 그리스도께서 그를 극진히 사랑하셨다고 생각할 만도 하였다. 그가 그러한 그리스도의 사랑의 뚜렷한 표를 받은 후에도 그리스도를 부인하였다는 것이 그의 마음을 슬픔으로 상하게 했다. 우리의 눈은 하나님을 거슬러 지은 죄로 인하여 슬픔의 눈물을 흘리고 있는가? 그것은 하나님께 대한 우리의 사랑의 축복받은 증거이다. 그리고 그러한 사람이 긍휼을 입을 것이다. 하나님은 그를 사랑하는 수많은 사람에게 긍휼을 베푸신다.

적용 우리는 하나님을 사랑하는 자들이 되자. 우리는 우리의 음식을 사랑한다. 그러면서, 그것을 주시는 이를 사랑하지 않겠는가? 우리가 하늘에 소망을 두고 있는 모든 기쁨은 하나님 안에 있다. 그렇다면 그때 우리의 기쁨이 되실 그가 지금 우리의 사랑이 아니 되시겠는가? 어거스틴(Augustine)은 '당신을 사랑하지 않는 것이 족히 큰 형벌이 아니리이까?' (Annon poena satin magna tost non aware te)라고 말한다. "주여! 당신을 사랑치 않는 것이 충분한 형벌이 아니겠습니까?" 그리고 또, '나는 나의 영혼을 미워할 것이다' (Animato meats in odio haberem). 즉 '내가 만일 내 영혼이 하나님을 사랑하는 것을 발견치 못하면 나는 나 자신의 영혼도 미워할 것이다' 라고 말한다. 그러면 하나님께 대한 우리의 사랑을 촉발시키고 불붙이는 동인들은 무엇인가?

우리에게 부여하신 하나님의 은혜들이다. 군주가 신하에게 계속적인 은총을 베푼다면, 그리고 그 신하가 총명하다면, 그는 그의 군주를 사랑하지 않을 수 없다. 하나님은 끊임없이 우리에게 은혜를 쌓고 계신다. "음식과 기쁨으로 너희 마음에 만족케 하셨느니라"(행 14:17)라고 하였다. 이스라엘 백성이 어디를 가든지 반석에서 물이 흘러나와 그들을 따른 것처럼 하나님의 축복이 매일 우리를 따라온다. 우리는 긍휼의 바다에서 헤엄친다. 자기를 사랑하는 하나님의 모든 설복으로 설복되어 있지 않은 그런 마음은 완악하다. '사랑의 자석은 사랑이다' (Magnes amoris amor). 즉 사랑은 사랑을 끈다. 친절은 짐승에게도 효과가 있다. 황소는 그의 주인을 안다.

하나님께 대한 사랑은 경건의 의무들을 수월하고 유쾌하게 만든다. 하나님께 대한 사랑이 없는 그 사람에게 종교가 큰 짐이 아닐 수 없을 것이라고 고백한다. 그리고 그런 사람이 "주를 섬기는 것은 이 얼마나 싫증나는 일인가!"라고 말하는 것을 듣지 못하였다면 이상하다. 그것은 조류를 거슬러 노저어가는 것과 같다. 그러나 사랑은 바퀴에 기름을 치고 의무를 즐겁게 만든다. 천사들이 하나님을 섬김에 그토록 신속히 날아다니는 것은 그를 사랑하기 때문이 아니고 무엇이겠는가? 야곱은 라헬에 대해 품은 사랑 때문에 칠년을 잠간으로 여겼다. 사랑은 결코 진력나지 않는다. 돈을 사랑하는 사람은 돈 이야기하는 것이 지루하지 않다. 그리고 하나님을 사랑하는 사람은 그를 섬기는 것이 지루하지 않다.

그것은 유익하다. 하나님에 대한 사랑으로 손해될 것은 하나도 없다. "하나님이 자기를 사랑하는 자들을 위하여 예비하신 모든 것은 눈으로 보지 못하고 귀로도 듣지 못하고 사람의 마음으로도 생각지 못하였다"(고전 2:9)라고 하였다. 그러한 영광스러운 상급이 하나님을 사랑하는 자들을 위해 쌓여 있어서, 어거스틴은 "그것들은 우리의 이성을 초월할 뿐 아니라 믿음 자체도 그것들을 이해하지 못한다"라고 말한다. 왕관은 세상적인 영광의 최고의 증표이다. 그러나 하나님은 "그를 사랑하는 자들에게 생명의 면류관"과 쇠하지 아니하는 면류관을 약속하셨다(약 1:12, 벧전 5:4).

우리는 하나님을 사랑함으로써 그가 우리를 사랑하시는 줄을 안다. "우리가 사랑함은 그가 먼저 우리를 사랑하셨음이라"(요일 4:19)라고 하였다. 얼음이 녹는 것은 태양이 그 위에 비친 까닭이다. 이와 같이 없었던 마음이 사랑으로 녹으면 그것은 의의 태양이 그 위에 비친 때문이다.

그러면 하나님께 대한 우리의 사랑을 일으키기 위해서 어떤 수단이 강구되어야 하는가?

하나님을 바로 알도록 노력하라. 스콜라 철학자들은 올바르게 말한다. '알려지지 않은 선은 사랑받지 못한다'(*Bonum non amatur quod non cognoscitur*), 즉 우리는 알지 못하는 것을 사랑하지 못한다. 하나님은 가장 적격의 선이시다. 피조물 가운데 분산되어 있는 모든 우수성들은 그 안에서 연합되어 있다. 그는 최대 최고의 선이시다. 지혜, 아름다움, 부요, 사랑은 다 그분 안에 집중되어 있다. 자체 안에 모든 색깔들을 가지고 있는 튤립은 얼마나 예쁜가! 모든 완전한 아름다움은 탁월하게 그 하나님 안에 있다. 우리가 좀더 하나님을 알고 믿음의 눈으로 그의 눈부시게 빛나는 아름다움을 본다면 우리의 마음은 그에 대한 사랑으로 불붙을 것이다.

성경에 친숙해지라. 어거스틴은 말하기를 그가 회심하기 전에는 성경에 흥미가 없었으나 회심 후에는 그것이 그의 제일가는 즐거움이 되었다고 하였다. 하나님의 책은 우리에게 하나님을 그의 거룩과 지혜와 성실과 진리 안에서 나타내준다. 그것은 하나님을 긍휼에 풍성하시고 약속들로 둘러싸인 그런 분으로 묘사한다. 어거스틴은 성경을 하나님께로부터 우리에게 보내진 황금의 서한이라, 또는 사랑의 편지라 부른다. 이 사랑의 편지를 읽음으로써 우리는 그만큼 더 하나님께 매료된다. 이는 음란한 서적들과 희극들과 공상 소설들을 읽으면 육욕이 자극받는 것과 같다.

하나님께 대하여 많이 묵상하라. 그러면 이것이 그에 대한 사랑을 촉진시킬 것이다. "묵상할 때에 화가 발하니"(시 39:3)라고 하였다. 묵상은 애정에 대하여 풀무와 같다. 그리스도의 은사 안에서 하나님의 사랑에 대하여 묵상하라. "하나님이 세상을 이처럼 사랑하사 독생자를 주셨으니"(요 3:16)라고 하였다. 하나님이 그리스도를 타락한 천사들에게 주지 아니하시고 우리에게 주신 것, 의의 태양이 우리의 시야 안에 비친 것, 하나님이 다른 사람 아닌 우리에게 계시된 것, 이것은 얼마나 놀라운 사랑인가! "사람이 숯불을 밟고야 어찌 그 발이 데지 아니하겠느냐"(잠 6:28)라고 하였다. 누가 하나님의 사랑에 대해서 묵상할 수 있으며, 누가 이 뜨거운 숯불을 밟을 수 있으며 그러고도 마음이 사랑으로 타지 않을 수 있겠는가? 하나님을 사랑하는 마음을 간구하라. 사랑의 감정은 자연적이지만 사랑의 은혜는 그렇지 않다(갈 5:22). 이 사랑의 불은 하늘에서부터 불붙여진다. 이것이 당신의 마음의 제단 위에서 불타도록 간구하라. 틀림없이 그 요청은 하나님을 기쁘시게 하며, 그리고 그는 이러한 기도를 거절하시지 않을 것이다. "주여! 당신을 사랑하는 마음을 나에게 주시옵소서."

7) 내 계명을 지키는

사랑과 순종은 두 자매처럼 손을 잡고 가야 한다. "너희가 나를 사랑하면 나의 계명을 지키리라"(요 14:15)라고 하였다. "좋아하는 것의 증명은 행위의 나타남에 의한다"(*Probatio delectionis tost exhibitio operis*). 즉 우리는 행위로서 우리의 사랑을 보인다. 그의 아비를 사랑하는 아들은 아비를 순종한다. 순종은 하나님을 기쁘시게 한다. "순종이 제사보다 낫고"(삼상 15:22)라고 하였다. 제사에서는 죽은 짐승만이 드려진다. 순종에서는 산 영혼이 드려진다. 제사에서는 열매의 일부만이 드려진다. 순종에서는 열매와 나무와 모든 것이 드려진다. 사람이 자기 자신을 하나님 앞에 드린다. "내 계명을 지키라." 하나님은 그의 계명을 아는 수많은 사람에게 긍휼을 베푸신다고 말씀하지 않고 계명을 지키는 자에게 베푸신다고 하였다. 계명을 지킴이 없이 계명을 아는 것으로는 아무도 긍휼에 대한 자격을 얻지 못한다. 계명은 지식의 법칙일 뿐만 아니라 의무의 법칙이기도 하다.

하나님이 그의 계명을 우리에게 주시는 것은 바라다볼 전망으로서 뿐만 아니라 우리가 이행해야 할 그의 뜻과 언약으로서도 주시는 것이다. 선한 그리스도인은 태양처럼 빛을 발할 뿐만 아니라 세계를 두루 순회하기도 한다. 그는 지식의 빛을 가지고 있을 뿐만 아니라 순종의 영역 안에서 움직이기도 한다.

(1) 우리는 믿음으로 계명을 지켜야 한다.

우리의 순종은 '믿음으로부터 흘러나와야'(*profluere a fide*), 즉 "믿음으로부터 솟아나야"한다. 그러므로 이것은 "믿어 순종케"(롬 16:26)라고 불리어진다. 아벨은 믿음으로 가인보다 더 나은 제사를 드렸다(히 11:4). 믿음은 생명의 원리이며 이것 없이는 우리의 모든 '봉사는 죽은 일'(*opera mortun*)이다(히 6:1). 이것은 순종을 개선하고 감미롭게 하며 순종을 더 좋은 풍미를 가지고 행하여지게 한다. 그러나 왜 계명에 대해서 믿음과 순종을 결부시켜야 하는가? 왜냐하면 믿음은 모든 직무에서 사람과 헌물이 아울러 열납되게 하시는 그리스도에게 눈을 두기 때문이다. 율법 하의 대제사장은 잡은 짐승의 머리에 안수하였는데 이것은 메시아를 가리킨다(출 29:10). 이와 같이 모든 직무에서 믿음은 그리스도의 머리에 안수한다. 그의 피는 그들의 죄책을 속죄하고 그의 중보 기도의 아름다운 향기는 우리의 순종의 사역을 향기롭게 한다. "그의 사랑하시는 자 안에서 우리에게 거저 주시는 바"(엡 1:6)라고 하였다.

(2) 계명을 지키는 것은 일률적이라야 한다.

우리는 한 계명에서 뿐 아니라 다른 계명에서도 같은 양심을 가져야 한다. "내가 주의 모든 계명에 주의할 때에는 부끄럽지 아니하리이다"(시 119:6)라고 하였다. 모든 계명은 '신적인 권리'(jus divinum), 즉 동일한 신적 권위의 도장을 그 위에 받아 가지고 있다. 그래서 만일 내가 하나님이 명하시기 때문에 한 교훈에 순종한다면 그와 똑같은 이유로 다른 모든 교훈에 순종해야 된다. 어떤 사람들은 제1부의 명령들을 순종하지만 제2부의 의무들에 대해서는 무관심하다. 어떤 사람들은 둘째 것은 순종하며 첫째 것에 무관심하다. 의사들에게는 하나의 규칙이 있는데 몸의 한 부분에서 땀이 나고 다른 부분이 차가우면 병의 징조라고 본다. 이와 같이 사람들이 종교의 어떤 직무에서는 열심인 것같이 보이나 다른 직무에서는 차고 냉담하면 그것은 위선의 신호이다. 우리는 하나님의 모든 계명에 대해 존중심을 가져야 한다.

그러나 누가 그의 모든 계명을 지킬 수 있는가? 하나님의 명령은 완수할 수 있으며 지킬 수 있다. 설혹 우리가 모두 다 완수할 수는 없어도 우리는 복음적인 의미에서 그것들을 지킨다고 말할 수 있다. 우리는 완수(perficere)할 수는 없어도 실행(facere)할 수는 있다. 즉 완성하지는 못해도 이를 수는 있다. 우리는 계명들을 복음적으로 지킨다. 첫째, 모든 명령을 양심에 담을 때, 모든 의무에 우리는 미치지 못하지만 그 어느 것도 감히 소홀히 하지 않으려 할 때이다. 둘째, 우리의 욕망이 모든 계명을 지키려 할 때, "내 길을 굳이 정하사 주의 율례를 지키게 하소서"(시 119:5)라고 하였다. 우리는 힘에서 부족한 것을 의지에서 보충한다. 셋째, 우리가 더 잘할 수 없어서 슬플 때, 실패할 때는 울고, 우리 자신을 향한 불만의 고발장을 오히려 택할 때, 그리고 우리의 실패에 대해서 우리 자신을 심판할 때이다(롬 7:24). 넷째, 우리가 모든 계명을 순종하려고 노력하면 '그것은 이루기를 시도하는 것이다'(*elicere conatum*). 즉 "푯대를 향하여 좇아가노라"(빌 3:14)고 하였다. 우리는 고난 받아도 노력해야 한다. 그리고 우리가 할 수 있는 한 모든 계명대로 완전히 행해야 한다. 다섯째, 미치지 못해서 율법의 전 범위에 도달할 능이 없을 때 우리는 그리스도의 피가 우리의 불완전한 순종에 뿌려지도록 기대하며 그의 공로의 최소 단위를 저울접시에 올려놓아 인정받도록 기대해 보는 것이다. 이것은 복음적인 의미에서 모든 계명을 지키는 것이다. 그리고 비록 그것은 만족에 이르지 못하나 그래도 열납됨에 이르는 것이다.

(3) 계명을 지키는 것은 자발적이어야 한다.

"너희가 즐겨 순종하면"(사 1:19)이라고 하였다. 하나님은 자발적인 헌물을 요구하셨다(신 16:10). 다윗은 하나님의 계명의 길로 자유롭게, 그리고 기쁘게 달려가려 했다(시 119:32). 변호사들은 부사들이 형용사들보다 더 좋다는 하나의 규칙을 가지고 있다. 즉 '좋은'(*bonum*, good)이 아니라 '잘'(*bene*, well)이라는 것이다. 많은 것을 하는 것이 아니라 잘하는 것이다. 음악가는 오래 연주한다고 칭찬 듣는 것이 아니라 잘 여주하므로 칭찬 듣는 것이다. 하나님은 자발적인 순종을 받으신다. 억지로 하는 덕행은 아무것도 아니다(*Virtus nolentium nulls eat*). 즉 마음 내키지 않게 한 의로운 행위는 무가치하다. 주님은 강압적인 것을 미워하신다. 이것은 예물이라기보다 세금을 내는 것이다. 가인은 하나님을 인색하게 섬겼다. 그는 그의 제물은 가져왔으나 그의 마음은 가져오지 않았다. 하나님의 계명을 마지못해 순종하는 것은 그리스도의 명령으로 귀신들린 사람으로부터 마지못해, 그리고 본의에 반하여 나왔던 귀신들과 같다(마 8:29). '순종이 제일이며 또 이것은 형벌의 두려움에 의하지 않고 하나님의 사랑에 의한 것이다'(*Obedientia praest and adest non timore poenaf, sad amire Dei*). 선한 의무들은 강요되어서도 안되고 모세가 그의 지팡이로 반석을 쳤을 때 반석에서 물이 나왔던 것처럼 우리에게서 두드려 짜내도 안 된다. 다만 나무에서 몰약이, 또는 벌집에서 꿀이 떨어지듯 우리에게서 자유롭게 떨어져야 한다. 만일 자원하는 마음이 없으면 우리의 순종을 향기롭게 하여 하나님께 아름다운 냄새의 향취가 되게 할 꽃이 없는 것이다.

우리가 하나님의 계명을 자발적으로 지키기 위해서 다음 것들을 깊이 생각해 보라. 우리의 자원하는 마음이 우리의 봉사보다 더 귀히 여김을 받는다. 다윗은 솔로몬에게 하나님을 섬길 뿐만 아니라 자원하는 마음으로 하라고 훈계한다(대상 28:9). 의지는 죄를 더 악하게 만들고 의무를 더 선하게 만든다. 자발적으로 순종하는 것은 우리가 그것을 사랑으로 한다는 것을 나타내며 이것은 우리의 모든 봉사들을 존귀하게 만든다. 입법자에게는 우리가 자발적으로 계명을 지키도록 만들 만한 것이 있는데 이것이 우리에게 대한 하나님의 사면이다.

첫째, 하나님은 최고의 의(*summum jus*)를 구원에 절대 필요한양 요구하시지 않는다. 그는 완전무결한 순종을 기대하시지 않고 진실성만을 요구하신다. 사랑의 원칙에서만 행동하라. 그리고 당신의 순종에서 하나님을 존귀케 하는 것을 목표로 삼으라. 그러면 그것은 열납된다.

둘째, 복음에는 보증이 용납된다. 율법은 지금까지 우리를 유리하게 해주려 하지 않았다. 그러나 이제는 하나님이 우리에게 은혜를 베푸사 우리가 우리 힘으로 할 수 없는 것을 대리인에 의하여 할 수 있도록 하셨다. 예수 그리스도는 "더 좋은 언약의 보증"(히 7:22)이시다. 우리는 모든 면에서 미치지 못하나, 하나님은 우리의 보증 안에서 우리를 바라보신다. 그리고 그리스도께서 모든 의를 완성하셨기 때문에 마치 우리가 율법을 우리 몸소 완성한 것과 같다.

셋째, 하나님은 그가 요구하시는 바를 행할 힘을 주신다. 율법은 순종을 요구하였다. 그러나 그것은 벽돌을 요구하였으면서도 짚을 하나도 주지 않았다. 그러나 복음에서는 하나님은 그의 명령과 함께 능력을 주신다. "마음과 영을 새롭게 할지어다"(겔 18:31)라고 하였다. 오호라! 이것은 우리 힘에 미치지 못한다. 우리가 새 세계를 만드는 것과 같다. "새 마음을 너희에게 주되"(겔 36:26)라고 하였다. 하나님은 우리 자신을 정결케 하라고 우리에게 명하신다. "너희는 스스로 씻으며 스스로 깨끗케 하여"(사 1:16)라고 하였다. 그러나 "누가 깨끗한 것을 더러운 것 가운데서 낼 수 있으리이까"(욥 14:4)라고 하였다. 그러므로 그 교훈은 약속으로 변한다. "너희 모든 더러운 것에서…너희를 정결케 할 것이며"(겔 36:25)라고 하였다. 아이가 걷지 못할 때에는 유모가 손을 잡아 이끈다. "내가 에브라임에게 걸음을 가르치고 내 팔로 안을지라도"(호 11:3).

다음으로 하나님의 계명에는 우리를 자원하도록 만들 만한 것이 있다. 그것들은 부담스럽지 않다.

첫째, 그리스도인은 그가 중생한 이상 하나님의 명령에 동의한다. "내가 이로 율법의 선한 것을 시인하노니"(롬 7:16)라고 하였다. 동의해서 된 것은 조금도 부담이 되지 않는다. 처녀가 동의하면 혼인은 즐겁게 진행된다. 신하가 그의 군주의 법률이 공정하고 합당한 것을 보고 이에 동의하면 그 법들은 따분하지가 않다. 마찬가지로 중생한 사람은 하나님의 계명에 대해서 자기의 판단으로 시인하고 자기의 의지로 동의한다. 따라서 그것들은 부담스럽지 않다.

둘째, 하나님의 계명은 기름과 평강으로 감미롭게 되어 있다. 키케로(Cicero)는 기쁨과 즐거움으로 운반되는 것이 과연 짐이라고 불릴 수 있을는지 의문시하였다. '기쁨으로 운반되는 것이 짐이라고 불릴 수 있는가'(*Utrum onus appellatur quod laetitia fertur*)? 즉 기쁨으로 이행된 노역이 과연 노역이라 불릴 수 있는가? 만일 사람이 자기의 돈을 한 가방 가지고 간다면 그것은 무겁다. 그러나 그 기쁨이 그 짐을 덜어준다. 하나님이 내적인 기쁨을 주실 때에는 그것이 계명들을 즐겁게 해준다. "기도하는 내 집에서 그들을 기쁘게 할 것이며"(사 56:7)라고 하였다. 기쁨은 바퀴에 대한 기름과 같아서 그리스도인으로 하여금 하나님의 계명의 길로 달려가게 만들어 부담스럽지 않게 한다.

셋째, 하나님의 계명은 유익하다. 그것들은 악을 미연에 방지한다. 우리를 죄짓지 않도록 저지하는 재갈이다. 만일 우리를 겸손케 하는 고난이 없었다면, 그리고 우리를 억제하는 계명들이 없었다면 그 어떤 재앙 속으로 우리가 뛰어들지 않았겠는가? 하나님의 계명이 우리를 한계선 내에 가두어 놓는 것은 마치 멍에가 짐승을 이탈하지 못하게 하는 것과 같다. 우리는 교훈들로 인하여 하나님께 감사해야 할 것이다. 만일 하나님께서 그의 계명들을 울타리처럼, 또는 우리의 길에 빗장처럼 쳐놓지 않으셨더라면 우리는 지옥으로 달려가며 절대로 멈추지 아니했을는지도 모른다. 계명에는 우리의 유익을 위한 것밖에는 아무것도 없다. "내가 오늘날 네 행복을 위하여 네게 명하는 여호와의 명령과 규례를 지킬 것이 아니냐"(신 10:13)라고 하였다. 하나님은 우리에게 그의 말씀을 읽으라고 명하신다. 그런데 무슨 해로운 것이 이 안에 있는가? 하나님은 그 말씀을 약속들로 반짝이게 하신다. 마치 아비가 그 아들에게 상당한 재산을 양도한다는 그의 마지막 뜻과 유언을 그 아들보고 읽으라고 명하는 것과 같다. 하나님은 우리에게 기도하라고 명하신다. 그리고 만일 우리가 "구하면 주시리라"고 우리에게 말씀하신다(마 7:7). 죄를 대적할 능력을 구하라. 구원을 구하라. 그러면 그것을 주실 것이다. 만일 당신이 친구가 있어서 그가 "오고자 할 때 나에게 오라. 내가 너에게 돈을 대주겠다"라고 말한다면 그 친구를 가끔 방문하는 것을 고역으로 생각하겠는가? 하나님은 우리에게 자기를 두려워하라고 명하신다. "너와 하나님을 경외하라"(레 25:43)라고 하였다. 이 계명의 말 속에는 꿀이 들어 있다. "긍휼하심이 두려워하는 자에게 대대로 이르는도다"(눅 1:50)라고 하였다. 하나님은 우리에게 믿으라고 명하신다. 그러면 왜 그런가? "믿으라 그리하면 너와 네 집이 구원을 얻으리라"(행 16:31)라고 하였다. 구원은 믿음의 머리 위에 올려놓은 면류관이다. 그렇다면 하나님의 명령을 자원해서 순종할 좋은 이유를 우리는 가지고 있으니, 곧 그것들은 우리의 유익을 위한 것이며 우리의 의무라기보다는 우리의 특권이 되기 때문이다.

넷째, 하나님의 계명은 장식적이다. '하나님이 준행하라고 명하시는 모든 것은 우리를 짐지우는 것이 아니고 꾸며주는 것이다'(*Omnia quae praestari tibet Deus, non onerant nos serf ornant,* Salvianus). 즉 "하나님의 계명은 우리를 부담시키지 않고 우리를 장식한다." 왕을 섬기도록 고용되는 것은 명예이다. "왕들로 왕 노릇하게 하시는" 그분의 봉사에 기용되는 것은 더 큰 영예이다. 하나님의 계명 안에 행하는 것은 우리가 지혜롭다는 것을 증명한다. "내가…법도를 가르쳤나니…지켜 행하라 그리함은…너희의 지혜요"(신 4:5-6)라고 하였다. 지혜롭게 되는 것은 큰 영예가 된다. 하나님의 모든 계명에 대해서 우리는 잠언 4:9 말씀같이 말할 수 있을 것이다. "아름다운 관을 네 머리에 두겠고"라고 하였다.

다섯째, 하나님의 명령은 견딜 수 없는 죄의 명령보다 훨씬 더 좋다. 사람을 어떤 육욕의 지배하에 있게 해 보라. 그러면 얼마나 그는 자신을 지치게 할까! 자기의 육욕을 만족시키기 위하여 그는 얼마나 건강과 영혼을 위태롭게 하는 모험을 감행하는가! "그들은…악을 행하기에 수고하거늘"(렘 9:5)이라고 하였다. 그리고 하나님의 계명은 죄의 명령보다 더 공정하고, 수월하고, 즐겁지 아니한가? 크리소스톰(Chrysostom)은 "덕을 행함이 악을 행함보다 더 쉽다"라고 정확하게 말했다. 절제가 술 취함보다 덜 성가시다. 온순한 것이 격분과 시기보다 덜 곤란하다. 하나님의 명령에 순종함보다 악한 계교를 궁리하고 추구함에 더 많은 어려움이 있다. 그래서 죄인은 죄악으로 해산하는 수고를 한다고 한다(시 7:14). 여자가 산고를 겪을 때는 고통스럽다. 악인이 죄악을 해산함에 얼마나 고통과 고난을 겪는가를 보여주기 위함이다. 많은 사람은 다른 사람들이 천국 갈 때보다 더 큰 고통을 가지고 지옥에 갔다. 이것은 우리가 계명을 자진해서 순종하도록 만들지도 모른다.

여섯째, 순종함에 자원하는 마음은 우리로 하여금 천사들을 닮게 한다. 그룹들은 천사들을 나타내는 유형들로서 천사들은 하나님을 섬길 태세가 얼마나 갖추어져 있는가를 나타내기 위하여 날개가 펼쳐 있는 것으로 묘사하였다. 하나님은 말씀을 하시기가 무섭게 그들이 순종하기를 열망하고 있다. 하나님을 찬양하면서 그들은 얼마나 큰 기쁨으로 황홀한 상태에 있는가! 하늘에서 우리는 천사들과 같을 것이요 하나님의 명령을 자진하여 순종하려는 마음으로 인하여 우리는 그들과 같을 것이다. 우리는 하나님의 뜻이 하늘에서 이루어짐과 같이 땅에서도 우리에 의하여 이루어지기를 기도한다. 그러면 거기서야 그것이 자원해서 이루어지지 않겠는가? 그것은 또한 끊임없이 이루어진다. "항상 의를 행하는 자는 복이 있도다"(시 16:3)라고 하였다. 명령에 대한 우리의 순종은 제단의 불같이 절대로 꺼지지 말아야 한다(레 6:13). 그것은 맥박의 고동과 같이 항상 뛰고 있어야 한다. 바람은 열매를 날려버리지만 우리의 순종의 열매들은 그 어떤 박해의 바람에도 날려가 버리지 말아야 한다. "내가 너희를 택하여 세웠나니 이는 너희로 가서 과실을 맺게 하고 또 너희 과실이 항상 있게 하여"(요 15:16)라고 하였다.

적용 하나님의 계명을 고의적으로 위반하며, 악의와 부정과 무절제 속에서 살며, 계명에 정반대로 행하는 그런 사람들은 책망받는다. 계명을 고의적으로 위반하는 생활은, 다음과 같은 것들에 배치된다.

이성에 배치된다. 우리가 하나님을 대적하여 설 수 있겠는가? "우리가 주를 노여워하시게 하겠느냐 우리가 주보다 강한 자냐"(고전 10:22)라고 하였다. 우리는 하나님과 능력을 겨룰 수 있는가? 무능력자가 전능자를 대적하여 설 수 있는가? 죄인은 이성과 배치되게 행동한다.

그것은 공평에 배치된다. 우리는 하나님께로부터 우리의 존재를 부여받았다. 그러면 우리에게 우리의 존재를 주신 그분에게 순종하는 것이 마땅치 아니한가? 우리는 그로부터 우리의 모든 물질을 받았다. 그가 우리에게 우리의 비용을 주셨으니 우리도 그에게 충성을 드리는 것이 어울리지 않겠는가? 장군이 병사들에게 급료를 주면 그는 그들이 그의 명령에 따라 진군하기를 기대한다. 이와 같이 우리가 신적인 명령을 위반하고 사는 것은 명백히 부당하다.

그것은 자연에 배치된다. 모든 피조물은 그 종류대로 하나님의 법에 순종한다. 생물은 하나님께 순종한다. 하나님이 물고기에 말씀하시매 그것이 요나를 바닷가에다 토해 놓았다(욘 2:10).

무생물인 바람과 바다도 그에게 복종한다(막 4:41). 돌들까지도 만일 하나님이 그들에게 명령만 내리시면 인간들의 죄를 대적하여 소리칠 것이다. "담에서 돌이 부르짖고 집에서 들보가 응답하리라"(합 2:11)고 하였다. 악한 인간들과 마귀 외에는 아무도 하나님을 불순종하는 자가 없다. 그러면 우리는 더 나은 동료를 발견할 수 없단 말인가?

그것은 인자하심에 배치된다. 얼마나 많은 긍휼을 우리는 힘입어 순종하도록 우려를 유인하는가! 우리는 긍휼의 기적을 가지고 있다. 그러므로 사도는 죄를 주홍색으로 물들이는 이 두 가지, 곧 불순종과 감사치 않음을 같이 연결시키고 있다(딤후 3:2). 죄는 하나님을 멸시하여 하나님께 대한 도전의 깃발을 내거는 죄이므로 그 죄가 큰 것처럼, 반역이 마술의 죄와 같은 것처럼 그 형벌도 클 것이다. 그것은 긍휼로부터 끊어지게 한다. 하나님의 긍휼은 그의 계명을 지키는 자들을 위해 있으나 계명을 고의적으로 위반하는 생활을 하는 자들에게는 긍휼이 없다.

하나님의 모든 심판은 불순종자를 대항하여 전투대형을 벌이고 있으니 현세적 심판과 영원한 심판이다(레 26:15-16). 그리스도는 불꽃 중에 강림하셔서 하나님을 순종치 않는 자들에게 원수를 갚으신다(살후 1:8). 하나님은 그의 명령의 금사슬을 끊어버리는 자들을 끊어 놓으실 쇠사슬을 가지고 계신다. 이것은 마귀가 항상 묶여 있는 흑암의 사슬이다(유 1:6). 하나님은 그의 모든 고의적인 계명의 위반자들을 고려해 넣을 충분한 시간을 영원에 이르기까지라도 가지고 계시다.

어떻게 우리는 하나님의 계명을 지킬까?

하나님의 성령을 구하라. 우리는 우리의 힘으로는 계명을 지킬 수 없다. 성령은 우리 속에서 역사하여 뜻을 갖게도 하시고 행하게도 하신다(빌 2:13). 자석이 끌어당기면 쇠는 움직인다. 이와 같이 하나님의 성령이 이끌면 우리는 그의 계명의 길로 달려간다.

3. 제3계명 여호와의 이름을 망령되이 일컫지 말라

"나는 너의 하나님 여호와의 이름을 망령되이 일컫지 말라 나 여호와는 나의 이름을 망령되이 일컫는 자를 죄 없다 하지 아니하리라"(출 20:7).

이 계명은 두 부분으로 되어 있다. 하나는 우리는 하나님의 이름을 망령되이 일컫지 말아야 한다는 부정명제의 표현이며, 또 하나는 긍정명제의 함축이다. 우리는 그의 이름을 귀히 여기고 존귀케 하기 위하여 조심하여야 한다. 이 후자에 대해서는 주기도에 나오는 첫 번째 간구, "이름을 거룩히 하옵시며"에서 좀더 충분히 설명하고 있다. 지금은 이 계명에 표현된 부정명제, 또는 금지령, "너는 너의 하나님 여호와의 이름을 망령되이 일컫지 말라"에 대하여 말하겠다. 혀는 길들이기 어려운 지체이다. 몸의 모든 부분과 기관들은 죄로 더럽혀져 있어 쑥의 모든 가지가 다 쓴 것과 같다. "혀는…죽이는 독이 가득한 것이라"(약 3:8)라고 하였다. 혀보다도 더 하나님의 불명예를 솟구쳐내는 몸의 지체는 없다. 우리가 이 계명을 받아 가지게 된 것은 혀를 재갈 물려 좋은 처신에 묶어두기 위한 것이다. 이 금지령은 강력한 이유가 뒷받침하고 있다. "죄 없다 하지 아니하리라" 하는 말씀이다. 즉 하나님은 그런 자를 무죄하다고 보지 않으신다는 것이다. 지위나 신분이 높은 사람들은 그들의 이름이 오용되는 것을 불명예스럽게 생각하여 반칙자들에게 중한 벌을 가한다.

주님은 그의 이름을 망령되이 일컫는 자를 죄없다 하지 아니하신다. 다만 그런 자를 범죄자로 간주하시고 엄히 처벌하실 것이다. 여기서 역설되는 점은 하나님의 거룩하고 존귀한 이름이 우리로 인하여 더럽혀지거나 망령되이 일컬어지지 않도록 각별히 조심해야 된다는 것이다. 우리가 하나님의 이름을 망령되이 일컫는 때는 다음과 같다.

1) 그의 이름을 가볍게, 그리고 불손하게 말할 때이다.

"네 하나님 여호와라 하는 영화롭고 두려운 이름을 경외하지 아니하면"(신 28:58)이라고 하였다. 다윗은 경의성을 가지고 하나님을 일컫는다. "전능하신 자 하나님 여호와께서"(시 50:1)라고 하였다. "여호와라 이름하신 주만은 세계의 지존자로 알게 하소서"(시 83:18)라고 하였다. 제자들도 예수님께 대하여 말할 때 그의 이름을 거룩하게 하였다. "나사렛 예수의 일이니 그는 하나님과 모든 백성 앞에서 말과 일에 능하신 선지자여늘"(눅 24:19)이라고 하였다.

우리가 왕들의 이름을 언급할 때에는 그들에게 존귀한 명칭을 붙여준다. '폐하'(excellent majesty) 같은 것이다. 이와 같이 하늘의 무한한 위엄에 합당한 성스러운 경의심을 가지고 하나님을 말하여야 한다. 우리가 하나님이나 그의 사역을 경미하게 말할 때 그는 이것을 멸시로, 그리고 그의 이름을 망령되이 일컫는 것으로 해석하신다.

2) 하나님의 이름을 공언하면서도 그것과 일치되는 삶을 살지 않을 때이다.

"저희가 하나님을 시인하나 행위로는 부인하니"(딛 1:16)라고 하였다. 사람들의 말과 생활이 서로 모순될 때, 고백의 가면을 쓰고 거짓말하고 속이고 그리고 불결할 때, 그들은 하나님의 이름을 오용하며 망령되이 일컫는 것이다. '가장한 거룩은 이중의 죄악이다'(*Simulata sanctitas duplex iniquitas*). "하나님의 이름이 너희로 인하여 이방인 중에서 모독을 받는도다"(롬 2:24)라고 하였다. 하나님의 백성이라고 공언하는 유대인들이 파렴치한 것을 이방인들이 보았을 때 이것이 그들로 하여금 하나님을 악평하게 만들고, 그들의 연고로 참된 종교를 미워하게 만들었다.

3) 하나님의 이름을 잡담에 사용할 때이다.

하나님은 우리 마음에 거룩한 두려움을 가지고 있을 때가 아니면 언급되어서는 안 된다. 우리가 하나님을 생각하지도 않으면서 말끝마다 그의 이름을 끌어들여 '오 하나님!'이라든지 '오 그리스도여'라든지 '하나님이 내 혼을 구원하시겠거니와'라고 말하는 것은 하나님의 이름을 망령되이 일컫는 것이다. 얼마나 많은 사람이 여기서 유죄한가! 비록 그들은 입에는 하나님을 모셨지만 그들의 마음에는 마귀를 모셨다. 나답과 아비후를 살랐듯이 불이 하나님께로부터 나와서 그들을 사르지 않는 것이 이상하다(레 10:2).

4) 하나님을 우리의 입으로 경배하고 우리의 마음으로는 경배하지 않을 때이다.

하나님은 마음을 요구하신다. "내 아들아 네 마음을 내게 주면"(잠 23:26)이라고 하셨다. 마음은 종교에서 주체가 된다. 제일 동작자(Primus Mobile)가 다른 전체들을 자기를 따라 이끌어 가듯이 마음은 의지와 애정이 자기를 따르도록 이끈다. 마음은 우리의 거룩한 것들을 향기롭게 하는 향이며 제물을 거룩게 하는 제단이다. 우리가 하나님께 예배하는 것 같으면서 우리 마음을 그에게서 빼앗아버리면 우리는 그의 이름을 망령되이 일컫는 것이다. "이 백성이 입으로는 나를 가까이하며 입술로는 나를 존경하나 그 마음은 내게서 멀리 떠났나니"(사 29:13)라고 하셨다. 과연 어떤 자들이 하나님의 이름을 망령되이 일컫는가?

(1) 위선자들

그들의 종교는 하나의 거짓말이다. 그들은 하나님을 존경하는 것 같으나 그를 사랑하지 않는다. 그들의 마음은 그들의 육욕을 따라갔다. "그 마음을 저희의 죄악에 두는도다"(호 4:8)라고 하였다. 그들의 눈은 하늘에까지 올리웠으나 그들의 마음은 땅에 뿌리박혀 있다(겔 33:31). 이들은 사무엘의 겉옷을 입고 있는 귀신들이다.

(2) 미신적인 사람들

그들은 하나님이 절대 명하시지 않은 몇 가지 의식을 그에게 드리고, 그리스도의 이름 앞에 절하며 제단을 향해 굽실굽실 하지만 하나님의 형상을 미워하며 핍박한다.

5) 하나님께 기도하면서도 그를 믿지 않을 때이다.

믿음은 크게 하나님을 존귀케 하는 은혜다. 아브라함은 "믿음에 견고하여져서 하나님께 영광을 돌리며"(롬 4:20)라고 하였다. 그러나 우리가 하나님께 기도하면서도 우리의 기도에 믿음을 혼합하지 않을 때에는 우리는 그의 이름을 망령되이 일컫는 것이다. "나는 기도는 할 테지만 결코 나아지지 않을 것이다"라고 어떤 그리스도인은 말한다. 하나님이 도대체 그 따위를 들으시거나 응답하시는지 묻고 싶다. 이것은 하나님을 욕되게 하고 그의 이름을 망령되이 일컫는 것이다. 이것은 그를 귀는 가졌으나 듣지 못하는 우상으로 만들거나 회개한 사람에게 긍휼을 약속하면서도 그의 말을 이행하려 들지 않는 거짓말쟁이로 만드는 것이다. "하나님을 믿지 아니하는 자는 하나님을 거짓말하는 자로 만드나니"(요일 5:10)라고 하였다. 사도가 "그런즉 저희가 믿지 아니하는 이를 어찌 부르리요"(롬 10:14)라고 말할 때, 그 의미는 어떻게 그들은 하나님을 바르게 부르면서 그를 믿지 않겠느냐는 것이다. 그러나 얼마나 많은 사람이 그를 믿지 않으면서 그를 부르는가! 그들은 용서를 구하나 불신앙은 그들의 죄가 너무 커서 사함받지 못한다고 속삭인다. 이와 같이 기도하면서 안 믿는 것은 하나님의 이름을 망령되이 일컫는 것이며, 그리고 마치 하나님은 그 말씀이 나타내주는 그런 하나님이 아닌 것처럼 하나님을 크게 욕되게 하는 것이다. "주께 부르짖는 자에게 인자함이 후하심이니이다"(시 86:5)라고 하였다.

6) 어떤 방법으로든지 그의 말씀을 모독하고 오용할 때이다.

하나님의 말씀은 일반적으로 세속적인 인간들이 이것을 다룰 때 모독당한다. 악한 자가 성스러운 일들과 하나님의 섭리와 하나님 및 하늘의 법령에 대하여 이야기하는 것은 어울리지 않고 격에 맞지도 않다. 그리스도께서는 마귀가 '기록하였으되'라고 성경을 인용하는 것을 들으실 때마다 대단히 역겨워하셨다. 죄에서 뒹군 악인이 하나님과 종교에 대하여 논하는 것을 듣는 것은 비위에 거슬린다. 이것은 하나님의 이름을 망령되이 일컫는 것이다. 하나님의 말씀이 술주정꾼의 입에 오를 때, 그것은 돼지에게 걸어준 진주와 같다. 율법에 따르면 문둥이의 입술은 가려져야 했다(레 13:45). 마찬가지로 불경스럽고 술 취한 성직자의 입술은 가려져야 한다. 그는 하나님의 이름을 망령되이 일컫기 때문에 하나님의 말씀을 전하기에 부적당하다. 더 특별히는 다음과 같은 사람들이 하나님의 말씀을 모독하고 그의 이름을 망령되이 일컫는다.

(1) 그의 말씀을 비웃듯이 말하는 자들이다.
"주의 강림하신다는 약속이 어디 있느뇨 조상들이 잔 후로부터 만물이 처음 창조할 때와 같이 그냥 있다"(벧후 3:4)라고 하였다. 그들은 마치 이렇게 말하는 것 같다. 설교자들은 모든 사람이 자기들의 행한 일에 대하여 설명하도록 요구받게 마련인 그 심판 날에 대하여 떠들어 대고 있으나, 그 날의 나타남이 어디 있느냐? 우리가 보기에 만물은 자기들의 진로를 지키고 창조 이후에 있던 그 상태를 계속한다. 그래서 그들은 성경을 비웃듯이 말하고 하나님의 이름을 망령되이 일컫는다. 만일 판결이 신속히 집행되지 않는다면 사람들은 조롱하고 놀린다. 그러나 "심판은 거만한 자를 위하여 예비된 것이요"(잠 19:29)라고 하였다.

(2) 그의 말씀을 농담 삼아 말하는 자들이다.
그러한 자들은 성경을 가지고 장난치고 농락하는 자들이다. 이것은 불장난하는 것이다. 어떤 사람들은 하나님께 담대히 부딪치지 않으면 재미가 없다. 그들은 성경을 슬픔의 영을 쫓아버리는 수금으로 삼는다. 유세비우스는 성경을 농담거리로 삼았다가 하나님이 쳐서 발광한 사람에 대하여 이야기한다. 성경을 가지고 장난하는 것은 매우 불경스런 마음을 내보이는 것이다. 어떤 사람들은 그들의 영혼을 잃어버릴지언정 그들의 농담을 잃어버리려고 하지 않는다. 이들은 하나님의 이름을 망령되이 일컫는 죄책이 있다. 하나님의 이름을 두려워하라. 성경을 희롱하는 자들은 재난의 때에 하나님이 그들을 조롱하실 것이다(잠 1:26).

(3) 어떤 죄를 두둔하려고 성경을 들고 나오는 자들이다.

죄의 억제를 위해서 쓰인 것을 어떤 사람들은 죄의 변호를 위해서 들고 나온다. 예컨대 만일 우리가 탐욕스런 사람에게 탐욕은 우상숭배라고 그의 죄에 대해서 일러주면 그는 말하기를, "하나님이 나에게 직업을 가지고 살라고 명하시지 아니 하셨는가? 하나님은 '너는 엿새 동안 일을 하라' 그리고 '자기 가족을 부양하지 않는 자는 이교도보다 더 나쁘다'라고 말씀하지 않으셨는가?"라고 할 것이다. 이와 같이 그는 성경으로 자기의 탐심을 변호하려고 노력한다. 하나님이 우리의 직업을 통해서 수고하라고 우리에게 명하신 것이 사실이지만, 우리 이웃을 해치라고 하시지는 않았으며, 가족을 부양하라고 명하셨으나 직권을 남용해서 하라고는 아니하셨다. "너희는 서로 속이지 말라"(레 25:14)라고 하였다. 그는 우리에게 생계를 돌보라고 명하셨으나 영혼을 소홀히 하면서까지 하라고 하지 않았으며, 그는 우리에게 보화를 하늘에 쌓아두라고 명하셨으나(마 6:20), 저축할 뿐 아니라 소비하라고도 우리에게 명령하셨다. 그런 자들에 의하여 등한시되고 있는 가난한 자의 입을 것과 먹을 것을 위해 사랑의 씨앗을 뿌리라고 명하시기도 하였다. 성경을 끌어다가 죄짓는 우리를 지지하는 것은 중대한 성경 모독이며 하나님의 이름을 망령되이 일컫는 것이다. 또 만일 우리가 어떤 사람에게 그의 무절제한 격정에 대하여—술 뿐만 아니라 성급한 분노로 취하는 것에 대하여—말하면 그는 성경을 들고 나와 그것을 정당화하여 말하기를, "말씀에도 이르기를 '분을 내어도 죄를 짓지 말며' 라고 하지 않는가?"(엡 4:26)라고 할 것이다. 사실이다. 분노는 거룩한 열심과 혼합될 때는 좋은 것이다. 분노는 죄를 대항할 때 죄가 되지 않는다. 그러나 노하여 죄짓는 것, 입술로 분별없이 말하는 것은 혀에 지옥의 불을 붙여놓는 것이다. 어떤 죄를 변호하기 위하여 성경을 들고 나오는 것은 성경을 모독하는 것이며 하나님의 이름을 망령되이 일컫는 것이다.

(4) 말씀을 혼잡케 하여 그릇된 의미로 왜곡하는 자들이다.

성경을 멋대로 해석하여 성령이 절대로 뜻하시지 않은 바를 말하게 하는 자들이 이단자들이다. 예를 들면, 비유적인 뜻으로 말씀한 본문들을 문자적으로 해석할 때와 같은 것이다. 이와 같이 바리새인들은 하나님께서 율법에 "너는 또 그것을 네 손목에 매어 기호를 삼으며 네 미간에 붙여 표를 삼고"(신 6:8)라고 말씀하셨기 때문에 이것을 문자적인 의미로 받아들여서 두 개의 양피지 두루마리에 두 부분의 율법을 써 놓고 하나는 그들의 왼팔에 붙여 놓고, 또 다른 하나는 그들의 미간에다 매어 놓았다. 그래서 이와 같이 성경을 왜곡하였고 하나님의 이름을 망령되이 일컬었다. 이것은 영적으로 이해하여 하나님의 율법을 묵상하고 실천에 옮기라고 하신 것이었다. 가톨릭교도들은 "이것은 내 몸이라"는 말씀을 문자적으로 그리스도의 몸 자체라고 해석한다. 이것은 마치 그리스도께서 떡을 주셨을 때 그가 두 몸을 가지고 계셔서 한 몸은 떡 안에, 그리고 또 한 몸은 떡 밖에 있었던 것같이 되나 실상은 이것은 비유적으로 그의 몸의 한 표징을 의미한다. 또 성령께서 문자적인 뜻으로 말씀한 성경들을 비유적으로, 그리고 풍유적으로 해석할 때이다. 예를 들면, 그리스도께서 베드로에게 "깊은 데로 가서 그물을 내려 고기를 잡으라"(눅 5:4)라고 말씀하셨다. 이 본문은 배를 진수시키라는 분명한 문자적 의미로 말씀한 것이었는데, 가톨릭교도들은 이것을 신비적이고 풍유적인 의미로 받아들였다. "이것은 베드로의 후계자인 교황이 진출해서 세계의 서반부에 걸쳐 교회적 및 정치적 권력을 장악하라는 것을 입증한다"라고 그들은 말한다. 그러나 그것은 가톨릭교도들이 본문의 의미를 넘어서서 너무 멀리

진출한 것이라 생각한다. 사람들이 그들의 재간을 남용하여 말씀을 그들 마음에 드는 뜻으로 왜곡할 때 그들은 하나님의 말씀을 모독하여 그의 이름을 망령되이 일컫는 것이다.

7) 하나님의 이름으로 맹세할 때이다.

많은 사람이 맹세에서가 아니면 하나님의 이름을 언급하지 않는데 이 죄로 땅이 슬퍼한다. "도무지 맹세하지 말지니." 다시 말하면 경솔하고 죄스럽게 맹세해서 하나님의 이름을 망령되이 일컫는 결과가 되게 하지 말라는 것이다(마 5:34). 어떤 경우 행정장관 앞에서 맹세하는 것이 합법적이 아니라는 말은 아니다. "네 하나님 여호와를 경외하며 섬기며 그 이름으로 맹세할 것이니라"(신 6:13)라고 하였다. "맹세는 저희 모든 다투는 일에 최후 확정이니라"(히 6:16)고 하였다. 그리스도께서 "도무지 맹세하지 말지니"라고 말씀하실 때 그는 하나님의 이름을 망령되이 일컫게 되는 그런 맹세를 금하시는 것이다.

(1) 사람들이 일상적인 이야기 가운데서 무심코 내뱉는 것과 같은 헛된 맹세를 금한다.

어떤 사람들은 그들의 맹세를 변명한다. 물감이 영 들지 않는 것은 조악한 양털이며 변명할 수 없는 것은 실로 흉악한 죄이다.

변명 1 나는 대수롭지 않은 사소한 맹세를 한다. 정말로(faith) 또는 맹세코(by the mass) 같은 것이다. 마귀는 두 개의 거짓 안경을 가지고 있어서 사람들의 눈앞에 갖다 놓는다. 하나는 작은 안경인데 이것으로 보면 죄는 너무나 작게 보여서 거의 눈에 띄지 않을 정도이며 이것을 마귀는 지금 막 죄를 지으려고 하는 사람들의 눈앞에 갖다 놓는다. 또 하나는 큰 확대경인데 이것으로 보면 죄는 너무나 크게 보여서 용서받을 수 없으며, 마귀는 이것을 죄를 짓고 난 후의 사람들의 눈앞에 갖다 놓는다. 죄가 작다고 말하는 그대여, 하나님이 그대의 양심의 눈을 뜨게 하실 때 그대는 이것이 크다는 것을 알게 될 것이며 낙심하게 될 것이다. 그것들은 다만 사소한 맹세들에 지나지 않는다고 그대는 말한다. 그러나 그리스도께서는 헛된 맹세를 금하신다. "도무지 맹세하지 말지니." 만일 하나님이 무익한 말에 관하여 우리와 함께 셈하신다면 무익한 맹세가 그 계산에 들지 않겠는가?

변명 2 나는 진실에 대하여 맹세한다. 얼마나 이 매춘적인 죄가 변명으로 자기를 단장하는지 보라. 비록 그것이 진실이라 하더라도 그것이 경솔한 맹세이면 그것은 죄가 크다. 그 뿐만 아니라 맹세를 습관적으로 하는 사람은 때로는 진실이 아닌 것에 대하여도 맹세할 것이 틀림없다. 많은 물이 흐르는 곳에는 물과 함께 다소의 자갈이나 진흙이 따라 흐를 것이다. 이와 마찬가지로 맹세가 많이 있는 곳에는 다소의 거짓말도 함께 따라 흐를 것이다.

변명 3 내가 내 말을 맹세로 봉인하지 않으면 사람들이 나를 믿지 않을 것이다. 정직한 사람은 맹세하지 않아도 신용을 받을 것이다. 그의 말만으로도 권위를 지니고 있어서 증명 서류만큼 효과가 있다. 또 사람이 맹세를 하면 할수록 다른 사람들은 그를 그만큼 덜 믿으려 할 것이다. '그의 맹세는 더욱 안 믿어진다' (Juris credit minus). 그대는 맹세하는 자다. 또 어떤 사람은 맹세가 자기에게는 별로 대수롭지 않다고 생각하여 자기가 무엇에 대하여 맹세하는지 개의치 않는다. 따라서 그가 맹세하면 할수록 다른 사람들은 그를 그만큼 덜 믿는다. 그들은 그대의 계약서는 믿을 것이나 그대의 맹세는 믿지 않을 것이다.

변명 4 내가 하고 있는 맹세는 하나의 습관이다. 따라서 하나님이 나를 용서하시기를 바란다. 사람들 가운데서는 관습이 영향을 미치고 법적으로도 변론이 가능하지만 죄의 경우에는 그렇지 않다. 여기서 습관은 구실이 안 된다. 당신은 맹세하는 습관을 가지고 있고 그것을 그만두지 못한다. 이것이 변명이 되겠는가? 보통으로 하는 것이라 해서 잘한 것인가? 이것은 변명이 되기는커녕 죄의 악화이다. 마치 사람을 죽인 것으로 고소당한 자가 살인하는 것이 자기의 습관이기 때문에 용서해 달라고 재판장에게 변론하는 것과 같다. 이것은 범죄의 악화가 아니겠는가? 여기서도 그렇다. 그러므로 이런 헛된 맹세의 죄에 모든 변명은 없어져 버린다. 감히 이런 죄에서 살려고 하지 말라. 왜냐하면 이것은 하나님의 이름을 망령되이 일컫는 일이기 때문이다.

(2) 사람들은 차마 입에 담을 수 없이 사악한 맹세, 엄청나게 무서운 맹세들을 한다.

맹세하는 자들은 미친개처럼 하늘을 향해 정면으로 대든다. 그리고 그들은 성이 나면 하나님의 성스러운 위엄을 향해 그들의 모독적인 독액을 토해낸다. 어떤 사람들은 게임을 하다가도 사태가 그들에게 불리하게 전개되면 맹세와 저주로 하나님과 충돌한다. 그들에게 그들의 죄에 대하여 일러주라. 이 길 잃은 나귀들을 집으로 데려오도록 하라. 그러면 이것은 불붙은 데 기름 붓기에 지나지 않을 것이다. 그들은 더욱더 맹세할 것이다. 어거스틴은 말하기를, "지금 하늘에 계신 그리스도를 모독하는 자들은 지상에서 그를 십자가에 못박았던 그 유대인들 못지않게 죄를 짓는 것이다"라고 하였다. 맹세하는 자들은 그리스도의 피를 모독하고 그의 이름을 쥐어뜯는다. 어떤 여자가 남편에게 그녀의 세 아들 중 하나만이 남편의 아들이라고 밀했다. 그 아비는 죽어가면서 유언 집행자들이 누가 참 친아들인지 발견하여 그의 모든 재산을 그 아들에게 유산으로 남겨주기를 바랐다. 그 아비가 죽은 후에 유언 집행자들은 그의 시체를 나무에다 세워 놓고 이 세 아들 각자에게 활과 화살을 건네주고 그 아비의 심장에 제일 가깝게 쏠 수 있는 자가 재산 전부를 차지할 것이라고 말했다. 두 아들은 그의 심장에 최대한으로 가깝게 쏘았다. 그러나 세 번째 아들은 속에서 어떤 충동이 일어나는 것을 느낀 나머지 쏘기를 거부하였다. 그래서 유언 집행인들은 그를 참 아들이라고 판단하고 그에게 모든 재산을 주었다. 하나님의 참 자녀들이면 하나님을 향해 쏘기를 두려워한다. 그러나 아들이 아닌 사생아 같은 자들은 맹세와 저주를 가지고 하늘에 계신 그를 향해 쏠지라도 개의치 않는다. 맹세하는 것을 더욱 가증하게 만드는 것은 사람들이 어떤 악한 행동을 결심했을 때 그것을 하겠다는 맹세로 스스로를 속박한다는 것이다. 바울을 죽이겠다고 스스로 맹세와 저주로 결의한 자들이 그러한 자들이었다(행 23:12). 죄를 범하는 것도 족히 악하거니와 죄를 범하겠다고 맹세하는 것은 하나님의 이름에 대한 중대한 모독이다. 말하자면 하나님께 우리의 죄를 시인해 달라고 요구하는 것이다.

(3) 거짓 맹세로 하늘에 도전한다.
"너희는 내 이름으로 거짓 맹세함으로 네 하나님의 이름을 욕되게 하지 말라"(레 19:12)고 하였다. 위증죄는 거짓말에 대하여 하나님을 증인으로 내세우는 것이다. 마케도니아의 필립(Philip of Macedon)에 대하여 이런 말이 있다. 그는 그의 이해관계에 잘 일치하는지 여하에 따라 맹세를 하기도 하고 안 하기도 했다고 한다. "진실과 공평과 정의로 여호와의 삶을 가리켜 맹세하면"(렘 4:2)이라고 하였다. 그러므로 정의로 하는 것은 불법의 맹세가 안 될 것이 틀림없다. 공평으로 하는 것은 경솔한 맹세가 안 될 것이 틀림없다. 진실로 하는 것은 거짓 맹세가 안 될 것이 틀림없다. 스구디아인들(Scythians) 중에서는 거짓 맹세하면 목이 잘려야만 했다. 만일 위증죄가 허용된다면 공화국에서 생활하는 것이 불가능할 것이며 사람들 중에서 모든 신임과 진실이 제거될 것이기 때문이다. 위증자는 마녀와 같은 악한 경우에 들게 된다. 왜냐하면 그는 거짓 맹세로 자기 영혼을 마귀에게 단단히 붙들어 매기 때문이다. 거짓 맹세를 하거나 법정에서 허위 서약을 함으로써 많은 죄들이 같이 연결된다. '한 가지 안에 많은 죄'(plurima peccata in uno)가 있다. 왜냐하면 하나님의 이름을 망령되이 일컫는 것 외에도 위증자는 도둑이다. 그는 허위 서약으로 무죄자의 권리를 강탈한다. 그는 정의의 악용자이다. 그는 자신이 죄를 지을 뿐만 아니라 배심원이 허위 평결을 내리고 재판관이 불의한 선고를 언도하도록 기회를 제공한다. 틀림없이 하나님의 심판이 그 위에 내릴 것이다. 하나님의 날아가는 두루마리, 또는 저주가 땅 위에 두루 다닐 때 그것이 누구의 집으로 들어가겠는가? "내 이름을 가리켜 망령되이 맹세하는 집에도 들어가서…그 집을 그 나무와 그 돌을 아울러 사르리라"(슥 5:4)고 하였다. 베자(Beza)는 한 위증자에 대해서 이야기하는데, 그 자는 허위 맹세를 하자마자 즉시 졸도하여 다시는 더 말을 못하고 죽었다고 한다. 오! 그러한 무서운 불경건을 보고 두려워하라!

8) 악한 행동에 하나님의 이름을 갖다 붙일 때이다.

악한 계획과 연결시켜 하나님을 언급하는 것은 그의 이름을 망령되이 일컫는 것이다. 압살롬은 "내가 여호와께 서원한 것이 있사오니 청컨대 나로 헤브론에 가서 그 서원을 이루게 하소서"(삼하 15:7)라고 말했다. 하나님께 서원한 것을 이루겠다고 한 이런 핑계는 다만 그의 반역죄를 가리기 위함이었다. "너희는 나팔소리를 듣거든 곧 부르기를 압살롬이 헤브론에서 왕이 되었다 하라"(삼하 15:10)고 하였다. 어떤 악한 행동이 종교의 이름으로 세례를 받으면 이것은 하나님의 이름을 망령되이 일컫는 것이다. 교황이 기독교인들에게 파문교서나 저주교서를 내리는 것은 큰 죄를 범하는 것이다. 그는 '하나님의 이름으로' (*In nomine Dei*)시작한다. 이 얼마나 격분할 죄인가! 이것은 마귀의 일을 하면서 하나님의 이름을 갖다 붙이는 것이다.

9) 어느 면으로나 하나님의 이름에 **불명예**가 되도록 우리의 혀를 사용할 때이다.

우리가 격분한 가운데 폭언이나 저주를 할 때와 같은 것이다. 특히 그것이 거짓인 줄 알면서도 사태가 그렇지 않다고 우리 자신에게 저주를 빌 때이다. 필자는 어떤 사람이 그가 말한 것이 참이 아니라면 그의 몸이 썩어도 좋다고 한 것을 읽어본 일이 있다. 그런데 곧 그의 몸이 썩었으며 그는 역겨운 구경거리가 되었다.

10) 경솔하고 불법적인 서원을 할 때이다.

사람이 말씀이 그를 의무로 속박하는 바를 행하겠다고 할 때 이것은 좋은 서원이다. 예를 들어, 병이 들어서 만일 하나님이 그를 회복시켜 주시면 좀 더 거룩한 생활을 살겠노라고 서원하는 것 등이다. "나의 서원을 갚으리니 이는 내 입술이 발한 것이요 내 환난 때에 내 입이 말한 것이니이다"(시 66:13-14)라고 하였다. 그러나 '하나님을 기쁘시게 못할 서원을 해서는 안 된다'(Voveri non debet quod Deo displicet). 수도사들처럼 자발적인 빈곤을 서원하는 것과 같은 것이 이에 해당된다. 또는 수녀원에서 살겠다고 서원하는 것도 그렇다.

입다의 서원은 경솔하고 불법적이었다. 그는 여호와께 암몬과의 전투에서 승리케 하시면 집에 돌아가 자신을 처음 영접한 사람을 번제로 드리겠다고 서원하였는데, 그를 맞이한 이는 바로 자기의 딸이었다(삿 11:31). 그가 서원을 한 것은 잘못이었으며 그 서원을 지킨 것은 더 잘못한 것이었다. 그는 제3계명과 제6계명을 위반한 것이다.

11) 하나님을 악하게 말할 때이다.

백성이 하나님과 모세를 향하여 원망하되(민 21:5)라고 하였다. 어떻게 우리는 하나님을 향하여 원망하는가? 마치 하나님이 우리를 심하게 대적하신 것처럼 그의 섭리에 대해서 불평한다. 불평하는 것은 하나님의 공의를 비난하는 것이다. "세상을 심판하시는 이가 공의를 행하실 것이 아니니이까"(창 18:25)라고 하였다.

불평은 쓴뿌리에서 솟아나며 그것은 교만과 불만에서 온다. 이것은 하나님을 비방하는 것이며 따라서 그의 이름을 망령되이 일컫는 것이다. 이것은 하나님이 참으실 수 없는 죄이다. "나를 원망하는 이 악한 회중을 내가 어느 때까지 참으랴"(민 14:27)라고 하였다.

12) 약속을 지키지 않을 때이다.

만일 하나님이 우리 생명을 살려주신다면 이러이러한 일을 하겠다고 말하면서 그것을 하지 않을 때와 같다. 우리의 약속은 신성해야 되고 범할 수 없어야 된다. 그러나 만일 우리가 약속을 하고 거기에 하나님의 이름을 언급하면서도 결코 그것을 지킬 의사가 없다고 한다면 이것은 이중의 죄가 된다. 이것은 거짓말을 하는 것이며, 하나님의 이름을 망령되이 일컫는 것이다.

적용 이런 것들 중 그 어느 한 가지라도 하나님의 이름을 망령되이 일컬을까 조심하라. 본문 말씀, "죄 없다 하지 아니하리라"에 나타난 위협과 경고를 기억하라. 여기에 완서법(meiosis)이 있다. 적게 말하고 많이 의도하는 것이다. "하나님은 그를 죄 없다 하지 아니하리라." 다시 말하면, 하나님은 그런 자에게 엄히 보복하실 것이다. "주님은 그를 죄 없다 하지 아니 하시리라." 여기서 주님은 심리 재판을 개정하는 재판관의 법석을 따라 말씀하신다. 여기서 재판관은 하나님 자신이시다. 원고는 사단이고 사람 자신의 양심이다. 죄명은 "하나님의 이름을 망령되이 일컬은 것"이다. 피고는 유죄로 판결되었으며 선고를 받았다. "주님은 그를 죄 없다 아니 하시리라"이다. 필자의 생각에 "주님은 그를 죄 없다 아니하시리라"고 하신 말씀이 우리 입술에 자물쇠를 잠가놓고 우리로 하여금 하나님께 불명예를 끼치거나 그의 이름을 망령되이 일컫게 할 만한 것을 말하기를 두려워하도록 했으면 좋겠다. 사람들이 저주하고 맹세하고 하나님에 대하여 불손하게 말할 때 그런 것을 죄 없다고 보고 그들을 내버려두며 처벌하지 않을는지도 모른다. 만일 사람이 다른 이의 명성을 빼앗아가 버리면 그는 기필코 처벌받아야 할 것이다. 그러나 그가 하나님의 명성을 빼앗아 가버리면 그를 처벌하는 자 어디에 있는가? 다른 사람의 물건을 강탈하는 자는 죽임을 당하여야 할 것이다. 그런데 맹세와 저주로 하나님의 영광을 강탈하는 자는 모면해 준다. 그러나 하나님이 친히 그 문제를 손에 잡으시고 그의 이름을 망령되이 일컫는 자를 처벌하실 것이다.

(1) 때로 하나님은 맹세하는 것과 모독죄를 현세에서 벌주신다.

사무르티아 지방에서 천둥 번개 치는 큰 폭풍우가 일어났을 때 한 병사가 놀라서 맹세를 발하였다. 그러나 그 폭풍우는 큰 나무를 뿌리째 뽑아놓아 이것이 그에게로 쓰러져 그를 박살내 놓았다. 독일 역사에 보면 한 젊은이의 이야기가 나오는데 그는 맹세하기와 새 맹세를 발명해 내기를 좋아하였다. 주님은 그의 입 속에 암종이 나게 하셔서 그의 혀를 먹어버렸고 그는 죽게 되었다. 사람이 하나님을 모독하면 주님은 그를 돌에 맞아 죽게 하셨다. "그 이스라엘 여인의 아들이 여호와와 이름을 훼방하며 저주하므로 모세가 이스라엘 자손에게 고하니 그들이 저주한 자를 진 밖에 끌어내어 돌로 쳤더라"(레 24:11, 23)라고 하였다.

아리우스파 감독 올림피아스는 성삼위일체를 욕하고 모독하였다. 그러자 갑자기 세 개의 불빛의 조명이 그를 쳐서 태워 죽였다. 줄리안 황제의 관리 펠릭스는 성찬식에서 사용된 성 기물들을 보고 그리스도를 조롱하여 "마리아의 아들이 얼마나 귀중한 그릇으로 섬김을 받았는가 보라"라고 말하였다. 그러자 즉시 그는 그의 불손한 입으로부터 피를 토해내기 시작하더니 그로 인해 죽었다.

(2) 만일 하나님이 그의 이름을 훼방하는 자에게 이생에서 심판을 집행 하지 않으시면 그들의 파멸은 장차 올 것이다.

하나님은 그들의 죄책을 용서치 아니하시고 사단이라는 간수에게 그들을 내어주어 그들을 영원히 괴롭힐 것이다. 만일 하나님이 사람을 의롭다 하시면 누가 감히 그를 정죄하겠는가? 반대로 만일 하나님이 사람을 정죄하시면 누가 감히 그를 의롭다 할 것인가? 만일 하나님이 사람을 옥에 가두신다면 그는 어디서 보석금을 얻을 것인가? 하나님은 지옥에서 죄인을 크게 벌하실 것이다. "살아 계신 하나님의 손에 빠져 들어가는 것이 무서울진저"(히 10:31)라고 하셨다.

4. 제4계명 안식일을 기억하여 거룩히 지키라

"안식일을 기억하여 거룩히 지키라 엿새 동안은 힘써 네 모든 일을 행할 것이나 제 칠일은 너의 하나님 여호와의 안식일인즉 너나 네 아들이나 네 딸이나 네 남종이나 네 여종이나 네 육축이나 네 문안에 유하는 객이라도 아무 일도 하지 말라 이는 엿새 동안에나 여호와가 하늘과 땅과 바다와 피 가운데 모든 것을 만들고 제 칠일에 쉬었음이라 그러므로 나 여호와가 안식일을 복되게 하여 그 날을 거룩하게 하였느니라"(출 20:8-11).

이 계명은 하나님 자신의 손가락에 의해 돌비에 새겨졌으며, 이것이 우리의 심비에 새겨져 있다고 하는 것은 우리의 위안이 될 것이다. 안식일은 하나님께 엄숙히 예배드리기 위해 따로 떼어둔 것이다. 이것은 그의 특별 소유권으로서 속된 용무로 사용되어서는 안 된다. 이 계명에 대한 머리말로서 그는 거기에 경구를 붙여 놓으셨다. "안식일을 기억하여 거룩하게 지키라." 여기서 "기억하라"는 말씀은 우리는 안식을 잊어버리기 쉽다는 것을 표시한다. 그러므로 우리에게는 그 날을 거룩하게 할 생각이 나도록 할 수 있는 비망록이 필요하다.

1) "안식일을 기억하여 거룩히 지키라"는 말씀에는 엄숙한 명령이 들어 있다.

그것의 명제는 안식일을 거룩하게 하는 것인데, 이 안식일을 거룩케 하는 것은 일에서 쉬는 것과 우리의 종교적 의무의 양심적 이행이라는 두 가지에 있다.

안식일을 거룩케 하라는 명령을 받은 사람들은 위로는 부모나 주인들처럼 사적인 사람이나 또는 좀더 공적인 사람으로 행정장관 같은 사람이다. 또는 낮은 사람들인데 이들은 본토인들, 자녀들, 종들 같은 사람으로, "네 아들이

나 네 딸이나 네 남종이나 네 여종이나"라고 하였다. 또는 외국인들인데 "네 문안에 유하는 객이라도"라고 하였다.

2) 안식일을 거룩히 지키라는 이 계명에 순종해야 할 논리들은 다음과 같다.

(1) 안식일을 거룩케 하는 첫째 논리는 그것의 합리성 때문이다.
"엿새 동안은 힘써 네 모든 일을 행할 것이나"라고 한 것은 마치 하나님이 "나는 종을 심하게 부리는 주인이 아니며 너에게 네 생업을 돌아보고 재산을 모을 시간을 주기 싫어하지 않는다"라고 말씀하시는 듯하다. 이 말씀은 다음과 같은 의미이다. "나는 너에게 엿새를 주어 네 모든 일을 하게 하였으며 나를 위해서는 단 하루만을 취하였다. 나는 나를 위해 여섯 날들을 남겨 두고 너에게는 단 하루만을 주었을 수도 있었다. 그러나 나는 너에게 네 생업을 위해 엿새를 주었으며 나 자신의 봉사를 위해서는 단 하루 만을 취하였다. 그러므로 네가 이 날을 나의 예배를 위해 특별한 방식으로 따로 떼어놓는 것은 마땅하며 합리적이다."

(2) 안식일을 거룩케 하는 둘째 논리는 그것의 정당성 때문이다.
"제칠일은 너의 하나님 여호와의 안식일인즉"이라고 한 것은 마치 하나님이 말씀하시기를, 안식일은 나의 응분의 몫이니 나는 이에 대한 특별 권리를 요구하며 다른 사람은 아무도 이것에 대한 청구권이 없다고 하시는 것과 같다. "이 날을 나에게서 빼앗아 속된 일에 쓰는 자는 성일 도둑이요 그가 하늘의 왕관으로부터 도둑질하니 나는 결코 그를 죄 없다 아니하리라."

(3) 안식일을 거룩케 하는 셋째 논리는 하나님 자신이 그것을 지키시기 때문이다.
하나님은 "제 칠일에 쉬었음이라"고 한 것은 마치 주님이 말씀하시기를, 너는 나를 모범삼아 따르지 않겠느냐? 나의 모든 창조 사역을 끝번 후에 나는 제 칠일에 쉬었다. 그런즉 너도 엿새 동안 네 모든 세상일을 끝내고 나서 이제 네 생업의 노고로부터 쉬어 제 칠일을 거룩한 휴식의 날로 나에게 봉헌하라고 하는 것과 같다.

(4) 안식일을 거룩케 함에 대한 넷째 논리는 유용성 때문이다.

즉 안식일의 종교적 엄수에서 생기는 유익 때문이다. "여호와가 안식일을 복되게 하여 그 날을 거룩하게 하였느니라"고 하였다. 하나님은 제 칠일을 지정하셨을 뿐만 아니라 그것을 축복하셨다. 그날은 하나님께 영광의 날일 뿐만 아니라 우리에게 축복의 날이기도 하다. 이 날은 우리가 하나님께 예배드리는 날 뿐만 아니라 그가 우리에게 은혜를 주시는 날이기도 하다. 이 날에 축복이 하늘로부터 방울져 떨어진다. 하나님 자신은 이것으로 이익을 보시는 것이 아니다. 우리는 그의 본질적인 영광에 한 치도 더해 드리지 못한다. 다만 우리 자신이 이익을 얻을 뿐이다. 이 날을 종교적으로 준수하면 우리의 영혼과 우리의 재산과 우리의 후손에게 축복을 남기게 된다. 이 날을 지키지 않으면 저주를 초래한다(렘 17:27). 하나님은 사람의 행복을 저주하신다(말 2:2). 그가 먹는 떡은 저주로 독이 뿌려져 있다. 그러므로 안식일을 성실히 준행하는 것은 그것과 함께 모든 방향의 축복을 초래한다. 이상이 안식일을 거룩하게 하는 논리들이다.

여기서 여러분이 깨닫기를 바라는 것은 안식일을 지키라는 계명은 의식법과 함께 계시되지 않았고 순전히 도덕법으로서 이것을 준행하는 것은 세상 끝 날까지 계속되어야 한다는 것이다. 하나님이 우리에게 일곱 날 중 한 날을 지키는 것을 면제해 주었다는 것을 어디에서 볼 수 있는가?

3) 하나님은 왜 안식일을 지정하셨는가?

(1) 하나님 자신 때문이다.

하나님이 일곱 날 중 한 날을 자기 자신의 직접 봉사를 위해 보류해 주실 것은 우리에게 예배를 명령하시고, 예배를 받으시는 시간을 지정해 주실 권능을 가지신 장대하신 전권자(plenipotentiary), 또는 주권주(sovereign Lord)로 인정받고자 하시는 것이다.

(2) 우리 자신 때문이다.
안식일은 우리의 유익을 위함이다. 그것은 우리 안에 거룩을 증진시킨다. 엿새 동안은 세상일로 하나님과 우리의 영혼을 잊어버리게 만든다. 안식일은 우리의 기억 속에 하나님을 되돌아오게 한다. 세상의 낙진이 우리의 애정의 마취를 막히게 해서 하나님을 향해 좀처럼 움직일 수 없게 할 때 안식일이 와서 우리의 애정의 바퀴에 기름을 쳐 그것들이 계속 빠르게 움직이도록 한다. 하나님은 이 목적을 위해 안식일을 지정해 놓으셨다. 이 날에 생각은 하늘에 오르고 혀는 하나님을 말하게 되어 능숙한 작가의 붓과 같이 되며 눈은 눈물을 떨어뜨리고 영혼은 사랑으로 불탄다. 심령은 일주일 내내 얼어붙었다가 안식일에는 말씀으로 녹는다. 안식일은 종교의 벗이다. 그것은 우리의 은혜의 녹을 쓸어버린다. 이 날은 영혼이 그의 창조주와 대화하기로 마련된 영적 축제일이다.

다음에 나는 어떻게 우리가 안식일을 거룩하게 지켜야 하는가 하는 방식(modus), 또는 양식을 설명하고자 한다. 그러나 그에 앞서 우리에게는 고찰해 볼 큰 문제가 있다.

4) 초기의 관례대로 제 칠일 안식일을 지키지 않고 다른 날로 변경된 것은 어떻게 된 일인가?

유대인의 안식일이었던 옛날의 제 칠일 안식일은 폐기되고 그 대신에 기독교의 안식일인 일주일의 제 일일이 계승한 것이다. 제4계명의 교훈, 또는 요체는 정확히 제 칠일을 지키는 데 있지 않고 다만 일곱 날 중 하나님께서 지정하신 한 날을 지키는 것이다.

5) 어떻게 일주일의 첫째 날이 일곱째 날 대신 대체되었는가?

교회의 권위로서 된 것이 아니다. 퍼킨스(Perkins)는 "교회는 안식일을 제정할 권한이 없다"라고 말한다.

(1) 안식일이 첫째 날로 바뀐 것은 그리스도의 지정에 의한 것이었다.

그는 "안식일의 주인"(막 2:28)이시다. 그리고 그 날의 주인이실 분 외에 누가 한 날을 지정하겠는가? 그가 이 날을 지으셨다. "이 날은 여호와의 정하신 것이라"(시 118:24)라고 하였다. 아르노비우스(Arnobius)와 대부분의 해석가들은 "주의 날"(계 1:10)이라고 불리는 날을 기독교의 안식일로 이해한다. 주님이 떡과 포도주를 제정하사 속된 용도에서 특별하고 성스러운 용도로 따로 구별해 놓으셨기 때문에 이것이 "주의 만찬"이라고 불리는 것처럼 주의 날도 주님이 이것을 제정하사 보통 날들에서 그의 특별 예배와 봉사를 위해 따로 구별해 놓으셨기 때문에 이것이 주의 날이라 불리는 것이다. 그리스도께서는 주일의 첫째 날 무덤에서 살아나셨으며, 그 날 그의 제자들에게 두 번씩이나 나타나셨다(요 20:19, 26). 이것은 어거스틴과 아타나시우스가 말하는 바와 같이 그가 유대인의 안식일을 주의 날로 옮기셨다는 것을 그들에게 암시하시는 것이었다.

(2) 첫째 날을 지키는 것은 사도들의 관례였다

"안식 후 첫날에 우리 가 떡을 떼려 하여 모였더니 바울이…저희에게 강론할 때"(행 20:7; 고전 16:2)라고 하였다. 이 날에 강론하는 것과 떡을 떼는 것이 아울러 있었다. 어거스틴, 이노켄티우스, 그리고 이시도레는 우리의 복음적 안식일을 지키는 것을 사도적인 재가를 얻은 것으로 추정하며 사도들의 관례 때문에 이 날은 하나님 예배를 위하여 따로 떼어놓아야 한다고 확언한다. 사도들이 한 것은 신적인 권위에 의해 한 것이다. 왜냐하면 그들은 성령으로 감동되어 있었기 때문이다.

(3) 초대교회는 우리가 현재 기념하는 주의 날을 대단히 존중하였다. 이 날을 지키는 것이 그들의 종교의 큰 상징이었다. 사도 요한의 시대에 살았던 초대교회의 교부 이그나티우스(Ignatius)는 "그리스도를 사랑하는 자는 누구든지 주일의 첫째 날 곧 주의 날을 거룩히 지킬지어다"라고 말하였다. 이 날은 박학한 부쩌(Bucer)가 언급한 바와 같이 그리스도의 교회에 의해서 1600년 이상이나 지켜져 왔다. 이와 같이 어떻게 제칠일의 안식일이 제일일인 주일로 변경되었는지를 알 수 있다.

유대인의 안식일을 주의 날로 바꾸게 된 중요한 이유는 그것이 "그리스도에 의한 우리의 구속의 신비"를 우리에게 생각나게 하기 때문이다. 왜 하나님이 옛 안식일을 제정하셨는가 하는 이유는 창조의 기념비가 되게 하기 위함이었다. 그러나 그는 이제 그것 대신에 주일의 첫째 날을 창조보다 더 영광스러운 사역, 곧 구속을 기념하도록 만드셨다. 창조의 사역도 위대하였으나, 구속의 사역은 더 위대하였다. "이 전의 나중 영광이 이전 영광보다 크리라"(학 2:9)라고 말씀한 바와 같다. 이와 같이 구속의 영광이 창조의 영광보다 더 컸다. 큰 지혜가 우리를 지으시는 데 나타났으나 더욱 기적적인 지혜가 우리를 구원하시는 데 나타났다.

큰 능력이 우리를 무에서 이끌어내시는 데 나타났으나, 더 큰 능력이 우리가 무보다도 더 악할 때 우리를 도우시는 데 나타났다. 우리를 창조하시는 것보다 구속하시는 것이 더 값이 든다. 창조에서는 한마디 말씀하시는 것뿐이었으나(시 148:5), 구속하시는 데서는 피흘림이 있었다(벧전 1:19). 창조는 하나님의 손가락의 사역이었고(시 8:3), 구속은 그의 팔의 사역이었다(눅 1:51). 창조에서는 하나님이 우리에게 우리 자신을 주셨다. 구속에서는 그가 우리에게 자기 자신을 주셨다. 창조로 말미암아 우리는 아담 안에서 생명을 갖게 되며, 구속으로 말미암아 우리는 그리스도 안에서 생명을 갖게 된다(골 3:3). 창조로 말미암아 우리는 지상의 낙원에 대한 권리를 가졌었으나, 구속으로 말미암아 우리는 하늘나라에 대한 자격을 갖게 된다.

이처럼 그리스도께서는 창조보다도 더 영광스러운 우리의 구속을 생각나게 하는 까닭에 일주일의 일곱째 날을 첫째 날로 바꾸신 것은 지당한 일이다.

적용 1　여기서 적용하고자 하는 것은 우리가 현재 기념하는 기독교 안식일을 높이 존대해야 한다는 것이다. 유대인들은 안식일을 가리켜 "모든 날의 희망이요 모든 날의 여왕"이라고 불렀다. 이 날 을 "즐거운 날이라 여호와의 성일을 존귀한 날이라"(사 58:13)고 불러야 한다. 왕의 검인이 찍혀 있는 금속은 고귀하며 가치가 크다. 하나님은 안식일에다 왕의 도장을 찍었다. 이 날은 주님의 안식일이며 이것이 그날을 고귀하게 만든다. 우리는 이 날을 일주일 중 가장 좋은 날로 바라보아야 한다. 새들 중에 불사조처럼, 유성들 중에 태양처럼 주의 날은 다른 날들 중에서 으뜸이다. "이 날은 여호와의 정하신 날이라"(시 118:24)고 하였다. 하나님은 모든 날들을 지으셨지만 이 날만 축복하셨다. 야곱이 그의 형에서의 축복을 독차지했던 것처럼 안식일은 일주일의 다른 모든 날들로부터 축복을 독차지했다. 이 날은 우리가 특별한 방식으로 하나님과 대화하는 날이다. 유대인들은 안식일을 가리켜 "빛의 날"이라고 불렀다. 이와 같이 이 날에 의의 태양이 영혼 위에 비친다. 안식일은 영혼의 잔치 날이며 제일 귀한 시간이다. 이 날은 그리스도께서 무덤에서 살아나신 날이요 성령이 지상에 강림하신 날이다. 그 날은 향이 되어 하늘까지 올라가는 기도의 아름다운 향기로 향기롭게 되는 날이다. 이 날에 천사들의 양식인 만나가 떨어진다. 이 날은 영혼의 축제일이며, 이 날 은혜가 그 역할을 담당한다. 일주일의 다른 날들은 땅을 위해서 사용되며 이 날은 하늘을 위해서 사용된다. 다른 때는 짚을 줍고 이 날에는 진주를 줍는다. 이 날 그리스도는 영혼을 산 위로 데리고 가서 그에게 영광의 변화 광경을 보여주신다. 이 날 그는 그의 신부를 포도주 곳간으로 인도해 들이어 그의 사랑의 깃발을 과시하신다. 이 날 그는 그녀에게 향을 깃들인 포도주와 석류즙을 주신다(아 2:4; 8:2). 주님은 항상 이 날 영혼에게 자기 자신을 좀더 많이 계시하신다. 사도 요한은 주의 날에 성령에 감동하여 있었다(계 1:10). 그는 이 날에 신적인 황홀경 가운데 하늘로 들림을 받았다. 이 날 그리스도인은 높은 곳에 있게 된다. 그는 하나님과 동행하며 하늘에서 그와 함께 산보를 한다(요일 1:3). 이 날에 거룩한 애정이 태동되고, 은혜의 축적이 증진되며, 부패가 약화되고, 사단은 말씀의 위엄 앞에서 번개같이 떨어진다. 그리스도는 그의 대부분의 이적을 안식일에 행하셨다. 그는 지금도 그렇게 하신다. 죽은 영혼은 살아나고 돌 같은 마음이 녹아진다. 우리는 이 날을 얼마나 높이 존중하고 숭상하여야 하겠는가! 이 날은 루비보다도 더 귀중하다. 하나님은 이 날을 다른 날들보다 뛰어나게 기쁨의 기름으로 기름을 부으셨다. 안식일에 우리는 천사들의 일을 하며 우리의 입은 하나님을 찬양한다. 지상의 안식일은 하늘에서 우리가 소망하는 바, 하나님이 성전이 되시고, 어린양이 그 빛이 되실 그 영광스러운 휴식과 영원한 안식일의 그림자요 예표이다(계 21:22-23).

적용 2 "엿새 동안은 힘써." 하나님은 아무나 직업 없이 살기를 원치 아니하시다. 종교는 결코 게으름을 정당화해 주지 않는다. 제칠일에 거룩한 안식을 지키는 것은 물론이요, 엿새 동안 일하는 것도 하나의 의무다. "우리가 들은즉 너희 가운데 규모 없이 행하여 도무지 일하지 아니하고 일만 만드는 자들이 있다 하니 이런 자들에게 우리가 명하고 주 예수 그리스도 안에서 권하기를 종용히 일하여 자기 양식을 먹으라 하노라"(살후 3:11-12)고 하였다. 그리스도인은 하늘을 유의할 뿐만 아니라 그의 직업도 유의하여야 한다. 항해사는 별에게 눈을 두면서도 그의 손은 키를 잡고 있다. 노동이 없이는 국가의 기둥이 흔들리고 이 땅은 게으름뱅이의 밭처럼 가시나무로 우거질 것이다(잠 24:31). 아담은 무죄할 때도 세계의 군주였지만 게을러서는 안 되고 땅을 경작하고 갈아야만 하였다(창 2:15). 경건은 근면을 배제하지 않는다. 정지해 있는 물은 썩는다. 무생물들도 움직인다. 태양은 그의 궤도를 달리고, 샘물은 흐르며, 불은 번쩍인다. 생물들은 일한다. 솔로몬은 우리를 개미에게 보내어 노동을 배우게 한다(잠 6:6; 30:25). 벌은 근면의 상징이다. 벌들 중의 얼마는 꿀을 정돈하고, 다른 것들은 밀랍을 만들고, 다른 것들은 벌집을 짓고, 또 다른 것들은 수벌을 막기 위해 벌통 문 앞에서 파수를 선다. 하물며 인간이야 더욱더 노동으로 자신을 단련하지 않겠는가? 낙원에서의 그 법은 철회되지 않았다. "네가 얼굴에 땀이 흘러야 식물을 먹고"(창

3:19)라고 하였다. 믿음으로 사는 것을 말하면서도 직업 없이 사는 그런 신앙 고백자들은 미움을 받아야 한다. 그들은 "수고도 아니하고 길쌈도 아니하는"(마 6:28) 백합화와 같다. 경건하고 학식 있는 퍼킨스는 "사람이 좋은 은사를 받으며, 경외심을 가지고 말씀을 들으며, 성례를 받게 하라. 그럴지라도 만일 그가 직업의 의무를 실천하지 않는다면 모든 것은 위선이다"라고 말했다. 게으른 사람이 무엇에 유익하겠는가? 항상 바닷가에 놓여 있는 배는 무슨 이익이 있는가? 또는 벽에 걸려 녹슬어 있는 갑옷은 무슨 이익이 있는가? 직업 없이 사는 것은 사람을 시험 당하게 하는 것이다. 멜란히톤(Melanchthon)은 게으름을 마귀의 목욕탕이라고 불렀다. 왜냐하면 마귀는 게으른 영혼 안에서 기쁨으로 목욕을 하기 때문이다. 우리는 땅이 개간되지 않았을 때 씨를 뿌리지 않는다. 그러나 사단은 그의 대부분의 유혹의 씨를 묵혀 있는 그런 사람들, 즉 직업이 없는 사람들에게 뿌린다. 게으름은 악덕의 유모다. 고대의 이교도 세네카는 말했다. '나에게는 게으름으로 지나는 날이 하루도 없다'(Nullus mihi per otium dies exit). "나는 하루도 노동 없이 지내지 않는다." 게으른 사람은 세상에서도 쓸모없는 사람을 대표하며 하나님도 생명책에 쓸모없는 사람을 기록하지 않으신다. 우리는 성경에서 "게을리 얻은 양식"을 먹는 것과 "강포의 술"을 마시는 것에 대하여 읽는다. 이는 다 같은 죄이다. 게으른 사람은 자기의 시간을 중요시 하지 못한다. 시간은 우리의 특수한 직업에서든 일반적인 직업에서든 장사할 달란트이다. 게으른 사람은 "그의 달란트를 땅 속에 감추다." 그는 아무 신한 일도 하지 않는다. 그의 시간은 살지 않고 상실된다. 게으른 사람은 무익하게 살며 그는 땅에 거치적거린다. 하나님은 게으른 종을 향하여 "악하고 게으른 종아"(마 25:26)라고 하였다. 피로 그의 법률을 썼던 드라코(Draco)는 생계를 위해 일하지 않는 사람들의 생명을 빼앗았다. 헤트루리아에서는 그러한 사람들을 추방했다. 게으른 사람들은 "엿새 동안은 힘써"라고 한 계명을 위반하며 산다. 아무쪼록 그들은 하늘에서 추방당하지 않도록 주의할지어다. 사람은 믿지 아니함으로써와 똑같이 직업을 가지고 일하지 아니함으로써도 지옥에 갈 수 있다. 안식일을 거룩케 할 이유에 대하여 말했으니 이제 그 방법을 다루자.

3) 안식일을 거룩히 하는 방법

(1) 소극적인 방법

이 날 우리는 아무 일도 하지 말아야 한다. 하나님은 "아무 일도 하지 말라"라고 하셨다. 하나님은 이 날을 자기 자신을 위하여 따로 떼어 놓으셨다. 그러므로 우리는 이 날을 어떤 속된 일을 함으로써 보통 날처럼 사용해서는 안 된다. 아브라함이 제사하러 갔을 때 그의 종들과 나귀를 산 밑에 남겨두었던 것처럼, 우리도 이 날 하나님께 예배할 때에는 모든 세상적인 일을 뒤에 남겨두어야 한다(창 22:5). 요셉이 그의 형제들과 말하고 싶었을 때 애굽 사람들을 쫓아냈던 것처럼 우리가 이 날 하나님과 대화하고 싶으면 모든 땅위의 일들을 쫓아내야 한다.

주의 날은 거룩한 휴식의 날이다. 모든 세속적인 일은 그 날을 더럽히는 것이기 때문에 삼가고 중지해야 한다. "그때에 내가 본즉 유다에서 어떤 사람이 안식일에 술틀을 밟고 곡식단을 나귀에 실어 운반하며 포도주와 포도와 무화과와 여러 가지 짐을 지고 안식일에 예루살렘에 들어와서 식물을 쏟기로 그 날에 내가 경계하였고 내가 유다 모든 귀인을 꾸짖어 이르기를 너희가 어찌 이 악을 행하여 안식일을 범하느냐"(느 13:15, 17)라고 하였다. 세상일을 위하여 하나님이 그의 예배를 위해 따로 지정해 놓으신 시간을 빼앗는 것은 신성모독죄이다. 안식일 중 아무 시간이나 세상적인 사업을 위해 바치는 사람은 노상에서 강도질하는 도둑보다 더 악하다. 왜냐하면 후자는 사람에게 강도질하지만 전자는 하나님에게 강도질하기 때문이다. 주님은 안식일에 만나를 거두는 것도 금하셨다(출 16:26). 혹자는 만나가 '그들의 목숨의 의지'(staff of their life)이기 때문에 허용되었을 것이라고 생각할지 모른다. 그리고 그것이 떨어진 시각은 아침 다섯 시와 여섯 시 사이였으므로 일찍 그것을 주워도 되었고 안식일의 나머지 모든 시간은 하나님의 예배에 사용될 수 있었을 것이라는 것이다. 게다가 그들은 그것을 위해 먼 여행을 떠나지 않아도 되었는데 문 밖에만 나가면 만나가 그들의 천막 주위에 떨어졌기 때문이다. 그러나 안식일에는 그것을 주워서는 안 되었다. 그렇게 할 생각만

하여도 하나님은 대단히 노하셨다. "제 칠일에 백성 중 더러가 거두러 나갔다가 얻지 못하니라 여호와께서 모세에게 이르시되 어느 때까지 너희가 내 계명과 내 율법을 지키지 아니하려느냐"(출 16:27-28)라고 하셨다. 분명히 그리스도께서 죽으셨을 때 그에게 기름을 바르는 것은 칭찬할 만한 일이었다. 그러나 막달라 마리아와 야고보의 어머니 마리아는 그리스도의 시체에 기름을 바르기 위해 향기로운 향유를 준비했었으나 안식일이 지나기까지 그들은 무덤으로 가지 않았다. 누가는 "계명을 좇아 안식일에 쉬더라"(눅 23:56)라고 하였다. 주의 날에 손이 부지런히 일하면 반드시 마음이 더럽혀진다. 이교도조차도 그들의 거짓 신들의 숭배를 위해 따로 정해 놓은 시간에는 아무 세속적인 일을 하지 않으려 하였다. 클레멘스 알렉산드리누스는 로마 황제들 중의 한 사람에 대하여 기록하고 있다. 그 황제는 정해진 그의 신들 숭배의 날에는 전쟁 업무를 집어치우고 헌신하는 데 시간을 보냈다. 안식일에 육체노동을 하는 것은 신앙심 없는 마음을 나타내며 하나님을 크게 거스른다. 이 날에 세속적인 일을 하는 것은 마귀의 쟁기를 따라가는 것이다. 이것은 영혼을 저하시키는 것이다. 하나님은 이 날을 하늘 높이 마음을 올리고 그와 대화하며 천사들의 일을 하게 하실 작정으로 지으셨다. 그러므로 땅 위의 일에 종사하는 것은 영혼의 품위를 낮추는 것이다. 하나님은 그의 날이 잠식당하거나 아주 작은 일로도 더럽혀지는 것을 원치 않으신다. 안식일에 나무를 주웠던 사람은 하나님이 돌로 쳐 죽이라고 명하셨다(민 15:35). 불을 피우기 위해서 나뭇가지 몇을 숨는 것은 하찮은 일로 보일 것이다. 그러니 하나님은 아무리 작은 일로라도 이 날이 범해지는 것을 원치 아니하신다. 아니, 성소를 짓기 위해서 돌을 잘라내는 것 같은 종교적 용무와 관계있는 일도 안식일에는 해서 안 된다. 성소를 위해서 돌을 자르고 나무를 베어야 했던 브살렐도 안식일에는 그것을 삼가야 했다(출 31:15). 성전은 하나님의 예배 장소이지만 주의 날에 성전을 짓는 것은 죄였었다. 아무 육체노동도 하지 않는 것, 이것이 안식일을 소극적으로 거룩히 지키는 것이다.

그러나 필수적인 일과 사랑의 일은 이 날에 해도 괜찮다. 이 경우에서는 하나님은 긍휼을 베푸시고 희생을 요구치 않으신다. 첫째, 자연의 필수 양식을 취하는 것은 합법적이다. 등잔에 기름이 있어야 함같이 몸은 음식이 필요하다. 둘째, 생명이나 재산이 위태로울 때 이웃을 돕는 것처럼 자비로운 일을 하는 것은 합법적이다. 이 점에서 유대인들은 지나치게 괴팍하고 까다로워서 안식일에 사랑의 일을 하는 것도 허용하지 않았다. 사람이 병이 들어도 이 날에는 몸의 회복을 위한 수단을 강구해서는 안 된다고 생각하였다. 그리스도께서는 안식일에 병을 고치셨다고 그들이 분내는 것을 책망하셨다(요 7:23). 만일 집에 불이 난다 해도 유대인들은 그것을 끌려고 물을 가져와서는 안 된다고 생각하였다. 만일 이 날에 그릇이 샌다고 해도 이것을 막아서는 안 된다고 생각하였다. 그들은 "지나치게 의로웠다." 이것은 허울 좋은 열심이요 이 열심을 선도할 사려 분별이 부족하였다. 필요와 사랑의 이 두 가지 경우를 제외하고는 모든 세속적인 일은 주의 날에 중지해야 하고 그만두어야 한다. "아무 일도 하지 말라." 이 말씀은 그 날에 일을 하느라고 손가락들을 너무 많이 더럽히는 우리 중의 많은 사람을 규탄하고 정죄한다. 어떤 사람들은 큰 잔치를 장만하는 데서, 다른 이들은 그들의 가게 문을 열고 안식일에 음식을 파는 데서 그러하다. 선원은 안식일에 바다로 출범하여 계명을 위반하기 위하여 달려 나간다. 어떤 사람들은 이 날에 누가 볼까봐 가게 문을 닫고 은밀하게 장사한다. 그러나 비록 그들은 사람들 눈에 죄를 감출 줄로 생각할지라도 하나님은 이것을 보신다. "주의 앞에서 어디로 피하리이까?" "주에게서는 흑암이 숨기지 못하며"(시 139:7, 12)라고 하였다. 그런 자들이 그 날을 모독하니 하나님은 그들을 상대로 침해 소송을 제기하실 것이다.

(2) 적극적인 방법

우리는 이 날을 "높으신 하나님의 봉사"를 위해 "성별해 드리고 봉헌해 드림"으로써 안식일을 거룩히 지킨다. 안식일에 우리의 직업적인 일로부터 휴식하는 것은 좋은 일이다. 그러나 만일 우리가 노동으로부터 쉬고 그 이상을 하지 않을 것 같으면 황소나 나귀도 우리만큼 안식일을 잘 지킨다. 가축들도 안식일에는 쉰다. 우리는 그 날을 하나님께 봉헌해야 한다. 우리는 "안식일을 지켜야" 할 뿐 아니라 "안식일을 거룩케 하여야" 한다. 안식일 거룩케 함은 두 가지로 되어 있다.

첫째, 안식일을 엄숙히 준비해야 한다. 만일 임금님이 당신의 집에 온다면 그를 환대하기 위하여 당신은 무슨 준비를 하겠는가! 당신은 집을 청소하고, 마루를 닦고, 가장 값진 주단과 휘장으로 방을 꾸며서 위대한 인물의 신분과 위신에 합당하도록 할 것이다. 복된 안식일에 하나님은 당신과 아름다운 영교를 가지시기를 원하신다. 그는 그리스도께서 삭개오에게 "속히 내려오라 내가 오늘 네 집에 유하여야 하겠다"(눅 19:5)라고 말씀하시듯 당신에게도 말씀하시는 것이다. 자, 당신은 이 영광의 왕을 접대하기 위하여 무슨 준비를 할 셈인가? 토요일 저녁이 가까워지면 귀성 나팔을 불라. 당신의 마음을 세상으로부터 돌리고 당신의 생각을 불러 모아서 다가오는 날의 위대한 일에 대하여 생각하라. 안식일의 일을 막을지도 모를 모든 불결한 애착들을 씻어버려라. 저녁 때의 준비는 악기를 조율하는 것과 같아서 안식일의 의무들을 대비하는 데 더욱 적합하게 할 것이다.

둘째, 안식일을 성스럽게 지켜야 한다. 그 날의 다가옴을 우리의 영혼이 상금을 타는 날이라고, 하나님의 임재하심을 많이 즐길 수 있는 날이라고 기뻐하라(요 8:56). "아브라함은 나의 때 볼 것을 즐거워하다"라고 하였다. 그런즉 안식일의 빛이 비취는 것을 보거든 우리는 기뻐하여야 할 것이며 "안식일을 기쁜 날이라 부를" 것이다. 이 날은 모든 날의 여왕이며 하나님이 축복으로 영예롭게 하신 날이다(사 58:13). 일주일 중에 하나님이 나른 어느 날보다 두 배의 만나를 내려주셨던 한 날이 있었던 것처럼 안식일에는 다른 여느 날보다 두 배나 되는 하늘의 축복의 만나를 부어주신다. 이 날은 그리스도께서 영혼을 포도원으로 데려가 그에게 사랑의 깃발을 과시하시는 날이다. 이제 성령의 이슬은 영혼 위에 털어지고 이로 말미암아 영혼은 소생하고 위로를 받는다. 얼마나 많은 사람이 주의 날을 그들의 신생의 날이라고 기록하여도 되겠는가! 이 안식의 날은 하늘에 있을 영원한 안식의 보증이요 전조이다. 그렇다면 우리는 그날이 가까워옴에 기뻐하지 않겠는가? 의의 태양이 비치는 그 날은 기쁨의 날이어야 할 것이다.

셋째, 안식일 아침에 일찍 일어나라. 그리스도께서는 이 날 일찍 해가 떠오르기 전에 살아나셨다(요 20:1). 그는 우리를 구원하시기 위해서 일찍 살아나셨는데 우리도 그를 예배하고 영광 돌리기 위해 일찍 일어나야 하지 않겠는가? "내가 간절히 주를 찾되"(시 63:1)라고 하였다. 우리가 다른 날에도 일찍 일어나지 않는가? 농부는 농사일에 일찍 일어나고 여행자는 그의 길을 가기 위해 일찍 일어나는데 이 날에 하늘로 여행하는 우리들이 일찍 일어나야 하는 것은 마땅하다. 틀림없이, 만일 우리가 하나님을 진심으로 사랑한다면 우리는 이 날 일찍 일어나야 할 것이며 우리의 영혼이 사랑하는 그분과 만나도록 해야 할 것이다. 전날 밤에 늦게까지 일하느라 앉아 있는 사람은 너무나 잠에 빠져서 안식일 아침에는 일찍 일어나기가 어려울 것이다.

4) 당신의 몸을 준비하고 나서는 말씀을 듣기 위하여 당신의 영혼을 준비하여야 한다.

이스라엘 백성이 율법이 그들에게 전달되기 전에 스스로 정결케 해야 했던 것처럼 우리도 우리의 영혼을 깨끗케 하고 정결케 해야 한다. 그것은 읽는 것과 묵상하는 것과 기도로 된다(출 19:10).

(1) 말씀을 읽음으로써 준비한다.

말씀은 마음을 성결케 하는 중요한 수단이며 마음을 안식일에 이르게 한다. "저희를 진리로 거룩하게 하옵소서"(요 17:17)라고 하였다. 말씀을 무성의하게 읽지 말고 진지함과 애착을 가지고, 하늘의 계시로서, 구원의 우물로서, 생명의 책으로서 읽으라. 다윗은 말씀의 귀중성으로 인해 이것을 금보다 더 귀중히 여겼다. 그리고 그것의 감미로움으로 인해 꿀보다 더 달게 여겼다(시 19:10). 말씀을 똑바로 읽음으로써 우리의 마음이 침체될 때 소생되며, 곤란할 때 진정되며, 차고 냉랭할 때 뜨거워진다. 그래서 우리는 제자들처럼 "우리 속에서 마음이 뜨겁지 아니하더냐"라고 말할 수 있다. 어떤 사람들은 말씀을 듣기 위해 잠자리에서 일어나기도 한다. 왜 많은 사람이 안식일에 설교한 말씀으로 별로 유익을 얻지 못하는가 하는 이유는 그들이 아침에 하나님의 말씀을 읽음으로써 하나님과 조반을 같이 나누지 않았기 때문이다.

(2) 명상의 산에 올라 거기서 하나님과 대화하라.
묵상은 영혼이 자기 자신 속으로 은둔하는 것으로서, 이로써 하나님께 대한 심각하고 엄숙한 생각에 의하여 마음이 하나님의 사랑에까지 오르고자 하는 것이다. 이것은 안식일의 아침에 적합한 작업이다. 네 가지 사항에 대해서 묵상하라.

첫째, 창조 사역에 대하여 묵상하라.
이것은 계명에 나타나 있다. "여호와가 하늘과 땅과 바다와…만들고." 창조계는 하나의 거울로서 이것을 통해 우리는 하나님의 지혜와 권능이 영광스럽게 묘사된 것을 본다. 하나님은 이 아름다운 구조를 가진 세계를 아무 선재하는 물질 없이 한마디 말씀으로 만들어 내셨다. "여호와의 말씀으로 하늘이 지음이 되었으며"(시 33:6)라고 하였다. 제자들은 그리스도께서 한마디 말씀으로 바다를 잠잠케 하실 수 있었을까 놀라워하였으나 사실 한마디 말씀으로 바다를 만드는 것은 훨씬 더 놀라운 것이었다(마 8:26). 안식일에는 우리 창조주의 무한성에 대하여 묵상하자. 바다를 보고 깊음 속의 하나님의 불가사의들을 보라(시 107:24). 땅 속을 들여다보면 거기서 우리는 광물질들의 성질을 볼 수 있고 자석의 힘과 풀들의 가치와 꽃들의 아름다움을 볼 수 있다. 그토록 정교하게 수놓은 이들 창조의 작품들에 대하여 묵상함으로써 우리는 하나님을 경탄하고 그를 찬양할 줄 알게 될 것이다. "여호와여 주의 하신 일이 어찌 그리 많은지요 주께서 지혜로 저희를 다 지으셨으니"(시 104:24)라고 하였다. 창조 사역에 대하여 묵상함으로써 우리는 하나님을 신뢰할 줄 알게 될 것이다. 창조할 수 있는 분은 공급할 수 있다. 우리가 아무것도 아니었을 때 우리를 지을 수 있었던 그분은 우리가 낮을 때에 우리를 일으킬 수 있다. "우리의 도움은 천지를 지으신 여호와의 이름에 있도다"(시 124:8)라고 하였다.

둘째, 하나님의 거룩하심에 대하여 묵상하라.

"그 이름이 거룩하고 지존하시도다"(시 111:9)라고 하였고, "주께서는 눈이 정결하시므로 악을 차마 보지 못하시며"(합 1:13)라고 하였다. 하나님은 본질적으로, 본래적으로, 그리고 효과적으로 거룩하시다. 인간들과 천사들에게 있는 모든 거룩은 이 영광스러운 샘물로부터 흘러내리는 수정같이 맑은 냇물이다. 하나님이 거룩을 사랑하시는 것은 그것이 자기 자신의 형상이기 때문이다. 왕은 자기 자신의 화상이 동전에 박혀 있는 것을 보는 것을 좋아하지 않을 수 없다. 하나님은 거룩을 자기의 영광으로, 그리고 그의 왕관의 가장 빛나는 보석으로 간주하신다. "거룩함에 영광스러우며"(출 15:11)라고 하였다. 여기 안식일에 처음 들어가기 위해 적합한 묵상이 있는 것이다. 이것에 대한 명상은 거룩하신 하나님께 합당한 마음가짐으로 우리 속에 역사할 것이다. 이것은 우리로 하여금 그의 이름을 존귀케 하며 그의 날을 거룩하게 할 것이다. 하나님의 거룩하신 속성에 관하여 묵상에 잠기는 동안 우리는 그의 형상으로 변화를 받기 시작할 것이다.

셋째, 우리를 구속하시는 그리스도의 사랑에 대하여 묵상하라(계 1:5).

구속은 창조를 능가한다. 후자는 하나님의 능력의 기념비이며, 전자는 그의 사랑의 기념비이다. 여기 안식일을 위한 적합한 사역이 있는 것이다. 오! 가련한 그리고 타락한 피조물들을 죄책과 정죄의 상태로부터 일으키시는 이 무한하고 엄청난 그리스도의 사랑이여! 하나님이셨던 그리스도께서 죽으시다니! 이 영광스러운 의의 태양이 이지러지시다니! 우리는 이 사랑을 아무리 경탄한대도 충분하지 못하다. 하늘에서도 충분하지 못한 것이다. 그리스도께서 죄인들을 위해서, 죄 많은 천사들이 아닌 죄 많은 인간들을 위해서 죽으시다니! 그러한 흙덩어리와 죄덩어리가 영광의 빛나는 별들이 되다니! 오! 그 놀라운 그리스도의 사랑이여! '이것은 분명히 그리스도의 사랑의 기념비였다' (*Illustre amoris christi mnemosynum*)고 브루친시스(Brugensis)는 말했다. 그리스도께서 죄인들을 위하여 죽으실 뿐 아니라 죄인처럼 죽으시다니! "우리를 대신하여 죄를 삼으신 것은"(고후 5:21)라고 하였다. 삼위일체의 영광스러운 삼위 중에 계셨던 그분이 "범죄자 중 하나로 헤아림을 입었음이라"(사 53:12)고 하였다. 그가 죄가 있었다는 것이 아니라 우리의 죄를 그에게 전가시켜 죄인처럼 되셨다는 것이다. 죄가 그의 안에 거하였다는 것이 아니라 그의 위에 가해졌다는 것이다. 여기에 우리를 놀라움으로 사로잡을 만큼 충분한 사랑이 있다. 그리스도께서 우리로 말미암아 무엇을 얻거나 조금이라도 이익이 되리라 기대할 수 없었을 때에 우리를 구속하시다니! 사람들은 자기의 이익이 되지 않으면 자기 돈을 투자하려 하지 않는다. 그런데 그리스도께서는 우리를 사고 구속하시는 데서 무슨 이익을 기대하실 수 있었겠는가? 우리는 그리스도의 사랑을 받을 자격도 없고 보답해 드릴 수도 없는 그런 상태에 있었다. 우리는 그것을 받을 만하지 못하였으니 이는 우리가 피투성이였기 때문이다(겔 16:6). 우리는 그럴 만한 영적 아름다움이 없었다. 아니, 우리는 오히려 그를 대적하여 봉기하고 있었다. "우리가 원수되었을 때에 그 아들의 죽으심으로 말미암아 하나님으로 더불어 화목되었은즉"(롬 5:10)이라고 하였다. 그가 피를 흘리고 계실 때 우리는 독을 토해내고 있었다. 우리가 자격이 없었던 것처럼 우리는 보답할 수도 없었다. 그가 우리를 위해 죽으신 후에도 그가 우리로 하여금 그를 사랑하도록 만드시기 전까지는 그를 사랑할 수조차 없었다. 우리는 그의 사랑 대신에 그에게 아무것도 드릴 수 없었다. "누가 주께 먼저 드려서"(롬 11:35)라고 하였다. 우리는 결핍 속에 빠져 있었다. 만일 우리가 어떤 아름다움을 가졌다면 이것은 그로부터 온 것이다. "내가 네게 입힌 영화로 네 화려함이 온전함이니라"(겔 16:14)라고 하였다. 만일 우리가 어떤 선한 열매를 맺는다면 이것은 우리 자신의 성장으로 말미암은 것이 아니고 참포도나무인 그에게로부터 오는 것이다. "네가 나로 말미암아 열매를 얻으리라"(호 14:8)라고 하였다. 그리스도께서 참으로 그로 말미암아 덕을 볼 것이라 기대할 수 없을 그런 자들을 구속하기 위하여 그의 피를 흘려준다는 것은 순수한 사랑 외에 아무것도 아니었다. 그리스도께서 그같이 자발적으로 죽으시다니! "목숨을 버림이라"(요 10:17)고 하였다. 만일 그가 목숨을 버리지 않으셨다면 유대인들이 그것을 빼앗을 수는 없었을 것이다. 그는 자기의 아버지께 그의 생명의 수호자가 될 천사의 군대를 요청할 수가 있었다. 그러나 자기 자신의 신격에 의하여 모든 공격에서 자기 자신을 방어할 수 있었는데 그런 요청조차 무슨 필요가 있겠는가?

그는 그의 목숨을 버리셨다. 유대인들도 그가 우리의 구속을 위해 갈망했던 것만큼 그의 죽음을 갈망하지는 못했다. "나는 받을 세례가 있으니 그 이르기까지 나의 답답함이 어떠하겠느냐"(눅 12:50)라고 하였다. 그는 그의 고난을 세례라고 부르셨다. 그는 자기 자신의 피로 세례를 받으시고 피뿌림을 받으셔야만 했다. 그는 그가 고난 받으시기 훨씬 이전에 그 때를 생각하셨다. 그리스도의 자발적인 죽으심을 나타내기 위해 그의 고난은 드리심이라 불린다. "예수 그리스도의 몸을 단번에 드리심으로 말미암아"(히 10:10)라고 하였다. 그의 죽음은 자유의지로 된 드리심이었다. 그리스도께서 그의 모든 고난을 주기 싫어하지도 아니하시고 중히 여기지도 아니 하시다니! 비록 그는 채찍에 맞으시고 십자가에 못박히셨으나 그가 하신 것으로 만족하셨으며, 만일 필요하다면 그것을 다시 하시려 할 것이다. "그가 자기 영혼의 수고한 것을 보고 만족히 여길 것이라"(사 53:11)고 하였다. 해산하는 수고를 한 어머니가 아이가 출생한 것을 보고 그 고통을 후회하지 않는 것처럼, 그리스도께서도 비록 십자가상에서 심한 진통을 겪으셨지만 그것을 크게 생각하지 않으신다. 그는 후회하지 않으시고 그의 땀과 피가 잘 증정되었다고 생각하신다. 왜냐하면 그는 구속의 자녀가 세상에 출생하였음을 보시기 때문이다. 그리스도께서 어떤 사람에게는 구속을 유효하게 하시고 다른 사람들에게는 아니하시다니! 여기에 놀라운 사랑이 있다. 그의 공로에는 모든 사람을 구원할 충족성이 있지만, 그중 일부만이 그들의 구원하는 효능에 참여한다. 모든 사람이 다 믿지는 않는다. "너희 중에 믿지 아니하는 자들이 있느니라"(요 6:64)라고 하였다. 그리스도께서는 모든 사람을 위하여 기도하시지는 않는다(요 17:9). 어떤 사람은 그를 거절한다. "건축자의 버린 돌"(시 118:22)이 되는 것이다. 어떤 이들은 그를 조롱한다(눅 16:14). 어떤 이들은 그의 멍에를 떨쳐버린다. "우리는 이 사람이 우리의 왕 됨을 원치 아니하나이다"(눅 19:14)라고 하였다. 그러므로 모든 사람이 다 그로 말미암아 구원의 혜택을 받는 것이 아니다. 여기에 그리스도의 구별적인 사랑이 나타나는데, 즉 그의 죽음의 효력은 어떤 사람들에게는 미치고 다른 사람들에게는 미치지 않는 것이다. "육체를 따라 지혜 있는 자가 많지 아니하며 능한 자가 많지 아니하며 문벌 좋은 자가 많지 아니하도다"(고전 1:26)라고 하였다. 그리스도께서는 많은 문벌 좋고 유능한 사람들을 못 본 체 지나가시는데, 값없는 은혜의 당첨이 당신에게 떨어지다니! 그가 당신에게 자기의 피를 뿌려주시다니! "오! 그리스도의 사랑의 깊음이여!" 그리스도께서 그같은 초월적인 사랑으로 우리를 사랑하시다니! 사도 바울은 그것을 "지식에 넘치는 그리스도의 사랑"(엡 3:18)이라고 일컫는다. 그가 우리를 천사들보다도 더 사랑하시다니! 그는 천사들을 친구같이 사랑하시나 신자들은 그의 배우자처럼 사랑하신다. 그는 성부 하나님이 그를 사랑하시는 방식의 사랑으로 신자들을 사랑하신다. "아버지께서 나를 사랑하신 것 같이 나도 너희를 사랑하였으니"(요 15:9)라고 하였다. 오! 그 얼마나 풍성한 사랑을 그리스도께서는 우리를 구속하시는 데 보여주시는가! 우리의 구속 안에 있는 그리스도의 사랑이 영원무궁하시다니! "자기 사람들을 사랑하시되 끝까지 사랑하시니라"(요 13:1)고 하였다. 그리스도의 사랑이 무장함과 같이 그것은 무한하다. 그의 사랑의 진수는 감미롭다. 그리고 그것을 더욱 감미롭게 만드는 것은 그것이 결코 죽지 않는다는 것이다. 그의 사랑은 영원하다(렘 31:3). 그는 결코 그의 택한 배우자와 이혼하지 않을 것이다. 자기 백성의 실수들도 그의 사랑을 아주 떼어 놓지 못한다. 실수들은 그것을 이지러지게는 할 수 있으나 완전히 제거하지는 못한다. 그들의 실수는 그리스도로 하여금 그들에게 노여워하게는 할 수 있으나 그들을 미워하게는 할 수 없다. 모든 실수가 결혼의 관계를 깨뜨리는 것이 아니다. 그리스도의 사랑은 성도들의 사랑과 같지 않다. 그들은 때로 그를 향해서 강한 애정을 가지나 다른 때에 가서는 그러한 충동이 사라지고 자기들 안에서 사랑이 거의 또는 전혀 분발되지 않는 것을 발견한다. 그러나 그들에 대한 그리스도의 사랑은 그렇지 아니하니 그것은 영원한 사랑이기 때문이다. 그리스도의 택하시는 사랑의 햇빛이 한번 영혼 위에 떠오르면, 그것은 결코 지지 않는다. 죽음은 우리에게서 우리의 생명을 빼앗아 갈 수 있으나, 그리스도의 사랑은 빼앗아 가지 못한다. 여기 안식일 아침에 가질 훌륭한 묵상 제목을 보라. 우리를 구속하시는 그리스도의 놀라운 사랑의 묵상은 안식일의 마음가짐으로 우리 안에 역사할 것이다.

우리가 그토록 사랑스러우실 구주께 대적하여 죄를 짓다니! 이런 우리의 영적 무정에 대하여 묵상은 눈물로 우리를 녹일 것이다. 우리가 이제는 더 이상 그의 사랑으로 감동받지 못하고 도리어 선을 악으로 갚다니! 아리스티데스(Aristides)가 행한 모든 선한 봉사에도 불구하고 그를 그들의 성에서 추방해 버렸던 아테네 사람들처럼 우리가 그를 우리의 성전에서 추방하다니! 우리가 그를 우리의 교만과 성급한 분노와 열매 없음과 악의와 생소한 편당으로 그를 슬프시게 하다니! 우리는 우리의 친구밖에 박대할 사람이 없단 말인가? 우리는 우리 구주의 인자하심밖에 차버릴 것이 아무것도 없단 말인가? 그리스도께서 십자가 위에서 고난당하신 것이 부족하여서 우리는 그를 더욱 고난 받으시도록 하여야만 하겠는가? 우리는 그에게 더 "쓸개와 식초를 마시라고" 드리는가? 오! 슬픔으로 마음을 녹이고 눈물로 눈을 녹여 그리스도께 무정하게 대한 것을 회개하자. 베드로가 자기에 대한 그리스도의 사랑을 생각했을 때, 어떻게 그가 자기를 사도로 삼으셨으며, 그의 마음속 비밀을 자기에게 계시하셨으며 자기를 변화산상으로 데려 가셨는지, 그런데도 자기가 그를 부인한 것을 생각했을 때, 이것이 그의 마음을 슬픔으로 찢어 놓았다. "밖에 나가서 심히 통곡하니라"(마 26:75)라고 하였다. 안식일에 눈에서 눈물이 흐르는 것은 얼마나 축복된 일인가! 그리고 우리에 대한 그리스도의 사랑과 그에 대한 우리의 무정에 관하여 묵상하는 것보다 더 빨리 눈물을 가져오는 것은 아무것도 없을 것이다.

　안식일 아침에 그리스도의 사랑에 대하여 묵상하는 것은 우리 마음속에 그에 대한 사랑을 불붙여준다. 우리는 어떻게 우리를 위한 그의 피흘리심과 죽으심을 바라보면서도 우리 마음이 그에 대한 사랑으로 뜨겁게 되지 않을 수 있는가? 사랑은 종교의 핵심이요, 가장 순수한 감정이다. 그리스도께서 귀중히 보시는 것은 기름의 강수가 아니라 사랑의 불꽃이다. 그리고 분명히 다윗이 "묵상할 때에 화가 발하니"(시 39:3)라고 말한 것처럼, 우리를 구속하시는 그리스도의 사랑을 깊이 묵상하는 동안 우리의 사랑의 불이 그를 향하여 타오를 것이다. 그래서 기독교인은 스랍처럼 그리스도에 대한 사랑으로 불탈 때 축복받은 안식일의 마음가짐에 들게 되는 것이다.

넷째, 안식일 아침에 하늘의 영광에 대하여 묵상하라.

하늘은 행복의 핵심이요 그 진수이다. 이것은 나라라고 불린다(마 25:34). 그 부요함과 그 장대함 때문에 나라인 것이다. 하늘은 보석들과 진주문으로 꾸며졌다(계 21:19, 21). 참으로 영광스런 모든 것이 거기 있다. 투명한 빛, 완전한 사랑, 흠 없는 존귀, 순수한 기름이 그것이다. 그리고 하늘 낙원의 기쁨에 관 씌워주는 것은 영원이다. 지상의 나라들이 현재보다 더 영광스럽다고 하자. 그들의 기초석은 금이요 그들의 벽은 진주요 그들의 창문은 청옥이라 할지라도 그것은 부패하는 것이다. 그러나 하늘나라는 영원하다. 저 기쁨의 강들은 "영원"(시 16:11)하다. 영광의 본체가 있는 곳, 그리고 하늘을 하늘 되게 하는 것은 복되신 하나님을 직접 뵙는 것과 그 기쁨이다. "깰 때에 주의 형상으로 만족하리이다"(시 17:15)라고 하였다. 오! 위에 있는 예루살렘을 생각하라! 이것은 안식일을 위해 마땅한 것이다. 하늘의 묵상은 우리의 마음을 가상보다 높이 올려줄 것이다. 오! 만일 우리 마음이 유형적인 것들보다 높이 올라가서 우리가 영광을 바라보게 된다면 얼마나 땅 위의 것들이 사라져 아무것도 아니게 되랴? 안식일에 하늘을 묵상하는 것은 얼마나 우리를 경건하게 할까? 이것은 애정을 일깨워줄 것이요 헌신을 촉진시킬 것이며 우리를 "주의 날에…성령에 감동"(계 1:10)하게 할 것이다. 영광의 면류관을 항상 자기의 안중에 두고 있는 사람은 얼마나 힘 있게 하나님을 섬기는가?

(3) 우리는 안식일 아침에 우리의 영혼을 기도로 단장한다.

"너는 기도 할 때에 네 골방에 들어가"(마 6:6)라고 하였다. 기도는 안식일을 거룩하게 한다.

우리는 안식일 아침에 설교 말씀 위에 축복하여 달라고 기도해야 한다. 이는 그것이 우리에게 생명의 향기가 되기 위해서, 그것으로 말미암아 우리의 마음이 좀더 밝아지기 위해서, 우리의 부패가 좀더 약화되고, 우리의 은혜가 좀더 증가되기 위해서다. 그런즉 하나님의 특별 임재가 우리와 함께하시기를 기도하자. 그래서 우리의 마음이 하나님이 말씀하시는 동안 우리 안에서 불타도록, 우리가 말씀을 온유하고 겸손한 마음으로 영접하도록, 그리고 우리가 그것에 순복하고 열매를 맺도록 하자(약 1:21).

또한 우리는 우리 자신을 위해서만 기도할 것이 아니라 다른 사람들을 위해서도 기도해야 할 것이다. 먼저 말씀을 주는 사람을 위해서 기도하자. 그의 혀가 하나님의 제단에서 나온 숯불에 접촉되도록, 다른 사람들을 뜨겁게 하는 역할을 하는 그 사람의 마음을 하나님이 뜨겁게 하시도록 하자. 당신의 기도는 성직자를 분기시키기 위한 수단이 될 수 있다. 어떤 사람들은 설교한 말씀으로 아무 유익도 얻지 못한다고 불평한다. 아마도 그들은 그들의 성직자를 위하여 마땅히 하여야 할 기도를 안 했을 것이다. 기도는 기계를 갈고 날카롭게 하는 것과 같아서 기계가 더 잘 들게 한다. 다음으로 당신은 가족을 위하여 기도하라. 그 뿐 아니라 이 날에 주님을 두려워하는 가운데 모이는 모든 회중을 위해서 기도하라. 성령의 이슬이 말씀의 만나와 함께 멀어지도록, 어떤 영혼들은 회심되고 어떤 영혼들은 강화되도록, 복음의 율례들이 계속되고 아무 방해를 받지 않도록 기도하라. 이것들이 우리가 위하여 기도해야 할 것들이다. 긍휼의 나무는 기도의 손으로 흔들지 않고서는 그의 열매를 떨어뜨리지 않을 것이다.

그러면 어떻게 기도해야 하는가?

단순히 기도를 중얼거리는 것으로는 충분치 않다. 단조롭고 냉랭한 방식으로 기도하는 것은 하나님께 거절해 달라고 요청하는 것과 다름없다. 우리는 경의심과 겸손과 열정과 하나님의 긍휼에 대한 소망을 가지고 기도해야 한다(눅 22:44). 그리스도께서는 좀더 간절히 기도하셨다. 우리는 좀더 열정을 가지고 기도하기 위해서 우리의 부족감을 가지고 나가 기도해야 한다. 결핍으로 쪼들리는 사람은 구제를 간청하는 데 열심을 낼 것이다. 가장 감정을 담아 기도하는 사람이 가장 열렬히 기도하는 사람이다. 이것이 안식일 아침을 거룩케 하는 것이다. 그리고 이것은 설교된 말씀을 위해서 좋은 준비가 된다. 땅이 쟁기에 의하여 부서질 때 그것은 씨를 받아들이기에 적합한 것처럼 마음이 기도에 의하여 부서졌을 때 설교한 말씀의 씨앗을 받아들이기에 적합하다.

5) 아침에 당신의 영혼을 이와 같이 준비한 후에 안식일을 더 한층 거룩케 하기 위하여 설교한 말씀을 듣는 데에 전념하라.

당신이 자리에 앉거든 나누어줄 말씀 위에 축복이 임하도록 하늘을 향하여 눈을 들라. 왜냐하면 설교한 말씀은 그 자체의 고유한 효력에 의하여 역사하지 않고 하늘에서 온 효력에 의하여, 그리고 성령의 협동에 의하여 역사하기 때문이다. 그러므로 말씀 위에 축복이 임하도록 부르짖는 기도를 드리라. 그래서 그것이 당신에게 효과가 있도록 하라.

말씀이 선포되기 시작하거든 경의심과 거룩한 주의력을 가지고 들으라. "루디아라 하는 한 여자가 들었는데…바울의 말을 청종하게 하신지라"(행 16:14)고 하였다. 콘스탄틴 황제는 말씀을 공손히 경청하는 것으로 유명하였다. 그리스도는 매일 성전에서 가르치셨다. 그리고 "백성이 다 그에게 귀를 기울여 들으므로"(눅 19:48)라고 하였다. 헬라어로는 "그들은 그의 입술에 매달렸다"이다. 우리가 사람들에게 값진 구입품에 대해서 말한다면 그들은 열심히 들을 것이다. 하물며 은혜의 복음이 그들에게 설교될 때 더 잘 듣지 않겠는가? 주의 깊게 들음으로써 안식일을 깨끗케 하고 거룩케 하기 위해서는 들을 때 다음 두 가지 사항을 조심하라.

(1) 주의산만을 조심하라.

"너희로 하여금 이치에 합하게 하여 분요함이 없이 주를 섬기게 하려 함이라"(고전 7:35). 버나드에 관하여 이런 말이 있는데 그가 교회 문에 당도할 때는 늘 "나의 모든 땅 위의 생각들은 여기 머물라"고 말하였다고 한다. 이와 같이 우리도 하나님의 집 문에 들어설 때 우리 자신에게 말하기를 "나의 모든 세상적인 염려와 방황하는 생각들은 여기에 머물라. 나는 이제 주님이 나에게 말씀하실 것을 들으러 가노라"고 해야 할 것이다. 산만하면 헌신을 방해한다. 마음은 헛된 생각들로 요동하며 일이 손에 잡히지 않는다. 변덕쟁이 마음을 고정시키기는 어렵다. 제롬은 자기 자신에 대해서 "때때로 내가 하나님께 예배하려 할 때, 나는 회랑 사이로 거닐게 되고(*per porticos diambulo*)

때로는 셈을 합계하기도 한다"라고 불평한다. 말씀을 들을 때 얼마나 많은 생각들이 춤을 추며 오르락내리락 하는지 모른다. 그리고 눈은 설교자에게 가 있지만 마음은 다른 것들에게 가 있는 것이다. 산만한 상태로 듣는 것은 안식일을 거룩케 하는 것과는 거리가 멀다. 이런 때에 헛된 생각에 굴복하는 것은 대단히 죄스럽다. 왜냐하면 우리가 말씀을 들을 때에는 하나님의 특별 임재 가운데 있기 때문이다. 왕의 면전에서 불충한 행동을 하는 것은 대단히 건방진 것이다. "내가 내 집에서도 그들의 악을 발견하였노라"(렘 23:11)고 하였다. 이와 같이 주님은 "내 집에서 그 들이 내 말을 듣는 동안 나는 악을 발견하였노라. 그들은 음탕한 눈을 가졌으며 그들의 영혼은 허무한 데로 쏠리고 있도다"라고 말씀하실 것이다.

산만한 생각들은 어디로부터 오는가?

부분적으로는 사단이 갖다 준다.

마귀도 틀림없이 우리의 집회에 출석해 있다. 만일 그가 듣지 못하게 우리를 방해하지 못하면 그는 듣는 중에 우리를 방해할 것이다. "하나님의 아들들이 와서 여호와 앞에 섰고 사단도 그들 가운데 왔는지라"(욥 1:6)고 하였다. 마귀는 공상 앞에다 쓸데없는 목표물을 갖다 놓아서 딴 곳으로 쏠리게 한다. 그의 크나큰 의도는 말씀을 무효화시키는 데 있다. 한 사람이 글을 쓰고 있을 때 다른 사람이 그를 살짝 건드려서 고르게 쓰지 못하게 하는 것처럼, 우리가 듣고 있을 때 마귀는 우리를 유혹으로 살짝 찔러서 설교 말씀을 듣지 못하게 할 것이다. "대제사장 여호수아는 여호와의 사자 앞에 섰고 사단은 그의 우편에 서서 그를 대적하는 것을 여호와께서 내게 보이시니라"(슥 3:1)라고 하였다.

또한 부분적으로는 우리들 자신에게서 온다.

우리는 모든 책임을 사단에게만 지워서는 안 된다. 그것들은 눈으로부터 온다. 방황하는 눈은 방황하는 생각들의 원인이 된다. 도둑이 창문을 통해서 집으로 들어올 수 있는 것처럼 헛된 생각들은 눈으로 말미암는다. 우리가 하나님의 집에 들어갈 때 발을 삼가라는 명을 받은 것처럼(전 5:1) 우리도 다른 대상들을 바라봄으로써 산만해 지지 않기 위하여 우리의 눈과 언약을 해둘 필요가 있다(욥 31:1).

　이런 산만한 생각들은 마음에서부터 일어난다. 이 불꽃들은 우리 자신의 풀무에서 나온다. 쓸데없는 생각들은 마음이 거친 바다에서 밀어 올리는 진흙과 같다. "속에서 곧 사람의 마음에서 나오는 것은 악한 생각…"(막 7:22)이라고 하였다. 뱃속의 불결한 것이 머리로 독기를 올려 보내듯이 심령의 부패는 마음속으로 악한 생각들을 올려 보낸다.

　들을 때의 산만한 생각들은 또한 나쁜 습관에서 유래한다. 우리는 다른 때에 쓸데없는 생각들에 익숙하게 되면 안식일에는 그것들을 방지하지 못하게 된다. 습관은 제2의 천성이다. "구스인이 그 피부를, 표범이 그 반점을 변할 수 있느뇨 할 수 있을진대 악에 익숙한 너희도 선을 행할 수 있으리라"(렘 13:23)라고 하였다. 나쁜 동료들에게 익숙해 있는 사람은 그것을 떠날 줄을 모른다. 이와 같이 쓸데없는 생각을 가지고 일주일 내내 살고 있는 그런 자들은 안식일에 그것들을 어떻게 제거해야 할 줄을 모른다.

　설교를 들을 때 쓸데없는 생각을 하는 것이 얼마나 악한가를 살펴보자.

　첫째, 설교를 들을 때 산만한 마음을 갖는 것은 하나님의 전지하심에 대한 무례이다. 하나님은 모든 것을 보시는 영이시며, 따라서 생각들은 말이 우리 귀에 말하는 것보다 더 큰 소리로 말한다. "자기 뜻을 사람에게 보이며"(암 4:13)라고 하였다. 들을 때의 떠도는 생각들에 대하여 아무런 양심의 거리낌이 없는 것은 마치 하나님이 우리의 마음을 모르시거나 우리의 생각들의 언어를 듣지 못하시기라도 하듯 하나님의 전지하심에 대한 모욕이다.

　둘째, 설교를 들을 때 어지러운 생각들에게 굴복하는 것은 위선이다. 우리는 하나님이 말씀하시는 바를 듣는 체 하면서 우리의 마음은 아주 다른 것에 가 있다. 우리는 하나님께 우리의 몸을 드리면서도 우리의 마음을 드리지 않는다(호 7:11). 이 위선을 하나님은 불평하신다. "이 백성이 입으로는 나를 가까이 하며 입술로는 나를 존경하나 그 마음은 내게서 멀리 떠났나니"(사 29:13)라고 하였다.

　셋째, 설교를 들을 때 쓸데없는 생각을 하는 것은 하나님께 대한 사랑이 모자라다는 것을 나타낸다. 우리가 그를 사랑할진대 우리는 그의 말씀들을 계시로 알고 경청해야 하며 우리의 마음판에 그것들을 기록해야 한다(잠 3:3). 우리의 사랑하는 친구가 우리에게 말하고 우리에게 충고할 때 우리는 진지하게 들으며 한마디 한마디를 달게 받는다. 우리의 생각들에게 여가를 내주어 거룩한 의무들 가운데 한가로이 거닐게 하는 것은 하나님께 대한 우리와 사랑에 큰 결함이 있음을 보여주는 것이다.

넷째, 설교를 들을 때의 건방진 생각들은 율례를 더럽힌다. 그것들은 연고 상자 속의 죽은 파리들이다. 현악기의 한 줄이 조율되어 있지 않으면 음악을 망친다. 이와 같이 산만한 생각은 마음을 조화되지 않게 하여 우리의 봉사를 거칠고 불유쾌한 것으로 보이게 한다. 방황하는 생각들은 의무에 독을 타서 이것을 죄로 변하게 한다. "그 기도가 죄로 면케 하시며"(시 109:7)라고 하였다. 사람이 기도하는 것과 말씀 듣는 것이 죄가 된다는 것보다 더 나쁜 것이 무엇이겠는가? 우리가 먹는 식물이 나쁜 성품을 더 증가시킨다면 이 어찌 슬픈 일이 아니겠는가? 하물며 영혼의 양식인 말씀을 듣는 것이 죄로 변한다면 얼마나 더 슬픈 일인가?

다섯째, 쓸데없는 생각들은 하나님을 거스른다. 만일 왕이 그와 신하들 중의 한 사람에게 말을 하고 있는데 그 신하는 왕의 말하는 바에 유의하지 않고 다른 일을 생각하고 있거나, 또는 깃털을 가지고 장난하고 있다면 그 왕은 성나지 않겠는가? 마찬가지로 우리가 하나님의 임재 가운데 있고 그분이 우리에게 말씀하고 있을 때 그의 말씀하시는 바를 그다지 염두에 두지 않고 다만 우리 마음이 탐욕을 따라간다면 이것은 하나님을 무시하고 거스르는 것이다(겔 33:31). 그러한 자들에게 하나님은 저주를 선포하셨다. "떼 가운데 수컷이 있거늘 그 서원하는 일에 흠 있는 것으로 사기하여 내게 드리는 자는 저주를 받으리니"(말 1:14)라고 하였다. 강하고 활기찬 애정을 갖는 것은 떼 중에 수컷을 갖는 것이다. 그러나 말씀을 산만하게 듣는 것은 쓸데없는 생각들로 구더기가 우글거리는 의무감을 하나님께 드리는 것이며, 흠 있는 것으로 주님께 드리는 것이니 이것은 저주를 자초한다. "사기하여 드리는 자는 저주를 받으리니"라고 하였다.

여섯째, 설교를 들을 때에 쓸데없는 생각들을 허용해 주고 저지하지 않으면 마음을 강퍅케 하는 길을 열어주는 것이다. 마음속에 있는 돌이 콩팥 속에 있는 돌보다 더 무섭다. 산만한 생각들은 마음을 개량시키지 않고 도리어 강퍅하게 한다. 쓸데없는 생각들은 마음속에 있어야 할 하나님께 대한 거룩한 경의심을 빼앗아 가버린다. 그것들은 양심을 더 예민하게 만들고 말씀이 마음에게 끼쳐야 할 효과를 방해한다.

일곱째, 쓸데없는 산만한 생각들은 우리에게서 율례가 주는 위안을 빼앗아 간다. 은혜로운 영혼은 종종 성소에서 하나님과 만나서 이렇게 말할 수 있다. "마음에 사랑하는 자를 만나서"(아 3:4), 그는 지팡이 끝으로 꿀을 맛보고 나서 그의 두 눈이 밝아졌던 요나단과 같다. 그러나 쓸데없는 생각들은 검은 구름이 태양의 따뜻하고 안온한 빛을 가리는 것처럼 율례의 위안을 방해한다. 우리의 마음이 방황하며 우리의 생각이 땅 끝까지 여행하고 있을 때 하나님께서 우리에게 평화를 말씀하시겠는가(잠 17:24)? 혹시 당신이 주의 깊게 말씀을 듣고자 한다면 제물로부터 새들을 쫓던 때의 아브라함과 같이 하라. 당신이 들을 때에 이런 탈선과 죄스런 방황을 발견하거든 새들을 쫓아 버리려고 노력하라. 이들 쓸데없는 생각들을 제거해버려라. 그것들은 부랑자들이니 환대하지 말아야 할 것이다.

우리는 어떻게 이 방황하는 생각들을 제거할 것인가?

첫째, 기도하고 그것들을 경계하라. 둘째, 하나님의 전지하신 눈길의 의식이 당신의 마음을 위압하게 하라. 종은 자기 주인의 면전에서 장난치지 않을 것이다. 셋째, 거룩한 마음가짐을 위해 노력하라. 심령이 좀더 신령히다면 마음은 덜 경박할 것이다. 넷째, 말씀에 좀더 사랑을 공급하라. 우리는 우리가 사랑하는 것에 우리의 마음을 쏟는다. 자기의 쾌락과 오락을 사랑하는 자는 그것들에게 그의 마음을 쏟으며, 마음이 흐트러지지 않고 그것들을 따라갈 수 있다. 우리의 사랑이 좀더 설교 말씀에 향한다면 우리의 마음은 좀더 그것에게 쏟아질 것이다. 그리고 틀림없이 우리로 하여금 설교 말씀을 사랑하도록 할 만한 충분한 것이 있다. 왜냐하면 말씀은 생명의 말씀이요, 지식에 이르는 입구요, 죄에 대한 해독제요, 모든 거룩한 감정의 자극제이기 때문이다. 그것은 그 속에 모든 종류의 달콤한 맛을 지니고 있는 참다운 만나이다. 생명의 강수가 솟아나와 마음에 상처가 난 자를 고쳐주는 벳새다 연못이요, 슬픔에 찬 영을 소생시키는 특효의 만병통치약, 또는 강장제이다. 설교한 말씀에 사랑을 기울이라. 그러면 당신은 들을 매에 그다지 산만해지지 않을 것이다. 마음이 좋아하는 바를 생각들이 곰곰이 궁리한다.

(2) 졸음을 조심하라.

졸음은 매우 불손함을 나타낸다. 많은 사람들은 세상일에 임해서는 매우 활기차나, 하나님을 경배함에는 마치 마귀가 그들에게 잠재우는 아편을 준 것처럼 얼마나 꾸벅꾸벅 조는지! 여기서 졸린 느낌은 대단히 죄스러운 것이다. 당신은 기도할 때 죄의 용서를 빌지 않는가? 죄수가 용서를 빌 때에 잠에 빠지겠는가? 말씀 설교에서 생명의 떡을 당신에게 먹여주지 않는가? 그런데 사람이 음식을 먹으면서 잠들겠는가? 설교를 들으러 가지 않는 것과 설교 때 잠자는 것과 어느 것이 더 나쁜가? 당신이 잠자는 동안 어쩌면 당신의 영혼을 회심시켰을 만한 진리가 말씀되었었는지도 모른다. 게다가 잠자는 것은 성회에서 대단히 무례하다. 이것은 하나님의 성령을 근심시킬 뿐 아니라 의인들의 마음을 슬프게 한다(겔 13:22). 하나님과 그의 예배에 대하여 그따위 경멸을 표시하는 것은 보는 사람들로 하여금 괴롭게 한다. 상점에서는 바쁘고 성전에서는 졸린 자들을 보는 것은 사람들을 괴롭게 한다. 그러므로 그리스도께서 "너희가 나와 함께 한 시 동안도 이렇게 깨어 있을 수 없더냐"(마 26:40)라고 말씀하신 것처럼 너희는 한 시간도 깨어 있지 못하느냐? 하나님의 자녀도 때로는 몸이 약하고 편찮기 때문에 설교 때 잠잘 수도 있지만 좋아서 한다든지 또는 예사로 해서는 안 된다는 것이다. 태양은 이지러질 때도 있지만 자주 그러지는 않는다. 잠자는 것이 습관적이고 허용된다면 그것은 대단히 나쁜 징조이며 법규의 모독이다. 졸음을 이기는 좋은 치료법은 안식일에 절식법을 사용하는 것이다. 안식일에 식욕을 과도히 만족시키는 사람들은 성전에서 기도하는 것보다 소파에서 잠자는 것이 더 알맞다. 당신이 주의 날에 산만한 생각들과 졸음을 떨쳐버리기 위하여, 그리고 경건한 주의력을 가지고 말씀을 듣기 위하여 다음을 숙고하라.

첫째, 그의 말씀으로 우리에게 말씀하시는 이는 하나님이시다. 그러므로 말씀의 설교는 "입술의 기운"(사 11:4)이라고 불린다. 그리스도는 지금은 "하늘로 쫓아" 우리에게 말씀하신다고 한다. 왕이 그의 사절을 통해 말하는 것과 같다(히 12:25). 성직자들은 피리와 풍금에 지나지 않으며 그들에게 불어넣는 이는 살아 계신 하나님의 성령이시다. 우리가 말씀을 대할 때는 하나님이 설교자 안에서 말씀하시고 있다고 생각해야 한다. 데살로니가 교인들은 바울이 설교한 말씀을 마치 하나님 자신이 그들에게 말씀하신 것처럼 들었다. "너희가 우리에게 들은 바 하나님의 말씀을 받을 때에 사람의 말로 아니하고 하나님의 말씀으로 받음이니 진실로 그러하다"(살전 2:13)라고 하였다. 사무엘은 그에게 말씀한 이가 주님이신 줄 알았을 때 그의 귀를 기울였다(삼상 3:10). 하나님이 우리에게 말씀하실 때 우리가 경청하지 아니하면 우리가 그에게 기도할 때 그는 우리를 경청하지 않을 것이다.

둘째, 우리에게 전달된 문제들은 매우 심각하고 중대하다. 모세는 "내가 오늘날 천지를 불러서 너희에게 증거를 삼노라 내가 생명과 사망과 복과 저주를 네 앞에 두었은즉"(신 30:19)이라고 말하였다. 중대한 문제들이 그들 앞에 베풀어질 때 사람들이 말씀을 도외시하거나 졸 수 있는가? 우리는 믿음과 생활의 거룩함과 심판의 날과, 그리고 영원한 심판을 듣는다. 여기서 생명과 사망이 당신 앞에 제시된다. 그런데 이 모든 것이 심각한 주의력을 환기시키지 않았단 말인가? 생명과 재산이 관계되어 있는 특별사업에 관한 편지를 읽는다고 할 때 매우 신시하게 읽지 않겠는가? 설교 말씀에는 당신의 구원이 관계되어 있다. 그리고 언젠가 당신이 유의할 것이라면 그것은 지금이어야 할 것이다. "이는 너희에게 허사가 아니라 너희의 생명이니"(신 32:47)라고 하였다.

셋째, 헛된 생각과 졸음에 굴복하는 것은 사단을 만족시킨다. 사단은 종교에서 의무에 유의치 않는 것이 그것을 이행치 않는 것과 매한가지라는 것을 알고 있다. "마음이 하지 않는 것은 실제로 이루어지지 않는 것이다." 그러므로 그리스도께서는 어떤 사람들에 관하여 "들어도 듣지 못하며"(마 13:13)라고 말씀하신다. 어떻게 그럴 수가 있는가? 비록 말씀이 그들의 귀에는 울렸으나 그들에게 말씀되어진 것을 그들은 개의치 아니했으며 그들의 생각은 다른 것들에 가 있었기 때문이다. 그러므로 마치 그들이 말씀을 듣지 못한 것과 마찬가지였다. 사람들이 말씀 들으러 왔다가 결석한 것이나 마찬가지인 것을 보는 것이 사단을 기쁘게 하지 않겠는가? 그들에게는 쓸데없는 생각들이 붙어 다닌다. 그들은 직무 중에 있으면서, 직무에서 멀리 떠난다. 그들의 몸은 회중 가운데 있으나 그들의 마음은 상점에 가 있다. 그런 자들에게 주님은 "들어도 듣지 못하며"라고 말씀하신다.

넷째, 각 안식일은 우리가 지키게 될 마지막 안식일인지도 모른다. 우리는 들음의 장소에서 심판의 장소로 옮겨갈지 모른다. 그런데 우리는 경의심을 가지고 말씀을 경청하지 않겠는가? 우리는 하나님의 집으로 들어올 때 이렇게 생각했는가? "아마도 이번이 하나님께서 나의 영혼에 관하여 나에게 권고해 주실 마지막 기회가 될지 모른다. 그리고 다음 설교를 하기 전에 죽음의 경종이 나의 귀에 울릴 것이다"라고. 들을 때 얼마나 주의력과 전심을 가지고 공감해야 하겠으며 우리의 애정이 온통 불타야 하겠는가!

다섯째, 당신은 당신이 듣는 모든 설교를 셈하여야 한다. '계산을 하라'(*Redde rationem*). "네 보던 일을 셈하라"(눅 16:2)고 하였다. 이와 같이 하나님은 말씀하실 것이다. "네 들은 것을 셈하라. 너는 말씀으로 감동을 받았느냐? 너는 말씀으로 유익을 얻었느냐?" 만일 우리가 들을 때 산만해졌으며 우리에게 말씀한 바를 주의하지 않았다면 어떻게 우리는 셈을 잘할 수 있겠는가? 우리가 셈하여야 할 재판관은 하나님이시다. 우리가 만일 사람에게 셈을 한다면 우리는 셈을 거짓되게 할 수도 있을 것이다. 그러나 우리는 하나님께 셈하여야 한다. '그는 선물에 매수되지 않으시고 아첨에 속지도 않으신다'(*Nec doms corrumpitur, nee blanditiis fallitur*-Bernard). "그는 너무나 의로우신 하나님이신지라 매수당하실 수 없고 너무나 지혜로우셔서 속지 않으신다." 그러므로 그렇게 공평한 재판관에게 셈해야 될진대 얼마나 우리는 셈을 기억하여 설교된 한마디 말씀을 준수해야 할까! 이 모든 것이 우리로 하여금 설교를 들을 때 산만한 생각과 졸음을 떨쳐버리게 하고 우리의 귀를 말씀에 붙들어 매게 하라.

6) 말씀을 바르게 듣기 위해서는 다음 사항들을 유의하라.

(1) 설교 말씀을 효과 없게 할 성향들을 버리라.
첫째, 호기심을 버리라.
어떤 사람들은 설교 말씀을 들으러 가되 은혜를 얻고자 함이라기보다는 생각들로 자신을 풍부하게 하기 위해 간다. 그들은 "귀가 가려워서"(딤후 4:3) 말씀을 듣지 못한다. 어거스틴은 회심할 때에 신령한 문제를 위해서라기보다 웅변을 듣기 위해서 암브로스시우스에게 갔다고 고백한다. "그들이 너를 음악을 잘하며 고운 음성으로 사랑의 노래를 하는 자같이 여겼나니"(겔 33:32)라고 하였다. 많은 사람들이 그들의 귀만을 즐겁게 하고자 말씀을 들으러 간다. 그들은 음성의 곡조와 표현의 유창한 아름다움과 새로운 견해들을 즐기려 한다(행 17:21). 이것은 음식보다도 접시 장식하기를 더 사랑하는 것이다. 이것은 교화되기보다도 즐겁게 되기를 갈망하는 것이다. 얼굴을 화장하면서도 건강은 소홀히 하는 여인처럼 그들은 호기심에 찬 사색으로 자신들을 꾸미고 장식하나, 그들의 영혼의 전장은 소홀히 한다. 이러한 들음은 마음도 거룩케 하지 못하고 안식일도 거룩케 하지 못한다.

둘째, 편견을 버리라.
편견은 때때로 설교된 진리에 역행한다. 사두개인들은 부활 교리에 반대하는 편견을 품고 있었다(눅 20:27). 어떤 때는 편견이 설교자에게로 향한다. "미기야 한 사람이 있으니 저로 말미암아 여호와께 물을 수 있으나…내가 저를 미워하나이다"(왕상 22:8)라고 하였다. 편견은 말씀의 능력을 방해한다. 만일 환자가 그의 의사에 대하여 나쁜 생각을 갖는다면 그가 주는 약은 아무리 좋아도 하나도 먹고 싶지 않을 것이다. 마음에 품은 편견은 위 속에 있는 장애물과 같아서 음식물의 소화 효과를 방해한다. 편견은 말씀에 독을 타서 그 효능을 잃게 한다.

셋째, 탐심을 버리라.
탐심은 세상적인 이득을 부당하게 취할 뿐만 아니라 이것을 과도히 사랑한다. 이것은 설교된 말씀에 커다란 방해가 된다. 가시 떨기 위에 떨어진 씨앗은 기운이 막혔다(마 13:22). 이것은 탐욕스런 사람의 말씀을 듣는 태도에 대한 적절한 비유이다. 탐욕스런 사람은 들을 때에 세상에 대하여 생각한다. 그의 마음은 그의 상점에 가 있다. "내 백성처럼 네 앞에 앉아서 네 말을 들으나…마음은 이욕을 좇음이라"(겔 33 31)고 하였다. 탐욕스런 사람은 말씀을 비웃는다. "바리새인들은 돈을 좋아하는 자라 이 모든 것을 듣고 비웃거늘"(눅 16:14)라고 하였다.

넷째, 편파성을 버리라.

편파성이란 설교된 어떤 진리를 듣기 좋아하면서도 전부는 좋아하지 않는 것이다. 우리는 하늘에 관해서 듣기는 좋아하나 극기에 대해서는 듣기를 싫어한다. 그리스도와 함께 왕 노릇하는 것에 대해서는 좋아하나 그와 함께 고난 받는 것에 대해서는 싫어하고 종교의 보다 수월한 의무들에 대해서는 좋아하나 복잡하고 어려운 것에 대해서는 싫어한다. 도끼를 나무뿌리에 놓고 우리의 사랑하는 죄를 찍어버리는 금욕 같은 것 말이다. 양심을 거슬리지 않을 만한 "부드러운 말을 하라"(사 30:10)고 요구한다. 많은 사람들이 그리스도의 사랑에 관하여 듣기를 좋아하나, 원수를 사랑하는 것에 관하여는 듣기 싫어한다. 그들은 위로하는 말씀은 좋아하나 책망은 싫어한다. 헤롯은 세례 요한의 말을 기쁘게 들었다. 그는 많은 진리를 좋아하였으나, 요한이 그의 근친간음을 책망했을 때는 그렇지 않았다.

다섯째, 비판적 태도를 버리라.

어떤 사람들은 자기 자신들의 죄를 판단하지는 않고 설교자를 판단한다. 그의 설교는 그 안에 쓰디쓴 것이 너무 많이 들어 있거나 너무 긴 것이다. 그들은 설교를 실천하느니보다는 차라리 그것을 혹평하는 것을 택한다. 하지만 하나님은 비판하는 자를 비판하실 것이다(마 7:1).

여섯째, 불순종을 버리라.

"순종치 아니하고 거슬러 말하는 백성에게 내가 종일 내 손을 벌렸노라"(롬 10:21)라고 하였다. 하나님께서는 말씀의 설교를 통해 백성에게 그의 손길을 뻗으셨으나, 유대인들은 그리스도를 배척했다. 당신들 가운데서는 아무도 말씀의 권고를 고의적으로 거절하는 자가 하나도 없게 하라. 그들은 뱀의 귀와 금강석 같은 마음을 가졌다고 한다(슥 7:11-12). 만일 하나님이 우리에게 말씀하실 때 우리가 귀머거리처럼 된다면, 우리가 그에게 기도로 말씀드릴 때 그는 벙어리처럼 되실 것이다.

(2) 말씀을 바르게 듣고자 한다면 선한 목적을 가지라.
"더 나아지기 위하여 말씀 앞에 오라." 어떤 사람들은 그것이 유행하기 때문이거나, 명성을 얻기 위해서거나, 또는 양심의 입을 막기 위한 것 외에 다른 아무런 듣는 목적을 가지고 있지 않다. 그러나 더욱 거룩하게 되기 위하여 말씀으로 나아오라. 가슴에 꽂을 꽃을 꺾으러 정원으로 가는 사람과 시럽이나 약품을 만들 꽃을 꺾으러 정원으로 가는 사람 사이에는 큰 차이가 있다. 우리는 우리를 치료할 약을 얻기 위해 말씀으로 나아가야 할 것이다. 아람 사람 나아만이 그의 문둥병을 고침 받고자 요단으로 갔던 것처럼 말이다. "순전하고 신령한 젖을 사모하라 이는 이로 말미암아 너희로…자라게 하려 함이라"(벧전 2:2)고 하였다. 말씀의 모습으로 변화받기 위하여 말씀으로 나아가라. 인장이 밀랍 위에 그 자국을 남기듯이 설교된 말씀이 그 거룩의 흔적을 당신의 마음판에 남기도록 노력하라. 말씀이 질투의 물처럼 죽이고 풍요롭게 하여 당신의 죄를 죽이고 영혼을 은혜 안에서 풍요롭게 하도록 하라(민 5:27).

(3) 말씀을 바르게 듣고자 한다면 기쁨을 가지고 그것에 나아가라.
설교 말씀은 기름진 향연이다. 얼마나 큰 기름을 가지고 사람들은 잔치에 가는가! 설교 말씀은 소경의 눈을 뜨게 해주며, 돌 같은 마음을 부드럽게 해주며, 우리의 속박을 풀어주고 우리를 "사단의 권세에서 하나님께로"(행 26:18) 돌이키게 한다. 말씀은 중생의 씨이며 구원의 기관차이다(약 1:18). 기쁨과 만족을 가지고 말씀을 들으라. "내 주의 말씀을 얻어먹었사오니 주의 말씀은 내게 기쁨과 내 마음의 즐거움이오나"(렘 15:16)라고 하였다. "주의 말씀의 맛이 내게 어찌 그리 단지요 내 입에 꿀보다 더 하나이다"(시 119:103)라고 하였다. 양심에 가장 많이 사무치는 말씀을 사랑하라. 당신의 부패가 말씀과 마주칠 때, 성령의 검이 당신과 당신의 죄를 갈라놓았을 때 하나님을 찬양하라. 듣지 않는 약을 누가 먹겠는가?

(4) 말씀을 바르게 듣고자 한다면 그것을 믿음과 혼합하라.
설교 말씀의 진리를 그것에 의해 당신이 심판받아야 할 말씀인 것으로 믿으라. 설교 말씀을 믿을 뿐만 아니라 그 말씀을 당신의 영혼에 적용시키라. 믿음은 말씀을 소화해서 영적 자양분으로 변화시킨다. 많은 사람들이 말씀을 들으나 시편 106:24에서 언급하고 있는 것처럼 "그 말씀을 믿지 아니"한다. 멜란히톤(Melanchton)이 한번은 어떤 이태리 사람들에게 "너희 이태리 사람들은 하나님이 하늘에 계심을 믿지 못하고 빵 속의 하나님을 예배한다"라고 말했던 것처럼 많은 사람들이 하나님의 말씀을 들으면서도 하나님이 계시다는 것을 믿지 못한다. 그들은 그의 계시의 진리성을 의문시한다. 만일 우리가 말씀과 믿음을 혼합하지 않으면 약품에서 주성분을 떼어버리는 것과 같아서 약을 효과 없게 한다. 불신앙은 사람들의 마음을 완악하게 하여 말씀을 반대하게 한다.

"어떤 사람들은 마음이 굳어 순종치 않고"(행 19:9)라고 하였다. 사람들은 그리스도의 귀하심과 거룩하심의 아름다움과 영화롭게 된 상태의 행복에 관하여 설교된 많은 진리를 듣는다. 그러나 만일 불신앙과 무신론 사상으로 말미암아 그들이 이 진리를 의문시하면 우리는 그들에게 말하기보다는 차라리 교회의 돌과 기둥들에게 말하는 것이 더 나을 것이다. 믿어지지 않는 말씀은 결코 실천할 수 없다. '잘못 믿어지는 곳에서는 바로 실천되지도 않는다' (*Ubi male creditur, ibi nee bene vivitur*). 즉 믿음이 흔들릴 때에는 행위 또한 동요된다(Jerome).

불신앙은 설교 말씀을 효과 없게 만든다. "그 들은 바 말씀이 저희에게 유익하지 못한 것은 듣는 자가 믿음을 화합하지 아니함이라"(히 4:2)고 하였다. 불신자에게 준 말씀은 죽은 사람의 입 속에 넣어준 강심제와 같아서 아무런 효력도 발휘하지 못한다. 만일 우리 회중 가운데 어떤 불신자들이 있다고 한다면 교역자들은 마지막 날에 그들에 관하여 하나님께 무엇이라 말할 것인가? "주여! 우리는 당신이 우리에게 보내주신 사람들에게 설교했습니다. 우리는 그들에게 우리의 사명을 보여주었습니다. 우리는 그들에게 당신의 모든 계획을 선포했습니다. 그러나 그들은 우리가 말한 것은 한마디도 믿지 않았습니다. 우리는 그들에게 죄의 열매가 무엇이라는 것을 일러주었지만 그들은 유의하려 들지 않았습니다. 그들은 잔 속에 사망이 들어 있다 할지라도 그들의 달콤한 잔을 마시곤 했습니다. 주여! 우리는 그들의 죄와 무관합니다." 성직자들이 자기 교인들에 관하여 혹시라도 하나님께 이런 보고를 하는 일이 결단코 없기를 바란다. 자기 회중들이 불신앙 속에 살다가 죽는다면 그들은 이렇게 하지 않을 수 없게 될 것이다. 당신은 말씀을 바르게 들음으로써 안식일을 거룩케 하고 싶은가? 그것을 믿음을 가지고 들으라. 사도는 "믿음과 구원"을 연결시켰다. "우리는…영혼을 구원함에 이르는 믿음을 가진 자니라"(히 10:39)고 하였다.

(5) 말씀을 바르게 듣고자 한다면 온유한 마음으로 그것을 들으라.

'말씀을 온유함으로' (in mansuetu dine, with meekness) 받으라. 온유는 말씀에 대한 복종하는 마음가짐이다. 이 온유에 정반대되는 것은 분노로, 사람들이 말씀에 대항하여 일어설 때의 사나운 기질을 말한다. 이것은 마치 의사가 환자에게 그의 나쁜 기분을 깨끗이 해주려고 약을 지어 줄 때 환자가 의사에게 화를 내는 것과 같다. "저희가 이 말을 듣고 마음에 찔려 저(스데반)를 향하여 이를 갈거늘"(행 7:54), "아사가 노하여 선견자를 옥에 가두었으니"(대하 16:10)라고 하였다. 교만과 직책은 사람들로 하여금 말씀에 대해 짜증나게 한다. 아사로 하여금 분노하게 만든 것은 교만이 아니고 무엇인가? 그는 왕이었으며 그래서 자기는 너무나 선하기 때문에 자기 죄에 대해서 지적받을 이유가 없다고 생각하였다. 또한 하나님이 가인에게 "네 아우 아벨이 어디 있느냐"라고 말씀하셨을 때, 무엇이 가인을 성나게 했던가? 그는 "내가 내 아우를 지키는 자니이까"라고 대답하였다. 직책이 아니면 무엇이 그를 그토록 과민하게 했겠는가? 그는 자기 아우의 피로 자기 손을 더럽혔었던 것이다.

만일 당신이 말씀을 바르게 듣고자 한다면 당신의 격분을 버리라. "온유함으로 말씀을 받으라." 전달된 진리에 순복하는 겸손한 마음을 가지라. 하나님은 온유한 사람을 그의 학자로 삼으신다. "온유한 자에게 그 도를 가르치시리로다"(시 25:9)라고 하였다. 온유함은 설교 말씀을 "접붙인 말씀"이 되게 한다(약 1:21). 나쁜 줄기에 접붙인 좋은 가지는 그 성질을 변화시켜 그 가지로 하여금 선하고 풍성한 열매를 맺게 한다. 이와 같이 설교 말씀이 사람들의 심령에 접목되면 그들을 성화시켜 주고, 그래서 의의 아름다운 열매를 맺히게 한다. 온유함으로 인하여 그것은 접붙인 말씀이 된다.

(6) 말씀을 바르게 듣고자 한다면 주의력(attentive)이 있어야 할 뿐 아니라 보유력(retentive)이 있어야 한다.

이것을 당신의 기억력과 마음속에 쌓아 두라. 씨가 "좋은 땅에 있다는 것은 착하고 좋은 마음으로 말씀을 듣고 지키는"(눅 8:15) 것이다. '지키다'(to keep)의 그리스어는 말씀을 잘 간직해서 우리에게서 떠나지 않게 하는 것을 의미한다. 만일 씨가 땅에 간직되어 있지 않고 얼마 안 있어 씻겨 나가면 씨가 부려진 것은 거의 헛되다. 이와 같이 설교 말씀이 당신의 기억력과 심령 속에 간직되지 않는다면 이것은 헛되이 설교된 것이다. 많은 사람들이 새는 그릇 같은 기억력을 가지고 있다. 만일 말씀이 들어오기가 무섭게 나가버린다면 어떻게 그것이 유익될 수 있는가? 보석이 상자 속에 들어 있는데 그 상자를 채우지 않았다면 그것은 쉽사리 꺼내갈 수 있다. 이와 같이 나쁜 기억력은 자물쇠 없는 상자와 같아서 마귀는 여기에서 쉽사리 모든 보화를 꺼내갈 수 있다. "이에 마귀가 와서…말씀을 그 마음에서 빼앗는 것이요"(눅 8:12)라고 하였다. 당신이 듣는 진리를 기억해 두려고 노력하라. 우리가 귀히 여기는 것들은 쉽사리 잊히지 않는다. "처녀가 어찌 그 패물을 잊겠느냐 신부가 어찌 그 고운 옷을 잊겠느냐"(렘 2:32)라고 하였다. 우리가 말씀을 좀더 소중히 여긴다면 우리는 그것을 그렇게 속히 잊지 말아야 할 것이다. 만일 음식물이 위 속에 머물지 않고 먹는 대로 올라온다면 그것은 양분을 공급하지 못한다. 이와 같이 말씀이 기억 속에 남아 있지 않고 당장에 없어진다면 그것은 영혼에 별로 이익을 주지 못한다.

(7) 말씀을 바르게 듣고자 한다면 듣는 바를 실천하라.

실천은 모든 것의 생명이다. "그의 계명을 행하는 자는 복이 있으니 이는 저희가 생명나무에 나아갈 권세를 얻으려 함이로다"(계 22:14, 영어성경을 직역함-역주)라고 하였다. 듣기만 한 것은 심판의 날에 아무런 구실이 되지 않을 것이다. 단지 "주여! 내가 많은 설교를 들었나이다"라고 말하는 것뿐이다. 하나님은 "너는 어떤 순종의 열매를 맺었느냐?"라고 말씀하실 것이다. 설교 말씀은 당신에게 알려줄(inform) 뿐 아니라 당신을 개혁하기 위한 것이다. 당신의 시력을 고쳐주는 것일 뿐 아니라 하늘로 가는 당신의 발걸음을 고쳐주는 것이다. 좋은 교인은 향일성 식물이 태양에게 하듯이 하나님을 향하여 열기도 하고 맡기도 하는 것이다.

만일 당신이 실천하려고 말씀을 듣는 것이 아니라면 당신의 모든 노고는 헛수고다. 만일 당신이 듣고도 나아지지 않는다면 당신은 얼마나 많은 지루한 발걸음을 걸어온 셈이 되며, 당신의 몸이 일에 몰려온 셈이 되며, 당신의 영이 힘없이 되는가! 만일 당신이 여느 때와 마찬가지로 교만하고 허식적이고 세속적이라면 당신의 모든 듣는 것은 헛수고이다. 당신은 헛되이 장사하는 것을 몹시 싫어할 것이다. 그러면서도 왜 설교를 헛되이 듣는 것은 싫어하지 않는가? "내가…어찌 헛되이 수고하리이까"(욥 9:29)라고 하였다. 이 질문은 당신 자신의 영혼에게 넘기사. 내가 왜 헛되이 수고하랴? 왜 내가 이 모든 듣는 수고를 다하고도 이것을 실천할 은혜가 없단 말인가? 나는 여전히 불량하다! 왜 그러면 나는 헛되이 수고하는가?

만일 당신이 말씀을 듣고도 그것으로 인하여 더 나아지지 않는다면 당신은 불 속에서도 뜨거워지지 않는 불도마뱀과 같다. 그래서 당신의 들음은 당신의 죄 정함을 증가시킬 것이다. "주인의 뜻을 알고도 예비치 아니하고 그 뜻대로 행치 아니한 종은 많이 맞을 것이요"(눅 12:47)라고 하였다. 우리는 어디서 들어야 할지 모르는 그런 사람들을 가엾게 여긴다. 어떻게 들어야 할지 개의치 않는 그런 사람들은 더욱 나쁠 것이다. 은혜 없는 불순종의 청중들에게 모든 설교는 지옥을 뜨겁게 하는 나뭇단이 될 것이다. 율례들을 잔뜩 지고 지옥으로 가는 것은 슬픈 일이다 오! 성령님께 설교 말씀이 효과 있도록 빌라! 성직자들은 귀를 향해 말하는 것뿐이요 성령은 마음을 향하여 말한다. "베드로가 이 말할 때에 성령이 말씀 듣는 모든 사람에게 내려오시니"(행 10:44)라고 하였다.

(8) 거룩하고 신령한 태도로 말씀을 듣고 난 후에는 안식일을 더 한층 거룩케 하기 위하여 말씀에 대해 대화하라.

우리는 이 날에 우리 자신의 말을 하는 것이 금지되어 있고 우리는 하나님의 말씀을 말해야 한다(사 58:13). 같이 앉아서 설교에 대해서 이야기하라. 이것은 안식일을 거룩케 하는 한 부분이 된다. 좋은 대화는 거룩한 진리를 우리 기억력 안으로 가져다주며 그것들을 우리 마음에 붙들어 매준다. "그 때에 여호와를 경외하는 자들이 피차에 말하매"(말 3:16)라고 하였다. 좋은 대화에는 큰 능력과 효능이 있다. "옳은 말은 어찌 그리 유력한지"(욥 6:25)라고 하였다. 안식일에 거룩한 대화를 통해서 한 그리스도인이 다른 얼어붙은 그리스도인을 뜨겁게 할 수 있으며 다른 약한 그리스도인을 강하게 할 수 있다. 라티머(Latimer)는 순교자 빌니(Bilney)와 상담을 가짐으로써 신앙에 큰 진전을 보았다고 고백하였다. "내 혀가 주의 말씀을 노래할지니이다"(시 119:172)라고 하였다. 안식일에 말씀을 설교하는 것이 더 좋은 효과를 보지 못하는 한 가지 이유는 훌륭한 대화가 너무나 없기 때문이다. 극소수만이 그들이 들은 말씀에 대해서 이야기를 하니, 마치 설교가 다시는 이야기를 꺼내서는 안 되는 그런 비밀처럼 되었으며, 또는 마치 우리를 구원할 그것에 대해서 이야기하는 것이 수치스러운 것처럼 된 것이다.

(9) 안식일 저녁을 말씀 암송과 읽기와 시편을 노래하기와 기도로 끝맺으라.

당신이 들은 말씀에 하나님이 축복하시기를 구하라. 그렇게만 안식일을 보낼 수 있다면 우리는 "주의 날에 성령에 감동하여" 있을 수 있으며 우리의 영혼이 영양을 공급받고 위로받을 것이다. 그래서 우리가 현재 지키는 안식일이 장차 하늘에서 축하하게 될 영원한 안식의 보증이 될 것이다.

 적용 1 "안식일을 거룩히 지켜야 될" 그리스도인의 의무를 살펴보자.

전체 안식일을 하나님께 봉헌해야한다. 안식일의 일부를 거룩히 지키라고 말씀하지 않고 온종일을 경건하게 준수해야 된다고 하였다. 하나님이 우리에게 여섯 날을 주시고 하루만 자신의 것으로 처하셨을진대 우리가 그 날을 얼마든지 그에게 드리기를 싫어하겠는가? 그것은 신성모독일 것이다. 유대인들은 주님 앞에 온종일을 지켰다. 그러면 우리는 어거스틴이 말한 바와 같이 유대인들이 했던 것보다 더 안식일을 단축하거나 삭감하지 말아야 할 것이다. 다름 아닌 이교도들도 자연적인 지각에 의해 거짓 신들을 축하하여 온종일을 따로 구별하였다. 그리고 그들의 대제사장 스카이볼라도 그 날을 고의로 범하면 속죄도 없고 용서도 없다고 단언하였다. 만일 어떤 사람이 세속적인 일이나 오락을 위해서 기독교 안식의 얼마를 빼앗아 버린다면 저 이교 신들의 제사장 스카이볼라는 심판하러 일어나 그를 정죄할 것이다. 온전한 안식일을 지키는 것이 너무나 유대교적이라고 말하는 사람들은 어디에 하나님이 예배 시간을 단축하셨는지 보여달라. 어디에 하나님이 너희는 안식일의 일부분만 지키라고 말씀하셨는지 보이라. 그리고 만일 그들이 그것을 보여줄 수 없다면 그것은 하나님에게서 그의 몫을 빼앗는 것이다. 온종일을 하나님께 특별 예배를 드리도록 예정되고 따로 구별되었다는 것이 순교자 피터가 말한 바와 같이 교회가 지상에 남아 있는 동안 지킬 영원한 규례이다. 테오도도레, 어거스틴, 이레니우스, 그리고 교부들이 또한 이와 같은 견해를 가졌었다.

온전한 안식일이 하나님에 봉헌되어야 함같이 또한 거룩하게 지켜져야 한다.

당신은 주의 날을 읽기와 묵상과 기도와 말씀 들음, 그리고 주님께 아름다운 곡조를 드릴 찬송을 부름으로써 거룩케 하는 방식을 알았다. 이제 이 날을 거룩하게 지키는 것에 대하여 말한 것 외에도 그에 대한 짧은 논평이나 알기 쉬운 설명을 해보자.

"만일 안식일에 네 발을 금하여 내 성일에 오락을 행치 아니하고 안식일을 일컬어 즐거운 날이라 여호와의 성일을 존귀한 날이라 하여 이를 존귀히 여기고 네 길로 행치 아니하며 네 오락을 구치 아니하며 사사로운 말을 하지 아니하면"(사 58:13)이라고 하였다. 여기에 안식일을 올바로 거룩케 하는 것에 대한 서술이 있다.

먼저 "만일 안식일에 네 발을 금하여"란 말씀은 문자적으로 이해하든가 아니면 영적으로 이해할 수 있다. 문자적으로는 "만일 네가 안식일에 먼 길이나 여행을 가지 않도록 네 발을 삼가면"이다. 유대인 학자들은 이와 같이 해석한다. 또는 영적으로는 '만일 네가 네 애착심을(네 영혼의 발을) 어떤 세상적인 사업에 쏠리는 것으로부터 돌이키면'이다.

또한 "내 성일에 오락을 행치 아니하고"라 하였는데 다시 말하면 너는 스포츠나 유희처럼 육욕적인 지체를 기쁘게 하는 그런 것을 하지 말라는 것이다. 이것은 하나님의 날에 마귀의 일을 하는 것이다.

이어서 "안식일을 일컬어 즐거운 날이라"고 하였다. 이는 안식일을 즐거운 날로 여기라는 것이다. 비록 안식일은 육욕적 쾌락의 날은 아니지만 거룩한 기쁨까지 금하는 것은 아니다. 영혼은 안식일의 직무들을 즐거워하여야 한다. 옛 성도들은 안식일을 즐거운 날로 여겼다. 유대인들은 안식일을 '빛의 날' (dies lucia)이라고 불렀다. 의의 태양이 비취는 주와 날은 빈의 날이기도 하고 즐거운 날이기도 하다. 이 날은 하나님과 영혼 사이의 아름다운 교제의 날이다. 이 날에 그리스도인은 하늘로 신나게 떠난다. 그의 영혼은 땅 위에 높이 오른다. 그런데 어찌 즐거움이 없을 수 있겠는가? 새는 높이 날면 날수록 더 아름답게 노래한다. 안식일에 영혼은 그의 사랑을 하나님께 고정시킨다. 그리고 사랑이 있는 곳에 즐거움이 있다. 이 날에 신자의 마음은 녹아지고 일깨워지고, 그리고 거룩한 직분 안에서 확장된다. 그러할진대 어떻게 이 모든 것이, 비밀한 즐거움이 그것과 함께 병행하지 않고 배길 수 있겠는가? 안식일에 은혜로운 영혼은 말할 수 있다. "내가 그 그늘에 앉아서 심히 기뻐하였고 그 실과는 내 입에 달았구나"(아 2:3). 어떻게 신령한 마음이 안식일을 즐거운 날이라 일컫지 않고 견딜 수 있겠는가? 공주가 신랑인 임금을 맞이하려고 그녀의 결혼 예복을 입고 있는 것이 즐겁지 아니하겠는가? 우리는 안식일 수련을 하고 있는 동안에 정장을 하고, 하늘의 신랑 주 예수님을 만날 때 입을 결혼 예복을 입는다. 그런데 이것이 즐겁지 아니한가? 안식일에 하나님은 기름진 것들로 향연을 베푸신다. 그는 그의 말씀으로 귀를 대접하시고 그의 은혜로 마음을 대접하신다. 그렇다면 우리는 안식일을 일컬어 즐거운 날이라 할 만하다. 이 거룩한 즐거움을 발견하는 것이 "주의 날에 성령에 감동하여" 있는 것이다.

다음으로 "여호와의 성일을 존귀한 날이라" 하라 하였다. 히브리어로는 이것은 '영광스러운'이다. 안식일을 존귀한 날이라 일컫는 것은 유대인 학자들이 퇴폐적으로 해석하듯, 이 날에 좀더 화려한 의상을 입거나 또는 좀더 맛있는 식사를 함으로써 외부적인 존귀를 그것에게 드리는 정도로 이해하지 말 것이다. 이것은 어떤 사람들이 이 날에 부여하는 주된 존귀이긴 하다. 그러나 안식일을 존귀하다 일컫는 것은 그것을 존귀하게 여기며 그것을 모든 날의 여왕으로 여김으로써 마음의 존경을 그 날에 드리는 것을 의미한다. 우리는 안식일을 존귀하게 여겨야 한다. 왜냐하면 하나님이 그 날을 존귀케 하셨기 때문이다. 성삼위께서도 이 날을 존귀케 하셨다. 성부 하나님께서 이 날을 축복하셨고, 성자 하나님께서 이 날에 살아나셨고, 성령 하나님께서 이 날에 강림하셨다(행 2:1). 이 날은 모든 선한 그리스도인들에 의하여 존귀하게 여김을 받아야 하고 숭배를 받아야 한다. 이 날은 긍휼의 금홀이 제시되는 고명한 날이다. 기독교의 안식일은 하늘의 안식일의 황혼(*crepusculum*)이며, 여명이다. 이 날은 존귀하다. 왜냐하면 이 날에 "하나님이 우리에게 내려오시고 우리를 방문하시기" 때문이다. 하늘의 왕이신 하나님이 특별한 방식으로 회중들 가운데 임재하심으로 이 안식일을 존귀케 한다. 그 외에도, 이 날 하는 일이 이것을 존귀케 한다. 여섯 날들은 육체노동으로 채워져 있어서 이것이 그들로 많은 영광을 잃게 한다. 그러나 이 날에는 성스러운 일을 한다. 영혼은 하나님의 예배에 온전히 종사한다. 기도하고, 말씀을 듣고, 묵상하고, 전사의 일을 하며, 하나님을 찬송하며 찬양한다. 다시금 하나님의 제정에 의하여 그 날은 존귀하다. 은은 그 자체로서 가치가 있다. 그러나 왕의 인이 이것에 찍혀 있으면 이것은 더욱 가치가 있는 것이다. 이와 같이 하나님은 이 날에 성스러운 인을 찍으셨다. 곧 하나님의 권위의 인이요 하나님의 축복의 인이다. 이것이 이 날을 존귀케 한다. 그리고 이 날을 즐겁고 존귀한 날이라 일컫는 것이 안식일을 거룩하게 하는 것이다.

계속해서 "네 길로 행치 아니하며"라고 하였다. 다시 말하면 너는 무슨 일이든지 세상일을 함으로 이 날을 더럽히지 말라는 것이다.

또한 "네 오락을 구치 아니하며"라고 하였다. 다시 말하면 소풍이나 방문이나 유희로서 육체적인 면을 만족시키지 말라는 것이다.

끝으로 "사사로운 말을 하지 아니하면."이라고 하였다. 다시 말하면 이질적이고 안식일에 적합지 않는 말들, 헛되고 무례한 말들, 세상적인 일에 대한 담화들을 삼가라는 것이다.

적용 2 만일 안식일이 거룩히 지켜져야 한다면 안식일을 거룩하게 하지 않고 이것을 더럽히는 자들은 책망받는다. 그들은 온전히 하나님께 봉헌해야 할 시간을 빼앗아 마귀와 그들의 육욕을 섬기는 데 사용한다. 주님은 이 날을 자기 자신의 예배를 위하여 따로 구별해 놓으셨는데 그들은 이것을 천하게 만든다. 하나님은 이 계명 주위에 울타리를 두르시고 "기억하라"라고 말씀하셨다. 그런데 그들은 이 울타리를 헌다. 그러나 이 울타리를 허는 자는 뱀이 물 것이다(전 10:8). 안식일은 잉글랜드에서 피를 흘리며 누워 있다. 그리고 오! 우리 의회가 그가 받은 상처에 향유를 부었으면 좋겠다! 집에 할 일 없이 앉아 있음으로써, 음식물을 팖으로써, 쓸데없는 대화로써, 죄악된 방문으로써, 들에서 거닒으로써, 그리고 스포츠로써 얼마나 이 날이 모독당하는가! 이스라엘 백성은 안식일에 만나를 주워서는 안 되고 우리는 이 날에 춤을 춰도 괜찮단 말인가? 정말로 우리가 그토록 안식일이 더럽혀짐을 보는 것은 슬픈 사실이 될 것이다. 다리우스 왕의 환관 한 사람은 알렉산더 대왕이 그의 발을 다리우스 왕의 화려한 책상 위에 올려놓고 있는 것을 보았을 때 울었다. 알렉산더 대왕이 왜 우느냐고 그에게 물었다. 그는 그의 주인이 그토록 귀중히 여기던 책상이 오늘날 발등상이 되었음을 보고 그런다고 말했다. 이와 같이 우리도 하나님이 귀히 여기시고 존귀케 하셨으며 축복하신 안식일이 발등상이 되고 죄인들의 발 아래 짓밟히는 것을 보고 울어야 될 것이다. 안식일을 더럽히는 것은 큰 죄이다. 이것은 하나님에 대한 고의적인 멸시이다. 이것은 그의 율법을 우리 등 뒤로 던져버리는 것일 뿐만 아니라 또한 발로 짓밟는 것이다. 그는 말씀하시기를 "안식일을 거룩히 지키라"고 하신다. 그러나 인간들이 이것을 오염시킨다. 이것이 하나님을 멸시하는 것이며, 반항의 깃발을 내거는 것이며, 긴 장갑을 던져 도전하는 것이며, 하나님 자신께 도전하는 것이다. 과연 하나님께서 교만한 티끌에 의해 그토록 건방지게 대항받으시는 것을 참으실 수 있는가? 정녕코 그는 이런 고도의 몰염치가 처벌받지 않고 무사한 것을 허용치 않으실 것이다. 하나님의 저주가 안식일을 범하는 자에게 임할 것이다. 그리고 저주가 가는 곳을 그것은 망칠 것이다. 나랏법은 안식일을 범하는 자를 방치해 두나 하나님은 그렇지 않으실 것이다. 그리스도께서 무화과나무를 저주하시자마자 그것은 시들었다. 하나님은 손수 그 문제를 떠맡으실 것이다. 그는 안식일을 범하는 것의 처벌을 친히 담당하실 것이다. 그러면 어떻게 그는 그것을 처벌하시는가?

영적 역병. 하나님은 안식일을 더럽히는 자들을 마음의 완악한 대로와 마비된 양심대로 내버려 두셨다. 영적 심판이 가장 쓰라리다. "그러므로 내가 그 마음의 강퍅한대로 버려두어"(시 81:12)라고 하였다. 양심의 마비는 유기(reprobation)의 낙인이 찍힌 표이다.

하나님은 사람들이 다른 죄들을 범하도록 내버려 두심으로써 이 죄를 형벌하신다. 그의 안식일을 범하는 것을 보복하시기 위하여 그는 그들이 빈 집을 털도록 내버려 두시고, 그래서 급기야 행정장관에게 처벌받게 되도록 하신다.

얼마나 많은 그 같은 고백을 우리는 처형당하기 직전의 도둑들로부터 들어 왔는가! 그들은 안식일을 거들떠보지도 않았으며 그래서 하나님은 그들이 죽을 죄를 짓도록 내버려 두셨던 것이다.

하나님은 안식일을 범하는 죄를 갑작스런 가시적인 심판으로 그 범하는 자들에게 벌하신다. 그는 그들의 재산에서, 그리고 그들의 사람들에게서 그들을 처벌하신다. 어떤 사람이 주일날에 곡식을 창고로 운반하다가 하늘에서 내려온 불로 집과 곡식이 다 타버렸다. 월트쉬어에서는 무용경연대회가 주일날로 정해져 있었다. 그런데 일행 중 하나가 춤을 추다가 갑자기 엎드러져 죽었다. "하나님의 심판극장"(Theatre of God's judgments) 이 한 사람에 대해서 이야기하기를, 그는 매 주일날 설교 시간에 사냥하는 버릇이 있었는데 그의 아내가 개와 같은 머리를 가진 아기를 낳았고, 그 아기는 사냥개처럼 울었다고 한다. 그의 죄는 괴악했으며 그는 괴악한 출산으로써 형벌받았다. 주님은 유대인들에게 경고하기를 만일 그들이 안식일을 거룩케 하지 아니한다면 그는 그들의 성문에 불을 놓을 것이라고 하셨다(렘 17:27). 런던에서 발생했던 그 무서운 화재는 안식일에 시작되었다. 마치 하나님께서 그때 우리의 안식일을 범하는 죄를 벌하시고 계셨다는 것을 하늘로부터 말씀하시는 것 같았다. 그는 이생에서 사망으로 이것을 벌주실 뿐 아니라 또한 내세에 지옥형벌로 벌하신다. 과연 안식일을 깨뜨리는 그런 자들이 그들과 마귀들이 묶이게 될 흑암의 쇠사슬도 깨뜨릴 수 있는지 생각해 보라.

적용 3 이것은 우리에게 안식일의 거룩을 훈계한다. 이 날을 거룩히 지키는 것을 양심으로 삼으라. 다른 계명들은 그 안에 긍정문만 들어 있거나 아니면 부정문만 들어 있다. 이 제4계명은 그 안에 긍정문과 부정문, 둘 다 가지고 있다. "안식일을 거룩히 지키라"와 "이 날에 아무 일도 하지 말라"는 얼마나 주의 깊게 하나님께서 우리가 이 날을 준수하기를 원하시는지를 보여준다. 당신은 이 날을 당신 자신이 지켜야 할 뿐 아니라 당신에게 속해 있는 모든 자들도 이를 지키도록 주의하여야 한다. "너나 네 아들이나 네 딸이나 네 남종이나 네 여종이나." 다시 말하면 부모이든지 또는 주인이든지, 상급자인 당신이 당신 자신 뿐만 아니라 당신의 보호와 가르침 밑에 있는 사람들도 그 날을 거룩케 하도록 주의하여야 한다. 하인들이 자기들을 섬기는지에 대하여는 주의하면서도 그들이 하나님을 섬기는지에 대하여는 주의하지 않는 그런 가장들은 책망받아야 한다. 그들의 하인들이 몸으로 그들을 섬기는 한 비록 마귀를 섬긴다 해도 개의치 않는 그런 가장들은 책망받아야 한다. 바울이 디모데에게 말한 바, '맡기신 것을 지키라'(Serva depositum). "너에게 맡겨진 선한 것을 지키라"는 말씀은 큰 뜻을 가지고 있다(딤전 1:11). 네 자신의 영혼을 돌아볼 뿐만 아니라 또한 네게 맡겨진 영혼들을 돌아보라는 것이다. 당신에게 속해 있는 사람들이 안식일을 거룩하게 지키도록 주의하라. 하나님의 율법은 만일 사람이 길 잃은 소나 나귀를 만나거든 그것을 다시 돌려보내 주라고 규정하였다. 하물며 당신은 당신의 자녀나 하인의 영혼이 하나님에게서 떠나 길을 잃고 안식일을 범하는 것을 보거든 당신은 이 날의 종교적 엄수를 위해 그를 돌이키게 해야 할 것이다.

그들을 강권하여 안식일을 거룩하게 지키도록 하기 위하여, 당신은 하나님이 이 날을 엄수하는 자들에게 얼마나 큰 축복을 약속하셨는가를 생각하라(사 58:14).

하나님은 안식일을 지키는 자들에게 즐거움을 약속하셨다.
"네기 여호외의 안에서 즐기움을 얻을 것이리"라고 하였다. 하나님 안에서 즐거워하는 것은 의무이면서 아울러 보상이다. 이 본문에서는 이것이 보상이다. "네가 여호와의 안에서 즐거움을 얻을 것이라." 마치 하나님이 말씀하시기를 만일 네가 안식일을 양심적으로 지킨다면 나는 네게 기쁨으로 충만하게 할 것을 주겠다고 하시는 것과 같다. 마치 하나님이 말씀하시기를 만일 네가 자원적으로 안식일을 지킨다면 나는 네가 이것을 즐겁게 지키도록 만들겠다고 하시는 것과 같다. 나는 네게 직분을 확장시켜 주고, 그리고 너를 풍성하게 만족시켜 줄 내적인 위안을 주겠다. 네 영혼은 큰 기쁨의 물결이 넘쳐흘러서 너는 "주여! 주의 안식일을 지킴에는 큰 보상이 있나이다"라고 말할 것이다.

하나님은 안식일을 지키는 자들에게 명예를 약속하셨다.
그리고 "내가 너를 땅의 높은 곳에 올리고"라고 하였다. 다시 말하면 나는 너를 명예로운 위치로 승진시키겠다는 것이다. 이와 같이 문스터(Munster)는 이것을 해석한다. 어떤 사람들은 땅의 높은 곳을 유대 땅이라고 이해한다. 그로티우스(Grotius)도 이렇게 해석한다. 나는 다른 이웃 나라들보다 더 높이 위치하고 있는 유대 땅으로 너를 인도해 들일 것이다.

하나님은 안식일을 지키는 자들에게 땅과 하늘을 약속하셨다.
"네 조상 야곱의 업으로 기르리라"라고 하였다. 다시 말하면 나는 너를 가나안의 모든 맛좋은 것들로 먹일 것이며 그 후에 나는 너를 가나안은 다만 그것의 예표에 불과한 그 하늘로 옮겨갈 것이다. 또 다른 약속은 "안식일을 지켜 더럽히지 아니하며…이같이 행하는 사람…인생은 복이 있느니라"(사 56:2)이다. "복이 있느니라." 이것은 히브리어로 "축복받음"(blessedness)이다. 안식일을 거룩하게 지키는 사람에게는 여기서 축복 위에 축복이 그에게 속하게 된다. 그는 윗샘과 아랫샘으로 축복받을 것이며, 그는 그의 이름에, 재산에, 영혼에, 후손에 축복 받을 것이다. 누가 안식일을 지키지 않아 이것을 더럽히면서도 그 많은 축복이 그와 그 뒤의 그의 후손에게 내리게 할 자가 있겠는가? 또 안식일을 양심적으로 지키는 것은 그 날 후의 온 주일을 하나님의 봉사를 위하는 마음에 흥을 돋운다. 그리스도인이여, 당신이 안식일에 거룩하면 할수록 그만큼 당신은 그 주일 내내 거룩하게 될 것이다.

5. 제5계명 네 부모를 공경하라

 "네 부모를 공경하라. 그리하면 너의 하나님 나 여호와가 네게 준 땅에서 네 생명이 길리라"(출 20:12).

첫째 부분의 십계명은 이미 끝내었으니 다음에는 둘째 부분의 의무들에 관하여 말할 것이다. 계명들은 야곱의 사다리에 비유할 수 있다. 첫 부분은 하나님께 관계하고 있고 하늘에 닿은 사다리의 꼭대기가 된다. 그리고 둘째 부분은 상급자와 하급자에 관계하며 땅에 놓여 있는 사다리의 발이 된다. 첫 부분에 의하여 우리는 하나님께 향하여 종교적으로 행하며, 둘째 부분에 의해서는 사람에게 향하여 종교적으로 행한다. 둘째 부분에서 악한 사람이 첫째 부분에서 선할 수가 없다. "네 부모를 공경하라"고 하였다. 여기에서 우리는 "네 부모를 공경하라"는 계명과 함께 그 이유, 즉 "땅에서 네 생명이 길리라"는 약속을 받게 된다. 여기서는 주로 "네 아비를 공경하라"는 명령이 고찰될 것이다.

1) 아비는 여러 종류다. 정치적, 연령적, 영적, 가정적, 그리고 자연적 아비 같은 것들이다.

(1) 정치적인 아비, 곧 행정장관이다.
그는 그의 나라의 아비다. 그는 덕성의 장려자요, 악덕의 처벌자요, 과부와 고아에게 아비가 되어야 한다. 그러한 아비가 바로 욥이었다. "빈궁한 자의 아비도 되며 생소한 자의 일을 사실하여 주었으며"(욥 29:16)라고 하였다. 행정장관들이 아비들인 것처럼 행정장관들의 머리인 왕도 특별히 정치적인 아비이다. 그는 더 작은 별들 가운데 대양처럼 위치하고 있다. 성경은 왕들을 "아비들"이라고 일컫는다. "열왕은 네 양부가 되며"(사 49:23)라고 하였다. 그들은 그들의 신하들을 경건 중에 선한 칙령과 모범으로서 훈련시켜야 되며 평화와 풍요 가운데 그들을 양육하여야 한다. 그러한 양부들이 바로 다윗과 히스기아와 요시아와 콘스탄틴과 데오도시우스였다. 백성이 그러한 양부를 가지고 있어서 그들의 유방이 그들의 자녀들에게 위안의 젖을 먹여주면 좋은 것이다. 이 아비들은 공경을 받아야 한다. 그 이유는 첫째, 그들의 지위가 존경을 받을 만하기 때문이다.

하나님은 국가 내의 질서와 조화를 유지하기 위하여 이들 정치적인 아비들을 세우셨으며, 그렇지 않았더라면 결과적으로 발생할지 모르는 저 국가 동란들을 방지하기 위해서 세우셨다. "그 때에는 이스라엘에 왕이 없으므로 사람마다 자기 소견에 옳은 대로 행하였더라"(삿 17:6)라고 하였다. 메뚜기들은 왕이 없으나 그러면서도 떼를 지어 나아가는 것은 신기한 일이다.

하나님이 왕들을 승진시키신 두 번째 이유는 그들의 정의를 증진시키게 하기 위함이다.

그들이 손에 칼을 가지고 있어 권세를 표시하는 것처럼 그들은 홀을 가지고 있어 정의의 상징이 된다. 마르크스 오렐리우스 황제에 관한 이야기가 있는데 그는 압제당하는 사람들의 불평을 듣기 위하여 하루 한 시간을 할애하였다고 한다. 왕들은 공의의 실시를 위하여 보좌 주위에 전사들처럼 재판관들을 세운다. 이들 정치적인 아비들은 존경을 받아야 한다. "왕을 공경하라"(벧전 2:17)고 하였다. 이 존경은 시민적인 존경에 의해 그들의 임금들에게 표시되어야 하며 그들의 법률에 대한 기꺼운 굴복으로 표시되어야 한다. 그 법들이 하나님의 법과 일치하고 평행하는 한 그렇다는 것이다. 왕들을 위해서 기도해야 되며, 이것은 우리가 그들에게 표하는 존경의 일부분이다. "내가 첫째로 권하노니 모든 사람을 위하여 간구와 기도와 도고와 감사를 하되 임금들과 높은 지위에 있는 모든 사람을 위하여 하라 이는 우리가 모든 경건과 단정한 중에 고요하고 평안한 생활을 하려 함이니라"(딤전 2:1)고 하였다. 우리는 임금들을 위하여 기도해야 되는데 이는 하나님이 그들을 존대하여 축복이 되게 하고자 함이며, 그들 밑에서 우리가 평화의 복음을 누리며 또 복음의 평화를 누리기 위함이다. 누마 폼필리우스의 치세는 얼마나 행복했던가? 그 때는 칼들을 두들겨 보습을 만들었으며 벌들이 병사들의 철모로 벌집을 만들었다!

(2) 노년으로 인해 존경할 만한 근엄한 늙은 아비가 있다.

그의 백발은 편도 나무의 흰 꽃을 닮았다(전 12:5). 연상임으로 인한 아비들이 있는데 그들의 주름살진 이마에는, 그리고 그들의 뺨의 깊은 주름살에는 노년의 지도가 그려져 있다. 이들 아비들은 존경을 받아야 한다. "너는 센 머리 앞에 일어서고 노인의 얼굴을 공경하며"(레 19:32)라고 하였다. 연상임으로 인할 뿐 아니라 그들의 경건으로 인하여도 아비들이 되는 그런 사람들은 특별히 존경받아야 한다. 그들의 몸은 쇠퇴하고 있을 때 그들의 영혼은 번영하고 있다. 노년의 가을철에 은혜의 봄을 보는 것은 축복의 광경이 된다. 사람들이 무덤을 향하여 구부리면서도 하나님의 언덕을 올라가고 있는 것을 보는 것, 그들이 혈색은 잃으나 그들의 향기를 그대로 지니고 있는 것을 보는 것은 축복받은 광경이다. 백발이 의의 면류관으로 씌워진 그들은 갑절의 존경을 받을 만하다. 그들은 한 편의 고풍의 작품으로서 뿐만 아니라 덕행의 본보기로서 존경을 받아야 한다. 당신이 하나님을 경외하는 한 늙은 이를 볼 때, 그의 인생의 태양이 막 지고 있는데도 그의 은혜는 가장 찬란히 빛날 때, 그를 존경하며 모방함으로써 그를 아비로서 공경하라.

(3) 목사들과 성직자들과 같은 영적 아비들이 있다.

이 사람들은 중생의 도구들이다. "그리스도 안에서 일만 스승이 있으되 아비는 많지 아니하니 그리스도 예수 안에서 복음으로써 내가 너희를 낳았음이라"(고전 4:15)고 하였다. 영적 아비들은 그들의 직분에 관해서 존경을 받아야 한다. 그들의 인품이 어떻든 간에 그들의 직분은 존귀한 것이다. 그들은 만군의 여호와의 사자들이다(말 2:7). 그들은 적어도 하나님 자신을 대표한다. "이러므로 우리가 그리스도를 대신하여 사신이 되어"(고후 5:20)라고 하였다. 예수 그리스도께서도 이 소명을 가졌있다. 그는 그의 사명과 승인을 하늘로부터 받으셨고 이것이 성직의 소명을 존귀로써 관 씌워준다(요 8:18).

이들 영적 아비들은 "그들의 사역을 인하여" 존경받아야 한다. 그들은 비둘기처럼 감람나무 가지를 입에 물고 온다. 그들은 평화의 기쁜 소식을 설교한다. 그들의 사역은 "영혼 구원"이다. 다른 직업들은 인간들의 몸이나 재산에만 관계된 것이지만 성직자의 소명은 인간들의 영혼에 관하여 쓰임 받는 것이다. 그들의 사역은 영적 포로들을 구속하는 것이며 사람들을 "사단의 권세에서 하나님께로" 돌아가게 하는 것이다(행 26:18). 그들의 사역은 "흑암의 땅에 앉아 있는 자들을 계몽하는 것"이며 그들로 하여금 "하늘나라에서 별과 같이 빛나게" 하는 것이다. 이들 영적 아비들은 "그들의 사역을 인하여 존경받아야" 한다. 그리고 이 존경은 세 가지 방법으로 나타난다.

첫째, 그들에게 존경을 표시함으로써 공경하라.

"너희 가운데서 수고하고 주 안에서 너희를 다스리며 권하는 자들을 너희가 알고 저희 역사로 말미암아 사랑 안에서 가장 귀히 여기며"(살전 5:12-13)라고 하였다. 우리는 어떤 성직자들의 치욕적인 생활이 큰 비난의 대상이 되어 왔던 것과, 이 땅의 어떤 고장에서는 "주의 제물이 혐오의 대상이 되게" 되었다는 것을 자주 목격하게 된다. 율법에 따르면 문둥병자는 그의 입술을 가려야 하였다. 이와 같이 직분상으로는 천사이면서도 그들의 생활에서는 문둥병자들인 자들은 그들의 입술을 가려야 마땅하며, 그래서 잠잠하고 있어야 한다.

반면 "아무 존경도" 받을 자격이 없으나 그래도 충성스러운 사람들, 그래서 영혼들을 그리스도께로 인도하는 것을 자기들의 사업으로 삼는 자들은 영적 아비로서 존경받아야 한다. 오바댜는 선지자 엘리야를 존경하였다(왕상 18:7)? 왜 하나님은 레위 지파를 장자로 여기셨나(민 3:13)? 왜 하나님은 군주가 제사장으로 말미암아 하나님께 의견을 묻도록 지정하셨는가(민 27:21). 왜 주님은 아론의 싹난 지팡이의 기적에 의해서 "그를 섬기도록 레위지파"를 선정하셨는가(민 17장)? 왜 그리스도께서는 그의 사도들을 "세상의 빛"이라 부르시는가? 왜 그는 그의 모든 성직자들에게 "보라, 세상 끝 날까지 내가 너희와 함께 있으리라"고 말씀하시는가? 다만 이들 영적 아비들이 존경받기를 그가 원하시기 때문이 아니고 무엇이겠는가? 고대에 이집트 사람들은 그들의 제사장 중에서 그들의 왕을 선출하였다. 성소를 책임 맡고 주 앞에서 섬기는 그러한 자들을 대수롭지 않게 생각하는 그런 자들은 그들의 영적 아비들에 대하여 이런 존경과 존귀를 절대로 표시하지 못한다. 사도는 "너희 가운데 수고하는 자들을 알고"라고 말한다. 많은 사람들이 그들의 약한 가운데서 그들의 성직자들을 아는 것을 만족할 수 있으며, 그래서 역경에 처했을 때도 기쁘지마는 그들에게 "갑절의 존경"을 줄 수 있을 만치 사도가 말한 의미로 그들을 알고 있지는 있다. 분명코 성직이 없었더라면 당신은 포도원이 되지 못하고 다만 광야가 되었을 것이다. 성직이 없다면 당신은 언약의 두 가지 인침, 곧 세례와 주의 만찬이 없을 것이다. 당신은 이교도가 될 것이다. "믿음은 들음에서 나며 그런즉 전파하는 자가 없이 어찌 들으리요"(롬 10:14)라고 하였다.

둘째, 이들 영적 아비들을 위한 옹호자가 됨으로써, 그리고 그들에게 부당히 닥쳐오는 중상과 비방을 씻어줌으로써 공경하라(딤전 5:19).

콘스탄틴은 위대한 성직 존경자였다. 그는 그들을 옹호하였다. 그는 그들에 대한 시기의 고발장을 읽지 않고 태워버리곤 하였다. 성직자들은 당신을 위하여 기도로 하나님을 향해 입을 여는데 당신은 그들을 위하여 당신의 입을 열지 않을 셈인가? 정녕코 만일 그들이 당신을 지옥으로부터 보존하기 위해 수고한다면 당신은 그들을 중상으로부터 보존해야 할 것이다. 만일 그들이 당신의 영혼을 구원하려고 수고한다면 당신은 그들의 명예를 구원하여야 한다.

셋째, 그들의 교훈에 순응함으로써 그들을 공경하라.

당신이 당신의 영적 아비들에게 드릴 수 있는 최대의 존경은 그들의 교훈을 믿고 순종하는 것이다. 말씀을 듣는 자일 뿐만 아니라 따르는 자가 성직의 존경자이다. 불순종이 성직자를 욕되게 하는 것과 같이 순종은 성직자를 존귀케 한다. 바울 사도는 데살로니가 사람들을 그의 면류관이라 부른다. "우리의 소망이나 기쁨이나 자랑의 면류관이 무엇이냐…너희가 아니냐"(살전 2:19). 번성하는 백성은 성직자의 면류관이다. 변형, 곧 변화가 일어날 때, 사람들이 말씀 앞에 교만하게 왔다가 겸손하게 떠나갈 때, 그들이 세상적으로 왔다가 하늘의 사람이 되어 돌아갈 때, 그들이 나아만이 요단 강으로 왔을 때처럼 문둥이로 왔다가 다 나아서 돌아갈 때, 그때 성직자는 존귀케 된다. "우리가 어찌 어떤 사람처럼 천거서를…필요가 있느냐"(고후 3:1)라고 하였다. 다른 성직자들은 추천장이 필요했는지 모르지만 바울은 전혀 필요치 않았다. 왜냐하면 바울의 설교로 이 고린도인 가운데 순종이 역사한 것을 사람들이 들었을 때, 이것은 하나님이 그의 수고를 축복하셨다고 하는 충분한 증명서가 될 것이기 때문이다. 고린도인들이 그에게는 하나의 충분한 명예였었다. 그들은 그의 표창장이었다. 당신이 그들의 성역 활동 하에서 번창하고, 그들의 설교에 입각해서 사는 것보다 더 당신의 영적 아비들을 존귀케 하는 길은 있을 수 없다.

(4) 가정적 아비, 다시 말하면 주인이 있다.

그는 '가족의 아비'(Pater familias)이다. 그러므로 나아만의 종들은 그들의 주인을 아버지라 불렀다(왕하 5:13). 백부장은 그의 종을 아들이라 부른다(마 8:6). 종은 그의 주인을 가족의 아비로서 공경해야 한다. 주인이 비록 그렇게 마땅한 자격이 없다 할지라도 그 종은 그의 의무를 소홀히 하지 말고 그에게 어떤 종류의 존경을 표시해야 한다.

먼저 '합법과 정직 안에서'(in licitis et honestis) 그의 주인을 순종함으로써 공경해야 한다. 베드로는 "사환들아 범사에 두려워함으로 주인들에게 순복하되 선하고 관용하는 자들에게만 아니라 또한 까다로운 자들에게도 그리하라"(벧전 2:18)고 하였다. 하나님은 그 어디서나 당신을 당신의 의무로부터 해방시켜 줄 면제의 헌장을 주신 적이 없다. 당신은 당신의 지상의 주인을 불순종하고서는 절대로 당신의 하늘의 주인을 순종할 수 없다. 가문이나 또는 높은 자질이나, 아니 은혜까지도 당신을 당신의 주인에 대한 순종에서 면제해 줄 것이라고 생각지 말라. 그를 순종하는 것은 하나님의 법규이다. 그래서 사도는 "하나님의 명을 거스르는 자들은 심판을 자취하리라"(롬 13:2)고 말한다.

다음으로 종은 부지런함으로 주인을 공경해야 한다. 아폴로스(Apollos)는 근면의 상징으로서 손에 도구를 가득 가지고 있는 하인의 그림을 그렸다. 게으름 피우는 종은 일종의 도둑으로서 그는 그의 주인의 물품을 훔치지는 않지만 그의 주인을 섬기는데 썼어야 할 시간을 훔친다. 게으른 종은 "악한 종"이라고 불린다(마 25:26).

또한 종은 충성스러움으로써 그의 주인을 공경해야 한다. "충성되고 지혜 있는 종이…누구뇨"(마 24:45)라고 하였다. 충성은 종에게 제일 중요한 것이다. 종에게 충성심은 여섯 가지 사항으로 나타난다.

첫째, 꾸준함으로, 주인이 당신에게 위탁한 비밀을 지킴으로써다. 만일 그들의 비밀들이 죄가 아니라면 당신은 그것들을 누설해서는 안 된다. 당신의 귀에 대고 속삭인 것은 지붕 꼭대기에서 공표할 것이 아니다. 이런 짓을 하는 하인들은 스파이들이다. 누가 금간 유리잔을 간직하겠는가? 두뇌에 금이 가서 비밀을 지킬 줄 모르는 하인을 누가 지키겠는가?

　둘째, 하인의 충성심은 주인의 이익을 도모하는 데서 보인다. 충성스런 하인은 그의 주인의 유익을 자기의 유익으로 생각한다. 아브라함은 그러한 종을 가지고 있었다. 그는 그의 주인이 대신 사무를 처리하도록 자기를 보냈을 때, 마치 그 일이 자기 자신의 일인양 그것에 대하여 신중을 기했다. "우리 주인 아브라함의 하나님 여호와여 원컨대 오늘날 나로 순적히 만나게 하사 나의 주인 아브라함에게 은혜를 베푸시옵소서"(창 24:12)라고 하였다. 의심의 여지없이 아브라함의 종은 그의 주인의 아들을 위해 아내를 얻은 것이 마치 자기 자신의 아내를 얻은 것처럼 기뻤다.

　셋째, 하인의 충성심은 그의 주인의 명예를 위하여 일어서는 데서 보인다. 주인이 비난받는 것을 들을 때에 그는 주인을 변호한다. 주인이 하인의 몸을 소중히 하는 것과 같이 하인은 주인의 이름을 소중히 해야 한다. 주인이 부당하게 비난을 당해도 만일 하인이 벙어리 귀신에 잡혔다면 그 하인은 변명의 여지가 없다.

　넷째, 하인이 그의 말에 진실할 때 충성심이 있다. 그는 자기 자신에게 해기 된다 할지라도 감히 거짓말을 못하고 진실을 말할 것이다. 거짓말은 죄를 배가한다. "거짓말하는 자가 내 목전에 서지 못하리로다"(시 101:7)라고 하였다. 거짓말쟁이는 마귀와 동족이다(요 8:44). 그리고 그 누가 마귀의 친척이 자기와 함께 살게 할 자가 있겠는가? 게하시가 그의 주인 엘리사에게 말한 거짓말이 게하시와 그의 후손에게 영원히 문둥병을 남겨주게 되었다(왕하 5:27). 충성스런 하인에게 혀는 마음의 참다운 지표이다.

　다섯째, 충성심은 하인이 도용을 하지 않을 때 있다. 그는 감히 주인의 재산을 자기 자신의 용도로 전용하지 못한다. "떼어 먹지 말고"(딛 2:10)라고 하였다. 하인이 그의 주인으로부터 훔치는 것은 가증한 이득이다. 그의 주인으로부터 훔침으로써 자기 자신을 부유하게 하는 자는 그의 베개를 가시로 채워 넣으며, 그 베개 위에서 그가 죽게 될 때 그의 머리는 매우 불안히 누울 것이다.

여섯째, 충성심은 혹시 부당하게 위험에 빠져 있을 때 주인의 인격을 보호하는 데 있다. 배니스터(Banister)는 리차드 3세의 치세 때 그의 주인 버킹검 공을 배반하였다. 그래서 하나님의 심판이 배반한 하인에게 내려졌다. 그의 장자가 미쳤으며, 그의 딸은 뛰어난 미인이었는데 갑자기 문둥병이 걸렸다. 그의 차자는 익사했으며 그 자신은 고소당하였고 그래서 그의 목사에 의하여 구출받지 못했더라면 그는 처형당했을 것이었다. 그의 주인에게 진실치 못한 그런 하인은 하나님에게나 또는 자기 자신의 영혼에게 결코 진실치 못할 것이다.

끝으로 하인은 그의 주인을 사랑으로 봉사함같이 또한 무언으로 봉사함으로써 주인을 공경해야 한다. 다시 말하면 투덜대지 않고 말대답하지 않고 해야 한다. "종들로는 자기 상전들에게 범사에 순종하여 기쁘게 하고 거슬려 말하지 말며"(딛 2:9)라고 하였다. 헬라어로는 "반대하는 대답을 하지 않고"이다. 일에는 느린 어떤 하인들이 말에는 빠르다. 그래서 잘못에 대하여 죄송해하는 대신 예의에 어긋나는 말로써 감정을 건드린다. 마음이 좀더 겸손하다면 혀는 좀더 말이 없을 것이다.

사도의 말씀은 "다시 대답지 말며"이다. 순복과 근면과 충성과 사랑과 겸손한 침묵으로 그들의 주인들, 또는 가족의 아비들을 공경하는 저들 하인들에게는 큰 격려가 주어진다. "종들아 모든 일에 육신의 상전들에게 순종하되…눈가림만 하지 말고…이는 유업의 상을 주께 받을 줄 앎이니 너희는 주 그리스도를 섬기느니라"(골 3:22, 24)라고 하였다. 당신의 상전을 섬김으로써 당신은 그리스도를 섬기며 그리스도께서는 당신의 수고를 잃게 하지 않을 것이다. 당신은 "유업의 상"을 받을 것이다. 지상에서 섬김으로 인하여 당신은 하늘로 올리워가 왕 노릇할 것이며 그리스도와 함께 그의 보좌에 앉을 것이다(계 3:21).

어떻게 하인들이 그들의 주인들을 공경할 것인가를 이미 제시하였으니 다음에는 어떻게 주인들이 공경을 받기 위하여 그들의 하인들에 대하여 처신할 것인가를 보이겠다. 일반적으로 주인들은 그들을 불러 셈하게 하실 하늘의 상전이 계시다는 것을 기억해야 한다. "너희의 상전이 하늘에 계시고"(엡 6:9)라고 하였다. 좀더 상세히 말하자면 다음과 같다.

첫째, 주인들은 그들의 하인들을 반드시 먹여주도록 주의하여야 한다. 그들에게 일을 시키는 것처럼 그들에게 적시에 음식물을 주어야 한다(눅 17:7). 그들은 음식물이 반드시 건강에 좋은지, 그리고 충분한지 조심해야 한다. 그들의 하인들의 배를 쪼들리게 할 정도로 자기들에게 더욱더 쌓아 두기만 하는 것은 가부장들에게는 너무나 합당치 못하다.

둘째, 주인들은 그들의 하인들이 잘할 때 칭찬해 줌으로써 그들의 일하는 것을 격려해 주어야 한다. 주인이 하인에게 그의 허물을 일러주어야 하지만 그래도 항상 한 가지만 되풀이해서는 안 되고 가끔 칭찬할 만한 것을 알아주어야 한다. 이것은 하인이 하는 일에 더욱 흥이 나게 하며 그의 하인으로부터 주인에게 사랑을 얻게 해준다.

셋째, 주인들은 그들의 하인들을 과로시키지 말아야 하며, 그들의 일을 그들의 힘에 비례해서 시켜야 한다. 그들의 하인들에게 너무 많은 짐을 지워서 그 짐에 깔려 실신하지 않도록 해야 된다. 기독교는 긍휼을 가르친다.

넷째, 주인들은 그들의 하인들의 영적 유익을 추구하여야 한다. 그들은 종교에 대한 그들의 사랑을 불붙여주는 스랍 천사들이 되어야 한다. 그들은 그 하인들에게 그들의 영혼을 생각나게 하는 훈계자가 되어야 힌다. 그들은 그 하인들을 성소의 연못으로 데리고 가서 전사가 물을 휘젓기까지 기다리게 해야 한다(요 5:4). 그들은 하인들을 위해서 하나님을 찾아야 하며 자기들의 하인들이 하나님의 하인이 되게 하여야 한다. 그리고 하인들에게 은밀한 헌신을 위해 편리한 시간을 허락해 주어야 한다. 어떤 사람들은 그들이 하인들의 영혼에 대해서 가혹하다. 그들은 집의 일을 해주기를 기대하면서도 그들의 구실을 이루는 데 사용해야 할 시간을 그들에게서 빼앗는다.

다섯째, 주인들은 하인들에 대한 그들의 행실이 온화하고 부드러워야 한다. "공갈을 그치라"(엡 6:9)라고 하였다. "너는 그를 엄하게 부리지 말고 너의 하나님을 경외하라"(레 25:43)라고 하였다. 어떻게 권위를 유지하면서도 엄한 것을 피할 수 있는가를 아는 지혜가 주인에게 요구된다. 우리는 하늘에 계신 우리의 주인을 따라 모방할 좋은 본보기를 가지고 있으니, 곧 그분은 "노하기를 더디 하시며 인자하심이 크시도다"(시 145:8). 어떤 주인들은 너무나 가혹하고 무자비한 나머지 좋은 하인을 망쳐 놓기에 충분할 정도다.

여섯째, 당신이 당신의 하인들과 맺는 계약에 대해서는 대단히 정확하게 엄수하여야 한다. 어물어물 넘기지 말라. 그들에 대한 임금 지불을 조금도 보류하지 말라. 라반이 야곱에게 한 것처럼 그의 품삯을 변경시키는 등, 그들과 속임수로 거래하지 말라(창 31:7). 약속에서 불성실한 것은 거짓 저울추만큼 나쁘다.

일곱째, 건강할 때 뿐만 아니라 병들었을 때도 당신의 하인들을 소중히 여기라. 만일 그들이 당신을 섬기는 도중에 병이 들 것 같으면 그들의 회복을 위해서 할 수 있는 수단을 다 쓰라. 그리고 그의 하인이 병들었을 때 그를 버린 아말렉 사람처럼 되지 말라. 오히려 자기의 병든 하인을 모셔 놓고 그리스도께 고쳐달라고 구한 선한 백부장같이 되라(삼상 30:13; 마 8:6). 만일 당신이 병으로 쓰러지는 짐승을 가지고 있다면 당신은 그것을 쫓아내지 않고 보살필 것이며, 그 짐승의 치료를 위해서 돈을 지불할 것이다. 그런데 당신은 당신의 하인들에게 보다 당신의 말에게 더 인정을 베풀겠는가?

이와 같이 주인들은 신중히, 그리고 경건하게 처신함으로써 그들의 하인들로부터 존경을 얻으며 하나님께 즐거움을 가지고 셈을 치르도록 해야 할 것이다.

(5) 자연적인 아비, 곧 육신의 아비(히 12:9)를 공경하라.

이것은 너무나 필연적인 의무이기 때문에 저 유대인 필로(Philo)는 제5계명을 첫 부분에 두었으니 마치 우리가 우리의 자연적인 부모에게 공경의 빛을 갚아드리기 전에는 하나님께 대한 우리의 온전한 의무를 이행하지 못한 것처럼 된다. 자녀들은 부모가 가꾼 포도원이며 부모에게 드린 공경은 그 포도원의 약간의 열매가 된다.

2) 자녀들은 그들의 부모에게 존경을 표시해야 한다.

(1) 그들의 인격에 대한 공손한 존경으로서 그들은 "그들에게 예의 바른 존경을 드려야" 한다.

그러므로 사도가 우리의 육체의 아버지에 관하여 말할 때 그는 또한 "공경하는 것"에 대하여 말한다(히 12:9). 이 존경, 또는 공경은 먼저 내적으로 나타내야 한다. 사랑과 온화된 두려움으로 "너희 각 사람은 부모를 경외하고"(레 19:3)라고 하였다. 계명에서는 아비가 먼저 언급되었으나 여기서는 어미가 먼저 언급되었다. 일면으로 여성에게 흔히 있을 수 있는 많은 연약성의 이유로 어미는 자녀들에게 더 업신여김을 받기 쉽기 때문에 어미에게 존귀를 돌리기 위함이다. 그리고 또 다른 면으로는 어미는 자녀를 위해서 더 참기 때문이다.

또한 공경은 외적, 곧 말에 있어서나 태도에 있어서 나타나야 한다. 첫째, 말에 있어서이다. 부모에게 말할 때 자녀들은 정중히 말하여야 한다. "내 어머니여 구하시옵소서"라고 솔로몬 임금은 그의 어머니 밧세바에게 말했다(왕상 2:20). 부모에게 말할 때에는 자녀들은 명예롭게 말하여야 한다. 그들은 부모가 그만큼 합당하면 그들에 대하여 좋게 말하여야 한다. "그 자식들은 일어나 사례하며"(잠 31:28)라고 하였다. 그리고 부모가 연약함과 무분별함을 드러낼 경우 자녀는 이것을 참아야 하며 지혜로운 변명으로 그의 부모의 벌거벗음을 가리려야 한다.

둘째, 태도에 있어서이다. 자녀들은 유순한 행실로서, 모자를 벗고 무릎을 꿇음으로써 그들의 부모에게 존경을 표시해야 한다. 요셉은 큰 군주였고 그의 아비는 가난해졌지만 그는 아비에게 절을 했고 마치 그의 아비가 군주고 자기는 가난한 사람인양 겸손하게 처신하였다(창 46:29). 솔로몬 왕은 그의 어머니가 그에게 왔을 때 "일어나 영접하여 절한 후에"(왕상 2:19)라고 하였다. 라케데모니아인들 가운데서는 만일 자녀가 그의 아비에게 오만하게, 또는 건방지게 행동하였다면 그 아비가 마음대로 자기 원하는 자를 상속자로 지정하는 것이 합법적이었다. 오! 얼마나 많은 자녀들이 이와 같이 그들의 부모에게 존경을 드리지 못하고 있는가! 그들은 그들의 부모를 멸시한다. 그들은 너무나 부모에 대하여 교만과 태만으로 행동하기 때문에 그들은 종교에 대하여 수치거리며 그들의 부모의 흰머리로 슬피 무덤으로 내려가게 한다. "그 부모를 경홀히 여기는 자는 저주를 받을 것이라 할 것이요"(신 27:16)라고 하였다. 만일 그들의 부모를 경홀히 여긴 모든 사람이 다 저주를 받는다면 우리 시대에 얼마나 많은 자녀들이 저주 아래 있는가! 만일 부모에게 불경스럽게 대하는 자들이 살아서 자녀를 갖는다면 그들 자신의 자녀들이 그들의 옆구리에 가시가 될 것이며, 그리고 하나님은 그들로 하여금 자녀들의 형벌에서 자기들의 죄를 읽도록 만드실 것이다.

(2) 부모에게 존경을 표시하는 둘째 방법은 조심스런 순종에 의해서다. "자녀들아 모든 일에 부모에게 순종하라"(골 3:20)고 하였다. 우리 주 그리스도께서 여기에서 자녀에게 모범을 보여주셨다. 그는 그의 부모에게 순종하셨다(눅 2:51). 천사들도 그에게 순종했던 그분이 그의 부모에게 순종하셨다. 부모에 대한 이 순종은 두 가지로 나타난다.

첫째, 그들의 권고를 경청함으로써다.

"네 아비의 훈계를 들으며 네 어미의 법을 떠나지 말라"(잠 1:8)라고 하였다. 부모들은 말하자면 하나님 대신에 있다. 만일 그들이 당신에게 주를 경외함을 가르치거든 당신은 그들의 말을 말씀처럼 경청해야 하며 귀머거리 뱀처럼 당신의 귀를 막지 말아야 한다. 엘리의 아들들은 그들의 아비의 목소리를 경청하지 않았고 "불량자"(벨리알의 아들들, 영어성경을 직역함-역주)라고 불렸다(삼상 2:12, 25). 그리고 자녀들이 영적 문제에서 부모의 권고를 경청해야 하는 것처럼 이생에 관계된 일에서도 그리하여야 한다. 직업 선택이나 결혼생활에 들어가는 경우도 같은 것이다. 야곱은 사십 세가 되었으나 그의 부모의 충고와 동의 없이는 결혼 문제에서 스스로 거취를 결정하려고 하지 않았다(창 28:1-2). 자녀들은 말하자면 부모 본연의 동산(goods)이며 소유인지라 자녀가 부모의 승낙 없이 자기를 남에게 넘겨주는 것은 큰 불법이다. 만일 부모가 자녀에게 종교 없는 자나 또는 가톨릭교도와 결혼하라고 진정 권고한다면, 그 경우란 뻔한 것으로 생각하며, 많은 학자들이 여기서는 자녀가 거부적인 발언권을 가져도 되며 부모에게 꼭 지배받지 않아도 된다는 의견을 가지고 있다. 자녀들은 "주 안에서 결혼" 하여야 한다. 그러므로 신앙 없는 사람들과는 하지 말아야 한다. 왜냐하면 그것은 주 안에서 결혼하는 것이 아니기 때문이다(고전 7:39).

둘째, 부모에 대한 순종은 그들의 명령을 따르는 데서 나타난다.

자녀는 부모의 메아리여야 한다. 아비가 말할 때 자녀는 순종으로 메아리쳐야 한다. 레갑 족속은 그들의 조상에 의하여 포도주를 마시는 것이 금지되었다. 그래서 그들은 그들에게 순종하였고 이로 인하여 칭찬을 받았다(렘 35:14). 자녀들은 모든 일에서 부모를 순종해야 한다(골 3:20). 성미에 맞지 않고 제일 내키지 않는 일들에서도 부모에게 순종해야 한다. 에서는 아비가 사슴고기를 가져오라고 명령했을 때 그의 아비에게 순종했는데, 아마도 그는 사냥을 즐겼기 때문인 것 같다. 그러나 더 큰 중대사에서, 즉 아내를 선택하는 데 순종하기를 거부하였다. 그러나 자녀들이 "모든 일에서" 그들의 부모를 순종해야 되지만, '합법과 정직에만 국한된다' (restringitur ad licita et honesta). 즉 "정당하고 정직한 일의 제한을 가진다." "주 안에서 순종하라." 다시 말하면, 부모의 명령이 하나님의 명령과 일치할 때에 한해서다(엡 6:1). 만일 그들이 하나님과 반대되게 명령하면 그들은 순종 받을 권리를 잃어버리며, 이런 경우에 우리는 스스로 자녀의 신분을 벗어버려야 한다.

(3) 부모의 결핍을 해소해드리는 데 부모에 대한 존경이 나타나야 된다.

요셉은 노년기의 그의 아비를 소중히 모셨다(창 47:12). 그것은 다만 마땅한 빛을 지불하는 것에 지나지 않는다. 부모는 자녀들이 어릴 때 양육하였다. 그러면 자녀들은 부모가 늙을 때 부양하는 것이 마땅하다. 어린 황새들은 자연의 본능에 의하여, 늙은 황새들이 나이로 인하여 날 수 없을 때 그들에게 먹을 것을 날라다 준다. 플리니(Pliny)는 이것을 가리켜 '황새들의 법' (Lex pelargica)이라 한다. 이니어스(Aeneas)의 명성은 트로이성이 불탈 때 거기서부터 그의 나이 많은 아비를 구출함으로써 존경을 받았다. 필자는 어떤 딸에 관하여 읽은 적이 있는데, 그의 아비가 굶어 죽으라는 판결을 받았을 때 그녀는 감옥에서 그녀 자신의 젖을 그에게 먹여 주었다. 이것이 총독들에게 알려지자 그의 자유 석방이 이루어졌다. 부모들이 늙어서 쇠약하게 될 때 그들의 부모를 창피하게 여기는 그런 자녀들 아니 괴물들은 책망받아야 한다. 그리고 부모가 떡을 달라고 하면 그들은 돌을 준다. 집들이 꼭꼭 닫힐 때는 우리는 말하기를 역병이 거기에 있다고 한다. 자녀들의 마음이 그들의 부모를 향하여 닫혀 있으면 역병이 거기에 있다. 우리의 거룩한 구주는 그의 어머니를 크게 보살피셨다. 십자가상에서 그는 제자 요한에게 그녀를 그의 어머니로 삼아 집으로 모시고, 그녀에게 아무것도 부족함이 없도록 주선해 줄 것을 당부하셨다(요 19:26-27).

3) 자녀들이 그들의 부모를 공경해야 될 이유는

(1) 엄숙한 하나님의 명령이기 때문이다.
"네 아비를 공경하며…"라고 하셨다. 하나님의 말씀이 규칙인 것처럼 그의 의지도 우리의 순종의 이유가 되어야 한다.

(2) 부모는 그들의 자녀에게 큰 사랑과 애정을 품고 있기 때문이다.
그 사랑의 증거는 그들의 보살핌과 희생 모두에 있다. 자녀를 기르는 데 나타나는 그들의 보살핌은 그들의 마음이 자녀들에 대한 사랑으로 가득 차 있다는 징표이다. 부모는 흔히 자기 자신들보다도 그들의 자녀들을 더 소중히 보살핀다. 그들은 자녀들이 연약할 때 담에 기대어 익히는 과실처럼 허약하게 될까봐 미연에 방지하도록 보살펴준다. 자녀들이 나이 들수록 부모의 걱정은 더 커진다. 그들은 자녀들이 어릴 때 넘어질까 두려워하고 더 나이 들어서 넘어지는 것보다 더 나쁘게 될까 두려워한다. 그들의 사랑은 그들의 희생으로 입증된다(고후 12:14). 그들은 그들의 자녀들을 위하여 저축하며 투자한다. 그리고 어린 것들에게 무정한 까마귀나 타조 같지 않다(욥 39:16). 부모는 때때로 그들의 자녀들을 부요케 하기 위하여 스스로 가난해진다. 자녀들은 결코 부모의 사랑에 필적하지 못하니, 이는 부모는 그들의 자녀들에게 대하여 생명의 도구가 되나 자녀들은 그들의 부모에 대하여 그같이 되지 못하기 때문이다.

(3) 부모를 공경하는 것은 주님을 매우 기쁘시게 하기 때문이다.
이것이 부모에게 즐거운 것처럼, 또한 주님을 기쁘시게 한다(골 3:20). 자녀들이여! 하나님을 기쁘시게 하는 것이 당신의 의무가 아닌가? 당신의 부모를 공경하며 순종하는 데서 당신은 회개하고 믿을 때와 마찬가지로 하나님을 기쁘시게 한다. 그리고 얼마나 이것이 하나님을 기쁘시게 하는가를 당신이 알게 하기 위하여 하나님은 이것에 상급을 내리신다. "그리하면 너의 하나님 나 여호와가 네게 준 땅에서 네 생명이 길리라"라고 하였다. 야곱은 천사가 자기를 축복해 줄 때까지 보내주려고 하지 않았다. 그리고 하나님도 이 계명을 축복하시기 전에는 이 계명과 헤어지려 하지 않으신다. 바울은 이 계명을 약속 있는 첫 계명이라고 부른다(엡 6:2). 둘째 계명은 긍휼에 대한 일반적인 약속을 가지고 있다. 그러나 이 계명은 특별한 약속을 가지고 있는 첫 계명이다. 장수는 축복이라고 언명되어 있다. "네 자식의 자식을 볼지어다"(시 128:6)라고 하였다. 모세가 일백 이십 세이었으나 안경이 필요치 않았다고 하는 것은 모세에게 향하신 하나님의 크신 은총이었다. "그 눈이 흐리지 아니하였고 기력이 쇠하지 아니하였더라"(신 34:7)라고 하였다. 하나님이 엘리에게 그의 집안에 늙은 사람이 없을 것이라고 경고하신 것은 하나의 저주로 하신 것이다(삼상 2:31). 홍수 이후에 수명은 많이 줄어들었고 단축되었다. 어떤 사람들에게 모태는 그들의 무덤이다. 어떤 사람들은 그들의 요람을 버리고 무덤을 취한다. 어떤 사람들은 한창 젊을 때 죽는다. 죽음은 매일같이 이 사람, 혹은 저 사람에게 소환장을 송달한다. 죽음이 끊임없이 우리를 향하여 매복해 있을 때, 하나님이 말씀하시기를, "내가 장수함으로 저를 만족케 하며"(시 91:16)라고 하신다면 이것은 축복으로 간주해야 한다. 하나님이 회개할 오랜 시간과, 봉사할 오랜 시간과 친척의 위안을 누릴 오랜 시간을 주실 때 이것은 축복이다. 순종하는 자녀들이 아니면 누구에게 이 장수의 축복이 내리겠는가? "네 부모를 공경하라 그러하면…네 생명이 길리라"이다. 부모에 대한 불순종보다도 더 쉽사리 생명을 단축시키는 것은 아무것도 없다. 압살롬은 불순종하는 아들로서 그의 아비에게서 생명과 왕권을 탈취하려고 시도하였다. 그래서 그는 반생도 못 살았다. 그가 탔던 노새는 그러한 짐이 싫증이 나서 그를 하늘과 땅 사이 상수리나무에 매달린 채 내버려 두었으므로 그는 땅을 밟기에도 하늘에 들어가기에도 마땅치 않게 되었다. 부모에 대한 순종은 생명을 연장시킨다. 부모에 대한 순종은 생명을 연장시킬 뿐 아니라 이것을 즐겁게 한다. 오래 살면서 한치의 땅도 소유하지 못하는 것은 초라한 것이다. 그러나 부모에 대한 순종은 자녀에게 주는 유업의 땅을 결정하게 한다. 에서는 "내 아버지여 아버지의 빌 복이 이 하나 뿐이리까?"라고 말했다. 보라 하나님은 순종하는 자녀를 위해서 하나 이상의 더 많은 축복을 주신다. 그는 장수를 누릴 뿐만 아니라 풍요한 땅을 가지게 된다. 땅을 소유할 뿐만 아니라 사랑으로 주신 땅을 받게 된다. 즉 "너의 하나님 나 여호와가 네게 준 땅"이다. 너는 네 땅을 하나님의 허락으로 소유할 뿐 아니라 그의 사랑으로 소유하라. 이 모든 것은 자녀들로 하여금 그들의 부모를 공경하고 순종케 하기 위한 강력한 논리가 된다.

적용 1 우리가 지상에서 우리의 아버지들을 공경해야 한다면 하늘에 계신 우리의 아버지는 그만큼 더 공경해야 된다. "내가 아비일진대 나를 공경함이 어디 있느냐"(말 1:6)라고 하셨다. 육신의 아비는 생명을 전달해 주는 도구에 불과하나 하나님은 우리의 존재의 원초적인 원인이시다. "그는 우리를 지으신 자시요 우리는 그의 것이니"(시 100:3)라고 하였다. 존경과 숭배는 오직 하늘의 면류관에게만 속하는 진주이다.

우리는 순종함으로써 하늘의 아버지를 공경해야 한다. 이와 같이 그리스도께서 그의 아버지를 공경하셨다. "내가 하늘로서 내려온 것은 내 뜻을 행하려 함이 아니요 나를 보내신 이의 뜻을 행하려 함이니라"(요 6:38)고 하셨다. 이것을 그는 하나님을 공경하는 것이라고 부르신다. "내가 항상 그의 기뻐하시는 일을 행하므로…내 아버지를 공경함이어늘"(요 8:29, 49). 동방박사들은 그리스도께 무릎을 꿇고 절을 올렸을 뿐만 아니라 "황금과 유향"으로 예물을 드렸다. 이와 같이 우리도 무릎을 꿇고 하나님께 경배해야 할 뿐만 아니라 그에게 예물을 가져다가 황금의 순종을 드려야 한다.

우리는 하나님의 소송을 변호함으로써, 그리고 이 음란한 세대에서 그의 진리를 위하여 일어섬으로써 우리의 하늘의 아버지에 대한 공경을 표시한다. 아버지가 비방과 비난을 받을 때에 그를 변호하기 위해서 일어서며 그를 옹호하는 그런 아들은 그의 아버지를 공경하는 것이다. 하나님을 창피하게 여기는 자들이 하나님을 공경하는가? "저를 믿는 자가 많되…드러나게 말하지 못하니"(요 12:42)라고 하였다. 자기들의 하늘의 아버지를 소유하는 것을 부끄러워하는 자들은 사생아들이다. 하나님께로부터 난 자들은 그의 진리를 위해서 강철 같은 용기를 가지고 있다. 그들은 그 어떤 파도도 부서뜨릴 수 없는 바위와 같다. 그들은 그 어떤 것도 자를 수 없는 금강석과 같다. 바질(Basil)은 발랜스(Valens) 황제 시대에 진리의 챔피언이었다. 아타나시우스(Athanasius)는 세상이 다 아리안파였을 때 하나님을 위해서 나섰다.

우리가 우리의 하늘의 아버지께 존경을 표시하는 것은 우리가 하는 모든 것의 존귀를 그에게 돌림으로써 된다. "내가 모든 사도보다 더 많이 수고하였으나 내가 아니요 오직 나와 함께 하신 하나님의 은혜로라"(고진 15:10)리고 하였다. 만일 어떤 그리스도인이 직분상으로 도움을 받거나 타락을 이길 힘을 얻는다면 그는 기둥을 세우고 그 위에 쓰기를 "여태까지 주님이 나를 도우셨다"라고 할 것이다. 요압이 랍바 성을 향해 싸웠을 때 그것을 거의 점령하게 되자 다윗 왕에게 사람을 보내서 그 승리의 명예를 다윗이 가져가게끔 하였던 것처럼 하나님의 자녀가 사단을 정복한 일이 있으면 모든 영광을 하나님께 돌린다(삼하 12:27-28). 위선자들은 그의 등불을 허영의 기름으로 태우면서 하나님께 무슨 뛰어난 봉사를 하는 동안 자기들 스스로 영광받기를 꾀한다. 이리하여 그들이 하나님을 섬기는 그 자체가 하나님을 욕되게 한다.

우리가 하늘의 우리 아버지께 존경을 표시하는 것은 그를 찬송함으로써 된다. "주를 찬송함과 주를 존숭함이 종일토록 내 입에 가득하리이다"(시 71:8)라고 하였다. "보좌에 앉으신 이와 어린양에게 찬송과 존귀와 영광과 능력을 세세토록 돌릴지어다"(계 5:13)라고 하였다. 하나님을 찬송함이 하나님을 공경함이다. 찬송은 다른 사람들의 눈앞에 그를 높이는 것이요 세상에 그의 명성과 명망을 퍼뜨리는 것이다. 이와 같은 방식으로 하늘의 성가대인 천사들이 지금도 하나님을 공경하고 있다. 그들은 그의 찬송을 나팔 불어 아뢴다. 우리는 기도로 성도같이 행하고 찬송으로 천사들같이 행한다.

우리가 하늘의 우리 아버지께 존경을 표시하는 것은 그를 위하여 불명예, 아니 죽음을 당함으로써 된다. 바울은 그의 몸에 "주 예수의 흔적"(갈 6:17)을 지녔다. 그 흔적들이 그에게 존귀의 흔적들이었던 것처럼 그들은 복음에게 존귀의 우승패였다. 하나님께로 가는 존귀는 우리가 왕들에게 하는 것과 같은 외적인 화려와 영광을 그에게 드림으로써 되는 것이 아니다. 그것은 다른 방식으로 된다. 즉 그의 백성의 고난에 의해서 되는데, 이것에 의해서 그들은 얼마나 선하신 하나님을 섬기며, 그리고 그들이 얼마나 하나님을 사랑하며 죽기까지 그의 군기 아래 싸울 것인가를 세상으로 하여금 보게 한다.

하나님은 "존귀를 받으시기에 합당하다." "주는…존귀와 권위를 입으셨나이다"(시 104:1)라고 하였다. 그의 모든 속성은 이 태양으로부터 비취는 영광스러운 광선이 아니고 무엇인가? 그는 인간들이나 천사들이 그에게 드릴 수 있는 것보다 더욱 존귀를 받으시기에 합당하시다. "내가 찬송받으실 여호와께 아뢰리니"(삼하 22:4)라고 하였다. 그는 존귀를 받으시기에 합당하시다. 우리는 흔히 받을 자격이 없는 사람에게 존귀를 수여한다. 비열하고 악한 많은 유명 인사들에게 존귀한 칭호를 준다. 그들은 존경받을 자격이 없다. 그러나 하나님은 존귀를 받으시기에 합당하시다. "주의 영화로운 이름을 송축하올 것은 주의 이름이 존귀하여 모든 송축이나 찬양에서 뛰어남이니이다"(느 9:5)라고 하였다. 그는 천사장들의 모든 환호와 환희 위에 뛰어나시다. 오! 그럴진대, 모든 하나님의 참 자녀는 그의 하늘의 아버지를 공경할지어다!

악인은 그들의 흉악한 생활로 하나님을 욕되게 하지만 하나님의 자녀들은 그를 욕되게 하지 말지어다. 자녀들에게 있는 죄는 다른 사람들에게 있는 것보다 더 악하다. 타인에게 있는 허물은 자녀에게 있는 허물만큼 눈에 띄지 않는다. 검정 옷의 반점은 그다지 눈에 띄지 않지만 주홍색에 나 있는 반점은 모든 사람의 눈길을 끈다. 이와 같이 악인의 죄는 별로 놀랄 것이 못되는 것은 검은색에 있는 반점과 같기 때문이다. 그러나 하나님의 자녀의 죄는 주홍색에나 있는 반점과 같아서 더 잘 보이고 복음에 오명과 치욕을 가져다준다. 하나님의 친자녀들의 죄는 하나님의 마음에 더 깊이 닿는다. "여호와께서 보시고 미워하셨으니 그 자녀가 그를 격노케 한 연고로다"(신 32:19)라고 하였다. 오! 하나님께 불명예를 초래할 만한 것은 무엇이나 하는 것을 삼가라. 당신은 당신의 하늘 아버지를 망신시키려는가? 하나님으로 그의 자녀들의 격노케 함을 불평하시지 않게 하라. 그로 하여금 "내가 자식을 양육하였거늘 그들이 나를 거역하였도다"(사 5:2)라고 외치시지 않게 하라.

적용 2 하나님은 우리에게 부모를 공경하라고 명령하시는가? 그렇다면 자녀들은 이 큰 의무를 실천에 옮길지어다. 이 계명에 대한 살아 있는 주석이 되라. 당신의 부모를 존경하고 공경하라. 그들의 명령을 순종할 뿐만 아니라 또한 그들의 책망에 굴복하라. 당신은 당신의 지상의 부모를 공경하지 않고는 하늘에 계신 당신의 아버지를 공경할 수 없다. 부모에 대한 순종을 거부하는 것은 자녀들 위에 하나님의 심판을 수반한다. "아비를 조롱하며 어미 순종하기를 싫어하는 자의 눈은 골짜기의 까마귀에게 쪼이고 독수리 새끼에게 먹히리라"(잠 30:17)라고 하였다. 엘리의 두 불순종의 아들들은 죽임을 당하였다(삼상 4:11). 하나님은 "거역하는 아들은 돌로 쳐 죽이라"는 법을 만드셨다. 하나님을 저주한 자가 당했던 똑같은 죽음이다(레 24:14). "사람에게 완악하고 패역한 아들이 있어 그 아비의 말이나 그 어미의 말을 순종치 아니하고 부모가 징책하여도 듣지 아니하거든 그 부모가 그를 잡아 가지고 성문에 이르러 그 성읍 장로들에게 나아가서…그 성읍의 모든 사람들이 그를 돌로 쳐 죽일지니"(신 21:18-19, 21)라고 하였다. 한번은 한 아비가 불평하기를 "어느 아비도 나보다 더 악한 아들을 둔 자가 없었다"라고 하였다. 그의 아들이 "아닙니다. 할아버지가 그런 아들을 두었습니다"라고 대답했다. 이것은 별로 그 유례를 볼 수 없는 뻔뻔스러움의 경이적인 예이다. 만리우스는 늙고 가난해졌을 때 대단히 부유한 아들이 있었는데 그에게 얼마의 먹을 것을 구하였더니 그 아들은 구제를 거절하였고, 그의 아비됨을 의절해 버리고 꾸짖는 말로 돌려보냈다. 그 불쌍한 늙은 아비는 비애의 눈물을 떨어뜨렸다. 그러나 하나님은 그 불순종을 갚으시사 비인도적인 아들을 쳐서 미치게 하니 이 병에서 그 아들은 영영 낫지 못했다. 불순종의 자녀들은 하나님의 모든 화살들이 날아가는 장소에 서 있다.

 적용 3 부모는 그들의 자녀들로부터 존경을 얻도록 행동하라.

부모는 어떻게 그들의 자녀들에게 행동해서 그들에게 존경과 공경을 받게 되겠는가?

그들은 주의 두려움과 훈계로 키우도록 주의하라. "주의 교양과 훈계로 양육하라"(엡 6:4)라고 하였다. 당신은 자녀들에게 죄의 역병을 옮겨주었으니, 그러므로 그들이 치료받고 성화되도록 진력하라. 어거스틴은 그의 어머니 모니카가 그의 자연 출산보다도 그의 영적 출산을 위해서 더 산고를 겪었다고 말한다. 디모데의 어머니는 그를 어릴 때부터 교훈하였다(딤후 3:15). 그녀는 그에게 모유를 먹였을 뿐만 아니라 또한 "말씀의 순전한 젖"을 먹였다. 당신의 자녀를 늦기 전에 좋은 원칙으로 단련하라. 그래서 그들은 오바댜처럼 젊을 때부터 주를 경외하게 하라. 부모가 그들의 자녀들을 교훈하지 않을 때 그들은 좀처럼 축복을 경험하지 못한다. 하나님은 가끔 자녀들의 불효에 대한 부모의 무관심을 심판하신다. 세례로써 당신의 자녀가 하나님께 바쳐지는 것으로는 충분치 못하며 하나님을 위하여 교육을 받아야 한다. 자녀들은 당신이 끊임없이 좋은 교훈으로서 물 주어야 할 어린 묘목이다. "마땅히 행할 길을 아이에게 가르치라 그리하면 늙어도 그것을 떠나지 아니하리라"

(잠 22:6)고 하였다. 당신의 자녀들이 하나님을 경외하면 할수록 그만큼 더 그들은 당신을 공경할 것이다.

만일 당신의 자녀들이 당신을 공경해 주기를 바란다면 부모의 권위를 유지하라. 인자하라. 그러나 그들을 버릇없게 기르지는 말라. 만일 당신이 권위를 너무 앞세우면 그들은 당신을 공경하는 대신 경멸할 것이다. 징계의 막대기를 거두어서는 안 된다. "그를 채찍으로 때리면, 그 영혼을 음부에서 구원하리라"(잠 23:14)고 하였다. 악에 빠져서 만족하는 자녀는 부모의 눈에 가시가 될 것이다. 다윗은 아도니야를 버릇없이 길렀다. "그 부친이 네가 어찌하여 그리 하였느냐 하는 말로 한번도 저를 섭섭하게 한 일이 없었더라"(왕상 1:6-7, 9). 그 후에 그는 그의 아비에게 마음의 비탄의 씨가 되었으며, 왕위권에 대항하였다. 당신의 권위를 유지하라. 그리하면 당신은 당신의 존귀를 유지할 것이다.

당신의 자녀들에게 미성년기에나 성년에 도달할 때나 다같이 적당한 것을 공급해 주라. "어린아이가 부모를 위하여 재물을 저축하는 것이 아니요 이에 부모가 어린아이를 위하여 하느니라"(고후 12:14)고 하였다. 그들은 당신 자신의 혈육이며 사도가 말하는 바와 같이, "누구든지 언제든지 제 육체를 미워하지 않고"(엡 5:29)라고 한 바와 같다. 부모의 큰 도량은 자녀의 충실성의 원인이 될 것이다. 당신이 펌프에 물을 퍼 넣으면 펌프는 다시 아낌없이 물을 퍼낼 것이다. 이와 같이 부모도 만일 그들의 자녀들에게 재산의 얼마를 쏟아 넣으면 그 이름에 합당한 자녀들은 다시 그들의 부모에게 순종을 쏟아낼 것이다.

당신의 자녀들이 성장하거든 그들을 어떤 합법적인 직업에 종사하게 해서 세대를 봉사하도록 하라. 자녀의 자연적인 재능과 성향을 참조하는 것이 좋다. 왜냐하면 강요된 직업은 때때로 강요된 결혼만큼 해를 끼치기 때문이다. 자녀를 직업 없이 지내도록 두는 것은 그를 유혹에 노출시킴이 된다. 멜란히톤은 '안일은 마귀의 수영장이다'(*Otium balneum diaboli*). 즉 게으름은 마귀의 오락장이라고 말한다. 직업이 없는 자녀는 묵힌 땅과 같다. 그리고 불순종의 잡초밖에 다른 무엇이 자라날 것이라고 당신은 기대할 수 있겠는가!

당신의 자녀들에게 사랑으로 행동하라. 당신의 모든 권고와 명령에서 그들로 하여금 사랑을 읽게 하라. 사랑은 존경을 얻어낼 것이다. 그리고 어떻게 부모가 자기의 살아 있는 화신, 아니 자기 자신의 분신인 자녀를 사랑하지 않고 배길 수 있겠는가!

당신의 자녀들을 향해 신중히 행동하라. 부모가 자식들을 노엽도록 격동시키지 않는 것이 신중성의 큰 핵심점이다. "아비들아 너희 자녀를 격노케 말지니 낙심할까 함이라"(골 3:21)라고 하였다.

부모는 어떻게 그의 자녀를 격노케 하기 쉬운가?

그들에게 모욕적인 언사를 사용함으로써다. 사울은 그의 아들 요나단에게 "패역부도한 계집의 소생아"라고 말했다(삼상 20:30). 어떤 부모들은 그들의 자녀들에게 저주와 악담을 사용하는데 이것이 그들을 격노케 한다. 당신은 하나님이 당신의 자녀들을 축복하시기를 바라면서 그들을 저주할 수 있는가?

부모가 자녀들을 이유도 없이 때릴 때, 또는 징계가 죄보다 지나칠 때이다. 이것은 아비가 된다기보다 폭군이 되는 것이다. 사울은 그의 아들에게 단창을 던져 치려고 하였다. 그래서 그의 아들은 격노하였다. "요나단이…심히 노하여 식사 자리에서 떠나고"(삼상 20:33, 34)라고 하였다. '자녀에게 대하여 아비는 폭군적인 권리를 소유하지 않고 왕적인 권리를 소유한다'(*In filium pater obtinet non tyran-nicum imperium, sad basilicum*). 즉 아비는 그의 아들에게 왕의 권리를 행사하지 폭군의 권리를 행사하지 않는다(Davenant).

부모가 그들의 자녀에게 절대로 필요한 것을 거부할 때이다. 어떤 사람들은 이렇게 해서 그들의 자녀들을 격동시켰다. 그들은 자녀들에게 주기를 싫어하였고 너무나 부족한대로 내버려두어 정직하지 못한 과정을 거치지 않으면 안 되게끔 만들었으며, 그래서 죄악에 손을 뻗치게끔 만들었다.

부모가 그들의 자녀들을 향해서 편파적으로 행동해서 한 자녀에게는 다른 자녀보다 더 많은 애정을 표시할 때이다. 부모가 한 자녀에게 더 큰 사랑을 가질 수는 있지만 사려분별이 그를 인도하여 어느 한 사람에게 누구보다 더 큰 사랑을 표시하지 않도록 할 것이다. 야곱은 그의 모든 다른 자녀들에게보다도 요셉에게 더 많은 사랑을 표시하여서 이것이 그의 형제들의 시기심을 격동시켰다. "이스라엘이 여러 아들보다 그를 깊이 사랑하여…그 형들이 아비가 형제들보다 그를 사랑함을 보고 그를 미워하여 그에게 언사가 불평하였더라"(창 37:3-4)라고 하였다.

부모가 무엇이나 더럽고 비열한 일, 속여 빼앗거나 거짓 맹세를 하는 것처럼, 자기 자신과 그의 가족에게 망신을 끼치는 일을 할 때 그것이 자녀를 격노케 한다. 자녀가 그의 아비를 공경해야 됨과 같이 아비도 자녀를 망신시키지 말아야 한다.

자녀들이 그늘의 양심을 훼손시키지 않고는 이행할 수 없는 그런 명령을 부모가 자녀들에게 내릴 때이다. 사울은 그의 아들 요나단에게 다윗을 데려오라고 명령했다. "그를 내게로 끌어오라 그는 죽어야 할 자니라"(삼상 20:31)라고 하였다. 요나단은 선한 양심으로 이것을 할 수가 없었다. 다만 그는 격노하였다. "요나단이…심히 노하여 식사 자리에서 떠나고"(삼상 20:34)라고 하였다. 부모가 그들의 자녀들을 격노케 하지 않는 신중성을 보여야 할 이유는 이렇다. "낙심할까 함이라"(골 3:21)고 하였다. 이 "낙심"이란 낱말은 세 가지를 함축한다. 상심, 즉 부모가 자녀를 격동시키는 것은 자녀가 이것을 마음에 품은 결과 이것이 요절의 원인이 된다. 의기저상, 즉 부모의 엄격은 자녀의 기를 꺾어서 봉사에 부적당하게 만든다. 몸의 지체가 마비되어서 일하기에 부적당한 것과 같다. 외고집과 반항, 즉 부모의 잔인하고 비인도적인 태도에 의하여 격동된 자녀는 점점 자포자기가 되어 가끔 그의 부모를 화나게 하거나 성가시게 굴기를 꾀한다. 이것은 비록 자녀 편에서 악하기는 하지만 그래도 그 부모에 의한 것인 만큼 부모가 중범자가 된다.

만일 당신이 당신의 자녀들로부터 존경받기를 바란다면 그들을 위해서 많이 기도하라. 그들을 위해 분여재산을 저축할 뿐 아니라, 그들을 위해 기도의 재산을 저축하라. 모니카는 그녀의 아들 어거스틴을 위해서 많이 기도했다. 그리고 그토록 많은 기도와 눈물의 아들은 망하는 것이 불가능하다는 말이 전해졌다. 당신의 자녀들이 이 시대의 감염으로부터 보전되기를 위하여 기도하라. 당신의 자녀들이 그들의 얼굴에 당신의 형상을 지니고 있는 것처럼 그들의 마음에 하나님의 형상을 지니게 하기 위하여 기도하라. 그들이 영광의 도구와 그릇이 되기 위하여 기도하라. 기도의 한 가지 열매는 자녀가 기도하는 부모를 공경할 것이라는 것이리라.

당신이 당신의 자녀에게서 선하고 칭찬할 만하다고 보는 바를 격려해 주라. '덕성은 칭찬받으면 늘어난다'(Virtus laudata crescit). 즉 선은 칭찬받을 때 늘어난다. 당신의 자녀에게 있는 선한 것을 칭찬하면 그들로 덕 있는 행동을 더욱 사랑하게 만든다. 그리고 이것은 초목에 물을 주는 것과 같아서 그들로 하여금 더욱 자라나게 한다. 어떤 부모들은 그들의 자녀에게서 볼 수 있는 선한 점을 낙담시켜서 덕성의 순을 잘라버리며 그들의 자녀들의 영혼을 파멸시키는 데 도움이 된다. 그들은 그들의 자녀들의 저주를 자초한다.

만일 당신이 당신의 자녀들로부터 공경받고 싶다면 그들에게 좋은 본보기를 보이라. 부모가 그들 자신의 교훈에 반대되게 살 때에는 이것이 자세들로 하여금 부모를 멸시하게 만든다. 그들이 그들의 자녀들에게 술 취하지 말라고 명령하면서도 그들 자신이 술 취할 때, 또는 그들의 자녀들에게 하나님을 경외하라고 명령하고, 자기 자신들의 생활은 해이할 때와 같은 것이다. 오! 만일 당신의 자녀들이 당신을 공경하기를 원한다면 거룩한 본보기를 가지고 그들을 가르치라. 가끔 아비는 자녀가 그 앞에서 옷을 입는 거울이다. 거울은 맑고 얼룩지지 말지어다. 부모는 그들의 전체 행실에서 훌륭한 예절을 준수하여, 자녀들에게 플라톤의 하인처럼 "우리 주인은 성급한 분노를 반대하는 책을 쓰셨으나 그분 자신이 성을 잘 낸다"라고 말하거나, 또는 어떤 아들이 한번은 그의 아비에게 말하기를 "내가 만일 악을 행하였다면 나는 이것을 당신에게서 배운 것이다"라고 한 것처럼 말할 기회를 주지 않도록 해야 한다.

6. 제6계명 살인하지 말라

 "살인하지 말지니라"(출 20:13).

이 계명에는 "살인하지 말지니라"라고 살인죄가 금지되어 있다. 그리고 우리 자신의 생명과 또 다른 사람들의 생명을 보존하라는 의무가 내포되어 있다.

금지된 죄는 살인이다. "살인하지 말지니라." 여기에서는 두 가지 사항이 이해되어야 하는데, 다른 사람을 해치지 말라는 것과 우리들 자신도 해지지 말라는 것이다.

1) 다른 사람을 해치지 말라.

(1) 우리는 다른 사람의 이름을 해치지 말아야 한다.

"아름다운 이름은 귀한 향유이다." 사람을 그의 이름에서 살인하는 것은 잔인한 행위이다. 우리가 다른 사람들을 그들의 이름에서 해치는 것은 그들을 중상하고 비방할 때이다. 다윗은 불평하기를, "내가 알지 못하는 일로 내게 질문하며"(시 35:11)라고 하였다. 초대 기독교인들은 근친상간과 유아살해를 한다는 비방을 들었다. 터툴리안이 말한 바, '우리는 유아살해와 근친간음의 혐의로 언급된다'(Dicimur infanticidii incestus rei). 즉 그들은 우리에게 유아살해의 죄를 씌우고 근친간음의 명칭을 붙인다고 한 것과 같다. 이것은 다른 사람들을 그들의 아름다운 이름에서 목을 자르는 것이다. 이것은 돌이킬 수 없는 손상이다. 그 어느 의사도 적의 상처를 고칠 수 있는 자는 아무도 없다.

(2) 우리는 다른 사람을 그의 몸에서 해치지 말아야 한다.

생명은 가장 귀중한 것이다. 그래서 하나님은 생명을 두른 울타리로서 이 계명을 세우시고 이것을 보존하고자 하셨다. 하나님은 오늘날까지도 한번도 폐기된 일이 없는 법령을 만드셨다. "무릇 사람의 피를 흘리면 사람이 그 피를 흘릴 것이니"(창 9:6)라고 하였다. 옛 율법에서는 만일 사람이 다른 사람을 부지중에 죽인다면 그는 성역으로 도피해도 되었다. 그러나 만일 그가 고의적으로 죽였다면 성역으로 도피하더라도 그 장소의 거룩함이 그를 보호해 주지 못할 것이다. "사람이 그 이웃을 짐짓 모살하였으면 너는 그를 내 단에 서라도 잡아내려 죽일지니라"(출 21:14)라고 하였다. "살인하지 말라"는 계명에서 이것으로 인도되는 죄와 원인이 되는 모든 죄가 금지된다. 그 실례로 다음과 같은 것들이 있다.

① 분별없는 노여움

분노는 혈관에서 끓어올라 흔히 살인을 낳는다. "그들이 그 분노대로 사람을 죽이고"(창 49:6)라고 하였다.

② 시기

사단은 우리의 최초의 부모의 무죄의 옷과 낙원의 영광을 시기했으며 그들의 죽음을 초래하기까지는 쉬지 못했다. 요셉의 형제들은 그의 아비가 그를 사랑하여 그에게 "채색 옷"을 주었기 때문에 그를 시기하여 그를 죽이자고

모의하였다(창 37:20). 시기와 살인은 가까운 동족이다. 그러므로 사도는 그들을 나란히 놓는다. "투기와 살인과"(갈 5:21, 영어성경을 직역함-역주)라고 하였다. 시기는 두 부분의 계명을 동시에 다 범하는 죄이다. 이것은 우리가 가인에게서 보는 바와 같이 하나님께 대한 불만에서 시작하여 사람에 대한 상해로 끝난다(창 4:6, 8). 시기심 많은 가인은 먼저 하나님께 불만을 품고 이로써 첫째 부분의 계명을 범하였다. 그리고 나서는 동생과 사이가 틀어져서 그를 죽였고 이렇게 해서 그 둘째 부분의 계명을 범하였다. 분노는 때때로 짚에 붙었다가 속히 꺼지는 불처럼 "곧 끝난다." 그러나 시기는 깊이 뿌리박혀 있어서 피를 보지 않고는 그 갈증을 끄려 하지 않는다. "투기 앞에야 누가 서리요"(잠 27:4)라고 하였다.

③ 미움

바리새인들이 그리스도를 미워한 것은 그가 자질에 있어서 그들보다 뛰어났으며 백성들 가운데서 그들보다 더욱 존경을 받았기 때문이었다. 그들은 그를 십자가에 못박고 그의 생명을 취하기까지 결코 그를 내버려두지 않았다. 미움은 피를 먹고 사는 해충이다. "네가 옛날부터 미움을 품고 이스라엘 족속의 피를 흘렸음이라"(겔 35:5, 영어성경을 직역함-역주)라고 하였다. 하만은 모르드개가 자기에게 절을 하지 않으므로 그를 미워하였고 그래서 얼마 안 있어 유대인의 전 족속과 자손을 멸하라고 봉인된 피의 위임장을 얻어냄으로써 복수를 꾀하였다(에 3:9). 미움은 인제나 잔인히다. 이 모든 죄가 이 계명에서 금지된다.

(3) 얼마나 많은 방법으로 살인죄가 범해지는가?

① 손으로

요압이 아브넬과 아마사를 죽인 것과 같다. "요압이 칼로 그 배를 찌르매 그 창자가 땅에 흐르니"(삼하 20:10)라고 하였다.

② 마음으로

악의는 정신적인 살인이다. "그 형제를 미워하는 자마다 살인하는 자니"(요 3:15)라고 하였다. 다른 사람을 헐뜯고 마음으로 그에게 불행이 닥치기를 소원하는 것은 그를 살인하는 것이다.

③ 혀로

다른 사람에게 손상이 되도록 말하고 그래서 그가 죽임을 당하도록 함으로써이다. 이와 같이 해서 유대인들은 그리스도를 향해 욕설을 퍼붓고 그를 빌라도에게 허위 고소했을 때 그들은 생명의 주를 죽였던 것이다(요 18:30).

④ 펜으로

다윗은 우리아를 죽였는데 요압에게 편지쓰기를 "우리아를 맹렬한 싸움에 앞세우고"(삼하 11:15)라고 하였다. 비록 암몬 사람들의 칼이 우리아를 베었으나, 다윗의 붓이 그의 죽음의 원인이었다. 그러므로 주님은 선지자 나단으로 말미암아 다윗에게 이르시기를 "네가 칼로 헷 사람 우리아를 죽이되"(삼하 12:9)라고 하였다.

⑤ 다른 사람의 죽음을 모의함으로

비록 이세벨은 손수 그녀의 손을 나봇에게 대지는 아니하였지만 그래도 그녀는 그의 죽음을 계획하였고, 두 명의 거짓 증인을 세워서 그를 쳐서 맹세하게 하였고 그를 대역죄의 테두리 안으로 끌어들이게끔 하였기 때문에 그녀는 살인자가 되었다(왕상 21:9-10).

⑥ 잔 속에 독약을 넣음으로

콤모두스 황제의 아내는 그 남편이 마신 포도주에 독약을 넣음으로써 그녀의 남편을 죽였다. 또 많은 사람이 죽음의 원인이 되는 약으로 어린아이들을 죽인다.

⑦ 마법과 요술에 의하여

이것들은 율법 아래서 금지되었다. "요술하는 자나 무당이나 진언자나 신접자나 박수나 초혼자를 너희 중에 용납하지 말라"(신 15:10-11)고 하였다.

⑧ 다른 사람을 죽일 의사를 가짐으로

헤롯이 그리스도를 경배한다는 구실 하에 그를 죽이려고 했던 것과 같다 (마 2:8, 13). 이와 같이 사울이 다윗을 블레셋 군대를 치도록 보냈을 때 그는 블레셋 군대가 그를 죽일 것을 계획하였다. "그가 생각하기를 내 손을 그에게 대지 말고 블레셋 사람의 손으로 그에게 대게 하리라"(삼상 18:17)고 하였다. 여기에 계획적인 살인이 있었으며 이것은 하나님의 평가로서는 사실상의 살인과 똑같이 악하였다.

⑨ 다른 사람의 죽음에 동의함으로

사울이 스데반의 죽음에 동의한 것과 같다. "내가 곁에 서서 찬성하고"(행 22:20)라고 하였다. 찬성하는 자는 살인에 종범자가 된다.

⑩ 힘이 미치는데도 다른 이의 죽음을 방지하지 않음으로

빌라도는 그리스도께서 무죄하심을 알았다. 그는 "내가 보니 이 사람에게 죄가 없도다"라고 말했다. 그러나 그의 죽음을 방지하지 않았다. 그러므로 그는 유죄하였다. 물로 자기 손을 씻는 것으로는 그리스도의 피흘린 죄책을 씻어버릴 수 없었다.

⑪ 무자비함으로

생명 유지에 필요한 것을 빼앗아감으로써, 즉 사람이 생계를 꾸려나갈 도구나 용구를 빼앗아가는 것 같은 것이다. "사람이 맷돌의 전부나 그 윗짝만이나 전집하지 말지니 이는 그 생명을 전집함이니라"(신 24:6)라고 하였다. 또는 죽어 가는 사람을 돕지 아니함으로써다. 이는 폭력을 가함으로써 죽이는 것과 똑같다. 당신은 살인자가 될 수 있다. 만일 당신이 굶주리는 자를 먹이지 아니한다면 당신은 그를 죽이는 것이다. 얼마나 많은 사람이 이와 같이 이 계명을 위반하는가?

⑫ 사형에 해당하는 범법자들에게 법을 집행하지 아니함으로

중죄인이 여섯 차례 살인죄를 범했다면 재판관 자신도 그 중 다섯 살인에 유죄하다고 말할 수 있다. 왜냐하면 그는 그의 최초 범법 때 그 중죄인을 집행하지 않았기 때문이다.

(4) 살인죄를 더욱 중하게 하는 것은 무엇인가?

첫째, 까닭 없이 다른 사람의 피를 흘리는 것이다. 기분이나 장난조로 다른 사람을 죽이는 것 같은 것이다. 꿀벌은 자극을 받지 않으면 쏘려고 하지 않는다. 그러나 많은 사람들이 격동되지 않고도 다른 사람의 목숨을 빼앗으려 든다. 이것이 피흘린 죄를 더욱 피로 더러워지게 한다. 죄에 대한 격동이 작으면 작을수록 그만큼 죄는 더 커진다.

둘째, 약속과 상반되게 다른 사람의 피를 흘리는 것이다. 이와 같이 이스라엘 방백들이 기브아 사람들에게 죽이지 않겠다고 맹세한 후에 사울은 그들을 죽였다(수 10:15; 삼하 21:1). 여기에 두 가지 죄가 결합되어 있으니, 곧 위증과 살인이다.

셋째, 공적인 인물의 생명을 빼앗는 것은 살인을 심화시키고 확대시키니, 판사석에 앉아 있는 재판관을 죽이는 것과 같다. 왜냐하면 이는 그는 왕의 인격을 대표하기 때문이다. 직분이 성스럽고, 그리고 하늘의 임금의 사절로 오는 인물을 살인하는 것은 많은 사람을 살인하는 것이 된다. 헤롯은 무엇보다도 이 죄를 더하였으니, 즉 그는 세례 요한을 감옥에 가두었고 더군다나 그를 감옥에서 목베었다(눅 3:20). 손을 고귀한 죄로 더럽히는 것이다. 다윗의 마음은 그가 사울 임금의 옷자락을 베기만 했던 것 때문에 가책되었다(삼상 24:5). 만일 그가 사울의 머리를 베었다고 할 것 같으면 얼마나 다윗의 마음이 가책되었겠는가?

넷째, 가까운 친척의 피를 흘리는 것은 살인을 가중시키고 그것을 더 짙은 진홍색으로 물들인다. 아들이 그의 아비를 죽이는 것은 무시무시한 일이다. 어버이 살해자들은 성격상 극악무도한 자들이다. '아비를 죽이는 자는 한 가지로 수많은 죄를 짓는다' (Qui occidit patrem, plurima committit peccata in uno-Cicero). 즉 그의 아비의 생명을 빼앗는 자는 한 가지 죄로 많은 죄를 짓는다. 그는 살인죄만 저지른 것이 아니라 불순종과 배은망덕과 마귀적 잔인성을 저지른 것이다. "자기 아비나 어미를 치는 자는 반드시 죽일지니라"(출 21:15)고 하였다. 그렇다면 자기 아비나 어미를 죽이는 자는 얼마나 많은 죽음을 당해야 마땅하냐? 그러한 극악무도한 자가 네로였으니 그는 그의 어머니 아그립피나를 죽이라고 시켰다.

다섯째, 아무나 의로운 인사의 피를 흘리는 것은 죄를 가중시킨다. 이렇게 해서 공의가 타락된다. 그러한 인사는 무죄하므로 죽음이 마땅치 않다. 성인은 공적인 축복의 근원으로서 진노를 돌이키게 할 틈바구니에 위치해 있다. 그러므로 그를 죽이는 것은 국가의 기둥을 무너뜨리는 것이다. 그는 하나님께 귀한 존재다(시 116:15). 그는 그리스도의 몸의 지체이다. 그런고로 그 무슨 손상이 그에게 입혀지든지 이것은 하나님 자신에게 저지른 것이다(행 9:4).

그러나 비록 이 계명은 사적인 인사가 다른 사람의 피를 흘리는 것을 자기 방어가 아닌 한 금하고 있지만, 공직에 있는 사람들은 공적인 범법자들을 처벌해야 하며 사형까지도 시켜야 한다. 범법자를 죽이는 것은 살인이 아니라 징의이다. 사적인 인사는 칼을 뽑으면 죄짓는 것이지만, 공적인 인사는 칼을 칼집에 꽂으면 죄짓는 것이다. 행정장관은 정의의 칼이 칼집 속에서 녹슬게 하지 말아야 한다. 그는 칼을 혹독함으로 너무 날카롭게 해서도 안 되는 것처럼 그 칼날을 과도한 자비심으로 무디어지게 해서도 안 된다.

한편 이 계명은 의로운 전쟁을 금하지 않는다. 사람들의 죄가 무르익고 충분히 오래도록 번성하여 범람할 때 하나님은 말씀하시기를, "칼아 이 땅에 통행하라"(겔 14:17)고 하신다. 하나님은 이스라엘 지파들과 베냐민 지파 사이에 전쟁을 북돋우셨다. 아모리 사람들의 죄악이 관영하였을 때 그는 이스라엘을 보내사 그들과 전쟁하게 하셨다(삿 11:21).

적용 1 이 땅이 피로 더러워졌다는 것은 통탄할 일이다(민 35:33). 이 죄는 이 오만한 시대에 얼마나 흔한가! 영국의 죄는 피의 문자로 쓰여 있다. 어떤 사람들은 사람 죽이는 것을 양을 죽이는 것보다도 대수롭지 않게 생각한다. "또 네 옷단에 죄 없는 가난한 자를 죽인 피가 묻었나니"(렘 2:34)라고 하였다. 유니우스는 이것을 날개에(*in alis*)라고 읽는다. 이와 같이 히브리어로도 "네 날개에 무죄한 자의 피가 묻어 있다"라고 한다. 이것은 날개를 다른 새들의 피로 물들이는 맹금에 대해서 암시하고 있다. 부디 주님은 "피가 피를 뒤대임"(호 4:2)으로 인하여 이 땅의 주민들과 변론을 벌이시지 말았으면 좋겠다. 대규모적인 살인이 행해지고 있다. 그리고 우리의 비탄을 증대시켜야 할 것은 우리 가운데 사람의 피만 흘리는 것이 아니라 또한 그리스도의 피를 흘린다는 것이다. 불경스런 흉악한 죄인들이 "하나님의 아들을 다시 십자가에 못박는"(히 6:6) 일을 한다. 첫째, 그들은 그의 피로 맹세를 하며 그래서 말하자면 그의 상처가 다시 피흘리게끔 한다. 둘째, 그들은 그리스도를 그의 지체에서 못박는다. "네가 어찌하여 나를 핍박하느냐"(행 9:4)라고 하였다. 발이 밟히면 머리가 소리친다. 셋째, 그들에게 능력이 있다면, 그리스도께서 지상에 살아 계시다면, 그들은 다시 그를 십자가에 못박을 것이다. 이와 같이 사람들은 그리스도를 다시 십자가에 못박는다. 그리고 만일 사람의 피가 그토록 소리친다면 그리스도의 피는 얼마나 큰 소리로 죄인들을 향해 소리치겠는가?

적용 2 당신의 손이 다른 사람들의 피로 더럽히지 않도록 조심하라. 그러나 그런 자는 비방이나 또는 다른 방법으로 나에게 못된 짓을 하였다. 따라서 만일 내가 그의 피를 흘린다 하더라도 나는 다만 나의 시비곡절에 앙갚음하는 것일 뿐이다!

만일 그가 당신에게 못된 짓을 하였다면 법은 면할 수 없다. 그러나 피흘리는 것을 조심하라. 무엇이라고? 그가 당신에게 못된 짓을 했기 때문에 당신도 하나님께 못된 짓을 하겠다는 것인가? 하나님의 손에서 하나님의 일을 빼앗는 것이 하나님에게 못된 짓을 하는 것이 아닌가? 그는 말씀하시기를, "원수 갚는 것이 내게 있으니 내가 갚으리라"(롬 12:19)고 하셨다. 당신은 손수 원수 갚는 일을 책임 맡으려 한다. 친히 고소인이 되며 재판관과 사형 집행인이 되고 싶어 한다. 이것은 하나님께 저지르는 큰 잘못이며, 그러므로 그분은 당신을 죄 없다고 보시지 않을 것이다.

모든 사람이 손을 피로 더럽히는 것을 저지시키기 위하여 살인은 그 어떠한 죄인가 생각해 보라. 그것은 첫째, 하나님을 모독하는 죄이다. 이것은 그의 명령의 위반이며 그의 왕권적 칙령을 짓밟는 것이다. 이것은 하나님의 형상에게 가해진 악이다. "하나님이 자기 형상대로 사람을 지었음이니라"(창 9:6)고 하였다. 이것은 하나님의 초상을 찢는 것이며 하늘 임금의 나라의 국새를 박살내는 것이다. 사람은 하나님의 성전이다. "너희 몸은…성령의 전인 줄을 알지 못하느냐"(고전 6:19)라고 하였다. 사람을 죽이는 자는 하나님의 전을 파괴하는 자이다. 그런데 하나님이 이와 같이 교만한 티끌에게 대항받으시는 것을 견디시겠는가?

둘째, 이것은 부르짖는 죄이다. '피의 소리가 하늘을 향해 부르짖는다' (*Clamitat in coelum vox sanguinis*). 부르짖는다고 말씀한 죄가 성경에는 세 번 있다. 압제(시 12:5), 남색(창 18:21), 유혈이다. 이 유혈은 너무나 큰 소리로 부르짖어서 다른 모든 부르짖음을 삼켜버린다. "네 아우의 핏소리가 땅에서부터 내게 호소하느니라"(창 4:10)고 하셨다. 아벨의 피는 핏방울 수만큼 많은 혀를 가지고 원수 갚음을 위하여 큰 소리로 부르짖는다. 죄가 다윗의 양심에 무거운 짐이 되었었다. 비록 그는 간음죄로 인하여 죄를 지었지만, 그가 가장 많이 부르짖은 죄목은 이 피흘린 진홍같이 붉은 죄였다. "하나님이여 피흘린 죄에서 나를 건지소서"(시 51:14)라고 하였다. 주님은 모든 죄를 다 갚으시지만, 그는 특별한 방식으로 "피흘림을 심문"(시 9:12)하실 것이다. 만일 짐승이 사람을 죽이면 그것은 돌로 쳐 죽여야 했으며, 그 고기는 먹지 말아야 했다(출 21:28). 사람을 죽인 짐승이 제어하는 이성의 사용력이 없어도 하나님이 이를 돌로 쳐 죽이라고 하셨거든, 하물며 이성과 양심 양쪽에 어긋나게 사람의 생명을 빼앗는 그런 자들에 대하여는 그 보다 더 진노하실 것이다.

셋째, 살인은 마귀적인 죄이다. 이것은 사람을 마귀의 장자로 만든다. 왜냐하면 마귀는 처음부터 살인한 자였기 때문이다(요 8:44). 최초의 조상에게 "너희가 결코 죽지 아니하리라"고 말함으로써 마귀는 세상에 죽음을 가져왔다.

넷째, 이것은 저주받은 죄이다. 비밀히 그 이웃을 치는 자에게 저주가 임한다면 죽이는 자는 두 배로 저주를 받는다(신 27:24). 태어난 최초의 인간은 살인자였다. "네가 땅에서 저주를 받으리니"(창 4:11)라고 하였다. 그는 파문당한, 하나님의 공식 예배 장소로부터 축출당한 인물이었다. 하나님은 피로 더러워진 가인에게 표를 주셨다(창 4:15). 어떤 사람들은 그 표가 모든 죄보다 뛰어나게 피흘린 죄를 따르는 마음의 공포였다고 생각한다. 어떤 사람들은 그의 육체가 끊임없이 흔들리고 떨린 것이었다고 생각한다. 그는 그 자신이 저주를 지니고 다녔다.

다섯째, 이것은 진노를 가져오는 죄이다(왕하 24:4). 이것은 현세적인 심판을 가져온다. 포카스는 제국을 손에 넣기 위하여 마우리티우스 황제의 모든 아들들을 사형에 처하였고, 그리고 나서는 황제 자신까지 죽였다. 그러나 그는 그의 사위 프리스쿠스의 추격을 받아 그에게 귀와 발이 잘리고 죽임을 당했다. 찰스 9세는 파리에서 그 많은 그리스도인들을 학살하게 하더니 그의 몸의 여러 군데서 피가 유출함으로 죽었다. 알보니아는 사람을 죽이고 그 해골을 마시는 잔으로 삼았다. 그의 아내가 그 후 즉시 그를 그의 침상에서 살해당하도록 만들었다. 복수가 경찰견처럼 살인자를 추격한다. "피를 흘리게 하며…자들은 저희 날의 반도 살지 못할 것이나"(시 55:23)라고 하였다. 이것은 영원한 심판을 초래한다. 이것은 사람들을 지옥 저편에다 붙들어 맨다. 가톨릭교도들은 살육을 아무렇지도 않게 여긴다. 왜냐하면 그들의 종교는 피로 더러워진 종교이기 때문이다. 그들은 가톨릭교의 전파를 위한 것이라면 살인죄에도 특면장을 준다. 만일 추기경이 처형받으러 가는 살인범의 머리 위에 자기의 홍색 모자를 얹으면 그를 죽음에서 구원한다. 모든 회개치 않는 살인자들은 요한계시록 21:8에서 자기들의 파멸을 읽어 보라. "살인자들과…자들은 불과 유황으로 타는 못에 참예하리라 이것이 둘째 사망이라"라고 하였다. 우리는 "피 섞인…불"(계 8:7)에 관하여 읽는다. 손에 피가 가득한 그런 자들은 하나님의 진노를 받아야 한다. 여기에 불이 피와 섞인 것이며 이 불은 끌 수 없는 것이다 (막 9:44). 시간도 이를 끝내주지 못할 것이며 눈물도 이것을 끄지 못할 것이다.

(5) 우리는 다른 사람을 그의 영혼에서 해치지 말아야 한다.
　이것은 모든 것 중에서 가장 큰 살인이다. 왜냐하면 몸보다도 영혼에 하나님의 형상의 더 많은 모습이 있기 때문이다. 비록 영혼은 멸절될 수 없으나, 이것이 행복을 박탈당하고, 영원히 고통에 들면 이것은 살인을 당했다고 말한다. 얼마나 많은 사람이 영혼의 살인자들인가!

① **나쁜 모범으로 다른 사람들을 부패시키는 자들**
　세상은 모범에 의하여 인도된다. 특히 위인들의 모범에 의하여 인도되는데 이것은 대단히 유해하다. 우리는 우리보다 앞서간 사람들, 특히 우리보다 높은 사람들에게서 보는 바대로 행하기 쉽다. 높은 권력의 자리에 앉아 있는 사람들은 구름 기둥과 같다. 그것이 가는 곳에 이스라엘이 갔다. 위인들이 움직일 때 다른 사람들도 지옥이라 할지라도 그들을 따를 것이다. 악한 행정장관들은 용의 꼬리같이 "하늘 별 삼분의 일을 자기들에게로" 이끈다.

② **다른 사람들을 꾀어서 죄짓게 하는 자들**
　창녀는 머리를 곱슬곱슬하게 지짐으로써 눈을 굴리며, 앞가슴을 열어 놓음으로써 자기 속에 있는 유혹자와 살인자로서 할 짓을 다한다. 그러한 자가 바로 클라우디우스 황제의 아내 멧살리나였다. "소년 중에 한 지혜 없는 자를 보았노라…그 때에 기생의 옷을 입은 간교한 계집이 그를 맞으니…그 계집이 그를 붙잡고 입을 맞추며"(잠 7:7, 10, 13)라고 하였다. 창녀의 입맞춤보다도 친구의 책망이 더 낫다.

③ 영혼들을 굶어죽이거나, 독살하거나, 병들게 하는 성직자

첫째, 영혼들을 굶주리게 하는 성직자들이다. "너희 중에 있는 하나님의 양무리를 치되"(벧전 5:2)라고 하였다. 이들은 자기 자신들을 먹이면서 양떼는 굶긴다. 그들은 관할구에 거주하지 아니함으로써 설교를 하지 않던가 아니면 부족해서 설교하지 못한다. 성직자 중에는 너무나 많은 사람이 너무나 무지한 나머지 "하나님의 말씀의 초보"(히 5:12)를 가르침 받아야 할 사람들이 있다. 생각해 보라. 십계명에 관해서 무엇인가 질문을 받고 그런 책은 한 번도 본 적이 없다고 대답하는 사람이 이스라엘에서 설교자가 되기에 적합하겠는가?

둘째, 영혼들을 중독시키는 성직자들이다. 사람들을 오류로 중독시키는 그런 자들은 이단적인 성직자들이다. 바지리스크 도마뱀은 풀과 꽃들에게 숨을 내쉬어서 독살시킨다. 이와 같이 이단적인 성직자들의 호흡은 영혼들을 중독시킨다. 그리스도에게서 신성을 빼앗으려드는 소시니언주의자들(Socinian), 의지력을 앞세움으로 자유 은혜의 머리에서 왕관을 벗겨 버리려드는 알미니안주의자들(Arminian), 신자에게 도덕적 법을 마치 시대에 뒤떨어지고 낡아빠진 것인양 부인하는 무율법주의자들(Antinomian)은 사람들의 영혼을 중독시킨다. 오류는 악만큼이나 저주스럽다. "너희 중에도 거짓 선생들이 있으리라 저희는 멸망케 할 이단을 가만히 끌어들여 자기들을 사신 주를 부인하고"(벧후 2:1)라고 하였다.

셋째, 창피한 생활로 영혼들을 감염시키는 성직자들이다. "여호와께 가까이하는 제사장들로 그 몸을 성결히 하게 하라"(출 19:22)라고 하였다. 그들의 지위상으로 하나님께 좀더 가까운 성직자들은 다른 사람들보다 더 거룩해야 한다. 고등한 원소일수록 그만큼 더 순수하다. 공기는 물보다 더 순수하고, 불은 공기보다 더 순수하다. 사람들이 직분이 높으면 높을수록 그들은 그만큼 더 거룩해야 한다. 세례 요한은 비취는 등불이었다. 그러나 악한 생활로 백성을 감염시키는 많은 사람들이 있다. 그들은 가르치는 바와 생활하는 것이 전혀 다르다. '그들은 주의 사자를 가장하고 방종한 생활을 한다'(*Qui Curios simulant et bacchanalia vivunt*). 즉 그들은 선을 자랑하나 방탕의 생활을 한다. 엘리의 아들들처럼 그들은 흰 세마포 옷을 입었으면서도 주홍빛 같은 죄를 지니고 있다. 어떤 사람들이 말하기를 아프리카의 귀족 프레스터 존은 오물이 가득한 금잔을 자기 앞으로 가져오게 하였다고 한다. 황금 같은 직분을 가지고 있으면서 그들의 생활이 더럽고 오염된 그런 성직자들의 적합한 귀감이라 할 것이다. 그들은 살인자들이며 영혼들의 피가 마지막 날 그들을 쳐서 부르짖을 것이다.

④ 다른 사람들을 나쁜 친구와 사귀게 하여 그들로 하여금 마귀에게 변절자가 되게 함으로써 멸망시키는 자들

'이웃의 잘못은 또한 이웃에게로 옮겨간다'(Vitia in proximum quemque transiliunt), 즉 우리의 악덕은 우리의 가장 가까운 사람에게 옮겨간다(Seneca). 사람은 에티오피아의 기후에서 살면 반드시 태양으로 인해 변색되고야 말며, 나쁜 친구와 사귀면 반드시 그들의 악을 나누어 갖고야 만다. 한 사람의 술주정뱅이는 또 다른 술주정뱅이를 만든다. 선지자가 다른 뜻에서 말하는 바와 같다. "내가 레갑 족속 사람들 앞에 포도주가 가득한 사발과 잔을 놓고 마시라 권하매"라고 함과 같이 악인은 다른 사람들 앞에 포도주 단지를 놓고 이성이 마비되고 육욕이 불탈 때까지 마시도록 만든다(렘 35:5). 그러한 사람들이 이 계명을 위배하는 직책이 있다. 자기들 자신의 죄를 가지고 있을 뿐 아니라, 다른 사람들의 피까지 책임져야 할 사람들은 그 얼마나 비참하겠는가! 이 계명에서 금지된 첫째 것, 즉 다른 사람들을 해치는 것에 대하여는 그만큼 해두기로 한다.

2) 이 계명에서 금지된 둘째 사항은 우리 자신을 해치는 것이다.

"살인하지 말지니라." 너는 너 자신에게 상처를 주지 말라. 너는 네 자신의 몸을 해하지 말라. 사람은 다음과 같이 자살의 죄가 있다. 첫째, 간접적으로나 수시로, 둘째, 직접적으로 그리고 절대적으로 자살한다.

먼저 간접적으로나 수시로일 때는 다음과 같다.

(1) 사람이 방지할 수 있는 위험을 무릅쓸 때

만일 일단의 사수들이 활을 쏘고 있는데 한 사람이 화살이 날아오는 장소에 스스로 가서 화살에 맞아 죽는다고 한다면 그는 자신의 죽음에 대하여 종범자가 된다. 율법에서는 하나님은 문둥병자를 격리시켜 다른 사람들에게 전염되지 못하게 막도록 하신다(레 13:4). 만일 어떤 사람이 너무나 주제넘은 나머지 문둥병자에게 가서 문둥병에 걸린다면 그는 자기 자신의 죽음에 대하여 자업자득이라 할 것이다.

(2) 생명을 보존하는 수단의 사용을 등한히 함으로써

병이 들었는데도 치료법을 사용하지 않는다든지, 상처를 입었는데도 약을 바르지 않는다면 그는 자기 자신의 죽음을 재촉하는 것이다. 하나님은 히스기야에게 "한 뭉치 무화과를 허하여 종처에"(사 38:21) 붙이라고 명하였다. 만일 그렇게 하지 않았더라면 그는 자신의 죽음의 원인이 되었을 것이다.

(3) 과도한 비탄

"세상 근심은 사망을 이루는 것이니라"(고후 7:10)고 하였다. 사람이 슬픔에 빠져 있으면 그는 자기의 생명을 위태롭게 한다. 얼마나 많은 사람이 슬퍼 하다가 그들의 무덤으로 직행하는가? 메리 여왕은 켈레이스(Calais)를 잃은 것으로 너무나 과도히 슬퍼한 나머지 이것이 그녀에게 상심이 되었다.

(4) 무절제나 과도한 식사에 의하여

과식하는 것은 수명을 단축시킨다. '칼에 의해서보다도 술 취함에 의해서 더 많은 사람이 망한다'(*Plures periere crapula, quam gladio*). 많은 사람이 스스로 무덤을 판다. 너무 많은 기름은 등잔불을 질식시킨다. 술잔이 대포보다도 더 많은 사람을 죽인다. 과도한 음주는 요절의 원인이 된다.

다음으로 사람은 직접적으로 그리고 절대적으로 자살의 죄책이 있을 수 있다.

(1) 시기심에 의하여

시기심은 '다른 사람의 이익에 대해서 슬퍼하는 것' (tristitia de yonis alienis)이다. 즉 "다른 사람의 복지에 대해 은밀히 불평하는 것"이다. '시기심 있는 사람은 다른 사람의 풍요한 이익에 수척해진다' (Invidus alterius rebus macrescit opimis). 즉 "시기심 있는 사람은 자기 자신의 역경보다도 다른 사람의 번영을 더 유감스럽게 여긴다." 그는 다른 사람이 울 때 외에는 결코 웃지 않는다. 시기심은 자기 살인자이며 부식시키는 궤양이다. 키프리안은 이것을 '숨은 상처' (vulnus occultum)라고 부른다. 이것은 인간의 자아를 가장 많이 해친다. 시기심은 마음을 좀먹고, 피를 말리며, 뼈를 썩게 한다. 시기심은 "뼈의 썩음이니라"(잠 14:30)고 하였다. 이것의 몸에 대한 관계는 좀의 의복에 대한 관계와 같아서 그것을 먹어버리며 그것의 아름다움을 소멸시킨다. 시기는 그 자신의 독액을 마신다. 바울의 손에 달렸던 독사는 바울을 해친 줄로 생각했지만, 스스로 불 속으로 떨어졌다(행 28:3). 이와 같이 시기하는 사람은 다른 사람을 해친다고 생각하는 동안 자기 자신을 멸망시킨다.

(2) 자기 자신에게 폭력을 가함으로써

사울이 자기 자신의 칼에 엎드려져서 자살한 것과 같다. 사람이 자기 자신을 도살하여 자기 손을 자기 자신의 피로 더럽히는 것은 가장 부자연스럽고 야만적인 종류의 살인이다. 사람의 자아는 자기에게 가장 가까우므로 자살의 죄는 하나님이 법과 자연의 약성 양쪽을 다 위반한다. 주님은 몸 안에 영혼을 두시기를 감옥 안에 두시듯 하셨다. 그래서 하나님이 그 문을 여실 때까지 이 감옥을 부수고 여는 것은 죄이다. 자살자들은 서로 찢고 찌르면서도 자기 자신들은 죽이지 않는 야수들보다도 더 악하다. 자살은 항상 불만족과 음산한 우울증이 계기가 된다. 새장 안에서 스스로 부딪치며, 그래서 곧 자살하려고 하는 새는 불평하는 영의 참다운 상징이 된다.

그러면 어디서 이 불평이 생기는가?

(1) 교만

자기 자신에 대해서 과대평가로 부풀어 있어서 자기가 다른 사람들보다도 더 자격이 있다고 생각하는 사람은 큰 재난이 떨어질 때 불평을 품게 되고 갑작스런 걱정이 일어 자기 자신을 처치해 버린다. 아히도벨은 자기를 높이 생각했으며 그의 말은 하나님께 물어 받은 말씀으로 존중되었으며, 따라서 그는 그의 지혜로운 충고가 배척받는 것을 견딜 수가 없었다. "집을 정리하고 스스로 목매어 죽으매"(삼하 17:23)라고 하였다.

(2) 빈곤

빈곤은 쓰라린 시험이다. "나로 가난하게도 마옵시고"(잠 30:8)라고 하였다. 많은 사람이 그들의 죄로 인하여 스스로 빈곤에 이르렀으며 큰 재산이 흔적도 없이 증발해버릴 때 그들은 불평을 품게 되고 비참 속에 기진맥진하는 것보다는 속히 죽는 것이 더 낫다고 생각하게 된다. 그러면 마귀가 곧 그들이 스스로를 재빨리 해치우도록 도와준다.

(3) 탐욕

탐욕은 목마른 술 취함이며 결코 만족함이 없는 말거머리이다. 탐심 있는 사람은 거대한 짐승과 같다. "하수가 창일한다 할지라도" 그의 갈증은 꺼지지 않는다(욥 40:23). 탐욕스런 수전노는 곡식을 쌓아둔다. 그리고 그가 만일 곡식 가격이 떨어지기 시작한다는 것을 들으면 그는 장애를 일으켜 목매는 밧줄 외에는 불평의 치료제가 없게 된다.

(4) 마음의 공포

사람이 큰 죄를 지었으며 마귀가 준 유혹의 알약을 삼켜 버렸으며, 그래서 이 알약들이 그의 양심에 작용하기 시작하게 되면 공포심이 극대화된 나머지 목 졸라 죽는 것을 택한다. 유다는 무죄한 피를 팔았으며 양심의 번민 속에 빠진 나머지 스스로 목을 매었다. 마치 모기가 쏘는 것을 피하기 위해서 뱀이 무는 것을 참는다는 것과 같은 것이다. 자기 자신들을 처치해 버리는 그런 사람들에게는 소망의 여지가 없다. 왜냐하면 그들은 현행 죄 중에 죽으므로 회개할 시간을 가질 수 없기 때문이다.

우리 자신의 영혼을 상하게 하는 것은 "살인하지 말지니라"고 하신 명령에 금지되어 있다. 다른 살인죄가 없는 많은 사람들이 여기서 유죄하다. 그들은 자기들 자신의 영혼을 살인하는 것이다. 그들은 고의적으로 자기 자신들을 저주하며 지옥 속으로 스스로 몸을 던진다.

이처럼 자기 자신들의 영혼을 살인하는 사람들은 누구인가?

(1) 하나님이나 내세의 의식이 전혀 없고 감각이 없는 자가 된 사람들은 고의적으로 자기들의 영혼을 살인하는 것이다(엡 4:19).

그들에게 하나님의 거룩하심과 공의에 대하여 말해 주라. 그래도 그들은 조금도 감동받지 못한다. "그 마음을 금강석 같게 하여"(슥 7:12)라고 하였다. 플리니는 "금강석은 이겨내기 어려우며 망치로도 그것을 정복할 수 없다"라고 말한다. 죄인들은 금강석같이 굳은 마음을 가지고 있다. 선지자가 돌제단을 향해 말했을 때 그것이 둘로 갈라졌지만(왕상 13:5), 죄인의 마음은 죄로 너무나 단단해져서 아무것도 그것에게 작용할 수 없으니 법규로도 안 되고 심판으로도 안 된다. 그들은 하나님을 믿지 아니하며 지옥을 비웃는다. 이와 같이 그들은 자기들 자신의 영혼을 살인하며 그들이 할 수 있는 한 신속히 지옥으로 몸을 던신다.

(2) 결과가 어찌 되든지 육욕에 자신들을 내맡기는 사람들은 자기 자신들의 영혼을 고의적으로 살인한다.

영혼은 당신 안에서 소리치고 있다. 나는 나 자신을 죽이고 있다. 나는 나 자신을 살인하고 있다. 그들은 "자신을 방탕에 방임하여 모든 더러운 것을 욕심으로 행하되"(엡 4:19)라고 하였다. 성직자들이 그들에게 그들의 죄에 대하여 말하더라도, 양심이 말하더라도, 고난이 말해 준다 해도, 그들은 그 죄로 인해서 비록 지옥에 간다 할지라도 육욕을 버리지 못한다. 이 사람들은 그들 자신의 영혼을 살인하지 않는가? 네로의 어머니 아그립피나가 말하기를, '죽이고라도 오직 다스리게 하라'(occidat modo imperet). 즉 '내 아들이 다스리기 위하여 나를 죽이게 하라'고 한 것처럼 많은 사람이 마음속으로 말하기를, 우리의 죄가 우리를 멸망시킬지라도 다만 그것들이 우리에게 즐겁기만 하면 좋다고 한다. 헤롯은 그것이 그의 영혼을 희생시키는 한이 있어도 근친간음의 색욕을 이루려 한다. 그리고 한 방울의 쾌락을 위하여 사람들은 진노의 바닷물을 마시려든다. 이 사람들은 그들 자신의 영혼을 살상하며 멸망시키지 않는가?

(3) 구원의 모든 수단을 회피하는 사람들은 그들의 영혼을 살인하는 것이다.

그들은 연극장에 가며 술 취하는 모임에 가면서도 하나님의 집에는 발도 들여놓지 않으려고 하며 복음의 나팔소리에 가까이하려 하지도 않는다. 마치 병든 사람이 병고칠까봐 겁이 나서 욕탕을 기피하는 것과 같다. 이들은 치료방법이 제공되었으나 차라리 죽는 편을 택하는 그런 사람과 똑같은 정도로 자살자들이다.

(4) 종교에 반대하는 잘못된 선입견을 가지고 있는 사람들은 자기들의 영혼을 자발적으로 살인한다.

마치 종교가 너무나도 엄격하고 가혹해서 은둔자나 은자처럼 우울한 생활을 살아야 하고 그들의 모든 기름을 눈물 속에 잠기게 해야 할 것처럼 생각한다. 이것은 마귀가 종교에게 던지는 중상이니, 왜냐하면 믿는 것 외에는 참 기쁨이 없기 때문이다(롬 15:13). 그 어떤 꿀도 언약에서 떨어지는 것만큼 달지 못하다. 어떤 사람들은 어리석게도 종교를 덮어놓고 미워한다. 그들은 좁은 문으로 들어가느니보다는 차라리 아예 천국에 가지 않기로 작정한다. 선입관에 대하여는 바울이 엘루마에게 말한 것처럼 "오 선입관이여, 마귀의 자식이여 모든 의의 원수여! 너는 얼마나 많은 영혼을 멸망시켰는가?"라고 말할 수 있을 것이다(행 13:10).

(5) 자신들이 선하려고도 하지 않고 다른 사람들도 선하기를 허용하려 들지 않는 사람들은 고의적으로 자기들 자신의 영혼을 살인하는 것이다.

"너희도 들어가지 않고 들어가려 하는 자도 들어가지 못하게 하는도다"(마 23:13)라고 하였다. 종교 때문에 다른 사람들을 핍박하는 자들이 그러한 자들이다. 술 취하는 모임이라면 그들로부터 처벌은 면할 것이지만 하나님을 섬기기 위해 만난다면 모든 혹독한 방법이 강구될 것이다. 그들은 자신들이 폭풍에서 표류하면서도 다른 사람들을 파산시킬 결심을 하고 있다. 오! 당신 자신의 영혼을 살인할까 조심하라. 인간 외에는 그 어떤 피조물도 자진하여 자살하지 않는다.

3) 이 계명에 내포되어 있는 적극적인 의무는 우리가 할 수 있는 모든 선을 우리 자신과 다른 사람들에게 행해야 된다는 것이다.

우리는 먼저 다른 사람들의 생명과 영혼을 보존하기 위하여 진력하여야 한다. 우리는 다른 사람들의 생명을 보존하여야 한다. 우리는 슬픔 중에 잠길 그들을 위로하여야 하고, 결핍 중에 있는 그들을 구제해야 하며 선한 사마리아인 같이 그들의 상처에 포도주와 기름을 부어야 한다. "빈궁한 자의 아비도 되며"(욥 29:16)라고 하였다. "망하게 된 사도 나를 위하여 복을 빌었으며"(13절)라고 하였다. 사람이 망하게 되었을 때 그를 구제하는 것은 그의 생명을 보존하는 하나의 큰 수단이 된다. 로마에 큰 기근이 있었을 때 폼페이는 그 구제를 위해 곡식을 공급하였다. 그리고 선원들이 폭풍우 중에 그리로 항해하기를 두려워하였을 때 그는 말했다. "우리가 살아야 한다는 것보다 로마가 구제받아야 한다는 것이 더 필수적이다." 은혜는 마음을 부드럽게 하며 연민과 사랑의 정을 일으킨다. 그것이 마음을 녹여서 하나님께 향한 회보의 정을 갖도록 하는 것처럼 다른 사람들을 향하여 자비심을 갖게 한다. "저가 재물을 흩어 빈궁한 자에게 주었으니"(시 112:9)라고 하였다.

이 계명이 함축하는 바는 우리는 다른 사람을 망치는 것을 절대로 하지 말아야 하며 다른 사람들의 생명을 보존하기 위하여 우리가 할 수 있는 모든 것을 하여야 한다는 것이다. 그들의 얼굴에 죽음의 초상화가 그려져 있는 것을 볼 때에 그들의 필요에 도움을 주라. 그들에게 임시적인 구원자가 되라. 사랑의 은줄로 고생의 물에서 그들을 건져내라. 이것에 대해 당신을 설득시키기 위하여 당신에게 몇 가지 이론을 제시하려고 한다.

(1) 사랑의 역사는 믿음과 마찬가지로 은혜의 증거가 된다.
"나는 행하므로 내 믿음을 네게 보이리라"(약 2:18)라고 하였다. 행함은 믿음의 신용장이다. 우리는 몸의 건강을 피가 움직이고 작용하는 곳의 맥박으로 판단한다. 이와 같이 그리스도인이여, 사랑의 맥박으로 당신의 믿음의 건강을 판단하라. 하나님의 말씀은 믿음의 규칙이며 선행은 믿음의 증거이다. 그것은 또한 사랑을 입증한다. 사랑은 긍휼을 사랑한다. 이것은 고귀한 아낌없는 은혜이다. 마리아는 그리스도를 사랑하였고, 그리고 그녀의 사랑은 얼마나 아낌이 없었던가! 그녀는 그리스도에게 그녀의 눈물과 입맞춤과 값비싼 향유를 소비했다. 사랑은 가득찬 그릇처럼 배출구를 가지려 한다. 그것은 도량이 큰 행위로 그 자신을 배출시킨다.

(2) 다른 사람들의 필요에 따라 나누어주는 것은 우리의 선택에 맡겨진 것이 아니라 의무로 지워질 것이다.
"네가 이 세대에 부한 자들을 명하여…선한 일을 행하고 선한 사업에 부하고"(딤전 6:17-18)라고 하였다. 이것은 권고일 뿐만 아니라 또한 훈령이다. 만일 하나님이 무생물에게 명령을 내리시면 그들은 순종할 것이다. 만일 그가 바위들에게 명하시면 그들은 물을 낼 것이다. 만일 그가 구름에게 명하시면 그것은 소나기로 될 것이다. 만일 그가 돌들에게 명하시면 그들은 떡이 될 것이다. 그런데 우리는 하나님이 우리에게 "선한 사업에 부하라"고 명하실 때 하나님을 불순종함으로써 돌보다도 더 완악해질 것인가?

(3) 하나님은 우리의 부족을 공급하시는데 우리는 다른 사람들의 부족을 공급하지 않겠는가?

우리는 긍휼이 없이는 살 수 없을 것이다. 하나님은 모든 피조물이 우리에게 유용하도록 만드신다. 태양으로 하여금 그의 황금빛 햇살로 우리를 윤택하게 하도록 하시며, 땅으로 하여금 우리에게 그의 생산물과 금광맥과 곡식의 수확과 많은 꽃을 산출하게 하신다. 하나님은 그의 긍휼의 보고를 열으시사 그의 섭리의 자선 바구니로부터 매일같이 우리를 먹이신다. "손을 펴사 모든 생물의 소원을 만족케 하시나이다"(시 145:16)라고 하였다. 하나님은 우리의 부족을 공급하시는 데 우리는 다른 사람들의 부족을 도와주지 않겠는가? 우리는 해면과 같이 긍휼을 빨기만 하고 유방과 같이 다른 사람들에게 젖먹이지 않을 것인가?

(4) 다른 사람들에게 선을 베풀고 있는 데서 우리는 하나님을 닮는다.

하나님을 닮는 것이 우리의 우수성이다. "종교심(Godlinessh)은 하나님 닮음(Godlikeness)이다." 우리는 관대와 아낌없음의 행위가 아니면 언제 하나님을 보다 더 닮는가? "주는 선하사 선을 행하시오니"(시 119:68)라고 하였다. "주는 선하사", 즉 그의 본질적인 선하심이 있다. 그리고 "선을 행하시오니", 즉 그의 공유적 선하심이 있다. 우리가 다른 사람들에게 도움이 되면 될수록 그만큼 더 우리는 하나님을 닮는 것이다. 우리는 전지함에서나 기적을 억시함에서 하나님 같이 될 수는 없다. 그러나 긍휼의 억시를 이루는 데는 그를 닮을 수 있다.

(5) 하나님은 우리의 모든 사랑의 공로를 기억하시며 그것들을 우리 손에서 친절하게 받으신다.

"하나님이 불의치 아니하사 너희 행위와 그의 이름을 위하여 나타낸 사랑으로 이미 성도를 섬긴 것과"(히 6:10)라고 하였다. 술관원장은 요셉의 친절을 잊어버릴 수 있지만, 주님은 우리가 그의 백성에게 베푸는 여하한 친절도 잊지 않으실 것이다. "내가 주릴 때에 너희가 먹을 것을 주었고 목마를 때에 마시게 하였고"(마 25:35)라고 하였다. 그리스도는 그의 성도들에게 베푼 친절을 자기 자신에게 베푼 것으로 간주하신다. 하나님은 당신의 눈물을 담을 병을 가지고 계시고 당신의 자선을 기록해둘 책을 가지고 계신다. "여호와 앞에 있는 기념책에 기록하셨느니라"(말 3:16)고 하였다. 타멀레인은 그의 병사들의 모든 이름과 훌륭한 복무를 기록해 둘 기록부를 가지고 있었다. 이와 같이 하나님은 당신의 모든 자선사업을 기록해 둘 기념책을 가지고 계신다. 심판의 날에 천사들 면전에서 그것들에 관한 공개적이며 명예로운 언급이 있을 것이다.

(6) 비참 중에 있는 다른 사람들에게 무정하게 대하는 것은 복음을 욕되게 한다.

사람들의 마음이 바위 조각같이 될 때나, 또는 리워야단의 비늘처럼 "서로 연함이 봉한 것 같구나"일 때 그들에게서 사랑의 금기름을 짜내기보다는 차라리 부싯돌에서 기름을 짜내는 것이 더 나을 것이다(욥 41:15). 그들은 자기 자신들을 비기독교화시킨다. 긍휼 없음은 이교도의 죄이다. "무자비한 자라"(롬 1:31)고 하였다. 이것은 복음의 영광을 이지러지게 한다. 복음이 무자비를 가르치는가? 그것은 "주린 자에게 네 심정을 동하며"(사 58:10)라고 우리에게 명하지 않는가? "원컨대 네가 이 여러 것에 대하여 굳세게 말하라. 이는 하나님을 믿는 자들로 하여금 조심하여 선한 일을 힘쓰게 하려 함이라"(딛 3:8)고 하였다. 당신이 결핍 가운데 있는 그런 자들을 구제하지 않는 동안에는 당신은 복음과 배치되는 길을 가고 있다. 당신은 복음으로 하여금 악평을 듣게끔 만들며 이것을 다른 사람들의 채찍과 비난의 대상이 되게 만든다.

(7) 가난한 자를 구제함으로써 손실될 것은 아무것도 없다.

수넴 여인은 선지자에게 친절히 하여 그를 그녀의 집으로 맞이해 들였다. 그래서 그녀는 선지자로부터 다른 길로 말미암아 은총을 입었다. 그는 그녀의 죽은 아이를 회생시켜 주었다(왕하 4:35). 다른 사람들을 도와주기 잘하는 사람들은 "때를 따라 돕는 은혜를 얻을" 것이다. 다른 사람들에게 긍휼의 황금 기름을 쏟아 붓는 사람들은 하나님께로부터 구원의 황금 기름을 쏟아 부음을 받을 것이다. "냉수 한 그릇"의 대가로 "기쁨의 강물"을 받을 것이다. 하나님은 이생에서도 그것을 어떤 방도로든지 채워주실 것이다. "구제를 좋아하는 자는 풍족하여 질 것이요"(잠 11:25)라고 하였다. 뗄 때마다 늘어나던 떡덩이같이 될 것이며, 또는 쏟아낼수록 늘어나던 과부의 기름과 같을 것이다(왕상 17:16). 재산은 손상되지 않고도 분배될 수 있다.

(8) 궁핍에 처한 사람들에게 선을 베푸는 것은 종교의 실망을 유지한다.
궁휼의 행위는 실과가 나무를 돋보이게 함같이 복음을 돋보이게 한다. "우리의 빛이 비취어서 다른 사람들이 우리의 착한 행실을 보게" 할 때 이것은 하나님을 영화롭게 하며, 종교를 영예롭게 하며, 반대자들의 입술을 침묵시킨다. 바질은 말하기를 그리스도인들의 자선과 박애보다 더욱 초대교회 때의 참 종교를 유명하게 만들고, 더 많은 개종자들을 만든 것은 아무것도 없다고 하였다.

(9) 다른 사람들의 생명을 보존하지 않고, 그리고 그들이 궁핍할 때 돕지 아니하므로 생기는 불행이다.
하나님은 종종 그들의 재산에 비밀의 좀을 보내신다. "과도히 아껴도 가난하게 될 뿐이니라"(잠 11:24), "귀를 막아 가난한 자의 부르짖는 소리를 듣지 아니하면 자기의 부르짖을 때에도 들을 자가 없으리라"(잠 21:13). "긍휼을 행하지 아니하는 자에게는 긍휼 없는 심판이 있으리라"(약 2:13)라고 하였다. 부자는 나사로에게 떡 한조각도 베풀기를 거절하였으며 그래서 부자는 물 한 방울까지도 거절당했다. "저주를 받은 자들아…내가 주릴 때에 너희가 먹을 것을 주지 아니하였고"(마 25:41)라고 하였다. 그리스도께서는 "너희는 내 먹을 것을 빼앗아 갔다"라고 말씀하시지 않고, "너희는 나에게 먹을 것을 주지 않았다"라고 말씀하신다. 너희는 내 지체들을 먹이지 아니하였으니, 그러므로 "나를 떠나가라." 이 모든 것을 보아서 다른 사람들의 궁핍에 기꺼이 나누어줄 마음을 먹으라. 이것이 계명 "살인하지 말지니라"에 포함되어 있다. 너는 다른 사람의 생명을 멸하지 말아야 할 뿐만 아니라 또한 그의 궁핍을 도와줌으로서 생명을 보존하여야 한다.

우리는 다른 사람들의 영혼을 보존하기 위하여 진력해야 한다는 것을 의미한다. 그들의 영혼에 대하여 그들을 권고하라. 그들 앞에 생명과 사망을 제시하라. 그들을 하늘나라로 인도하라. 율법에 의하면 만일 사람이 그 이웃의 소나 나귀가 길 잃은 것을 볼 때 그는 그것을 되돌려 주어야 한다(출 23:4). 하물며 우리가 만일 우리 이웃의 영혼이 길 잃은 것을 본다면 우리는 모든 수단을 다 써서 그로 하여금 회개하고 하나님께 돌아오도록 해야 한다.

다음으로 "살인하지 말지니라"는 계명은 우리가 우리 자신의 생명과 영혼을 보존해야 한다는 것을 요구한다. 모든 피조물은 자기 자신의 타고난 생명을 보존해야 한다는 것이 그 자체 위에 아로새겨 있다. 우리는 타고난 수명을 보존하기 위해 할 수 있는 모든 것을 다하기 위하여서 자살은 절대로 하지 말아야 한다. 우리는 규정식이나 운동이나 합당한 오락 같은 모든 수단을 다 동원하여 기름처럼 생명의 등불을 꺼지지 않도록 보존하여야 한다. 어떤 사람들은 사단에게 유혹을 받아, 그들은 너무나 죄인들이기 때문에 빵 한 조각도 먹을 자격이 없다고 믿었으며, 그래서 그들은 스스로 굶어 죽을 각오를 하고 있었다. 이것은 "살인하지 말지니라"라고 한 계명에 배치되는데, 이 계명은 생명의 보존을 위해서 모든 적당한 수단을 사용해야 한다는 것을 함축한다. "이제부터는 물만 마시지 말고 네 비위와 자주 나는 병을 인하여 포도주를 조금씩 쓰라"(딤전 5:23)고 하였다. 디모데는 물을 너무 많이 마심으로써 그의 위를 너무 차게 말 것이며, 자연의 힘을 약화시키지 말 것이요, 다만 자기 보존을 위한 수단을 강구하여야 할 것이다. 즉 "포도주를 조금" 마시든가 하는 것이다.

이 계명은 우리가 우리 자신의 영혼을 보존하기 위하여도 또한 진력해야 할 것을 요구한다. '당신은 모든 것을 잃더라도 영혼을 구원할 것을 기억하라' (Omnia si purdas animam servare memento). 모든 피조물은 자기 자신의 보존에 유의하여야 할 것이 금강석 철필 끝으로 새기듯 그 위에 아로새겨져 있다. 육체의 생명이 보존되어야 한다면 영혼의 생명은 더 말할 나위 없다. 자기 자신의 가정을 부양하지 않는 사람은 불신자보다 더 악하며 자기 자신의 영혼을 부양하지 않는 사람은 더욱더 악하다(딤전 5:8). 이 계명에 함축되어 있는 주요 사항은 우리의 영혼을 보존하기 위한 특별 배려에 있다. 영혼은 하나의 보석이요, 진흙 반지에 박힌 다이아몬드이다. 그리스도는 영혼을 세상과 함께 저울에 달아보시니 영혼이 모든 것보다 더 무거웠다(마 16:26). 영혼은 얼마간의 신적인 영광의 빛이 비취는 거울이다. 이것은 그 안에 신성의 얼마간의 희미한 사상과 유사성을 가지고 있다. 이것은 하나님의 호흡에 의하여 점화된 하늘의 불꽃이다. 육체는 티끌로 만들어졌으나 영혼은 좀더 고귀한 근본으로 만들어졌다. 하나님은 사람에게 생령을 불어 넣으셨다(창 2:7).

영혼은 그 본질상 우수하다. 이것은 영적 존재이며 "일종의 천사와 같은 것이다." 마음은 지식으로 번득이며 의지는 자유로 관 씌워져 있고 모든 감정은 자기 궤도에서 빛나는 별들과 같다. 영혼은 영적인고로 그 작용이 신속하다. 불꽃의 운동이 얼마나 신속한가! 그룹천사의 날개는 얼마나 재빠른가! 영혼의 운동도 이와 같이 신속하고 민첩하다! 생각보다 더욱 빠른 것이 무엇인가? 영혼은 순식간에 몇 마일을 달릴 수 있는가! 영혼은 영적이므로 위를 향해 운동하며 그것은 하나님과 그 영광을 심사숙고한다. "하늘에서는 주 외에 누가 내게 있으리요"(시 73:25)라고 하였다. 영혼의 운동은 위로 향한다. 그러나 죄가 그것에게 잘못된 성향을 입혀주었으므로 그것을 아래로 향하여 운동하도록 만들었다. 영혼은 영적이므로 자기 운동 능력을 가지고 있다. 그것은 육체가 죽을 때 생존하며 운동할 수 있다. 마치 배가 파산했을 때 선원이 생존할 수 있는 것과 같다. 영혼은 영적이므로 불멸이요(*Scaliger*) '영원의 싹'(*aeternitatis lemma*)이다.

또한 영혼은 본질상 우수한 것처럼 그 역량에서도 우수하다. 그것은 은혜의 수용 능력이 있으며 천사들의 친구와 동료가 되기에 적합하다. 그것은 하나님과의 영교가 가능하며 그리스도의 배우자가 될 역량이 있다. "내가 너희를 정결한 처녀로 한 남편인 그리스도께 드리려고 중매함이로다"(고후 11:2)라고 하였다. 그것은 영원히 영광으로 관 씌우는 것이 가능하다. 오! 그렇다면 그토록 귀중한 영혼을 지니고 있으면서, 하나님의 입김으로 창조되었고 하나님의 피로 구속받았으니 당신은 이들 영혼의 구원을 위해서 어떠한 노력을 기울여야 하겠는가? 마귀로 하여금 당신의 영혼을 차지하지 못하게 하라! 헬리오가발루스는 그의 사자들에게 꿩을 먹여 길렀다. 마귀는 우는 사자라고 일컬어진다. 그를 당신의 영혼으로 먹이지 말라. 당신으로 하여금 영혼이 구원받도록 수고하게 만드는 바 영혼의 우수성 외에도 영혼을 구원받지 못하는 것이 얼마나 슬픈 일인지 생각하라. 그것은 그 유례를 도무지 찾아볼 수 없을 정도의 손실이다. 왜냐하면 영혼을 잃음으로써 당신은 그것과 함께 많은 것을 잃기 때문이다. 상인은 그의 배를 잃음으로써 그것과 함께 많은 물건을 잃는다. 그는 돈과 보석과 향료 등을 잃는다. 이와 같이 그의 영혼을 잃는 사람은 그리스도와 하늘에 있는 일단의 천사들을 잃는다. 그것은 무한한 손실이니 돌이킬 수 없는 손실이다. 그것은 다시는 더 보충할 수 없다. "두 눈과 한 영혼"(Chrysostom)이다. 오! 불멸의 영혼을 위해 어떤 주의를 해야 할까! 여기서는 다만 이것만을 당신에게 당부하고 싶다. 즉 당신의 영혼을 구원하기 위해서 재물을 모으려고 조심하는 것만큼 조심하라는 것이다. 아니, 마귀가 당신의 영혼을 멸하려고 애쓰는 것만큼만 당신의 영혼을 구원하려고 애쓰라. 오! 사단은 영혼들을 멸망시키기 위해서 얼마나 열심인가! 그는 영혼을 잡을 올무를 간교하게 놓음으로써 얼마나 뱀의 역할을 담당하고 있는지! 어떻게 그는 불화살을 보는가! 그는 결코 게으르지 않다. 그는 그의 관할구역 안에서 분주한 감독이다. 그는 "두루 다니며 삼킬 자를 찾나니"(벧전 5:8)라고 하였다. 이제, 마귀가 당신의 영혼을 멸하려고 한 것과 똑같은 정도로 당신은 당신의 영혼을 구원하려고 주의해야 한다는 것이 이치에 맞는 부탁이 아니겠는가? 어떻게 우리는 우리의 영혼을 구원받을 것인가? 영혼을 정결케 함으로써다. 오직 "마음이 청결한 자가 하나님을 볼 것이다." 당신의 영혼을 거룩으로 세공을 하고 법랑칠을 하라(벧전 1:16). "우리가 악행을 그치는 것"으로는 충분치 않다. 이것은 어떤 사람들이 보여줄 수밖에 없는 모든 증거이며 이에서 더 미치지 못함으로 하늘나라를 잃어버린다. 그러나 우리는 내적으로 성화되어야 한다. "더러운 영"이 나가야 할 뿐만 아니라 우리는 또한 성령으로 충만해야 한다(엡 5:18). 만일 하나님께서 현세에 당신과 함께 동거하여야 하며, 그리고 당신이 내세에 그와 함께 동거해야 할 것을 고려한다면 이 거룩은 필수적으로 있어야 한다. 하나님은 여기서 당신과 함께 동거하셔야 한다. 그는 영혼을 자기 자신의 거처로 삼으신다. "그리스도께서 너희 마음에 계시게 하옵시고"(엡 3:17)라고 하였다. 그러므로 영혼은 마땅히 성별되어야 한다. 왕궁은 깨끗이 하여야 되며 특별히 그의 알현실은 그렇다. 몸은 성령의 전이다(고전 6:19). '영혼은 지성소' (sanctum sanctorum)이다. 그것은 얼마나 거룩해야 하겠는가!

당신은 하나님과 동거하여야 한다. 하늘은 성소이다. "더럽지 않은 기업"(벧전 1:4)이라고 하였다. 그런데 당신이 성화되기 전에 어떻게 하나님과 동거할 수 있는가? 우리는 포도주를 곰팡이가 난 그릇에 담지 않는다. 그리고 하나님도 영광의 새 포도주를 죄 많은 마음속에 담지 않으실 것이다. 오! 그렇다면 당신의 영혼을 사랑하고 그 영혼이 영원히 구원받기를 바랄진대 거룩을 위하여 힘쓰라! 이 방법에 의해서 당신은 하늘나라에 들어갈 적성을 가지게 될 것이다. 따라서 당신의 영혼은 주 예수의 날에 구원을 받을 것이다.

7. 제7계명 간음하지 말라

 "간음하시 말지니라"(출 20:14).

하나님은 순결하시고 거룩한 영이신지라 모든 불결에 대해서 무한한 혐오감을 가지고 계신다. 이 계명에서 그는 이 불결에 대한 경고에 들어가신 것이다. 너는 '간음죄를 짓지 말라' (non moechaberis). "간음하지 말지니라" 이 계명의 대요는 육체적 순결의 보존이다. 우리는 음란의 암초에 앉힌 나머지 우리의 순결에 파선하지 않도록 조심해야 한다. 이 계명에는 무엇인가 암암리에 함축되어 있는 것이 있고 무엇인가 명백히 금지되어 있는 것이 있다.

먼저 이 계명에 함축된 것은 결혼의 법규가 준수되어야 한다는 것이다.

"남자마다 자기 아내를 두고 여자마다 자기 남편을 두라"(고전 7:2)고 하였다. "혼인을 귀히 여기고 침소를 더럽히지 않게 하라"(히 13:4)라고 하였다. 하나님은 낙원에서 결혼을 제정하셨다. 그는 여자를 남자에게 데리고 오셨다(창 2:22). 그는 그들을 각각 상대방에게 결혼시키셨다. 예수 그리스도께서는 결혼식에 참여하심으로써 이것을 귀히 여기셨다(요 2:2). 그가 행하신 첫 기적은 결혼식장에서 "물을 변하여 포도주가 되게" 하신 때였다. 결혼은 그리스도와 그의 교회간의 신비적 연합의 예표요 유사이다(엡 5:32). 결혼에는 일반 의무와 특별 의무가 있다. 남편의 일반 의무는 다스리는 것이다. "남편이 아내의 머리됨이"(엡 5:23)라고 하였다. 머리는 통치와 심판의 좌소(seat)가 된다. 그러나 남편은 신중성을 가지고 다스려야 한다. 그는 머리다. 그러므로 이성없이 다스려서는 안 된다. 아내 쪽의 일반 의무는 복종이다. "아내들이여 자기 남편에게 복종하기를 주께 하듯 하라"(엡 5:22)고 하였다. 성령은 사라의 약점들을 관대히 봐주시고 그녀의 불신앙을 언급하지 않으신 것을 볼 수 있다. 그러나 성령은 그녀의 남편에 대한 존경과 순종 같은 그녀 안에 있었던 좋은 점을 유의하고 있다. "사라가 아브라함을 주라 칭하여 복종한 것같이"(벧전 3:6)라고 하였다.

　결혼에 따르는 특별 의무는 사랑과 성실이다. 사랑은 애정의 밀접한 결합이다(엡 5:25). 다시 말하면 두 몸에 오직 한 마음만이 있는 것이다. 사랑은 멍에를 분담하여 수월하게 만든다. 그것은 결혼 관계를 향기롭게 한다. 그래서 사랑이 없이는 '연합'(*conjugium*)이 없고 다만 '다툼'(*conjurgium*)만이 있다. 화합이 없고 다만 끊임없는 언쟁뿐이다. 한 위 속에 있는 두 독약처럼 한 사람은 항상 다른 사람을 역겨워한다. 결혼에는 하나님의 거룩한 법규에 따라 충성스럽게 둘이 같이 살겠다는 상호 약속이 있게 마련이다. 로마인들 가운데는 결혼식 날에 여자가 그 남편에게 불과 물을 증정하였다. 불이 세련하고 물이 청소하듯 그녀는 남편과 더불어 정숙과 성실 가운데서 살겠다는 것을 의미하였다.

　다음으로 이 계명에서 금지되고 있는 사항은 우리 자신의 육체적인 오염과 음란으로 감염시키는 것이다. "간음하지 말지니라"고 하였다. 이 죄의 근원은 색욕이다. 타락 이후 거룩한 사랑은 색욕으로 퇴락하였다. 색욕은 영혼의 열병이다. 두 가지의 간음죄가 있다.

첫째, 마음의 죄이다. "여자를 보고 음욕을 품는 자마다 마음에 이미 간음하였느니라"(마 5:28)고 하였다. 사람이 내출혈로 죽을 수 있는 것처럼 내부의 색욕의 끓어오르는 것을 억제하지 않는다면 그것 때문에 망할 수 있다.

둘째, 육체의 죄이다. 죄가 잉태하여 행동을 낳을 때와 같다. 이것은 법정 출두명령 하에서 명백히 금지되어 있다. "간음하지 말지니라"고 하였다. 이 계명은 음란을 막기 위한 울타리로 설정한 것이다. 따라서 이 울타리를 헐은 자들은 뱀이 물 것이다. 욥은 간음죄를 일컬어 "중죄"(31:11)라고 하였다. 모든 실수가 다 범죄가 아니며 모든 실수가 다 중죄가 아니다. 그러나 간음죄는 '수치스런 범죄'(*flagitium*), 즉 "중죄"이다. 주님은 이것을 악행이라고 부르신다. "그들이 이스라엘 중에서 망령되이 행하여 그 이웃의 아내와 행음하며"(렘 29:23)라고 하였다.

그러면 이 죄의 크기는 어느 면에서 나타나는가? 사람들이 결혼이라는 방법으로 결합할 때 그들은 부부관계에서 진실하고 성실할 것을 하나님 앞에서 언약으로 서로에게 맹세한다.

하지만 음란은 이 엄숙한 맹세를 거짓되게 한다. 그리고 여기에서 간음죄는 음행보다도 더 악한 것이다. 왜냐하면 이것은 부부의 연분을 파기하는 것이기 때문이다.

또한 이것은 하나님께 끼친 큰 모욕이다. 하나님은 "간음하지 말지니라"라고 말씀하신다. 간음자는 그의 의지를 하나님의 법보다 위에 올려놓고 그의 명령을 짓밟으며 정면으로 모욕하는 것이다. 마치 신하가 그의 군주의 포고문을 찢어버리는 것과 같다. 간음자는 성삼위의 모든 분에게 불법적이다. 성부 하나님께 대하여 그러하니 죄인이여, 하나님은 그대에게 그대의 생명을 주셨다. 그런데 그대는 생명의 등불, 곧 그대의 일생의 성년을 음란으로 낭비한다. 그는 그대에게 많은 긍휼과 건강과 재산을 부여하셨는데 그대는 그 모든 것을 창녀에게 써버린다. 하나님이 그대에게 마귀를 섬기라고 삶을 주셨던가? 성자 하나님께 대하여는 두 가지 면으로 불법이다. 그는 그의 피로 그대를 사신 까닭이다. "값으로 산 것이 되었으니"(고전 6:20)라고 하였다. 그런즉 값주고 산 사람은 자기 자신의 것이 아니다. 대가를 주고 자기를 사신 그리스도에게서 떠나 허락도 없이 다른 사람에게 가는 것은 죄이다. 세례 덕분에 그대는 그리스도인이며, 따라서 그리스도께서 그대의 머리이시고 그대는 그리스도의 지체임을 공언하는 까닭이다. 그러므로 "그리스도의 지체를 가지고 창기의 지체를 만들겠느냐"(고전 6:15)라고 함같이 함은 그리스도께 이 얼마나 불법인가? 이것은 또 성령 하나님께 불법이다. 몸은 그의 성전이기 때문이다. "너희 몸은…너희 가운데 계신 성령의 전인 줄을 알지 못하느냐"(고전 6:19)라고 하였다. 그러면 그의 성전을 더럽히는 것이 얼마나 큰 죄인가!

이러한 간음죄는 심사숙고한 계획으로 범해진다. 마음에 죄를 도모하는 것이 있고 다음에는 의지의 승인이 있고 그 다음에는 죄가 행동으로 나타난다. 자연의 광명에 거슬러 죄짓는 것과 고의적으로 죄짓는 것은 양털에 대한 물감과 같아서 이것이 죄에 색깔을 짙게 해주며 죄를 주홍색으로 물들인다.

간음죄를 그토록 죄스럽게 만드는 것은 그것이 불필요하다는 것이다. 하나님은 이것을 방지하기 위한 구제책을 마련해 주었다. "음행의 연고로 남자마다 자기 아내를 두고"(고전 7:2)라고 하였다. 그러므로 이 구제책이 처방된 후에는 음행이나 간음죄를 짓는 것은 변명의 도리가 없다. 그것은 필요가 없는데도 훔치는 부자 도둑과 같다. 이것이 죄를 증대시킨다.

적용 1 음행과 간음의 죄를 허용하는 로마교회는 여기서 정죄당한다. 이 교회는 그 신부들을 결혼하지 못하게 하면서 고급 매춘부들을 거느리는 것이 허용된다. 극악한 유의 음란, 곧 가장 가까운 친척과의 근친간음도 돈 주고 특사받는다. 로마교회에 관하여 한때 '로마는 지금 온통 매음굴이다'(*Urbs est jam tota lupanar*)라는 말이 있었다. 로마는 공창이 되어버렸다는 것이다. 그런즉 교황이 얼마간의 돈을 받고 음란을 범할 면허와 특허를 내어주는 것이 조금도 이상할 것이 없다. 그리고 특허가 충분치 못할 것이면 면죄부를 내어주는 것이다. 많은 가톨릭교도들은 음행을 경미한 죄로 판단한다. 하나님은 색욕 자체를 정죄하신다(마 5:28). 하나님이 생각을 정죄할 진대 어떻게 그들은 감히 음행의 범행을 허용한단 말인가? 로마교회는 그 어떠한 더러운 새들의 새장인지를 알 만하다. 그들은 자신들을 가리켜 성가톨릭 교회(the Holy Catholic Church)라고 부른다. 그러나 음행과 근친간음과 남색과 모든 종류의 음란으로 그토록 젖어 있고 그슬려 있는 자들이 어떻게 거룩할 수 있는가?

적용 2 이 계명이 우리 가운데서 그처럼 경시당하고 위배되는 것을 보는 것은 통탄할 문제이다. 간음죄는 시대에 널리 횡행하는 죄이다. "저희는 다 간음하는 자라 빵 만드는 자에게 달궈진 화덕과 같도다"(호 7:4)라고 하였다. 헨리 8세 시대는 황금시대라고 불렸으나 이 시대는 음녀 쫓아다니기가 예사였던 음란한 시대라고 불릴 수 있다. "너의 더러운 중에 음란이 하나이라"(겔 24:13)고 하였다. 루터는 "그는 만일 그의 색욕만 만족시킬 수 있다면 그리고 음녀의 집을 모조리 전전할 수만 있다면 이보다 더 좋은 하늘을 갈망하지 않을 것이다"라고 말한 어떤 사람에 대하여 말해 준다. 그런데 그는 나중에 두 악명 높은 매춘부 사이에서 세상을 떠났다. 이것은 금단의 열매를 사랑하는 것이요, 도둑질한 물을 마시기를 사랑하는 것이다. "인자야 너는 이 담을 헐라 하시기로 내가 그 담을 허니 한 문이 있더라 또 내게 이르시되 들어가서 그들이 거기서 행하는 가증하고 악한 일을 보라"(겔 8:8-9)고 하였다. 만일 우리가 선시사처럼 여러 집들의 담을 파들어 갈 수 있다면 우리는 거기서 얼마나 비열하고 가증한 것들을 보게 될 것인가! 우리는 어떤 침실에서는 음행을 볼 수 있을 것이고 좀더 파들어 가면 간음을 볼 것이며, 좀더 파들어 가면 근친간음 등을 볼 것이다. 그런즉 주님이 그의 성소에서 멀리 떠나시지 않겠는가? "이스라엘 족속의 행하는 일을 보느냐 그들이 여기서 크게 가증한 일을 행하여 나로 내 성소를 멀리 떠나게 하느니라"(겔 8:6)라고 하였다. 하나님은 그의 복음을 옮기실지도 모르며 그렇게 되면 우리는 이 나라에 관하여 이가봇(Ichabod)이라, 즉 "영광이 떠났다"라고 쓰게 될지도 모른다. 우리가 개혁할 수 없는 것을 위하여 우리는 애통하자.

적용 3　권유컨대 우리 자신을 지켜 간음죄에서 멀리 하려면 "남자마다 자기 아내를 두고"라고 바울은 말한다. 첩을 두라는 것도 아니고 고급 매춘부를 두라는 것도 아니다(고전 7:2). 당신이 간음죄를 짓지 못하게 하기 위하여 이것의 큰 악을 설명하겠다.

이것은 도둑질의 죄이다.
이것은 최고의 부류에 속하는 도둑질이다. 간음자는 그의 이웃에게서 소유와 재산보다 더한 것을 도둑질한다. 그는 이웃에게서 그의 살 중의 살인 그의 아내를 도둑질해낸다.

간음죄는 사람을 천하게 만든다.
이것은 그로 짐승을 닮게 한다. 그러므로 간음자는 우는 말처럼 묘사된다. "각기 이웃의 아내를 따라 부르짖는도다"(렘 5:8)라고 하였다. 아니, 이것은 짐승 같은 것보다 더욱 악하다. 이성이 없는 어떤 동물들은 그래도 자연적인 본능에 의하여 어느 정도의 단정과 정절을 지킨다. 산비둘기는 정숙한 동물이며 그 짝을 굳게 지킨다. 황새도 어디를 날아가든지 자기의 둥지가 아니면 들지 않는다. 박물학자들의 기록에 의하면 만일 한 황새가 자기 짝을 버리고 다른 것과 결합하면 나머지 모든 황새들이 그에게 덮쳐서 그의 깃털을 뜯어 버린다고 한다. 간음죄는 짐승보다 더 악해서 사람의 존귀를 타락시킨다.

간음죄는 오염시킨다.
마귀는 더러운 영이라 일컬어진다(눅 11:24). 간음자는 마귀의 장자이다. 그는 더럽다. 그는 움직이는 진창이다. 그는 죄로 만신창이가 되어 있다. 그의 눈은 색욕으로 번쩍이며, 그의 입은 오물을 뿜어내며, 그의 마음은 에트나 산처럼 불결한 욕망으로 불탄다. 그리고 그는 너무나 불결한 나머지 만일 그가 죄 중에 죽는다면 지옥의 모든 불길로도 그의 음란을 깨끗하게 하지 못할 것이다. 그리고 간음하는 여자로 말할 것 같으면 누가 그녀를 족하리 만큼 검게 칠할 수 있을까? 성경은 그런 여자를 깊은 구렁이라고 부른다(잠 23:27). 그녀는 공동 하수구이다. 그와 반면에 신자의 몸은 살아 있는 성전이며 그의 영혼은 그 수많은 별들처럼 은혜로 반짝이는 작은 하늘이다. 창녀의 몸은 걸어 다니는 거름더미이며 그녀의 영혼은 더 작은 지옥이다.

간음죄는 몸에게 파괴적이다.

"마지막에 이르러 네 몸 네 육체가 쇠퇴할 때에 네가 한탄하여"(잠 5:11)라고 하였다. 이것은 폐병을 불러들인다. 음란은 몸을 자선 병원으로 향하게 하며, 근원적인 수액을 낭비하며, 골을 썩이고, 얼굴의 아름다움을 좀먹는다. 불꽃이 초를 소모하듯이 색욕의 불은 뼈를 소모시킨다. 간음자는 자기 자신의 죽음을 재촉한다. "필경은 살이 그 간을 뚫기까지에 이를 것이라"(잠 7:23)라고 하였다. 로마인들은 비너스 신전 문에서 장례식을 올렸으니, 색욕이 죽음을 초래한다는 것을 표시하기 위함이었다. 비너스(Venus)는 색욕이다.

간음죄는 재원을 고갈시킨다.

이것은 몸을 낭비시킬 뿐 아니라 재산도 탕진한다. "음녀로 인하여 사람이 한 조각 떡만 남게 됨이며"(잠 5:26)라고 하였다. 음녀들은 마귀의 말거머리들이며 돈을 빨아먹는 해면이다. 탕자는 창녀들 가운데 빠졌을 때 곧 그의 상속받은 재산을 탕진했다(눅 15:30). 에드워드 3세의 첩은 그가 죽어가고 있을 때 그에게서 얻을 수 있는 모든 것을 얻어냈으며 심지어는 그의 손가락에서 반지들을 뽑아가지고서 그를 떠나버렸다. 사치 속에 사는 자는 빈궁 속에 죽는다.

간음죄는 명성을 파괴한다.

"부녀와 간음하는 자는…상함과 능욕을 받고 부끄러움을 씻을 수 없게 되나니"(잠 6:32-33)라고 하였다. 어떤 이들은 상처를 받으면 명예를 얻는다. 군인의 부상은 명예가 가득하며 그리스도를 위한 순교자의 상처는 영예가 가득하다. 그러나 간음자는 상함을 입어도 그의 이름에 하등의 명예가 되지 못한다. "부끄러움을 씻을 수 없게 되나니"라고 하였다. 명성의 상처는 아무도 치료할 수 있는 의사가 없다. 간음자가 죽을 때 그의 수치는 살아 있다. 그의 몸이 땅 속에서 썩을 때 그의 이름은 땅 위에서 썩는다. 그의 천한 태생의 자녀들은 그의 수치의 살아 있는 기념비이다.

이 죄는 마음을 손상시킨다.

이것은 이해력을 도둑질해가며, 이것은 심령을 마취시킨다. "음행과 묵은 포도주와 새 포도주가 마음을 빼앗느니라"(호 4:11)고 하였다. 이것은 모든 심령을 영원히 먹어버린다. 솔로몬은 여자들로 취했었으며 그래서 그들이 그를 우상숭배 하도록 유혹하였다.

이 죄는 현세적인 심판을 자초한다.

모세의 율법은 간음죄를 사형에 해당시킨다. "그 간부와 음부를 반드시 죽일지니라"(레 20:10; 신 22:24)라고 하였다. 색슨 사람들은 이 죄 중에 잡힌 사람들을 화형시키라고 명령했다. 로마인들은 그런 자들의 머리를 베어 버리게 하였다. 전갈처럼 이 죄는 그 꼬리에 쏘는 독을 지니고 있다. 파리스와 헬렌의 간음은 그 둘의 죽음과 트로이 성의 멸망의 원인이 되었다. "그 남편이 투기함으로 분노하여"(잠 6:34)라고 하였다. 간음자는 흔히 그의 죄의 현장에서 죽임을 당한다. 간음은 오토 황제와 교황 식스투스 4세의 생명을 잃게 하였다. '색욕은 기쁨으로 왔다가 슬픔으로 가버리곤 한다'(*Laeta venire Venus, tristis afire solet*). 즉 색욕의 습성은 기쁨으로 들어오는 것이다. 그러나 그것은 비참하게 떠난다. 필자는 1583년 런던에 살던 두 사람에 관하여 읽은 적이 있는데, 그들은 주의 날에 간음으로 스스로를 더럽혔다가 순식간에 하늘에서 내려온 불로 얻어맞아 죽었다고 한다. 만일 현재 이 죄가 있는 모든 사람들이 이런 방식으로 형벌받는다고 한다면 또다시 소돔에서처럼 불이 비내리듯 할 것이다.

간음은 회개가 없으면 영혼을 멸망시킨다.

"간음하는 자나 탐색하는 자나 남색하는 자나…하나님의 나라를 유업으로 받지 못하리라"(고전 6:9-10)고 하였다. 색욕의 불은 지옥불에 이르게 한다. "음행하는 자들과 간음하는 자들을 하나님이 심판하시리라"(히 13:4)고 하였다. 비록 인간들은 그들을 심판하기를 소홀히 할지 모르나 하나님은 그들을 심판하실 것이다. 그러면 하나님은 다른 모든 죄인들을 심판하시지 않는단 말인가? 심판하신다. 그렇다면 왜 사도는 "음행하는 자들과 간음하는 자들을 하나님이 심판하시리라"고만 말하는가? 그 뜻은 그가 그들을 기필코 심판하시겠다는 것이다. 그들은 공의의 손길을 피할 수 없을 것이다. 그리고 그는 그들을 엄히 벌하실 것이다. "주께서…불의한 자는 형벌 아래 두어 심판 날까지 지키시며 육체를 따라 더러운 정욕 가운데서 행하며…자들에게 특별히 형벌하실 줄을 아시느니라"(벧후 2:9-10)고 하였다. 창녀의 품은 아브라함의 품을 멀리하게 한다. '기쁜 것은 잠간이요 괴로운 것은 영원하다'(*Momentaneun tost quod delectat, aeternum quod cruciat*). 즉 기쁨은 잠간 지속하고 괴로움은 영원히 지속한다. 누가 한 잔의 쾌락을 위하여 바닷물의 진노를 마시겠는가? "그의 객들이 음부 깊은 곳에 있는 것을"(잠 9:18)이라고 하였다. 현명한 여행자는 여관에서 많은 맛있는 요리들이 자기 앞에 차려진다 해도 계산 때문에 먹기를 삼간다. 우리는 모두 다 위의 예루살렘으로 가는 나그네들이다. 그래서 많은 유혹의 마귀가 우리 앞에 진설될 때 우리는 삼가야 하며 죽을 때에 들어오게 될 계산서를 생각해야 힌다. 디오니시우스가 식탁에 앉았을 때 자기 머리 위에 시퍼런 칼날이 걸려 있다고 상상했다면 무슨 식욕을 가지고 그의 진찬을 먹을 수 있었겠는가? 간음자가 다른 고기를 먹고 있은 때 하나님의 공의의 검은 그의 머리 위에 걸려 있다. 카우시누스는 스페인에서 생장하는 한 나무에 대해서 이야기하고 있는데, 그 나무는 냄새도 향긋하고 맛도 좋은데 그 즙에 독이 있다는 것이다. 이것은 음녀의 상징이다. 음녀는 분을 발라 향내를 풍기고 보기에 예쁘지만 영혼에게는 유독하고 파멸적이다. "대저 그가 많은 사람을 상하여 엎드러지게 하였나니 그에게 죽은 자가 허다하니라"(잠 7:26)고 하였다.

간음자는 자기 자신의 영혼을 해칠 뿐 아니라 다른 이의 영혼을 멸망시키기 위하여 할 만한 짓을 다하며, 따라서 한꺼번에 둘을 죽인다.

그는 도둑보다도 더 악하다. 왜냐하면 도둑이 한 사람을 강탈한다고 하자. 아니 그의 생명을 빼앗는다고 하자. 그 사람의 영혼은 행복할 수 있다. 그는 자기 침상에서 죽었을 때와 똑같이 하늘나라에 갈 수도 있다. 그러나 간음을 범하는 사람은 다른 사람의 영혼을 위태롭게 하며 그의 힘이 미치는 한 상대 여자의 구원을 박탈한다. 그런즉 다른 사람을 지옥으로 끌고 가는 도구가 된다는 것이 얼마나 무서운 일인가!

간음자는 하나님께 미움을 산다.

"음녀의 입은 깊은 함정이라 여호와의 노를 당한 자는 거기 빠지리라"(잠 22:14)고 하였다. 하나님께 미움을 사는 것보다 더 불행한 것이 무엇인가? 하나님은 자기 자신의 자녀들에게 노하실 수도 있다. 그러나 하나님이 사람을 몹시 미워하신다고 하는 것은 최고조에 달하는 미움이다. 어떻게 주님은 간음자에 대한 미움을 표시하시는가? 그를 유기된 마음과 마비된 양심 상태에 내버려 두심으로써다(롬 1:28). 그렇게 되면 그는 회개할 수 없는 그런 상태에 들게 된다. 그는 하나님께 몹시 싫어 버림을 받는다. 그는 지옥의 문턱에 서 있게 되며, 죽음이 한 번 그를 떠밀면 굴러 떨어진다. 이 모든 것은 우리 귀에 나팔소리로 들릴 것이며 음란 같은 멸망할 죄의 추구에서 돌이키라고 우리에게 요구할 것이다. 성경이 말씀하는 바를 들으라. "그 집 문에도 가까이 가지 말라"(잠 5:8)고 하였다. "그 집은 음부의 길이라"(잠 7:27)고 하였다.

간음은 불화를 심는다.

이것은 가정에서 생장하는 두 개의 가장 아름다운 꽃, 곧 평화와 사랑을 파괴한다. 이것은 남편을 아내에게 대립시키고 아내를 남편에게 대립시킨다. 그래서 "같은 몸의 관절들이 서로를 대적하여 치도록" 만든다. 이러한 가정 불화는 혼란을 야기한다. "스스로 분쟁하는 집은 무너지느니라"(눅 11:17)고 하였기 때문이다. '모든 분열하는 것은 망하는 것이다' (*Omne divisibile est corruptibile*).

적용 4 이 죄의 감염을 방지하기 위하여 해독제 삼아 몇 가지 지침을 이야기하겠다.

음녀 같은 여인과 동석하지 말라.
항해자가 암초를 피하듯 그녀의 집을 피하라. "그 집 문에도 가까이 가지 말라"(잠 5:8)라고 하였다. 역병에 걸리고 싶지 않은 사람은 전염된 집 가까이 가지 말아야 한다. 모든 음녀의 집에는 역병이 있는 것이다. 죄의 기회를 조심하지 않으면서 그래도 "시험에 들지 말게 하옵시고"라고 기도하는 것은 마치 손가락을 촛불 속에 넣고 타지 않게 해달라고 기도하는 것과 같다.

당신의 눈을 조심하라.
많은 죄가 눈을 통해 들어온다. "음심이 가득한 눈을 가지고"(벧후 2:14)라고 하였다. 눈은 공상을 생기게 하고 공상은 마음에 역사한다. 음탕하고 호색적인 눈은 죄를 끌어들일 수 있다. 하와는 먼저 선악과나무를 보고 그 다음에 그것을 땄다(창 3:6). 먼저 그녀는 바라보았고 그 다음에 그녀는 좋아하였다. 눈은 종종 마음에 불을 붙인다. 그러므로 욥은 자기 눈에 법을 세웠다. "내가 내 눈과 언약을 세웠나니 어찌 처녀에게 주목하랴"(욥 31:1)라고 하였다. 철학자 데모크리토스는 자기 눈을 뽑았다. 왜냐하면 헛된 것들로 유혹받고 싶지 않기 때문이었다. 성경은 우리에게 이렇게 하라고 명하는 것이 아니라 다만 눈앞에 감시를 두라는 것이다.

입을 조심하라.
당신 자신이나 다른 사람들에게 불결한 생각을 불러일으킬 만한 불미스런 말을 할까 조심하라. "악한 동무들은 선한 행실을 더럽히나니"(고전 15:33)라고 하였다. 불순한 담화는 색욕의 불을 더욱 타오르게 하는 풀무이다. 많은 악이 혀에 의하여 마음에 전달된다. "여호와여 내 입 앞에 파숫군을 세우시고"(시 141:3)라고 하였다.

특별한 방식으로 당신의 마음을 조심하라.
"더욱 네 마음을 지키라"(잠 4:23)라고 하였다. 누구나 다 자기 가슴 속에 유혹자를 가지고 있다. "마음에서 나오는 것은 악한 생각과"(마 15:19)라고 하였다. 죄에 대하여 생각하는 것은 죄의 행동을 유발하는 길을 튼다. 당신 마음에서 처음 죄가 일어날 때 억제하라. 뱀이 위험이 가까이 올 때 그 머리를 지키듯, 모든 호색적인 동작이 발생하는 원천이 되는 당신의 마음을 지키라.

당신의 복장을 조심하라.
우리는 창녀의 복장에 관하여 읽은 바 있다(잠 7:10). 음탕한 의상은 색욕을 도발한다. 머리를 곱슬곱슬하게 하는 것과 땋는 것, 얼굴을 화장하는 것, 벌거벗은 유방은 허영심을 자극하는 유혹들이 된다. 간판이 내걸린 곳에는 사람들이 들어가서 음료를 맛볼 것이다. 제롬은 말하기를, 음란한 복장을 하여 다른 사람들을 색욕으로 유도하려 힘쓰는 자들은, 비록 아무런 악이 발생하지 않더라도, 유혹자들이며 자기들은 마시려 하지 않으면서도 다른 사람들에게 독약을 권하였기 때문에 형벌을 받을 것이다.

악한 교제를 조심하라.
'악덕은 이웃에게로 퍼지며 그들에게 옮겨간다'(Serpunt vitia et in proximum quemque transiliunt). 즉 악덕은 밖으로 퍼져서 누구든지 옆에 서 있는 자에게 달려든다(Seneca). 죄는 대단히 전염성 있는 병이다. 한 사람이 다른 사람을 죄짓도록 유혹하여 그 사람을 그 죄 안에서 완악하게 만든다. 사람들을 간음죄로 유인하는 세 개의 노끈이 있다. 마음의 성향, 악한 친구들의 설득, 창녀의 포옹이다. 그리고 이 삼겹줄은 쉽사리 끊어지지 않는다. "불이 그 당 중에 붙음이여"(시 106:18)라고 하였다. 색욕의 불은 나쁜 일행 중에서 붙는다.

연극 구경 가는 것을 조심하라.

극장은 흔히 음녀의 집에 이르는 서두가 된다. '연극은 방종의 씨앗을 제공한다'(Ludi praebent semina neq uitiae). 즉 연극은 죄악의 씨를 장만해 준다. 우리는 모든 모양의 악을 피하라는 명을 받았다. 그런데 연극이야말로 악의 모양이 아닌가? 정숙한 눈으로 바라보기에는 합당치 않은 그러한 광경들이 거기에는 있다. 교부들도 종교회의들도 다 연극 구경 가는 것에 대한 혐오를 표시하였다. 어떤 학문 있는 성직자가 유심히 본 것에 의하면 많은 사람이 그들의 임종시에 눈물로 고백하기를 그들이 몸을 더럽힌 것은 연극 구경 간 것이 계기가 되었다고 하였다고 한다.

혼성 댄스를 조심하라.

'춤은 방탕의 도구이다'(Instrumenta luxuriae tripudia). 춤을 추는 데서 사람들은 상대방과 육체적 애무를 하게 되고 육체의 애무에서 음란으로 발전한다. 칼빈은 "춤추는 데는 대부분의 경우 얼마간의 정숙치 못한 행동이 따른다"라고 말한다. 춤은 음탕한 몸짓과 정숙치 못한 촉감과 호색적인 표정에 의하여 마음을 어리석은 데로 이끌어간다. 크리소스톰은 당대의 혼성 댄스를 통렬히 비난하였다. "우리는 혼인잔치와 그리고 처녀들이 등불을 들고 앞서 가는 것에 대하여 읽은 바 있나 그러나 거기서 댄스하는 것에 대해서는 읽은 바 없다"라고 그는 말한다(마 25:7). 많은 사람이 춤추는 것으로 말미암아 함정에 빠졌었다. 노르만디 공과 기타 사람들의 경우와 같다. '댄스는 음란한 여자에게 이르게 하고 정숙한 여자에게 이르게 하지 않는다'(Saltatio ad adulteras non ad pudicas pertinet). 즉 댄스는 정숙한 여자의 영역이 아니라 간음하는 여자의 영역이다(Ambrose). 댄스가 있는 곳에 마귀도 있다고 크리소스톰은 말한다. 필자는 주로 혼성 댄스에 관해서 말하는 것이다. 우리는 성성에서 춤에 대하여 읽어보았지만, 그 춤은 정신 차리고 온당한 것이었다(출 15:20). 그것들은 혼성 댄스가 아니었고 경건하고 종교적인 것이었으며 통상적으로 하나님께 대한 찬미송이 동반되었다.

음란 서적과 색욕을 도발하는 그림을 조심하라.
성경을 읽는 것이 하나님께 대한 사랑을 분기시키는 것처럼 나쁜 책을 읽는 것은 마음을 부도덕에 향하도록 분기시킨다. 필자는 세상에다 나약하고 호색적이며 음탕한 표현들로 가득한 책을 발행했던 한 사람을 들어 말할 수 있다. 그 사람은 죽기 전에 이것 때문에 많이 고민하게 되었으며 그래서 그 많은 사람을 색욕으로 불타게 했던 그 책을 불살라 버렸다. 음란 서적들에게 추가할 것은 음란 그림들인데 이것들은 눈을 흐리며 색욕을 부추긴다. 그것들은 마음에게 독을 비밀히 전달해 준다. '보는 사람은 죄 없어도 보는 것으로 말미암아 죄 있게 된다'(*Qui aspicit innocens aspectu fit nocens*). 가톨릭교의 화상들도 음란한 그림들이 색욕을 분기시키는 것보다 더 우상숭배를 분기시키는 경향은 없다.

과식을 조심하라.
폭식과 폭음이 포장마차를 앞에서 끌 때 음란과 방탕은 후미를 맡는다. '술은 색욕의 자극제이다'(*Vinum fomentum libidinis*). "어느 술이나 색욕을 자극한다." 그리고 턱의 풍족함이 소돔의 음란의 원인이 되었다(겔 16:49). 가장 무성한 잡초는 가장 비옥한 토양에서 생장한다. 음란은 과도한 데서 발생한다. "그들은 살찌고 두루 다니는 수말같이 각기 이웃의 아내를 따라 부르짖는도다"(렘 5:8). "절제라는 금 말굴레"를 가지라. 하나님은 자연의 회복력과, 그리고 그의 봉사를 위해 우리에게 좀더 적합한 것을 허락하신다. 그러나 과식을 조심하라. 피조물의 무절제한 것은 마음을 어둡게 하고 정서를 질식시키며 색욕을 도발한다. 바울은 "내가 내 몸을 쳐 복종하게"(고전 9:27) 하였다. 지나치게 먹인 육체는 반역하기 쉽다. '살지게 먹인 육체는 불순종한다'(*Corpus impinguatum recalcitrat*).

게으름을 조심하라.

사람이 직업이 없으면 그는 무슨 유혹이든지 받아들이기 쉽다. 우리는 묵힌 땅에 씨를 뿌리지 않는다. 그러나 마귀는 묵혀져 있는 땅 같은 곳에 가장 많은 유혹의 씨를 뿌린다. 게으름은 남색과 음란의 원인이 된다(겔 16:49). 다윗은 그의 집 꼭대기에서 한가히 있을 때 밧세바를 바라보게 되었으며 그래서 그녀를 자기에게 데려오게 하였다(삼하 11:4). 제롬은 자기 친구에게 하나님의 포도원에서 항상 잘 근무하고 있어서 마귀가 올 때 유혹에 귀기울일 여가가 없게 하라고 권고하였다.

모든 남자는 자기 자신의 아내를 순결하고 온전한 사랑으로 사랑하라.

에스겔의 아내는 그의 눈의 기뻐하는 것이었다(겔 24:16). 솔로몬이 매춘부들을 멀리하라고 충고했을 때 그는 이것을 방지할 구제책을 처방하였다. "네가 젊어서 취한 아내를 즐거워하라"(잠 5:18). 사람을 정결하게 살도록 만드는 것은 아내를 거느리는 것이 아니라 아내를 사랑하는 것이다. 솔로몬이 자기의 샘이라고 일컫는 바 자기의 아내를 사랑하는 자는 집 밖으로 나가서 탁하고 유독한 물을 다시 마시지는 않을 것이다. 순결한 부부의 사랑은 하나님의 선물이며 하늘에서부터 온다. 그러나 이것은 꺼지지 않도록 불붙는 성화처럼 소중히 간직되어야 한다. 자기 아내를 사랑하지 않는 자는 다른 여자의 품을 안을 가능성이 대단히 많은 인물이다.

하나님의 두려움을 당신의 마음속에 간직하도록 노력하라.

"여호와를 경외함으로 인하여 악에서 떠나게 되느니라"(잠 16:6)고 하였다. 제방이 물을 막는 것처럼 주를 경외함이 음란을 막는다. 하나님을 경외함이 없는 그런 자들은 그들을 억제해서 죄짓지 못하도록 하는 굴레가 없는 것이다. 요셉은 어떻게 그의 여주인의 유혹을 멀리하였는가? 하나님을 두려워함이 그를 뒤에서 당겼다. "제가 어찌 이 큰 악을 행하여 하나님께 득죄하리이까?"(창 39:9)라고 하였다. 버나드는 거룩한 두려움을 '영혼의 문지기'(janitor animato)라고 불렀다. 귀족의 사환이 문간에 서서 부랑자를 막는 것처럼 하나님을 두려워함이 서서 모든 죄스런 유혹이 들어오지 못하도록 막는다.

하나님의 말씀을 즐거움으로 삼으라.

"주의 말씀의 맛이 내게 어찌 그리 단지요"(시 119:103)라고 하였다. 크리소스톰은 하나님의 말씀을 정원에 비유한다. 만일 우리가 이 정원에 거닐면서 약속의 꽃들로부터 단 것을 빨아먹는다면 우리는 결코 "금단의 열매"를 따지 않을 것이다. '성경으로 하여금 나의 순수한 즐거움이 되게 하소서'(*Sint castae deliciae meae scripturae*–Augustine). 사람들이 음란하고 죄스런 쾌락을 추구하는 이유는 그들이 더 좋은 것을 가지고 있지 못하기 때문이다. 가이사(Caesar)는 말 타고 시가를 지나가다가 여자들이 개와 앵무새들을 가지고 장난하는 것을 보고 "분명 저들은 자녀들이 없다"라고 말했다. 이와 같이 창녀들과 희롱하는 자들은 더 좋은 쾌락을 가지고 있지 못한 것이다. 약속 안에서 그리스도를 한번 맛본 사람은 기쁨으로 황홀해진다. 그러니 얼마나 그는 죄짓자는 제의를 경멸하겠는가! 욥은 말하기를 말씀은 그의 "일정한 음식"(욥 23:12)이라고 하였다. 그가 "그의 눈과 언약"을 했다는 것이 조금도 놀라울 것이 못된다.

만일 당신의 간음죄를 끊어버리기 원한다면 심사숙고를 해 보라.

하나님은 죄의 현행 중인 당신을 보신다. 그는 당신의 모든 배후의 죄악을 보신다. 그는 '전체적인 눈이시다'(*tutus oculus*). 구름도 당신을 하나님의 눈에서부터 숨겨줄 차양이 되지 못하며, 밤도 당신을 하나님의 눈에서부터 숨겨줄 휘장이 되지 못한다. 당신이 죄를 짓기만 하면 당신의 재판관이 반드시 주시하고 있다. "내가 너의 간음과 사특한 소리와…보았노라"(렘 13:27)라고 하였다. "그들이…그 이웃의 아내와 행음하며…나는 아는 자요 증거인이니라 여호와의 말이니라"(렘 29:23)라고 하였다.

간음죄에 끌려든 사람 중 그 올가미에서 헤어 나오는 사람은 극소수이다. "누구든지 그에게로 가는 자는 돌아오지 못하며"(잠 2:19)라고 하였다. 이것이 어떤 고전 작가들로 하여금 간음죄는 사함이 없는 죄라고 결론 내리도록 만들었다. 그러나 이것은 그렇지가 않다. 다윗은 회개하였다. 막달라 마리아는 눈물로 회개하는 사람이었다. 색욕으로 번쩍이던 그녀의 요염한 눈에게 그녀는 복수하기를 꾀하여 그리스도의 발을 그녀의 눈물로 씻었던 것이다. 몇몇 사람들은 그런고로 올가미에서 소생하였다. "누구든지 그에게로 가는 자는 돌아오지 못하며", 다시 말하면 "극소수"이다. 이 간음죄에 흘리고 넋을 빼앗긴 자들이 누구든지 거기서 회복되었다는 것을 들어보기란 좀처럼 드물다. 그녀는 "마음이 올무와 그물 같고 손이 포승 같은 여인"이다(전 7:26). "그녀의 마음은 올무이다." 다시 말하면, 그녀는 그녀에게 오는 자들을 속일 만큼 간교한 것이다. 그리고 "그녀의 손은 포승이다." 다시 말하면, 그녀의 포옹은 그녀의 좋아하는 자들을 사로잡아 얽어맬 만큼 강력하다. 플루타크는 페르시아 왕들에 관하여 말하기를 "그들은 첩들에게 빠진 포로들이었다"라고 하였다. 그들은 너무나 달아올라서 그들의 첩들의 곁을 떠날 능력이 없었다. 이러한 고찰은 모든 사람으로 하여금 이 죄를 무서워하게 만들 것이다. 부드러운 쾌락이 마음을 완악하게 한다.

성경이 무엇을 말씀하는지 고찰하라. 이것의 방비책이 될 것이다. 즉 "이 죄에 이르는 길을 막을 것이다." "간음하는 자에게…속히 증거하리라"(말 3:5)고 하였다. 하나님이 "우리를 위하여" 증거하실 때, 그가 욥의 성실을 증거하셨던 것처럼 우리의 성실을 증거하실 때는 좋은 것이다. 그러나 하나님을 "우리를 대석하는 증거자"로 두는 것은 불행하다. "나는 간음하는 자를 증거하리라"고 하나님은 말씀하신다. 그러면 누가 그의 증거를 반박할 것인가? 그는 증인이시자 재판장이시다. "음행하는 자들과 간음하는 자들을 하나님이 심판하시리라"(히 13:4)라고 하였다.

간음죄가 남겨놓는 슬픈 작별인사를 생각해 보라. 그것은 양심에 지옥을 남겨 놓는다. "대저 음녀의 입술은 꿀을 떨어뜨리며…나중은 쑥같이 쓰고"(잠 5:4)라고 하였다. 다이애나 여신은 너무나 인위적으로 그려져 있어서 그 신전 안으로 들어오는 사람들에게는 미소 짓는 것같이 보이고 밖으로 나가는 사람들에게는 찡그린 것같이 보인다. 이와 같이 창녀는 그녀의 연인들이 그녀에게 올 때는 미소 짓지만, 마침내는 찡그림과 쏘는 것이 닥친다. "필경은 살이 그 간을 뚫기까지에 이를 것이라"(잠 7:23)고 하였다. "그녀의 마지막은 비참하다." 사람이 이제까지 덕망이 있었다면 수고는 끝났어도 위로는 남아 있다. 그러나 사람이 이제까지 부도덕하고 불결하였으면 쾌락은 끝났어도 쏘는 것은 남아 있다. '그는 순간적으로 즐겁고 영원히 괴롭다'(Delectat in momentum, cruciat in aeternum). 즉 그는 순간적인 쾌락을 얻고 그리고 나서는 영원한 고통을 얻는다(Jerome). 관능들이 음란한 쾌락으로 잘 대접받고 나면 영혼은 남아서 값을 지불한다. 도둑질한 물은 달콤하다. 그러나 그것은 독약처럼 입에서는 달지만 창자에 고통을 준다. 죄는 언제나 비극으로 끝난다. 잊어서는 안 될 일은 플랜더스에 있는 한 신부에 관한 핀켈리우스(Fincelius)의 보도인데, 그 신부는 한 처녀를 꾀어서 음란을 행하였다. 그녀는 이것이 얼마나 수치스런 죄인가라고 반대하였다. 그 신부는 교황으로부터 내린 권한에 의하여 그는 무슨 죄이든 범할 수 있다고 그녀에게 말했다. 그래서 마침내 그는 그녀를 끌어들여 자기의 악한 목적을 이뤘다. 그러나 그들이 한동안 함께 하고 나더니 마귀가 들어와서 그 음녀를 신부의 곁에서 데려가 버렸다. 그녀가 아무리 고함을 질러댔음에도 불구하고 끌려가 버렸다. 만일 마귀가 와서 이 나라에 있는 모든 육체적인 음란의 죄가 있는 자들을 끌어간다면 남아 있을 사람들보다도 끌려갈 사람들이 더 많을까 겁난다.

이 죄를 막도록 기도하라.

루터는 한 숙녀에게 이 충고를 주면서 어떤 육욕이든지 그녀의 마음속에 일어나기 시작하거든 기도하러 가야 한다고 말했다. 기도는 최선의 꿰뚫을 수 없는 갑옷이다. 이것은 색욕의 사나운 불을 꺼준다. 만일 기도가 "마귀를 내어 쫓을"진대, 왜 마귀에게서 오는 저 색욕들을 내어 쫓지 못하겠는가?

적용 5 만일 육체를 지켜 더럽히지 않도록 해야 한다면 더구나 "그리스도인의 영혼도 지키어 순결하게 해야 한다." 이 계명의 뜻은 우리가 우리의 몸을 간음으로 더럽히지 말아야 한다는 것 뿐만 아니라 또한 우리의 영혼을 순결하게 지켜야 한다는 것이다. 정숙한 육체에 더러운 영혼을 가지고 있는 것은 고운 얼굴에 나쁜 폐를 가지고 있는 것과 같다. 또는 안이 온통 검정투성이인 도금한 벽로와 같다. "내가 거룩하니 너희도 거룩할지어다"(벧전 1:16)라고 하였다. 영혼 위에 의와 참 거룩 안에 성립하는 그리스도의 형상이 인쳐져 있기 전에는 그 영혼은 하나님에게 사랑스러울 수 없다(엡 4:24). 영혼은 특별히 순결하게 유지하여야 하다. 왜냐하면 이것은 하나님의 제일의 거처이기 때문이다(엡 3:17). 왕의 궁전은, 특별히 그의 알현실은 청결히 해주어야 한다. 만일 몸이 성전이면 영혼은 지성소이며 따라서 성별되어야 한다. 우리는 우리의 몸을 지켜 육욕적 오염을 멀리해야 할 뿐 아니라 우리의 영혼도 투기와 악의에서 멀리해야 한다.

그러면 우리는 우리의 영혼이 순결한지 어떻게 알까?

만일 우리의 영혼이 순결하면 우리는 악의 모양에서 피한다(살전 5:22). 우리는 죄처럼 보이는 것은 하지 말 것이다. 요셉의 여주인이 그를 꾀고 유혹했을 때 그는 "자기 옷을 그 손에 버리고 도망하여"(창 39:12)라고 하였다. 그 여자 가까이 있는 것은 의심을 살 일이었다. 폴리갑은 이단자 말시온과 동석한 것을 보이려 하지 아니했는데 이것은 소문이 좋지 못할 것이기 때문이었다.

만일 우리의 영혼이 순결하면 순결의 빛이 비추일 것이다. 아론은 "여호와께 성결"이라고 쓴 금패를 가지고 있었다. 영혼의 성결이 있는 곳에 "여호와께 성결"이 그 생명 위에 새겨져 있다. 우리는 인내와 겸손과 선행으로 치장하고 있으며 "세상에서…빛들로" 비췬다(빌 2:15). 당신의 대화 가운데 그리스도의 초상을 휴대하라(요일 2:6). 오! 우리는 이 영혼의 순결을 위해 진력하자! 이것이 없이는 하나님을 볼 수 없다(히 12:14). "빛과 어두움이 어찌 사귀며"(고후 6:14)라고 하였다. 영혼을 순결하게 지키기 위하여 그리스도의 피에 의지하라. 이 피는 "죄와 더러움을 씻은 샘"(슥 13:1)이다. 회개의 짠 눈물에 적셔지고 그리스도의 피에 씻긴 영혼은 순결해진다. 영혼의 순결을 위해서 많이 기도하라. "하나님이여 내 속에 정한 마음을 창조하시고"(시 51:10)라고 하였다. 어떤 이들은 자녀들을 위해서 기도하고 또 어떤 이들은 부를 위해서 기도한다. 그러나 그대는 영혼의 순결을 위해서 기도하라. 이렇게 말씀드리라. "주여! 비록 내 몸은 순결하게 되었사오나 내 영혼은 더럽혀 있사오니 내가 만지는 모든 것이 오염되나이다. 오! 우슬초로 나를 정결케 하소서, 그리스도의 피로 나에게 뿌리게 하소서, 성령께서 내게 임하사 나에게 기름을 부어 주소서. 오! 나를 복음적으로 순결하게 만드사 내가 하늘나라로 옮겨지게 하시고 그룹 천사들 가운데 앉게 하소서. 거기서는 주께서 나에게 원하시는 것만큼 내가 거룩할 것이오며 내가 갈망하는 것만큼 행복할 것이옵니다."

8. 제8계명 도적질하지 말라

 "도적질하지 말지니라"(출 20:15).

하나님의 거룩이 "간음하지 말지니라"는 명령에서 하나님을 음란과 대치시켜 놓듯이, 하나님의 공의는 "도적질하지 말지니라"는 명령에서 하나님을 강탈 및 약탈과 대치시켜 놓는다. 이 계명에서 금지된 것은 다른 사람의 재산에 관여하는 것이다. 민사 법률가들은 도적질, 또는 '절도'(furtum)를 "다른 사람의 것에 부당하게 손을 대는 것"이라고 정의를 내린다. 즉 다른 사람의 권리를 침해하는 것이다.

1) 도적질의 원인들

(1) 내적 원인

먼저 사람이 하나님의 섭리에 대하여 고도의 불신을 갖는 것이다. "하나님이 광야에서 능히 식탁을 준비하시고"(시 78:19)라고 하였다. 하나님이 나를 위해 식탁을 차리실 수 있겠는가라고 불신자는 말한다. 아니다. 그는 할 수 없다. 그래서 그 사람은 자기 힘으로 식탁을 차리려고 결심하지만, 그것은 다른 사람들의 비용으로 될 것이다. 제1코스도 제2코스도 다 훔친 물품으로 차려질 것이다.

다음으로 탐욕이다. 탐욕에 대한 그리스 단어는 "획득에 대한 과도한 욕망"을 나타낸다. 이것이 도적질의 뿌리이다. 사람은 자기 자신의 것보다 더 많은 것을 탐내며 탐욕의 가려움증이 다른 사람으로부터 그가 긁어 들일 수 있는 대로 긁어 들이게 한다. 아간의 탐욕스런 심경이 그로 하여금 금패물을 훔치게 만들었으니, 이 금패물은 그의 영혼을 하나님으로부터 완전히 갈라지게 하였다(수 7:21).

(2) 외적 원인

도적질의 외적 원인은 사단의 교사이다. 유다는 도적이었다(요 12:6). 어떻게 그는 도적이 되었는가? "사단이 그 속에 들어간지라"(요 13:27)고 하였다. 마귀는 큰 괴수 도적이니 우리에게서 무죄의 웃옷을 빼앗아 갔으며 사람들에게 마귀의 직업에 종사하라고 설득시킨다. 그는 사람들에게 도적질함으로써 얼마나 용감하게 살게 될 것이며 어떻게 그들은 한 재산을 잡을 수 있는가를 일러준다. 하와가 뱀의 목소리를 경청했던 것처럼 그들도 그렇게 듣는다. 그들은 맹금들처럼 약탈품과 전리품에 의존해서 산다.

2) 도적질의 종류

(1) 하나님께로부터 훔치는 것

하나님에게서 그의 날의 어느 일부를 절취하는 도적들이다. "안식일을 기억하여 거룩히 지키라"라고 하였다. 그 날의 한 부분만이 아니라 그 날 전체가 하나님께 바쳐져야 한다. 누구든지 이것을 잊지 않도록 주님께서는 '기억하라' 라는 경고를 서두에 붙이셨다. 그러므로 아침 제사 후에 안식일의 다른 영적 부분을 허영과 오락으로 보내는 것은 도적질이다. 이것은 하나님에게서 그의 응분의 몫을 빼앗는 것이며, 그래서 바로 이방인이라도 일어나 그러한 그리스도인들을 심판할 것이다. 왜냐하면 이방인도 마크로비우스가 언급하듯이 그들의 거짓 신들을 위해 온전한 하루를 지켰기 때문이다.

(2) 다른 사람들에게서 훔치는 것

영혼들을 훔쳐간다는 것은 이단자들처럼 사람들에게서 진리를 빼앗아버림으로써 그들의 영혼을 빼앗는 것이다. 그 유형은 다음과 같다.

첫째, 계명의 뜻을 어기어 돈주머니를 터는 노상강도들이다. "너는 네 이웃을…늑탈하지 말며"(레 19:13) "도적질하지 말라"(막 10:19)고 하였다. 이것은 "천국은 침노를 당하나니"(마 11:12)에 언급된 침노가 아니다.

둘째, 그의 주인의 현금을 훔쳐내거나 주인의 물품들을 도적질하는 집 도적이다. 사도는 말하기를, "이로써 부지중에 천사들을 대접한 이들이 있었느니라"(히 13:2)고 한다. 그러나 많은 주인들이 부지중에 집안에 있는 도적들을 대접한 일이 있었다. 집 도적은 도적일 뿐 아니라 위선자이다. 왜냐하면 그는 착실한 모양을 하고 있으면서 그의 주인을 도와주고 있는 척하나 실상은 자기 자신을 돕고 있기 때문이다.

셋째, 불의한 대리인이나 변호사같이, 그의 의뢰인을 어물어물 넘기거나 거짓되게 다루는 법으로 몸을 감싸고 있는 도적이다. 이것은 고객으로부터 훔치는 것이다. 사기와 속임수로 변호사는 의뢰인에게서 그의 토지를 빼앗으며 그의 가정을 파멸시키는 수단이 될 수 있으며, 그래서 하나님이 평가하시기에 도적이나 다름없다.

넷째, 여러 성직록을 받으면서도 사람들에게 좀처럼 설교를 하지 않거나 아주 안하는 교회 도적, 또는 수개 교회 성직 겸직자들이다. 그는 황금의 양털을 얻지만, 양떼는 굶주리게 한다. "이스라엘의 목자들은 화 있을진저"(겔 34:2)라고 하였다. 그들은 "자기만 먹이고 내 양의 무리를 먹이자 아니하였도다"(8절)라고 하였다. 이런 성직자들은 하나님의 공개 법정에 서 도적으로 기소될 것이다.

다섯째, 팔면서 훔치는 상점 도적이다. 거짓 저울추와 되를 사용하는 자는 다른 사람들로부터 그들의 응분의 몫을 훔친다. "에바를 작게 하여"(암 8:5)라고 하였다. 에바는 유대인들이 매매할 때에 사용했던 되였다. 어떤 사람들은 에바를 작게 하여 모자라는 되 수를 되어 주었으니 이것은 명백히 훔친 것이다. "손에 거짓 저울을 가지고"(호 12:7)라고 하였다. 저울추를 가볍게 함으로써 사람들은 그들의 이익을 더욱 무겁게 만든다. 일용품에 과도한 가격을 매기는 사람은 팔면서 훔치는 것이다. 그는 한 물품에 대해서 그에게 든 비용, 또는 실제 가격보다 세 배나 더 받아낸다. 팔 때 다른 사람들을 속여 넘기는 것은 그들에게서 돈을 훔치는 것이다. "너는 네 이웃을 압제하지 말며 늑탈하지 말며"(레 19:13)라고 하였다. 횡령하는 것은 강탈하는 것이다. 다른 사람에게 팔 때 속여 넘기는 것은 훔치는 것의 교묘한 방법이며 율법과 복음 양자에 저촉된다. 그것은 하나님의 율법에 저촉된다. "네 이웃에게 팔든지 네 이웃의 손에서 사거든 너희는 서로 속이지 말라"(레 25:14)라고 하였다. 또한 이것은 복음에 저촉된다. "이 일에 분수를 넘어서 형제를 해하지 말라"(살전 4:6)라고 하였다.

여섯째, 다른 사람에게서 착취하는 고리대금업자이다. 그는 다른 사람이 궁핍할 때 그에게 돈을 갖게 해줌으로써 그를 돕는 것처럼 보이나 굴레를 씌워서 그의 피와 골수까지 빨아먹는다. 사단에게 매인 바 되었던 한 여인에 대한 이야기가 있는데(눅 13:16), 고리대금업자에게 매여 있는 사람은 거의 똑같이 나쁜 상태에 빠져 있는 것이다. 고리대금업자는 강도다. 고리대금업자가 한번은 탕자에게 묻기를 언제 낭비하는 것을 그만두겠느냐고 하였다. 그 탕자는 "당신이 다른 사람들에게서 훔치는 것을 그만둘 때 나는 내 것을 낭비하는 것을 그만 두겠소"라고 대답했다. 삭게오는 착취자였는데 그는 개심 후에 배상하였다(눅 19:8). 그는 착취로 얻은 모든 것은 도적질이었다고 생각했다.

일곱째, 위탁받은 고아를 돌보지 않는 거짓 후견인이다. 고아의 가산을 위탁받은 수탁자는 그의 후견인으로 위임받아 그 고아를 위하여 재산을 관리한다. 그가 만일 그 재산을 삭감시키고 자기를 위해 거기서 협잡해 내어 그 고아에게 부정을 행하면 그는 도적이다. 이것은 완력으로 돈주머니를 빼앗는 것보다 더 악하다. 왜냐하면 그는 그의 신임을 배반하기 때문이다. 이것은 최대의 변절이요 부정이다.

전혀 갚을 의사가 없이 다른 사람들에게서 돈을 차용하는 차용자이다. "악인은 꾸고 갚지 아니하나"(시 37:21)라고 하였다. 다른 사람들에게서 돈과 물품을 취하고서 그것들을 다시 반환하지 않는 것은 도적질이 아니고 무엇인가? 선지자 엘리사는 과부에게 그녀의 기름을 팔아 빚을 갚고 그 나머지로 생활하라고 명했다(왕하 4:7).

도적질의 마지막 부류는 장물 취득자이다. 취득자는 주범은 아니라 할지라도 도적질의 종범이며 법은 그를 유죄하다고 한다. 도적은 돈을 훔치고 수령인은 자루를 받들어 그것을 넣는다. 뿌리는 물을 주지 않는다면 죽을 것이며 도적질도 만일 이것이 수령인에 의하여 장려되지 않는다면 그쳐질 것이다. 장물을 거리낌 없이 자기 집으로 들여놓는 사람은 그것을 훔치는 데도 똑같이 거리끼지 않을 것이다.

(3) 이 죄의 가중화는 무엇인가?

첫째, 필요 없을 때 훔치는 것은 부유한 도적이 되는 것이다.

둘째, 성물을 도적질하는 것은 거룩한 용도로 구별해 놓은 물건들을 삼켜 버리는 것이다. "거룩한 것을 삼키는 사람에게는 그물이 된다"(잠 20:25, 영어성경을 직역함-역주)라고 하였다. 그러한 자가 신전을 강탈하여 은그릇들을 가져갔던 디오니시우스(Dionysius)였다.

셋째, 양심의 가책과 하나님의 공의의 실례들을 불구하고 절도죄를 범하는 것이다. 이것은 양털에 물들이는 것처럼 죄를 주홍빛으로 물들인다.

넷째, 과부와 고아에게서 강탈하는 것이다. "과부나 고아를 해롭게 하지 말라." '죄는 부르짖는다'(Peccatum clamans). 즉 죄가 크게 비명을 지른다. "그들이 내게 부르짖으면 내가 반드시 그 부르짖음을 들을지라"(출 22:3)라고 하였다.

다섯째, 빈민을 강탈하는 것이다. 부자가 가난한 자의 암양을 빼앗아간다는 것에 다윗은 얼마나 분노하였던가! "여호와의 사심을 가리켜 맹세하노니 이 일을 행한 사람은 마땅히 죽을 자라"(삼하 12:5)라고 하였다. 공유지를 사유화하는 것은 가난한 자를 강탈하는 것이 아니고 무엇인가!

(4) 자기 자신에게서 훔치는 것이 있다.

사람은 자기 자신에 대하여 도적이 될 수 있다.

첫째, 인색함으로 자신을 강탈할 수 있다. 구두쇠는 도적이다. 그는 필요한 것을 자기 자신에게 허락지 않음으로써 자기 자신에게서 훔친다. 그는 자기 자신에게 수여된 것을 잃은 것으로 생각한다. 그는 자기 자신에게서 필수품을 빼앗아 버린다. "어떤 사람은…재물과 부요와 존귀를 하나님께 받았으나 능히 누리게 하심을 얻지 못하였으므로"(전 6:2)라고 하였다. 그는 자기의 가슴은 배불리 먹이고 자기의 배는 굶긴다. 그는 금을 등에 지고 있으면서 엉겅퀴를 먹고 사는 나귀와 같다. 그는 하나님이 그에게 허락하시는 것을 자기에게서 빼앗아 버린다. 이것은 부로서 처벌받는 것이다. 즉 재산을 가지고 있으면서 그것의 위안을 얻을 마음이 결핍한 것이다.

둘째, 사람은 어리석게 자기의 재산을 낭비함으로써 자기 자신을 강탈할 수 있다. 탕자는 자루의 금을 탕진한다. 그는 자기의 금을 바다 속에 던져 버린 철학자 크라테스와 같다. 탕자는 큰 재산을 무로 증발시킨다. 생의 위로를 가져다 줄 만한 재산을 탕진해 버리는 사람은 자기 자신에 대해서 도적이다.

셋째, 자기의 시간을 게으름으로 잘못 보내는 사람은 자기 자신에 대해서 도적이다. 그의 시간을 환락과 허영으로 보내는 자는 하나님이 그에게 구원을 성취하라고 주신 귀중한 시간을 자기 자신에게서 빼앗는 것이다. 시간은 부요한 상품이다. 왜냐하면 현재 시간을 잘 보내느냐에 행복한 영원이 좌우되기 때문이다. 자기 시간을 게으르게, 그리고 헛되게 보내는 사람은 자기 자신에게 도적이다. 그는 자기에게서 황금의 시절을 빼앗으며 그 결과로 구원을 빼앗는다.

넷째, 사람은 보증인이 됨으로써 자기 자신에게 도적이 될 수 있다. "남의 빚에 보증이 되지 말라"(잠 22:26). 채주가 빚 때문에 보증인을 찾아오고 그는 다른 사람의 빚을 갚아주게 되니 자기 자신에게 도적이 된다. 누구든지 자기 친구를 위해서 계약을 맺어주지 않으면 몰인정하다는 여김을 받을 것이라고 말하지 말라. 네 친구가 너를 몰인정하다고 여기는 것이 모든 사람이 너를 현명하지 못하다고 여기는 것보다 낫다. 당신이 절약할 수 있는 것으로 다른 사람에게 빌려주라. 아니, 그가 필요하면 주라. 그러나 결코 보증인이 되지 말라. 사람이 다른 사람을 도와주는 데 자기 자신을 망치기까지 하는 것은 지혜가 아니다. 이것은 자기 자신과 자기 가족에게서 강탈하는 것이다.

적용 1 모든 물건은 공동 소유며 한 사람은 다른 사람의 재산에 대한 권리를 가지고 있다고 하는 공산사상을 논박한다. 성경은 "네 이웃의 곡식밭에 들어갈 때에…네 이웃의 곡식밭에 낫을 대지 말지니라"(신 23:25)고 하였다. 소유권은 존중되어야 한다. 하나님은 제8계명을 사람의 재산을 두른 울타리로 세우셨으며, 이 울타리는 죄가 아니고는 허물어질 수 없다. 모든 물건이 만일 공동 소유라면 도적질은 있을 수 없으며 이 계명은 헛되게 될 것이다.

적용 2 도적질해서 사는 자들을 견책한다. 믿음으로 사는 대신 그들은 속임수로 살아간다. 사도는 모든 사람에게 "자기 양식을 먹으라"(살후 3:12)고 권면한다. 도적은 자기 양식을 먹지 않고 다른 사람의 것을 먹는다. 만일 누구든지 이런 죄가 있는 사람이 있다면 그들은 회개함으로 마귀의 올가미에서 소생하려고 노력해야 할 것이며 배상함으로 그들의 회개를 표시해야 할 것이다. '훔친 것이 배상되지 않고서는 죄가 용서받지 못한다'(*Non remittitur peccatum nisi restituatur ablatum*–Augustine). "배상 없이는 용서 없다." "만일 뉘 것을 토색한 일이 있으면 사배나 갚겠나이다"(눅 19:8)라고 하였다. 부정하게 얻은 것은 자기 손으로 물어놓던가 아니면 대리인에 의하여 물어놓게 될 것이다. 불법으로 얻은 물건을 반환하는 것이 당신의 베개를 가시로 채우고 임종시에 죄책이 당신의 양심을 괴롭히게 하는 것보다 일천 배 더 낫다.

적용 3 도적질의 죄를 조심하라고 모든 사람에게 권면한다. 이 죄는 본연의 지각에 배치된다. 어떤 사람들은 이 죄를 변명하려고 애쓸지 모른다. 이것은 물감이 들지 않는 조악한 양모이며 변명의 여지가 없는 악한 죄이다. 어떤 사람이 말한다. "나는 세상에서 천하게 자라났으며 직업도 마땅치 않고 그래서 다른 생계 수단이 없다."

이것은 하나님께 대한 막대한 불신을 표시하니, 마치 하나님은 그대의 죄가 아니면 그대를 먹여 살리지 못할 것이라고 함과 같다.

사람이 세상에서 천하게 자라났기 때문에 "지옥을 향해 움직이며"(Acheronta movere), 즉 지옥문을 두드리며 생계를 위해 마귀에게 간다는 것은 죄가 극도에 달해 있음을 나타낸다. 아브라함은 "소돔 왕이 아브라함으로 치부케 하였다"(창 14:22)라는 말이 나지 않기를 바랐다. 마귀가 너로 부자 되게 하였다는 말이 절대로 있지 않게 하라!

그대는 축복을 위해 기도할 수 없는 그런 행동을 감행하지 말아야 한다. 그리고 그대는 훔친 물건에 대한 축복을 위해 기도할 수 없다. 그러므로 이 죄를 조심하라. '돈궤에는 이득이지만 양심에는 손실이다'(*lucrum in arca, damnum in conscientia*). 즉 당신은 물질적으로 이익이지만 당신의 양심은 손해를 본다(Augustine). 세상을 얻는 대신 하늘나라를 잃을까 조심하라.

적용 4 모든 사람이 이 무서운 죄를 짓지 않도록 타이르기 위하여 다음을 고려하라.

도적들은 이 땅의 벌레들이요 시민 사회의 적이다.

하나님은 그들을 미워하신다. 율법에서 가마우지(cormorant) 새는 부정하였다. 왜냐하면 도벽이 있고 게걸스레 먹는 맹금이기 때문이다. 이 사실에 의해 하나님은 이 죄에 대한 그의 마음을 표시하셨다(레 11:17).

도적은 자기 자신에게 공포의 존재다. 그는 항상 두려움 가운데 있다. "저희가 두려움이 없는 곳에서 크게 두려워하였으니"라고 한 것은 도적에 해당하는 말이다(시 53:5). 직책은 공포를 낳는다. 그는 나무가 흔들리는 것을 듣기만 해도 그의 마음이 떨린다. 캐틸리나(Catiline)는 무슨 소리만 들어도 무서워하였다고 한다. 찔레 가시가 도적의 옷자락에 걸리기만 해도 그는 그것이 자기를 체포하려는 경찰인가 하여 두려워한다. 그리고 두려움은 그 속에 고통을 가지고 있다(요 14:18).

이 **죄에 따르는 심판.** 도적 아간은 돌에 맞아죽었다(수 7:25). "네가 무엇을 보느냐 하기로 내가 대답하되 날아가는 두루마리를 보나이다…이는 온 지면에 두루 행하는 저주라…만군의 여호와께서 가라사대 내가 이것을 발하였으니 도적의 집에도 들어가며"(슥 5:2-4)라고 하였다. 로마의 감찰관 파비우스는 절도죄로 자기의 친아들에게 사형선고를 내렸다. 도적들은 수치스럽게 죽으며 사닥다리가 그들의 승진이다. 그리고 죽음보다도 더 나쁜 것이 있다. 그들은 다른 사람들에게서 돈을 강탈하는 사이 자기 자신들에게서 구원을 빼앗는다.

5) 훔치는 것을 삼가기 위해서 무엇을 해야 하는가?

(1) 직업을 가지고 살라.

"도적질하는 자는 다시 도적질하지 말고…제 손으로 수고하여 선한 일을 하라"(엡 4:28)라고 하였다. 마귀는 할 일 없이 서있는 자들을 고용하여 좀도적질하는 직업에 종사시킨다. 게으른 사람은 마귀를 유혹하여 자기를 유혹하게 한다.

(2) 하나님이 당신에게 주신 분복으로 만족하라.

"있는 바를 족한 줄로 알라"(히 13:5)라고 하였다. 도적질은 탐욕의 딸이다. 만족을 배우라. 하나님이 당신에게 개척해 주신 그 형편이 최선인 것을 믿으라. 그는 통에 있는 적은 가루를 축복하실 수 있다. 우리는 이런 것들을 오래 필요로 하지 않을 것이다. 우리의 수의 외에는 이 세상 밖으로 가져갈 것이 아무것도 없다. 우리는 하늘나라에 갈 우리의 비용을 충당해 줄 만큼만 있다면 그것으로 충분하다.

9. 제9계명 거짓 증거하지 말라

 "네 이웃에 대하여 거짓 증거하지 말지니라"(출 20:16).

처음에는 하나님의 찬양의 기관으로 만들어졌던 혀가 이제는 불의의 도구가 되어버렸다. 이 계명은 혀를 그것의 좋은 행실에다 묶어 놓는다. 하나님은 혀를 억제하기 위하여 두 개의 자연적인 울타리를 둘러 놓으셨으니, 곧 이와 입술이다. 그리고 이 계명은 그것의 주위에 둘러쳐 놓은 제3의 울타리로서, 돌파하고 나와 악을 행하지 않게 하고자 한 것이다. 이것은 금지 부분과 필수 부분으로 되어 있다. 전자는 명백한 말로 기록되어 있고 후자는 분명하게 함축되어 있다.

1) 이 계명의 금지적 부분 또는 일반적으로 금지하는 것

이것은 우리 이웃의 비난이나 편견으로 기울어질 만한 것은 무엇이든지 금지한다. 좀더 특수하게는 두 가지 사항이 이 계명에서 금지된다.

(1) 우리의 이웃을 중상하는 것이다.

이것은 제9계명에 저촉되는 죄이다. 전갈은 그의 꼬리에 독을 가지고 다니며, 중상자는 그의 혀에 독을 가지고 다닌다. 중상하는 것은 "다른 사람들의 일을 부당하게 전달하는 것이다." "내가 알지 못하는 일로 내게 질문하며"(시 35:11)라고 하였다. 그리스도인을 그의 좋은 명성에서 목 베어 출두시키는 것이 예사로 되어 있다. 사람들은 바울을 중상하기 위해서 그가 "선을 이루기 위해서 악을 행해도 좋다"라고 전파한다고 문제를 일으켰다. "선을 이루기 위하여 악을 행하자 하지 않겠느냐 어떤 이들이 이렇게 비방하여 우리가 이런 말을 한다고 하니"(롬 3:8)라고 하였다. 명성은 통상적으로 중상에 의하여 손상된다. 거룩 자체도 중상을 막는 방패가 못된다. 어린양의 무죄도 이것으로부터 그것을 보존하지 못할 것이다. 지상에서 가장 무죄하셨던 그리스도를 죄인의 친구라고들 떠들었다. 세례 요한은 거룩하고 엄격한 생활을 했던 사람이었으나, 사람들은 그를 "귀신이 들렸다"(마 11:18)라고 말했다. 성경은 중상을 일컬어 혀로 치는 것이라고 한다. "오라, 우리가 혀로 그를 치고"(렘 18:18)라고 하였다. 당신은 다른 사람을 치고도 조금도 그를 건드리지 않을 수 있다. '혀의 상처가 검의 상처보다 더 크다'(*Majora sunt linguae vulnera quam gladii*). 즉 혀는 검보다 더 큰 상처를 입힌다(Augustine). 혀가 입힌 상처는 어떤 의사도 치료하지 못한다. 그리고 사람에게 우정 있는 체하면서 그를 중상하는 것은 가장 추악하다. 제롬은 "아리안파는 친절을 과시하였다. 그러나 그들은 내 손에 입을 맞추었으나, 나를 중상하였고 내 목숨을 노렸다"라고 말한다. 다른 사람의 헛소문을 내는 것이 이 계명에 저촉되는 죄인 것처럼 헛소문을 조사도 해보지 않고 받아들이는 것도 같은 죄이다. "여호와여…주의 성산에 거할 자 누구오니이까"(시 15:1)라고 하였다. "누가 하늘나라에 가리이까?"(*Quis ad coelum*) "그 혀로 참소치 아니하고 그 벗에게 행악지 아니하며"(3절)라고 하였다. 우리는 거짓 소문을 내어서도 안 될 뿐 아니라 그것을 받아들여도 안 된다. 중상을 지어내는 사람은 그의 혀 속에 마귀를 지니고 다닌다. 그리고 그것을 받아들이는 사람은 그의 귓속에 마귀를 지니고 다닌다.

(2) 거짓 증거하는 것이다.

여기서 세 가지 죄가 정죄당한다. '이웃에 대하여'(contra proximum), 즉 네 이웃을 쳐서 거짓된 것을 말하는 것, 증거하는 것, 그리고 맹세하는 것이다.

먼저 거짓된 것을 말하는 것이다. "거짓 입술은 여호와께 미움을 받아도"

(잠 12:22)라고 하였다. 거짓말을 하는 것은 허위인 줄 알면서도 그것을 말하는 것이다. 거짓말보다 더 하나님께 반대되는 것은 없다. 성령은 "진리의 영"(요일 4:6)이라고 일컫는다. 거짓말하는 것은 한 가지로만 끝나지 않는 죄이다. 이것은 다른 죄들을 끌어들인다. 압살롬은 그가 서원을 갚으러 헤브론으로 가겠다고 말했을 때 그의 아비에게 거짓말을 하였으며 이것이 그의 반역죄의 발단이 되었다(삼하 15:7). 혀 속에 거짓말이 있는 사람의 마음속에는 마귀가 살고 있다. "어찌하여 사단이 네 마음에 가득하여"(행 5:3)라고 하였다. 거짓말하는 것은 사람들을 시민 사회에 적합지 못하게 하는 죄이다. 당신은 그가 말하는 한마디도 신뢰할 수 없는 그런 사람과 어떻게 대화를 나누거나 계약을 할 수 있겠는가? 이 죄는 크게 하나님을 격동시킨다. 아나니아와 삽비라는 거짓말한 죄로 즉사했다(행 5:5). 지옥의 용광로는 거짓말하는 자들을 위해서 활활 타고 있다.

"술객들과…거짓말을 좋아하며 지어내는 자마다 성 밖에 있으리라"(계 22:15)라고 하였다. 오! 이 죄를 증오하라! '무엇이나 맹세를 하거든 거기서 깊이 생각하라'(*Quicquid dixeris jure tum putes*). 즉 맹세할 때의 당신의 한마디 한마디를 생각해 보라(Jerome). 당신이 말할 때는 당신의 한마디가 당신의 맹세만큼 진실되게 하라. 진리의 본보기이신 하나님을 모방하라. 피타고라스는 '무엇이 사람들을 하나님같이 되게 하는가?' 라고 질문을 받았을 때 '그들이 진실을 말할 때이다'(*cum vers loquuntur*)라고 대답했다. 하늘나라에 갈 사람의 특성은 "그 마음에 진실을 말하며"(시 15:2)라고 함과 같다.

다음으로 거짓된 것을 증거하는 것이다. "거짓 증거하지 말지니라"고 하였다. 이중의 거짓 증거하기가 있다. 첫째, 다른 사람을 위해서 거짓 증거하는 것, 즉 범죄자이며 유죄한 사람을 위해서 마치 그가 무죄한 것처럼 그를 정당화시킬 때와 같은 것이다. "그들은 뇌물로 인하여 악인을 의롭다 하고"(사 5:23)라고 하였다. 악한 사람을 의롭게 하려고 꾀하는 사람은 자기 자신을 불의하게 하는 것이다.

둘째, 우리가 공개 법정에서 사람을 거짓되게 고소하면 이것은 다른 사람을 불리하게 거짓 증거하는 것이 된다. 이것은 "형제들의 참소자"인 마귀를 모방하는 것이다. 비록 마귀는 간음 죄인은 아니지만, 그는 거짓 증거자이다. "그 이웃을 쳐서 거짓 증거하는 사람은 방망이요 칼이요"(잠 15:18)라고 솔로몬은 말한다. 그는 그의 얼굴을 쇠망치같이 굳게 한다. 그는 얼굴을 붉힐 줄도 모르고 그가 그 어떤 거짓말을 증거하는지도 개의치 않는다. 그리고 그는 칼이다. 그의 혀는 그가 불리하게 증거하는 사람의 재산이나 생명에 상처를 주는 칼이다. "때에 비류 두 사람이 들어와서…나봇에게 대하여 증거를 지어 이르기를 나봇이 하나님과 왕을 저주하였다 하매." 그래서 그들의 증거가 그의 생명을 앗아갔다(왕상 21:13). 페르시아의 여왕이 병이 들자 마술사들은 두 명의 독실한 처녀들이 마법으로 여왕의 병을 초래케 하였다고 고소하였다. 이에 그 여왕은 그 두 처녀들을 톱으로 켜 동강을 내게 하였다. 거짓 증거자는 재판석을 변질시킨다. 그는 재판관으로 하여금 그릇된 언도를 내리게 함으로 그를 부패시키고 무죄자로 하여금 해를 입게 한다. 보응이 거짓 증거자를 찾아내고 말 것이다. "거짓 증인은 벌을 면치 못할 것이요"(잠 19:5)라고 하였다. "그 증인이 위증인이라 그 형제를 거짓으로 무함(誣陷)한 것이 판명되거든 그가 그 형제에게 행하려고 꾀한 대로 그에게 행하여"라고 하였다. 예컨대 만일 그가 다른 사람의 생명을 빼앗으려고 생각하였었다면 그 대가로 그 자신의 생명을 내놓아야 할 것이다(신 19:18-19).

끝으로 거짓된 것을 맹세로 증언하는 것이다. 사람들이 거짓 맹세를 하고 그것으로 다른 사람의 생명을 빼앗을 때와 같다. "거짓 맹세를 좋아하지 말라"(슥 8:17)고 하였다. "네가 무엇을 보느냐 하기로 내가 대답하되 날아가는 두루마리를 보나이다"(5:2). "이는 온 지면에 두루 행하는 저주라 무릇…내 이름을 가리켜 망령되이 맹세하는 자의 집에도 들어가서 그 집에 머무르며 그 집을 그 나무와 그 돌을 아울러 사르리라 하셨느니라"(3-4절)고 하였다. 스구디아인들은 거짓말과 맹세를 같이 묶어놓으면 그가 머리를 잘릴 것이라는 법을 만들었다. 왜냐하면 이런 죄들은 사람들 가운데로부터 모든 진실과 신뢰를 박탈해 갔기 때문이었다. 마귀는 거짓말을 감히 맹세로 증언하는 자들을 단단히 점유해 버렸다.

적용 1 책망을 위하여.

로마교회는 가톨릭의 명분을 증진시키기만 하면 거짓말이든 거짓 맹세든 특별 면제해 주니 책망받는다. 로마교회는 비공식상의 거짓말을 인정해 주며, 어떤 죄들은 합법적이라고 인정해 준다. 어떤 거짓말들은 합법적이라고 인정하는 것이 더 나을 것이다. 하나님은 우리의 거짓말이 필요 없으시다. 어거스틴이 말하는 바와 같이, 설혹 우리가 거짓말로 하나님께 영광을 돌릴 확신이 있더라도 '하나님의 영광을 위하여' (propter Dei gloriam) 거짓말하는 것은 합법적이 아니다.

다른 사람들을 중상하는 것을 양심 문제로 삼지 않는 사람들은 책망받는다. "앉아서 네 형제를 공박하며 네 어미의 아들을 비방하는도다"(시 50:20)라고 하였다. "그들이 이르기를 고소하라 우리도 고소하리라 하오며"(렘 20:10)라고 하였다. "이 성읍은 패역한 성읍이라…열왕과 각 도에 손해가 된 것을"(스 4:15)이라고 하였다. 바울은 폭동 교사자로, 그리고 당파의 두목이라는 중상을 당하였다(행 24:5). 동일 단어가 중상자와 마귀 양자를 다 표시한다(딤전 3:11). "참소하지 말며"라는 말이 그리스어로는 "마귀가 아니며"이다. 어떤 사람들은 다른 사람들을 잘못 전해서 중상하게 되는 것을 대수롭지 않게 생각한다. 그러나 이것은 마귀의 역할을 하는 것이다. 사람의 신망을 깎아내려서 무게를 가볍게 만드는 것은 화폐를 깎아내는 것보다도 더 악하다. 비방자는 한꺼번에 세 사람에게 상처를 준다. 그는 비방하는 사람에게 상처를 준다. 그는 그 비방을 듣는 사람의 마음에 비방당한 쪽에 대한 가혹한 생각을 일어나게 함으로써 상처를 준다. 그리고 그는 거짓된 것을 다른 사람에게 전달함으로써 자기 자신의 영혼을 상하게 한다. 이것은 큰 죄이다. 이것이 흔한 일이 아니라고 말할 수 있으면 오죽 좋으랴. 당신은 그 사람을 죽일 수 있는 것과 마찬가지로 그의 이름을 죽일 수 있다. 어떤 사람들은 이웃의 물건들을 훔쳐 가기를 싫어한다. 양심이 그들의 정면으로 대들기를 잘한다. 그러나 이웃의 밭에서 곡식을 탈취해 가는 것, 그들의 상점에서 상품들을 탈취해 가는 것이 그들의 좋은 이름을 탈취해 가는 것보다 더 낫다. 이것은 보상할 길이 없는 죄이다. 사람의 이름에 오점을 끼쳐놓는 것은 백지 위의 오점과 같아서 절대로 지워지지 않는다. 분명코 하나님은 이 죄를 갚으실 것이다. 만일 무익한 말들이 심판을 받는다면 불의한 비방이 심판을 안 받을소냐? 주님은 언젠가는 피 때문과 똑같이 이름 때문에도 재판하실 것이다. 오! 그러므로 이 죄를 조심하라! 율법 하에서 처녀를 욕보이는 것이 죄가 아니었던가(신 22:19)? 그러면 그리스도의 지체인 성도를 욕되게 하는 것이 더 큰 죄가 아닌가? 이방인도 자연적인 본성에 의해 중상하는 죄를 혐오하였다. 디오게네스는 줄곧 "모든 들짐승 중에서 중상자는 가장 악하다"라고 말했다. 안토니우스는 만일 사람이 다른 사람에게 죄 있다고 전달한 범죄 사실을 증명하지 못할 것 같으면 그는 사형에 처해질 것이라는 법을 만들었다.

다른 사람에 대하여 허위 증거를 할 정도로 악한 자들은 책망받는다. 이 자들은 성격상 극악무도한 자들이라 시민사회에서 살기에 적합지 않다. 유세비우스는 경건으로 유명했던 한 미남청년에 대하여 이야기하고 있는데 그 청년은 두 사람의 부정한 거짓 증인들에 의하여 고소당했다. 그들의 고소를 입증하기 위하여 그들은 맹세와 저주로 그것을 단언하려고 애를 썼다. 한 사람은 "만일 내가 진실을 말하지 아니함이면 하나님은 나를 불로 멸망시키시옵소서"라고 말했다. 또 한 사람은 "만일 내가 진실을 말하지 아니함이면 나는 내 시력을 박탈당하기를 원하나이다"라고 말했다. 하나님이 이를 기뻐하사 거짓 맹세했던 첫 번째 증인은 집에 불이 나서 불에 타죽었다. 또 다른 증인은 양심의 가책을 받아 그의 위증을 고백하고 너무나 오랫동안 계속 운 나머지 장님이 되어버렸다. 나봇에 대해서 두 거짓 증인들을 위증시켰던 이세벨은 창문 아래로 던지어져서 개들이 그녀의 고기를 먹었다(왕하 9:36). 오! 이 죄를 보고 떨라! 위증하는 사람은 마귀의 배설물이다. 그 이름에 저주를 받고 그의 양심이 시들었다. 지옥은 그러한 횡재를 갈망한다.

적용 2 권면하노니,

모든 사람은 거짓말하고 중상하고 거짓 증거함으로써 이 계명을 범할까 조심할지어다. 이런 죄들을 피하기 위해서는 하나님께 대한 두려움을 가지라. 왜 다윗은 "여호와를 경외하는 도는 정결하여"(시 19:9)라고 말하는가? 왜냐하면 이것은 마음을 악의로부터 깨끗케 하고 혀를 비방으로부터 깨끗케 하기 때문이다. "여호와를 경외하는 도는 정결하다." 이것의 영혼에 대한 관계는 번갯불의 공기에 대한 관계와 같아서 그것을 정결케 한다. 당신의 이웃에 대한 사랑을 가지라(레 19:18). 만일 우리가 친구를 사랑한다면 우리는 그에게 손상이 되는 말이나 증언을 하지 않을 것이다. 사람들의 마음은 질투와 증오심으로 좀먹어 간다. 여기서 중상과 거짓 증언이 나온다. 사랑은 아름다운 은혜이다. 사랑은 "악한 것을 생각지 아니하며"(고전 13:5)라고 하였다. 사랑은 다른 사람의 말에 대해서 가장 선한 해석을 내린다. 사랑은 남이 잘되기를 빌며 잘되기를 비는 사람을 나쁘게 말하는 것은 드문 일이다. 사랑은 그리스도인들을 함께 결합시켜주는 자이다. 이것은 불화의 치료자이며 중상의 방해자이다.

그의 운명이 중상자들과 거짓 모함 자들과 만나게 되어 있는 사람들은 이것을 신성하게 **이용하도록** 노력하라. 시므이가 다윗을 욕했을 때 다윗은 이것을 신성하게 이용하였다. "여호와께서 저에게 다윗을 저주하라 하심이니"(삼하 16:10)라고 하였다. 그런즉 만일 당신이 중상을 당하거나 허위 무함을 당하거든 이것을 잘 이용하라. 혹시 당신은 회개 안한 죄가 있는지, 그래서 하나님은 당신이 이것으로 인하여 중상과 비난당하도록 허용하신 것인지 살펴보라. 혹시 당신은 언젠가 다른 사람들의 이름을 손상시킨 적이 없는지, 그리고 그들에 대하여 당신이 증명할 수 없는 것을 말하지나 않았었는지 살펴보라. 그런 다음에 당신의 손을 입에 대고 '주님이 당신을 혀의 채찍에 맞도록 하신 것이 의로우시다' 라고 고백하라.

만일 당신이 중상을 당하거나 거짓 모함을 당했으나 당신 자신의 무죄함을 당신이 알고 있거든 너무 괴로워하지 말라. 당신의 기뻐함이 당신의 양심의 증인이 되게 하라. '스스로 아무런 죄의식도 없는 것을 철벽으로 삼으라' (Murus aheneus esto nil conscire sibi). 선한 양심은 거짓 증거에 대항하여 설 수 있게 할 놋 성벽이다. 아무런 아첨도 악한 양심을 치료할 수 없음같이 아무런 중상도 선한 양심을 해칠 수 없다. 하나님은 그의 백성의 이름을 깨끗게 해주실 것이다. "네 의를 빛같이 나타내시며"(시 37:6)라고 하였다. 그가 눈에서 눈물을 닦아주시듯 이름에서 치욕을 닦아주실 것이다. 신자들은 그들의 모든 중상과 치욕으로부터 나오게 될 것이며 "은을 입힌 비둘기 날개같이, 황금을 입힌 비둘기의 깃털같이" 될 것이다.

하나님이 당신을 중상과 거짓 증거로부터 보존하셨거든 그에게 참으로 감사를 드리라. 욥은 이것을 "혀의 채찍"(욥 5:21)이라고 부른다. 막대기가 등을 채직질하듯 중상자의 혀는 이름을 채찍질한다. 혀의 채찍을 면한다고 하는 것은 큰 은혜이다. 하나님이 악의에 찬 입을 막아 거짓 증거를 하지 못하게 하시는 은혜다. 거짓 소문이나 거짓 맹세가 무슨 해독인들 끼치지 않겠는가! 하나는 이름을 멸하고 다른 하나는 생명을 멸한다. 악인의 입을 봉하시고 우리를 향해 으르렁거리는 저 개들로 우리에게 덤벼들지 못하게 하시는 이는 주님이시다. "주께서 저희를 주의 은밀한 곳에 숨기사…구설의 다툼에서 면하게 하시리이다"(시 31:20)라고 하였다. 필자의 생각에, 여기에는 총애하는 신하들을 사람들의 고발로부터 보호할 결심을 하고 그들을 자기 침실이나 품속에 끌어들여 아무도 그들을 건드리지 못하게 하는 왕들에 대한 암시가 있다. 이와 같이 하나님은 사랑하는 자들을 위하여 장막, 또는 비밀의 은신처를 가지고 계셔서 그들의 신망과 명망을 손상 받지 않게 보존하신다. 그는 그들을 "혀의 다툼"으로부터 지키신다. 우리는 이것이 하나님 앞에 큰 은혜임을 시인하여야 한다.

2) 이 계명의 필수적인 부분

이 계명의 명령적 부분이 함축한 바는 다른 사람들이 거짓말하는 입술로 말미암아 상처를 받을 때 우리가 다른 사람들을 위하여 일어서서 그들을 옹호한다는 것이다.

이것이 이 계명의 뜻이다. 즉 우리는 다른 사람들을 거짓 중상하거나 참소하지 말아야 할 뿐만 아니라 또한 그들이 비방받는 줄 알 때 그들을 위해 증인이 되며 그들을 변호하기 위하여 일어나야 한다는 것이다. 다른 사람이 부당하게 비방받는 줄 알면서도 그를 위하여 말해 주지 않을 때 중상에 의하여 다른 사람을 해치는 것만큼 침묵에 의하여도 다른 사람을 해치는 셈이 된다. 만일 다른 사람들이 어떤 사람에게 거짓으로 중상모략한다면 우리는 그들을 씻어주어야 한다. 사도들이 성령의 포도주로 충만했을 때, 그리고 술 취했다는 비방을 들었을 때 베드로는 공개적으로 그들의 순결을 역설했다. "너희가 너희 생각과 같이 이 사람들이 취한 것이 아니라"(행 2:15)고 하였다. 요나단은 다윗이 훌륭한 사람이요, 또 그에 관하여 사울이 말한 모든 것이 중상임을 알고 나서 그를 옹호하였다. "그는 왕께 득죄하지 아니하였고 그가 왕께 행한 일은 심히 선함이니이다…어찌 무고히 다윗을 죽여 무죄한 피를 흘려 범죄하려 하시나이까"(삼상 19:4-5)라고 하였다. 초대 기독교인들이 근친간음과 자녀살해라는 죄명을 썼을 때 터툴리안은 그들을 옹호하여 유명한 변증학을 썼다. 다른 사람의 좋은 이름이 손상을 받을 때 그를 위하여 변론자가 되는 것, 이것이 그리스도인으로서의 본분을 다하는 것이다.

10. 제10계명 네 이웃의 집을 탐내지 말라

"네 이웃의 집을 탐내지 말지니라 네 이웃의 아내나 그의 남종이나 그의 여종이나 그의 소나 그의 나귀나 무릇 네 이웃의 소유를 탐내지 말지니라"(출 20:17).

이 계명은 일반적으로는 "탐내지 말지니라"에서 특수적으로는 "네 이웃의 집이나 네 이웃의 아내나 등등"에서 탐욕을 금하고 있다.

1) 이것은 일반적으로 탐욕을 금지한다.

"탐내지 말지니라"라고 하였다. 세상을 이용하는 것, 아니 그뿐 아니라 세상 것을 빈곤의 유혹으로부터 우리를 지켜줄 분량만큼만 욕구하는 것은 합법적이다. "나로 가난하게도 마옵시고…혹 내가 가난하여 도적질하고 내 하나님의 이름을 욕되게 할까 두려워함이니이다"(잠 30:8-9)라고 하였다. 우리로 하여금 은혜로운 사업으로서 하나님을 공경할 수 있을 만큼의 분량을 구하는 것도 합법적이다. "네 재물로 여호와를 공경하라"(잠 3:9)고 하였다. 그러나 대단히 위험한 것은 세상이 마음속으로 들어올 때이다. 물은 배의 항해를 위해 유용하다. 대단히 위험한 것은 물이 배 안으로 들어올 때이다. 이와 같이 두려운 것은 세상이 마음속으로 들어올 때이다. "탐내지 말지니라."

(1) 탐내는 것은 무엇을 말하는가?

탐욕의 성격을 설명해 주는 그리스어에는 두 가지 단어가 있다. 플레오넥시아(*pleonexia*)란 말은 "세상을 얻으려는 만족을 모르는 욕구"를 표시한다. 탐욕은 건성 수종증이다. 어거스틴은 탐욕을 '필요 이상 갈망하는 것'(*plus velle quam sat est*)이라고 정의한다. 큰 재산을 목표 삼는 것이며, "다고 다고"(잠 30:15)라고 부르짖는 말거머리의 딸과 같이 되는 것이다. 또는 "요단강이 불어 그 입에 미칠지라도 자약하니"(욥 40:23)라고 한 하마(*behemoth*) 같이 되는 것이다. 그 다른 단어는 휠라르구리아(*philerguria*)인데 "세상에 대한 과도한 사랑"을 나타낸다. 세상이 우상이다. 이것이 너무나 사랑을 받아서 사람은 그 어떤 이득이 있어도 세상과 헤어지려 하지 않는다. 세상을 불의한 방법으로 얻는 사람뿐만 아니라 세상을 과도히 사랑하는 사람도 탐심을 가졌다고 말할 수 있다.

(2) 언제 사람이 탐욕에 빠져 버렸다고 말할 수 있는가?

생각이 온통 세상으로 가득 차 있을 때이다. 선한 사람의 생각은 하늘에 가 있다. 그는 그리스도의 사랑과 영원한 보상에 대해서 생각하고 있다. "내가 깰 때에도 오히려 주와 함께 있나이다." 다시 말하면, 하나님의 묵상 가운데 있다는 것이다(시 139:18). 탐심 있는 사람의 생각은 세상 가운데 있다. 그의 마음은 온통 세상으로 점유당해 있다. 그는 그의 상점이나 농장밖에는 아무 것도 생각할 수가 없다. 그 환상은 조폐소이고 탐욕자의 조폐소에 있는 대부분의 생각은 세상적이다. 그는 항상 이생의 것들에 관하여 구상하며 설계하고 있다. 그의 생각이 온통 그 구혼자에게 만 집중되어 있는 처녀와 같다.

사람이 하늘을 얻기 위해서보다는 땅을 얻기 위해서 더 많은 수고를 할 때 그는 탐욕에 빠져 버렸다고 말할 수 있다. 그는 세상을 위해서는 백방으로 손을 쓰며 밤잠을 설치며 많은 지루한 일을 도모하려고 한다. 그러나 그리스도를 위해서나 하늘나라를 위해서는 조금도 수고하려 하지 않는다. 고대 프랑스 민족이었던 고올 사람들은 이태리의 달콤한 포도주를 맛본 후에 거기에 도달하기까지 조금도 쉬지 않았다. 이와 같이 탐욕스런 사람은 세상의 맛을 본 후에는 그것을 추구하며 그것을 얻기까지 조금도 쉬지 않는다. 그러나 그는 영원한 것들을 등한시한다. 그는 만일 익은 무화과가 먹는 자의 입안으로 떨어지듯이 구원이 그의 입속으로 떨어진다면 만족할 것이다(나 3:12). 그러나 그는 그리스도나 구원을 얻기 위하여 너무 많은 땀을 흘리거나 수고하기를 몹시 싫어한다. 그는 세상을 찾아 구하고 천국을 소원하기만 한다.

사람의 대화 내용이 전부 세상에 관한 것일 때 그 사람은 탐욕에 빠진 사람이라고 말할 수 있다. "땅에서 난 이는 땅에 속하여 땅에 속한 것을 말하느니라"(요 3:31)라고 하였다. 하늘에 대하여 말하는 것, 혀를 가나안 땅의 언어를 위해 사용하는 것, 이것이 경건의 표이다. "지혜자의 입의 말은 은혜로우나", 즉 지혜자는 마치 벌써 하늘에 가 있는 것처럼 말하는 것이다(전 10:12). 이와 같이 항상 세속적인 일에 대하여 말하는 것, 상품과 일용품에 관하여만 말하는 것은 탐욕에 빠진 사람의 표이다. 탐심 있는 사람의 숨결은 죽어 가는 사람의 숨결처럼 강렬한 흙냄새를 풍긴다. "네 말소리가 너를 표명한다"라고 베드로에게 말했던 것처럼 탐욕적인 사람의 언어가 그 사람을 표명한다(마 26:73). 그는 그 입에 돈 한 닢을 물고 있었던 복음서에 나오는 물고기와 같다(마 17:27). '말은 마음의 거울이다' (Verbum sunt speculum mentis-Bernard). 말은 그 속에 무엇이 있는지 나타낸다. '마음의 부요함으로부터…' (Ex abundantia cordis).

사람이 그의 마음을 너무나 세상적인 것에 둔 나머지 그것들을 사랑하기 위하여 하늘의 것들과 헤어지려고 할 때 그는 탐욕에 빠져 있는 것이다. '금 붙이' (wedge of gold)를 얻기 위하여 그는 '값진 진주'와 헤어지려 할 것이다. 그리스도께서 복음서에 나오는 청년에게 "네 소유를 팔아…그리고 와서 나를 좇으라"라고 말씀하셨을 때, 그는 '근심하며 가니라' (abut tristis, 마 19:22)라고 하였다. 그는 모든 지상의 소유물과 헤어지기보다는 차라리 그리스도와 헤어지고 싶어 한다. 추기경 부르본은 말하기를 파리에서 그의 추기경 직을 유지할 수만 있다면 낙원에 있는 그의 분복도 버릴 용의가 있다고 하였다. 사람들이 그들의 재산이나 그리스도 둘 중에 하나를 포기해야 될 상황에 도달할 때, 그래서 재산보다는 오히려 그리스도와 선한 양심을 떠나고 싶어질 때는 그들이 탐욕의 귀신에게 사로잡혀 있다는 명백한 경우가 된다.

사람이 세상적인 사업으로 과중한 부담을 질 때 그는 탐욕에 빠진 것이다. 그는 한꺼번에 여러 가지 일에 손을 대며 이러한 의미에서 그는 겸직자이다. 그는 너무나도 많은 일을 짊어지고 있어서 하나님을 섬길 시간을 내지 못한다. 그는 간신히 식사할 겨를은 있지만 기도할 시간은 전혀 없다. 사람이 세상 것으로 너무 많은 짐을 지고 마르다처럼 많은 일로 애를 먹은 나머지 자기 영혼을 위해서는 시간을 낼 수 없다면 그는 탐욕의 세력에 굴복당한 것이다.

마음이 너무나 세상으로 기울어진 나머지 세상을 얻기 위하여 그 어떤 불법적인 수단도 가리지 않고 행사하는 사람은 탐욕에 빠져 있는 것이다. 그는 '합법 불법을 막론하고' (per fas et nefas) 세상을 얻으려 하며, 부정을 하며, 협잡을 하며, 다른 사람의 폐허 위에 자기의 재산을 쌓으려 한다. "손에 거짓 저울을 가지고 사취하기를 좋아하는도다 에브라임이 말하기를 나는 실로 부자라"(호 12:7-8)고 하였다. 교황 실베스터 2세는 교황직을 얻기 위해 자기 영혼을 마귀에게 팔아먹었다.

적용 "삼가 모든 탐심을 물리치라"(눅 12:15)고 하였다. 탐심은 제10계명의 직접적인 위반이다. 이것은 도덕적인 악덕으로서 영혼 전체를 감염시키고 오염시킨다.

이것은 간교한 죄이며 많은 사람들이 자신들 속에 있는 줄 그다지 잘 분별치 못하는 죄이다. 어떤 사람들이 괴혈병이 있으면서도 이것을 알지 못하는 것과 같다. 이 죄는 미덕의 의상으로 자기를 옷 입힐 수 있다. 이것을 일컬어 "탐심의 탈"(살전 2:5)이라고 한다. 이것은 탈을 쓰고 있는 죄이며, 이것은 검약과 규모 있는 살림이라는 이름 아래 자기를 가장한다. 이것은 다른 어느 죄보다도 자기를 위한 변명과 핑계가 더 많다. 자기 가족을 부양한다는 따위이다. 죄가 간교하면 할수록 그만큼 더 분별하기 어렵다.

탐욕은 모든 선한 것을 억제하기 때문에 위험한 죄이다. 이것은 은혜에게 원수가 된다. 흙이 불을 끄듯이 이것은 선한 감정을 끈다. 우화에 나오는 고슴도치가 폭풍우가 몰아치는 날 토끼굴로 와서 은신처를 구하다. 그러나 일단 그가 대접을 받고 나자 그는 가시들을 곤두세우고 쉴 새 없이 그 불쌍한 토끼들을 찔러서 마침내 굴에서 몰아내고 말았다. 이와 같이 탐욕은 그럴듯한 핑계를 가지고 마음속에 들어오려고 환심을 산다. 그러나 당신이 그것을 마음에 받아들이기가 무섭게 그것은 모든 선한 시작들을 다 질식시키기까지 결코 떠나지 않으며 마침내 모든 경건을 당신의 마음에서 쫓아내버린다. "탐욕은 설교한 말씀의 효과를 저해한다." 그리스도께서 비유를 통해 이생의 염려라고 설명하신 가시나무가 좋은 씨를 질식시켰다(마 13:22). 많은 설교들이 세속적인 마음속에서 죽어 넘어져 매장된다. 우리는 사람들에게 그들의 마음이 하늘로 향하도록 설교한다. 그러나 탐욕이 세력을 떨치는 곳에서는 이것이 마음들을 땅에 묶어 두며, 그래서 사단이 꼬부려 놓아서 스스로 펼

수 없게 되었던 그 여자처럼 만들어 놓는다(눅 13:14). 탐욕스런 사람에게 믿음으로 살라고 명하기보다는 코끼리에게 공중을 날라고 명하는 것이 차라리 낫다. 우리는 사람들에게 그리스도의 가난한 자들에게 거저 주라고 설교한다. 그러나 탐욕은 그들을 복음서에 나와 있는 "손 마른 사람"(막 3:1)처럼 되게 한다. 그들은 마른 손을 가지고 있어서 가난한 자를 향하여 그 손을 펴지 못한다. 세속적인 마음을 갖고 동시에 자선심을 갖는 것은 불가능하다. 탐욕은 말씀의 효과를 방해하며 이것을 실패로 끝나게 한다. 그 마음이 땅에 뿌리박혀 있는 사람들은 말씀으로 유익을 얻는 것과는 너무나 거리가 멀어서 이것을 비웃기가 오히려 더 쉬울 정도다. 탐심이 많던 바리새인들은 "비웃거늘"(눅 16:14)이라고 하였다.

탐욕은 근원적인 죄이며 근본적인 악덕이다. "돈을 사랑함이 일만 악의 뿌리가 되나니"(딤전 6:10)라고 하였다. '네가 무엇인들 인간의 마음에게 강요하지 않겠는가? 저주받은 황금에의 욕심이여!' (*Quid non mor talia pectora cogis, auri sacra fames*) 즉 오! 저주받은 황금에의 갈망이여! 무슨 범죄인들 네가 인간의 마음 위에 강요하지 않을소냐(Virgil)! 세속적인 간절한 욕망을 가지고 세상을 얻으려는 강한 욕망을 가진 사람은 자기 안에 일만 악의 부리를 가지고 있다. 탐욕은 근원적인 죄이다(mother sin). 탐욕은 십계명 전부의 위반이라는 것을 분명히 하고 싶다. 이것은 제1계명을 범한다. "너는 한 분 외에 다른 신을 두지 말지니라." 탐욕이 있는 사람은 하나 이상의 많은 신들을 가지고 싶다. 재물이 그의 신이다. 그는 황금의 신을 가지고 있으며, 그러므로 그를 우상숭배자라고 부른다(골 3:5). 탐욕은 제2계명을 범한다. "너는 새긴 우상을 만들지 말고 그것들에게 절하지 말라." 탐욕적인 사람은 교회에 있는 새긴 우상에게는 절하지 않는지 몰라도 그의 화폐에 새겨진 우상에게는 절을 한다. 탐욕은 제3계명의 위반이다. "너는 주 네 하나님의 이름을 망령되이 일컫지 말라." 압살롬의 계획은 그의 아비의 왕관을 차지하려는 것이었으며 이것은 탐욕이었다. 그러나 그는 "하나님께 서원"을 갚는다고 말했으며, 이것은 하나님의 이름을 망령되이 일컫는 것이었다. 탐욕은 제4계명의 위반이다. "안식일을 기억하여 이것을 거룩히 지키라." 탐심 있는 사람은 안식일을 거룩히 지키지 않는다. 그는 안식일에 장보러 간다. 성경을 읽는 대신에 그는 계산서를 합계한다. 탐욕은 제5계명의 위반이다. "네 부모를 공경하라." 탐심 있는 사람은 그 아비가 돈으로 자기를 부양하지 않는다면 아비를 공경하지 않는다. 아니, 그는 그의 아비로 하여금 그의 생전에 자기에게 그의 재산을 양도하도록 만들 것이다. 따라서 그 아비는 그 아들의 명령에 따르게 될 것이다. 탐욕은 제6계명의 위반이다. "살인하지 말지니라." 탐욕의 아합은 나봇의 포도원을 얻기 위하여 그를 죽였다(왕상 21:13). 얼마나 많은 사람이 왕관을 향해 피바다를 헤엄쳐 갔는가? 탐욕은 제7계명의 위반이다. "간음하지 말지니라." 이것은 음란을 유발한다. 우리는 "창기의 번 돈"(신 23:18)에 대하여 읽어보았다. 돈을 위한 음녀는 양심과 정조를 팔려고 내놓는다. 탐욕은 제8계명의 위반이다. "도적질하지 말지니라." 탐욕은 도적질의 뿌리이다. 탐심의 아간은 금패물을 훔쳤다. 도적들과 탐욕자들을 같이 취급하였다(고전 6:10). 탐욕은 제9계명의 위반이다. "거짓 증거하지 말지니라." 위증자로 하여금 거짓 맹세하게 하는 것은 탐욕이 아니고 무엇인가? 그는 보상을 바라는 것이다. 탐욕은 분명히 마지막 계명의 위반이다. "탐내지 말지니라." 배금주의자는 그 이웃의 집과 물품을 탐내며, 그것들을 자기 손에 넣으려고 애쓴다. 이와 같이 탐욕은 얼마나 비열한 죄인가를 알 수 있다. 이것은 근원적인 죄이며 십계명의 각 계명의 명백한 위반이다.

탐욕은 신앙심을 불명예스럽게 하는 죄이다. 사람들이 그들의 소망은 위에 있다고 말하면서 마음은 아래에 있는 것, 별들 위에 있노라고 공언하면서도 뱀의 "티끌을 핥는 것", 하나님께로부터 났노라고 하면서 흙 속에 묻혀 있는 것, 이것이 얼마나 신앙심에 불명예가 되는가! 머리에 작은 관을 쓰고 있으면서도 똥을 먹고사는 푸른 도요새는 하나님께 대하여 왕과 제사장으로 관 씌움 받았다고 공언하면서도 속세의 거름더미의 즐거움을 무절제하게 만끽하는 그런 자들의 상징이다. "네가 너를 위하여 대사를 경영하느냐 그것을 경영하지 말라"(렘 45:5)라고 하였다. 무엇이뇨, 그대 바룩이여, 중생으로 고귀한 신분이 되었고 레위인으로서의 그대의 직무로 인해 빛나는 그대가 땅 위의 것들을 구하며 더구나 지금 구하는가? 배가 침몰하고 있을 때 그대는 그대의 객실을 정돈하고 있는가? 오! 그대 자신의 품위를 그토록 떨어뜨리지 말고 당신의 명찰에 오점을 남기지 말라! 그대는 대사를 경영하는가? 그것을 경영하지 말라. 은혜가 크면 클수록 그리스도인들은 그만큼 더 세속적이 아니라는 것이다. 마치 태양이 높으면 높을수록 그만큼 더 그림자가 짧은 것과 같다.

탐욕은 우리를 하나님의 증오의 대상이 되게 한다. "탐리하는 자는 여호와를 배반하여 멸시하나이다"(시 10:3)라고 하였다. 임금은 자기의 동상이 악용당하는 것을 보는 것이 역겹다. 이와 같이 하나님은 자기의 형상으로 지음받은 인간이 짐승의 마음을 갖는 것을 보시기가 역겨우시다. 누가 하나님께 증오를 받게 할 그런 죄 중에 살고 싶어 하겠는가? 하나님이 증오하시는 자를 저주하시며 그의 저주는 어디에 임하든지 그곳을 망하게 한다.

탐욕은 사람들의 파멸을 재촉하며 그들에게 하늘문을 닫아버린다. "너희도 이것을 정녕히 알거니와 음행하는 자나 더러운 자나 탐하는 자, 곧 우상숭배자는 다 그리스도와 하나님 나라에서 기업을 얻지 못하리니"(엡 5:5)라고 하였다. 탐하는 자가 하늘에서 무엇을 할 수 있겠는가? 하나님이 그런 자와 대화를 할 수 없는 것은 왕이 돼지와 대화할 수 없음과 같다. "부하려 하는 자들은 시험과 올무와 여러 가지 어리석고 해로운 정욕에 떨어지나니 곧 사람으로 침륜과 멸망에 빠지게 하는 것이라"(딤전 6:9)라고 하였다. 탐욕의 사람은 꿀통에 들어갔다가 거기서 스스로 빠져 죽는 벌과 같다. 뱃사공이 그의 운임을 늘리기 위해서 너무나 많은 승객을 태운 나머지 그 배를 침몰시키는 것처럼 탐욕의 사람도 그의 재산을 늘리기 위해서 너무나 많은 황금을 손에 넣다가 스스로 멸망에 빠져든다. 아덴 근처에 사는 어떤 사람들에 관해서 읽어 본 바에 의하면 그들은 대단히 건조하고 황무한 섬에서 살고 있었기 때문에 그 섬에 강물을 끌어들여 거기에 물을 대어 비옥한 땅을 만들려고 많은 수고를 한다고 한다. 그러나 그들이 수로를 열고 강물을 그리로 끌어들였을 때 물이 너무나 힘 있게 쏟아져 들어와서 그 땅과 거기 사는 모든 주민들을 다 물에 잠기게 하고 말았다. 이것은 재물을 모으려고 애를 많이 써서 드디어 그것이 너무나 풍부히 찾아오자 그를 멸망에 빠지게 하는 탐욕스런 사람의 상징이다. 얼마나 많은 사람이 재산을 쌓기 위하여 그들의 영혼을 쓰러뜨리는가! 오! 그렇다면 탐욕으로부터 도망하라!

(3) 이 탐욕의 치료법은 무엇인가?

첫째, 믿음이다. "세상을 이긴 이김은 이것이니 우리의 믿음이니라"(요일 5:4)라고 하였다. 탐욕의 뿌리는 하나님의 섭리에 대한 불신이다. 믿음은 하나님이 마련해 주시리라고 믿는다. 새를 먹이시는 이가 그의 자녀들을 먹이실 것이라고 믿는다. 백합을 입히시는 이가 그의 양들을 입히실 것을 믿는다. 이와 같이 믿음은 세상을 이긴다. 믿음은 염려의 치료제이다. 믿음은 마음을 정결케 할 뿐만 아니라 만족케 한다. 이것은 하나님을 우리의 기업이 되게 하고, 하나님 안에서 우리는 충분히 소유한다. "여호와는 나의 산업과 나의 잔의 소득이시니 나와 분깃을 지키시나이다. 내게 줄로 재어준 구역은 아름다운 곳에 있음이여 나의 기업이 실로 아름답도다"(시 16:5-6)라고 하였다. 믿음은 하나님의 화학작용으로 하나님으로부터 위로를 추출해낸다. 하나님과 함께 하면 조금 가지고도 행복하다. 이와 같이 믿음은 탐욕에 대한 치료제이다. 믿음은 세상의 두려움 뿐만 아니라 세상의 사랑도 극복한다.

둘째, 사려 분별이다. 이들 하류의 것들이 얼마나 초라한 것인데도 우리는 그것들을 탐내고 있는가? 이것들은 그 안에 하나님의 사랑과 형상을 지니고 있는 영혼의 가치보다 훨씬 하류에 속한다. 세상은 하나님의 공작품에 지나지 아니하나 영혼은 하나님의 형상이다. 우리는 우리를 만족시키지 못할 그것을 탐낸다. "은을 사랑하는 자는 은으로 만족함이 없고"(전 5:10)라고 하였다. 솔로몬은 모든 피조물을 증류기에 넣고 그 본질을 증류해 놓고 보니 "다 헛되어"(전 2:11)라고 하였다. 탐욕은 건성 수종증이다. 많으면 많을수록 그만큼 더 갈증난다. '더 많이 마시면 마실수록 그만큼 더 목마르다'(*Quo plus sunt potae, plus sitiuntur aquae*-Ovid). 세상적인 것들은 마음의 번뇌를 제거하지 못한다. 사울 왕은 양심이 번거로울 때 그의 왕관의 보석들이 그를 위로하지 못했다(삼상 28:15). 세상의 물건들이 번민하는 영을 안위하지 못하는 것은 금모자가 두통을 치료하지 못하는 것과 같다. 세상의 물건들은 당신과 함께 영속하지 못한다. 피조물은 그 입 속에 꿀이 조금 있지만, 이것은 날아가 버릴 날개를 가지고 있다. 이런 것들은 우리에게서 떠나가거나 우리가 그들에게서 떠나간다. 이것들은 탐욕을 내기에는 얼마나 천박한 것들인가!

두 번째 심사숙고할 것은 몸의 구조와 짜임새이다. 하나님은 얼굴을 위로 하늘을 향해 바라보도록 만들어 놓으셨다. '그는 인간에게 높이든 얼굴을 주시고 하늘을 바라보라고 명하셨다' (*Os homini sublime dedit- coelumque tueri jussit*-Ovid). 해부학자들이 관찰한 바로는 다른 피조물들은 그 눈에 네 개의 근육만을 가지고 있는 반면에 인간은 제5의 근육이 있어서 하늘을 쳐다볼 수 있다는 것이다. 심장은 아래쪽으로는 좁고 수축되어 있으나 위쪽으로는 넓고 환히 트여 있다. 육체의 구조와 조직이 위에 있는 것들을 바라보도록 우리를 가르치는 것처럼, 특별히 영혼은 육체에 심겨진 채 하나님의 불꽃처럼 위를 향해 올라가도록 되어 있다. 하나님께서 단지 땅의 것만을 탐내도록 우리에게 지성적인 불멸의 영혼을 주셨다고 상상할 수 있겠는가? 어떤 지혜자가 황금 낚시를 가지고 모샘치 같은 잔고기를 낚겠는가? 하나님께서 우리에게 단지 세상을 위한 어부가 되라고 영광스러운 영혼을 주셨겠는가? 두 말할 것 없이 우리의 영혼은 좀더 높은 목적을 위해 지음을 받았다. 영광 중에서 하나님이 기뻐하시는 것을 열망하라는 것이다.

세 번째로 심사숙고할 것은 세상을 멸시하고 무시해왔던 사람들의 모범이다. 초대 그리스도인들은 클레멘스 알렉산드리누스가 말하는 바와 같이 세상으로부터 은퇴하였으며 하나님과 교제하도록 완전히 들어 올림을 받았었다. 그들은 세상 안에서 세상을 초월하며 살았다. 낙원의 새들처럼 공중 높이 솟아올라서는 그들의 발을 땅에 좀처럼, 또는 전혀 대지 않았다. 루터는 자기는 결코 탐욕의 죄에 유혹받지 않았다고 말한다. 옛 성도들은 비록 세상에서 살았지만 그들은 하늘에서 거래하였다. "우리의 시민권은 하늘에 있는지라"(빌 3:20)라고 하였다. 그리스어가 의미하는 바는 우리의 상업, 거래, 또는 시민권이 하늘에 있다는 것이다. "에녹이 하나님과 동행하더니"(창 5:24)라고 하였다. 그의 사랑은 승화되었으며 매일같이 하늘에서 노닐었다. 의인들은 종려나무에 비유된다(시 92:12). 필로는 말하기를 다른 모든 나무들은 뿌리에 수액이 들어 있는 반면에 종려나무의 수액은 꼭대기에 몰려 있다고 한다. 이와 같이 이것은 성도들의 상징이며 그들의 마음은 하늘에 있고 거기에 그들의 보화도 있다.

셋째, 신령한 것들을 좀더 탐내는 것이다. 은혜를 탐내라. 이것은 최선의 축복이며 하나님의 씨앗이다(요 3:9). 하늘을 탐내라. 이곳은 행복의 지역이다. 가장 즐거운 나라이다. 만일 우리가 하늘을 더욱 탐낼수록 우리는 땅을 그만큼 멀리 탐낼 것이다. 알프스 산 정상에 서 있는 사람들에게는 캄파니아(Campania)의 대도시들이 작은 촌락들로밖에 보이지 않는다. 이와 같이 우리 마음이 위에 있는 예루살렘에 고정되어 있을수록 모든 세상적인 것들은 사라질 것이며 감소될 것이며 우리 눈에 아무것도 아니게 될 것이다. 우리는 한 천사가 하늘로부터 내려와서 그의 오른발은 바다에 두고 그의 왼발은 땅에 두는 것을 읽게 된다(계 10:2). 만일 우리가 하늘에 있었다면, 그리고 그것의 최상급 영광을 바라보았다면 얼마나 우리는 거룩한 경멸을 가지고 한 발로는 땅을, 그리고 다른 한 발로는 바다를 밟아 버리겠는가! 오! 하늘의 것들을 탐내라! 거기에는 생명나무와 향료의 동산과 기쁨의 강과 하나님의 사랑의 꿀방울과 천사들의 즐거움과 기쁨의 꽃이 만발하여 있다. 거기에는 숨쉴 만한 순수한 공기가 있다. 죄의 안개나 증기가 올라와서 공기를 오염시키지도 않고 다만 의의 태양이 그의 영광스러운 햇살로 전 지평선을 끊임없이 밝힌다. 오! 당신의 생각들과 기쁨들이 항상 진주성과 하나님의 낙원으로 들림받게 하라! 나사로에 관하여 보도된 바는 그가 무덤에서 살아난 후에는 한번도 미소 짓거나 세상을 좋아하는 것을 보인 적이 없다고 한다. 만일 우리의 마음이 성령의 능력에 의하여 하늘로 올리어진다면 우리는 땅의 것들로 점유당하지 않을 것이다.

넷째, 하늘의 마음을 위하여 기도하는 것이다. 주여! 당신의 성령의 자석으로 하여금 내 마음을 위로 끌어올리게 하소서. 주여! 내 마음에서 흙을 파내소서. 어떻게 세상을 소유하면서 그것을 사랑하지 않을지 나에게 가르치소서. 어떻게 그것을 내 손안에 쥐고서도 그것이 내 마음속에 들어가지 못하게 할지를 가르치소서.

2) 특수적인 명령

"네 이웃의 집을 탐내지 말지니라." "네 이웃의 아내나…탐내지 말지니라"고 하였다. 제일 첫째가는 '마음의 동기'(motus primoprimi)를 금한 율법의 거룩함과 완전함을 깨달으라. 즉 마음에 있는 죄의 첫 동작과 발전을 말이다. "탐내지 말지니라"고 하였다. 인간들의 법률은 행동을 통제하지만 하나님의 법은 더 나아가 행동 뿐만 아니라 욕망도 금한다. "네 이웃의 집을 탐내지 말지니라"고 하였다. "이웃의 집을 탈취하지 말라"라고 하지 않고 "그것을 탐내지 말라"라고 하였다. 금단의 열매를 향한 육욕과 욕망은 죄스럽다. 율법은 말하기를 "탐내지 말라"(롬 7:7)고 하였다. 한 나무가 나쁜 열매를 맺지 않는다 하더라도 그 뿌리에서 잘못되어 있을 수 있다. 이와 같이 사람이 무슨 중죄를 범하지 않는다 하더라도 그의 마음이 깨끗하다고 말할 수는 없다. 뿌리에 결점이 있을 수 있다. 영혼 안에 죄 많은 탐심과 육욕이 있을 수 있는 것이다.

적용 우리는 죄의 본성, 즉 우리가 탐내지 말아야 할 것을 탐내는 악한 생각들의 일어남을 인하여 겸손해지자. 우리의 본성은 죄악의 온상이다. 항상 불꽃 튀기는 숯불처럼 교만과 시기와 탐욕의 불꽃이 마음에서 일어난다. 이것이 얼마나 우리를 천하게 만드는가! 죄스런 행동이 없다 하더라도 죄스런 탐심은 있는 것이다. 우리는 극기의 은혜를 위하여 기도하자. 이것이 질투의 물처럼 죄의 넓적다리로 하여금 썩게 할 것이다.

왜 여기서 집이 아내보다 앞에 와 있는가? 신명기에서 아내가 먼저 와 있다. "네 이웃의 아내를 탐내지도 말지니라 네 이웃의 집이나…탐내지도 말지니라"(신 5:21)고 하였다.

신명기에서 아내가 먼저 나와 있는 것은 그녀의 가치를 염두에 둔 것이다. 아내는(선한 아내일 경우) 집보다도 훨씬 더 큰 가치와 평가를 지니고 있다. "그 값은 진주보다 더하니라"(잠 31:10)라고 하였다. 아내는 그 집의 세간이며 이 세간은 그 집보다 더 값어치가 있다. 알렉산더가 전장에서 다리우스 왕을 이겼을 때 다리우스는 그다지 당황하지 않아 보였다. 그러나 그의 아내가 포로로 잡혀갔다는 말을 들었을 때 분수처럼 눈물을 쏟았으니 이는 그가 그의 아내를 자기의 생명보다 더 가치 있게 여겼기 때문이리라. 그러나 출애굽기에서는 집이 아내보다 먼저 나와 있는데 이것은 집이 순서상 먼저이기 때문이다. 아내가 집 속에서 살 수 있기 전에 집이 세워지며, 새가 둥지에 들기 전에 둥지가 지어진다. 아내는 먼저 존중되고 집은 먼저 마련되어야 한다.

(1) 네 이웃의 집을 탐내지 말지니라.

인간은 타락 이후 얼마나 부패하였는가! 인간은 제한 내에 머무를 줄을 알지 못하며 다만 자기의 응분의 것보다 더 많은 것을 탐낸다. 사람들은 아합이 넉넉히 가지고 있었다고 생각할 것이다. 그는 왕이었으며 우리는 왕의 세입이 그를 만족케 했을 것이라고 상상할 것이다. 그러나 그는 더욱 탐을 내었다. 나봇의 포도원이 그의 눈에 보였으며 그의 굴뚝 연기 가까이 서 있었는데 그것을 소유하기까지 삼잠할 수가 없었다. 그 많은 탐심이 없다면 그 많은 뇌물 행사가 없을 것이다. 한 사람이 다른 사람의 집을 빼앗아 버린다. 아무도 자기에게서 빼앗아갈 자가 없을 것이라고 확신할 수 있는 그런 소유물에서 살고 있는 사람은 죄수뿐이다.

(2) 네 이웃의 아내를 탐내지 말지니라.

이것은 과도하고 금수 같은 색욕을 억제하는 말굴레이다. 다른 사람의 땅에 씨를 뿌린 것은 마귀였다(마 13:25). 그러나 이 계명의 울타리가 얼마나 우리 시대에 와서 짓밟힘을 당하는가! 곧 이웃의 아내를 탐내는 것보다 더한 짓을 하는 자들이 많이 있다! 곧 이웃 아내들을 범하는 것이다. "계모와 구합하는 자는…저주를 받을 것이라 할 것이요 모든 백성은 아멘 할지니라"(신 27:20). 만일 "이웃의 아내와 구합하는 자는 저주를 받을 것이라"라고 선포하고 죄 있는 모든 자들이 "아멘"이라 할 것이라면 얼마나 많은 사람들이 자기 자신들을 저주하게 되겠는가!

(3) 네 이웃의 남종이나 그의 여종이나…탐내지 말지니라.

하인들은 충성스러우면 보배이다. 아브라함은 얼마나 진실하고 믿음직한 하인을 가졌었던가! 그는 아브라함의 오른팔이었다. 그는 자기에게 맡겨진 일, 즉 그 주인의 아들을 위해 아내를 얻어주는 일에서 얼마나 신중하고 충성스러웠던가(창 24:9)! 만일에 어떤 사람이 그의 하인을 꼬여서 데리고 가 버렸다면 분명히 이것은 아브라함을 슬프게 했을 것이다. 그러나 종들을 탐내는 이 죄는 흔하다. 어떤 사람이 좋은 하인을 가졌으면 다른 사람들은 그에게 올무를 놓을 것이며, 그래서 그의 주인에게서부터 빼앗아 끌어가려고 노력할 것이다. 이것이 제10계명을 위반하는 죄이다. 다른 사람의 종을 죄어서 훔쳐 가는 것은 직접 도둑질하는 것보다 더 낫지 않다.

(4) 그의 소나 그의 나귀나 무릇…네 이웃의 소유를 탐내지 말지니라.

소나 나귀를 탐내는 것이 없다면 그 많은 훔치는 일이 없을 것이다. 최초의 인간들은 탐냄으로써 제10계명을 범하고 훔침으로써 제8계명을 범한다. 사무엘이 "여호와 앞과 그 기름부음을 받은 자 앞에서 내게 대하여 증거하라 내가 뉘 소를 취하였느냐 뉘 나귀를 취하였느냐 누구를 속였느냐"(삼상 12:3)라고 말했을 때, 이것은 백성에게 향한 사무엘의 호소력이었다. 바울이 "내가 아무의 은이나 금이나 의복을 탐하지 아니하였고"(행 20:33)라고 말한 것도 그의 용기 있는 연설이었다.

우리 자신을 지켜 우리 이웃의 소유를 탐내지 않게 하려면 어떤 수단을 강구하여야겠는가?

가장 좋은 치료제는 자족이다. 만일 우리가 우리의 소유로 자족한다면 우리는 다른 사람의 소유를 탐내지 않을 것이다. 바울은 "내가 아무의 은이나 금이나 의복을 탐하지 아니하였다"라고 말할 수 있었다. 이것은 어디서 온 것인가? 이것은 자족으로부터 온 것이다. "어떠한 형편에든지 내가 자족하기를 배웠노니"(빌 4:11)라고 하였다. 만족은 야곱처럼, "나의 소유도 족하오니"(창 33:11)라고 말한다. 나는 하늘의 약속을 받았으며 거기에 나의 비용을 부담할 만큼 충분히 소유하고 있다. 나의 소유가 족한 것이다. 소유가 족한 사람은 다른 사람의 소유를 탐내지 않을 것이다. 자족하라. 그리고 자족할 최선의 길은 첫째, 하나님이 섭리에 의하여 당신에게 떼어 주는 그 조건을 가장 좋은 것이라고 믿으라. 만일 우리가 더 많이 소유하는 것이 적합하다고 하나님이 보셨더라면 우리는 그것을 소유했을 것이다. 아마도 우리는 큰 재산을 관리할 수는 없을 것이다. 컵에 물을 흘리지 않고 하나 가득 담기가 어렵고 범죄함이 없이 재산을 가득 소유하기 어렵다. 큰 재산은 올가미가 될 수 있다. 배는 너무 많은 돛을 달므로써 전복될 수도 있다. 하나님이 우리에게 분정해 주신 그 재산이 제일 좋은 것이라고 믿는 것이 우리를 자족하게 한다. 그리고 자족함으로써 우리는 다른 사람의 소유를 탐내지 않을 것이다.

또한 우리가 소유하고 있는 그런 것들로 만족하고 다른 사람의 것을 탐내지 아니하는 길은 적게 소유할수록 마지막 날에 그만큼 더 적게 계산할 것이라고 생각하는 데 있다. 각 사람은 청지기이며 하나님에게 책임질 수 있어야 한다. 더 많은 재산을 가진 사람들은 더 많이 청산할 것이 있다. 하나님은 말씀할 것이다. 너는 네 재산을 가지고 무슨 선한 일을 하였느냐? 너는 네 물질을 가지고 나를 공경하였느냐? 네가 먹이고 입힌 가난한 자들은 어디에 있느냐? 만일 당신이 선한 답변을 할 수 없다면 슬프게 될 것이다. 이것이 우리로 하여금 보다 적은 몫으로 자족하게 할 것이며, 재물이 적을수록 청산할 것도 적다는 것을 고려하게 할 것이다. 이것이 자족하는 길이다. 다른 이의 소유를 탐내는 것을 방지하는 해독제는 우리 자신의 소유로 자족하는 것보다 더 좋은 것이 없다.

THE TEN COMMANDMENTS

십계명 해설

제3장 율법과 죄

1. 도덕법을 지킬 수 없는 인간의 무능력

어떤 사람이건 하나님의 계명을 완전히 지킬 수 있는 사람이 있는가? 타락 이후 하나님의 계명을 이생에서 완전히 지킬 수 있는 사람이 없으며 오직 생각과 말과 행위에서 매일 그 계명들을 범할 뿐이다. "우리가 다 실수가 많으니"(약 3:2)라고 하였다. 인간은 무죄의 원시 상태에서 도덕적 율법을 지킬 수 있는 능력을 부여받았다. 인간은 마음의 정직과 의지의 고결함과 능력의 완전성을 가지고 있었다. 그는 하나님의 법의 복사판을 그의 중심에 기록해 가지고 있었다. 하나님이 명령하시기가 무섭게 그는 복종했다. 열쇠가 자물쇠 속의 모든 홈통에 들어맞아 그것들을 열 수 있듯이, 아담은 모든 하나님의 명령에 잘 들어맞는 능력을 가지고 있었으며 그 명령에 복종할 수 있었다. 아담의 복종은 도덕적 율법과 평행하였으며 이것은 잘 만든 해시계가 태양과 정확하게 맞아 돌아가는 것과 같았다. 무죄상태의 인간은 잘 조율된 풍금과 같아서 그는 하나님의 의지에 아름답게 조화되어 있었다. 그는 천사들처럼 거룩함으로 장식되어 있었으나, 천사들처럼 거룩함에 확립되어 있지는 않았다. 그는 거룩하였으나 가변적이었다. 그는 자기의 순전함으로부터 타락하였으며 우리는 그와 함께 타락하였다. 죄는 우리의 능력이 간직되어 있었던 원의(original righteousness)의 자물쇠를 깨뜨려버리고 우리 영혼 속에 권태와 무기력을 가져다주었다. 그래서 우리를 너무나 약화시킨 나머지 영생으로 덧입기까지는 충분한 능력을 결코 회복하지 못할 것이다. 그런즉 여기서 설명하고자 하는 것은 우리는 도덕적 율법을 완전히 복종할 수 없다는 것이다.

1) 비중생자

비중생자의 경우는 이와 같으니, 즉 그는 모든 하나님의 명령을 완전히 복종할 수 없다. 그는 율법에 완전 복종하느니보다 차라리 별들을 만져보거나 대양을 뼘으로 재는 것이 더 쉬울 것이다. 중생하지 않은 사람은 신령하게 행동할 수 없으며, 성령 안에서 기도할 수 없으며, 믿음으로 살 수 없으며, 의무에 대한 사랑에서 의무를 이행할 수 없다. 그리고 만일 그가 신령하게 의무를 이행할 수 없다면 완전히 이행하기는 훨씬 더 어렵다. 그러므로 자연인이 도덕적 율법에 완전 복종할 수 없다는 것은 명백하다.

첫째, 그는 영적으로 죽었기 때문이다(엡 2:1). 어떻게 그가 죽은 이상 하나님의 계명을 완전히 지킬 수 있는가? 죽은 사람은 행동에 적합하지 않다. 죄인은 자기 몸에 사망의 증세를 지니고 있다. 그는 감각이 없으니 죄의 악에 대한 감각도 없다. 그러므로 그는 감각 없는 자라는 말을 듣는다(엡 4:19). 그는 능력이 없다(롬 5:6). 죽은 사람이 무슨 힘을 가지고 있는가? 자연인은 자기 자신을 부인할 능력이 없으며 유혹을 저항할 능력도 없다. 그는 죽었으니 죽은 사람이 도덕적 율법을 수행할 수 있는가?

둘째, 그는 죄 중에 태어나서 죄 중에 살기 때문이다(시 51:5). "악을 짓기를 물마심같이 하는"(욥 15:16) 자이다. 그의 생각의 모든 상상은 악이며 오직 악이다(창 6:5). 아무리 작아도 악한 생각은 국왕의 법률을 범하는 것이다. 그리고 결함이 있다면 완전함은 있을 수 없다. 자연인이 도덕적 율법을 지킬 능력이 없는 것처럼 그는 그럴 의지도 없다. 그는 죽었을 뿐만 아니라 죽은 것보다도 더 악하다. 죽은 사람은 해를 주지 않지만, 죄의 사망에 수반하는 바 하나님을 거스르는 저항의 생명이 있다. 자연인은 연약함 때문에 율법을 지킬 수 없을 뿐만 아니라 또한 고의성 때문에 그것을 범한다. "우리 입에서 낸 모든 말을 정녕히 실행하여…하늘 여신에게 분향하고"(렘 44:17).

2) 중생자

비중생자가 도덕적 율법을 완전히 지킬 수 없음과 같이 중생자도 지킬 수 없다. "선을 행하고 죄를 범치 아니하는 의인은 세상에 아주 없느니라"(전 7:20)고 하였다. 의로운 사람의 가장 선한 행동에도 만일 하나님이 공의의 저울에 달아보면 가증스런 것이 있다. 오호라! 그의 직무에는 얼마나 구더기들이 들끓는가! 그는 방황함이 없이 기도할 수 없고 의심함이 없이 믿을 수도 없다. "원함은 내게 있으나 선을 행하는 것은 없노라"라고 하였다. 그리스어로 이 말씀은 "이것을 어떻게 완전히 행할지를 나는 알지 못한다"(롬 7:18)이다. 바울도 일류급의 성도이긴 하지만 실천하기보다는 마음으로 원하는 것을 더 잘하였다. 마리아는 그들이 어디다 그리스도를 두었느냐고 물었다. 그녀는 그리스도를 모셔갈 마음이 있었지만 힘이 없었다. 이와 같이 중생자는 하나님의 율법을 완전히 복종할 의지를 가지고 있지만, 힘이 없는 것이다. 그들의 복종은 연약하고 병자 같다. 그들이 겨냥해야 할 과녁은 완전한 거룩이다. 그러나 겨냥을 바로 하고 할 수 있는 힘을 다해도 과녁에 미치지 못한다. "내가 원하는 바 선은 하지 아니하고"(롬 7:39)라고 하였다. 그리스도인은 하나님을 섬기는 동안 노를 열심히 저으면서 애쓰는 뱃사공처럼 방해를 받는다. 왜냐하면 일진광풍이 그를 뒤로 몰아가기 때문이다. 그래서 바울은 "내가 원하는 바 선은 행하지 아니하고"라고 말한다. 즉 나는 유혹에 의히여 뒤로 밀려난다는 것이다. 그러므로 인간의 복종에 어떤 실체가 있다면 그는 하나님의 율법에 대한 완전한 주석(commentary)이 될 수 없다. 동정녀 마리아의 순종은 완전하지 못했다. 그녀는 자기의 눈물을 씻기 위하여 그리스도의 피가 필요하였다. 아론도 제단을 위하여 속죄해야 했으니 이것은 아무리 거룩한 제물도 그 안에 더럽힘이 있어서 이것 때문에 속죄해야 할 필요가 있음을 나타내는 것이었다(출 29:37).

만일 인간이 전체 도덕적 율법을 지킬 능력이 없다면 왜 하나님은 이것을 인간에게 요구하시는가? 이것이 공의인가? 비록 인간은 그의 복종할 능력을 상실했으나 하나님은 명령할 권리를 상실하지 않으셨다. 만일 주인이 하인에게 투자할 돈을 맡겼는데 하인이 그것을 방탕하게 써버린다면 주인은 당당히 그것을 요구하지 않겠는가? 하나님은 우리에게 도덕적 율법을 지킬 능력을 주셨는데 이것을 우리는 부정한 수단을 써서 잃어버렸다. 때문에 불이행의 경우 하나님은 우리를 마땅히 심판하실 것이다.

왜 하나님은 인간에게 율법을 지킬 수 없는 그런 무능력을 허용하시는가? 그렇게 하시는 것은 우리를 낮추기 위해서다. 인간은 스스로를 높이는 동물이다. 그래서 그는 무엇이든지 가치 있는 것을 갖기만 하면 즉시 마음이 부풀어 오른다. 그러나 그는 자기의 결점과 약점을 알게 되면, 얼마나 그가 하나님의 율법이 요구하는 거룩과 완전에 훨씬 미달하는지를 알게 되면, 이것이 그의 교만의 깃털을 떨어뜨려서 티끌 속에 묻어 둔다. 그는 자기의 무능력에 대하여 애통하면서 자기의 문둥병의 반점에 대하여 부끄러워한다. 그는 욥과 같이 "내가 스스로 한하고 티끌과 재 가운데서 회개하나이다"라고 말한다. 하나님이 이 무능력을 우리에게 있게 하심은 우리가 결점에 대하여 용서를 얻고 최선의 의무를 그리스도의 피로 뿌림받기 위하여 그리스도에게 의지하게 하려는 것이다. 인간이 율법에 완전 복종할 의무가 있으나 그렇게 할 능이 없음을 깨달을 때 이것이 그로 하여금 그리스도께로 도피케 하여 그를 친구 삼게 하고 자기를 위하여 모든 율법의 요구를 만족케 하며 공의의 법정에서 자기를 해방시키게 한다.

적용 1 여기에 아담 안에서의 우리의 타락으로 인한 비하(humilition)의 문제가 있다. 무죄의 상태에서 우리는 완전히 거룩하였다. 우리의 마음은 지식으로 관 씌워졌었으며 우리의 의지는 여왕처럼 자유의 홀을 휘둘렀다. 그러나 우리는 지금은 "우리 머리에서 면류관이 떨어졌사오니"(애 5:16)라고 말할 만하다. 우리는 우리에게 고유하였던 그 능력을 상실하였다. 우리가 지상의 천사들처럼 빛났던 우리의 원시적인 영광을 돌이켜 볼 때 "내가 이전 달과…같이 되었으면"(욥 29:2)이라고 한 욥의 말을 인용할 수 있다. 오! 우리가 처음과 같이 되었으면, 그 때는 우리의 처녀성에 오점이 없었는데, 그때는 하나님의 율법과 인간의 의지 사이에 완전한 조화가 있었는데!

그러나 오호라 어떻게 장면은 바뀌어져서 우리의 힘이 우리에게서 떠나갔다. 우리는 매 발걸음마다 실패하며 모든 규례에 미치지 못한다. 우리의 발육 부진은 하나님의 율법의 숭고함에 미치지 못한다. 우리는 복종에서 실패하며 실패하므로 몰수당한다. 이것은 우리를 깊은 비탄 속에 잠기게 할 것이며 우리의 모든 영혼 속에 슬픔의 누출이 생기게 할 것이다.

 적용 2 논박을 하자면,

이것은 의지의 힘을 추켜올리는 알미니안주의자들을 논박한다.

그들은 스스로를 구원할 의지를 가지고 있다고 주장한다. 그러나 날 때부터 우리는 힘이 결여되어 있을 뿐만 아니라 선한 것에 대한 의지도 결여되어 있다(롬 5:6). 의지는 연약으로 충만할 뿐만 아니라 완고함으로 충만해 있다. "이스라엘이 나를 원치 아니하였도다"(시 81:11)라고 하였다. 의지는 하나님을 거스르는 도전의 깃발을 내건다. 의지의 자주적 능력을 말하는 그런 자들은 "너희 안에서 행하시는 이는 하나님이시니 자기의 기쁘신 뜻을 위하여 너희로 소원을 두고 행하게 하시나니"(빌 2:13)라고 한 말씀을 잊어버린다. 만일 능력이 인간의 의지 속에 있다면, 하나님이 우리 안에서 역사하여 뜻을 가지게 할 필요가 무엇이 있겠는가? 만일 공기가 스스로에게 비출 수 있다면 태양이 빛날 필요가 무엇이 있겠는가? 자연의 능력을 이야기하며 스스로를 구원할 수 있는 자기들의 능력을 이야기하는 그런 자들은 그리스도의 공로를 깔본다. 갈라디아서 5:4처럼, "너희는 그리스도에게서 끊어지고"라고 말할 수 있다. 구원의 문제에서 그리스도의 치유적 은혜 없이 자기들의 의지의 힘을 내세우는 자들은 자기 자신들을 완전히 행위 언약 하에 가두어 놓는다. 필자는 "그들은 도덕적 율법을 완전히 지킬 수 있는가?"라고 묻고 싶다. '악은 무엇이든지 약점에서 솟아난다'(Malum oritur ex quolibet defectu). 즉 악은 무엇이나 조금이라도 결점이 있는 곳에 나타난다. 만일 그들의 복종에 아무리 작은 결점이라도 있기만 하면 그들은 버림받은 것이다. 단 한 가지의 죄스런 생각으로도 하나님의 율법은 그들을 저주하며 하나님의 공의는 그들을 정죄한다. 마치 자기 자신들의 타고난 능력에 의하여 건물을 높이 세워서 그 꼭대기가 하늘에 닿게 할 수 있는 듯이 자연의 능력을 추켜세우는 그들의 교만에는 혼란이 일어난다.

이것은 완전함을 뽐내는 그런 유의 사람들을 논박한다.
　이 사람들은 그 원칙에 따라 모든 하나님의 계명들을 완전히 지킬 수 있다. 필자는 그런 사람들에게 혹시 일찍이 잡념이 그들의 마음속에 들어온 적이 없었느냐고 묻고 싶다. 그런 일이 있었다면 그들은 완전하지 못하다. 동정녀 마리아도 완전하지 못했다. 비록 그녀의 모태는 순결하였지만(성령의 덮으심으로) 그녀의 영혼은 완전하지 못했다. 그리스도께서는 그녀에게 있는 약점을 넌지시 상정하신다(눅 2:49). 그렇다면 그들은 축복받은 동정녀보다도 더 완전하단 말인가? 완전함을 주장하는 그런 자들은 죄를 고백할 필요가 없다. 다윗도 죄를 고백했으며, 바울도 죄를 고백했다(시 32:5; 롬 7:25). 그러나 그들은 다윗이나 바울이 미치지 못하는 곳에 가 있다. 그들은 완전하며 그들은 절대로 범과하지 않는다. 그런즉 범과가 없는 곳에서 무슨 고백의 필요성이 있겠는가? 또 만일 그들이 완전하다면 그들은 용서를 빌 필요가 없다. 그들은 하나님의 공의에 따라 치를 것을 치를 수 있다. 그러므로 왜 "우리 죄를 사하여 주옵소서"라고 기도하겠는가? 오! 마귀가 사람들을 흔들어 잠 잘 재워서 그들로 하여금 완전함을 꿈꾸게 하다니! 그들은 "우리 온전히 이룬 자들은 이렇게 생각할지니"(빌 3:15)라고 변론하는가? 거기서 말하는 완전함은 성실성을 의미하는 것이다. 하나님은 당신 자신의 말씀을 가장 잘 해석하실 수 있다. 그는 성실성을 완전성이라 부르신다. "순전하고 정직한 자"(욥 1:8)라고 하였다. 그러나 누가 엄밀하게 완전한가? 병이 가득한 사람이 자기는 건강하다고 말할 수 있는 것처럼 죄로 가득한 사람이 자기는 완전하다고 말할 수 있다.

　　적용 3　중생한 사람들을 격려하기 위하여. 비록 당신은 복종에서 실패하고 도덕적 율법을 엄격히 지키지 못하지만 그래도 낙심하지 말라.

복종의 실패와 불완전 하에 있는 중생한 사람에게 무슨 위로가 주어질 수 있는가?

신자는 행위 언약 아래 있지 않고 은혜 언약 아래 있다는 것이다. 행위 언약은 완전하고 개인적이며 항구적인 복종을 요구한다. 그러나 은혜 언약 안에서는 하나님은 어느 정도 삭감을 해주실 것이다. 그는 행위 언약 안에서 요구하신 것보다 덜 받으실 것이다.

행위 언약 안에서 하나님은 정도(degrees)의 완전성을 요구하셨다. 은혜 언약 안에서 그는 부분(parts)과 완전성을 용납하신다. 전자에서는 완전한 행위를 요구하셨고, 후자에서는 신실한 믿음을 용납하신다. 행위 언약 안에서 하나님은 우리가 죄 없이 살기를 요구하셨다. 은혜 언약 안에서 그는 우리의 죄와의 싸움을 용납하신다.

비록 그리스도인은 자기 몸소 모든 하나님의 계명을 이행할 수 있지만, 그리스도는 그의 보증으로서, 그리고 그의 대리로서 그를 위해 율법을 완수하셨다. 그래서 하나님은 불완전한 복종을 만족시키기 위하여 완전하신 그리스도의 복종을 용납하신다. 그리스도께서 믿는 자들을 위하여 저주받으신 바 되었으므로 모든 율법의 저주는 그 쏘는 것을 뽑혀 버리고 말았다.

비록 그리스도인은 하나님의 명령을 만족할 만큼 지키지는 못하지만 그래도 인정받을 만큼은 할 수 있다.

어떻게 그렇게 되는가?

그는 하나님의 율법에 대하여 완전한 동의와 승인을 한다. "율법은 거룩하고 의롭다." 즉 판단에서 동의가 있었다(롬 7:12). "나는 율법을 승인한다." 즉 의지에서 승인이 있었다(롬 7:16).

그리스도인은 계명을 완전히 지킬 수 없으므로 한탄한다. 그는 실패할 때 운다. 그는 율법이 너무 엄하다고 해서 율법에게 노하지 않고 다만 자기가 너무나 부족하기 때문에 자기 자신에게 노한다.

그는 율법에 대해서 달콤하고 흐뭇한 기쁨을 갖는다. "내 속 사람으로는 하나님의 법을 즐거워하되"(롬 7:22)라고 하였다. 그리스어로는 "나는 그것을 즐거워한다"이다. "내가 주의 법을 어찌 그리 사랑하는지요"(시 119:97)라고 하였다. 비록 그리스도인은 하나님의 율법을 지키지 못한다 하더라도 그는 그 율법을 사랑한다. 비록 그리스도인은 하나님을 완벽하게 섬기지 못한다 하더라도 하나님을 자원하여 섬긴다.

하나님의 모든 명령에 따라 행하는 것이 그의 진실한 소원이다. "내 길을 굳이 정하사 주의 율례를 지키게 하소서"(시 119:5)라고 하였다. 비록 그의 힘은 멀어져도 그의 맥박은 뛴다.

그는 진정으로 하나님의 율법을 완전히 복종하려고 노력한다. 그리고 힘이 미치지 못하는 점에서는 자기의 부족을 보충받기 위하여 그리스도의 피에게로 달려간다. 이 진실한 소원, 그리고 참된 노력, 이것을 하나님은 완전한 복종으로 간주하신다. "할 마음만 있으면 있는 대로 받으실 터이요"(고전 8:12)라고 하였다. "나로 네 얼굴을 보게 하라 네 소리를 듣게 하라 네 소리는 부드럽고"(아 2:14)라고 하였다. 비록 의인의 기도가 죄와 혼합되었다 할지라도 그래도 하나님은 그들이 더 잘 기도할 줄로 아신다. 그는 꽃밭에서 잡초를 뽑아내시며, 그는 믿음을 보시고 약점을 담당하신다. 성도의 순종은 율법적 완전에는 미치지 못하나, 그 안에 신실성이 있고, 그리스도의 공로가 그것과 혼합되어 있으므로 은혜로이 가납된다. 주님이 완전 복종을 위한 노력을 보실 때에 그것을 우리 손에서 잘 받으신다. 자기 자녀에게서 편지를 받는 아버지처럼 그 편지에 오점도 있고 틀린 철자가 있다 할지라도 모든 것을 선의로 해석한다. 오! 우리의 성물에는 얼마나 많은 오점들이 있는가? 그러나 하나님은 모든 것을 선의로 받아들이시기를 기뻐하신다. 그는 "이는 내 자녀. 그가 할 수 있으면 더 잘 할 것이다. 내가 이것을 받으리라"라고 말씀하신다.

2. 죄의 등급

1) 모든 율법의 벌과 똑같이 흉악한가?

어떤 죄들은 그 자체로서, 그리고 몇 가지 가중죄로 인하여 하나님 보시기에 다른 죄들보다도 더욱 흉악하다. "나를 데게 넘겨준 자의 죄는 더 크니라"(요 19:11)라고 하였다. 스토아 철학자들은 모든 죄가 다 동등하다고 주장했다. 그러나 성경은 죄에는 등급의 차이가 있다는 것을 명백히 제시한다. 어떤 죄들은 다른 죄들보다 더 크다. 어떤 죄들은 "죄악이 중하고 부르짖음이 크다"(암 5:12; 창 18:21). 모든 죄는 말할 음성을 가지고 있으나 어떤 죄들은 부르짖는다.

어떤 병들은 다른 병들보다 더 악하고 어떤 독약은 보다 더 유독한 것처럼 어떤 죄들은 더 흉악하다. "너희가 너희 열조보다 더욱 악을 행하였도다"(렘 16:12; 겔 16:47)라고 하였다. 어떤 죄들은 다른 것들보다도 더 어두운 면을 가지고 있다. 왕의 화폐를 깎아내는 것은 대역죄이나 왕의 인격을 치는 것은 더욱 등급이 높은 대역죄이다. 헛된 생각은 죄이지만 신성모독적 언사는 더 큰 죄이다. 어떤 죄들은 다른 죄들보다 더 크다는 것은 명백하다. 첫째, 율법 아래서 제사에 차이가 있었기 때문이다. 속죄제는 속건죄보다도 더 중요했다. 둘째, 어떤 죄들은 다른 것들처럼 사함 받을 수 없기 때문에 더욱 흉악함이 틀림없다. 예를 들면 성령훼방죄 같은 것이다(마 12:31). 셋째, 어떤 죄들은 다른 것들보다 형벌의 등급이 더 중하기 때문이다. "그 받는 판결이 더욱 중하리라"(마 23:14). "세상을 심판하시는 이가 공의를 행하실 것이 아니이까"라고 하였다. 하나님은 죄가 더 크지 않는 한 한 사람을 다른 사람보다 더 많이 심판하시지 않을 것이다. '모든 죄는 그 대상에 대하여' 또는 죄를 범한 대상이 되시는 무한하신 하나님께 대하여 동등하게 흉악한 것이 사실이다. 그러나 다른 의미에서 모든 죄들은 똑같이 흉악하지 않다. 즉 어떤 죄들은 더욱 피로 물든 사건들을 내포하고 있으며 이것은 양털에 대한 물감과 같아서 더 짙은 색깔을 띠게 한다. 이유도 없이 범해지는 그런 죄들은 더욱 흉악하다. 사람이 도발을 받지 않고서도 맹세하거나 노할 때와 같은 것이다. 죄의 이유가 적을수록 죄 자체는 더욱 크다. 고의로 범해지는 그런 죄는 더욱 흉악하다. 율법 아래서는 고범죄를 위한 제사가 없었다(민 15:50).

2) 죄를 크게 하고 가중시켜서 이것을 더욱 흉악하게 만드는 고범죄는 무엇인가?

고범죄를 짓는다는 것은 확신과 계몽, 또는 교화된 양심에 거슬러 죄를 짓는 것이다. "또 광명을 배반하는 사람들은 이러하니"(욥 24:13)라고 하였다. 양심은 그룹 천사들처럼 손에 화염검을 들고 서서 죄인을 저지시킨다. 그런데도 그는 죄를 지으려 하는 것이다. 빌라도는 그리스도를 정죄함에 있어서 확신에 거슬러 도도하게 죄짓지 아니했는가? 그는 유대인들이 시기로 예수를 넘겨주었다는 것을 알고 있었다(마 27:18). 그는 "이 사람에게서 죄를 찾지 못하였고"(눅 23:14)라고 고백하였다. 그의 아내도 사람을 보내어 "저 옳은 사람에게 아무 상관도 하지 마옵소서"(마 27:19)라고 말했다. 이 모든 것에도 불구하고 그는 그리스도에게 사형언도를 내렸다. 그는 고범, 즉 교화된 양심에 거슬러 죄를 지었다. 모르고 죄짓는 것은 정상을 참작케 해주고 죄책을 삭감시킨다. "내가 와서 저희에게 말하지 아니하였다면 죄가 없었으려니와." 다시 말하면, 그들의 죄는 더 가벼웠을 것이었다(요 15:22). 그러나 계몽과 확신에 거슬러 죄짓는 것은 사람들의 죄를 가중시킨다. 이런 죄들은 영혼속에 깊은 상처를 입혀 준다. 어떤 죄들은 피를 불러온다. 그것들은 심장을 칼로 찔림과 같다.

3) 얼마나 많은 방법으로 사람은 계몽과 확신에 거슬러 죄지을 수 있는가?

(1) 사람이 전적인 의무 태만 속에서 살 때이다.

말씀을 읽는 것이 하나의 의무인 줄 모르는 바가 아니나 성경을 녹슨 갑옷처럼 방치해 두고 좀처럼 거들떠보지 않는다. 가정에서 기도하는 것이 의무인 줄 확신하나 날이 가고 달이 가도 하나님은 그에게서 기도소리를 듣지 못하신다. 그런 사람은 하나님을 아버지라 부르면서도 결코 그의 축복을 구하지 않는다. 가족 기도의 태만은 이를테면 사람들의 집 지붕을 걷어 내고 저주가 그들의 식탁 위에 비 퍼붓듯 할 길을 열어주는 것이다.

(2) 사람이 다른 사람들을 정죄하는 바 그 동일한 죄 속에서 살 때이다.
"판단하는 네가 같은 일을 행함이니라"(롬 2:1)라고 하였다. 어거스틴이 세네카에 대하여 "그는 미신을 반대하는 글을 썼다. 그러면서도 그는 자기가 비난한 저들 우상들을 숭배하였다"라고 말한 바와 같다. 어떤 사람은 다른 사람의 경솔한 비난을 정죄하면서도 자기 자신이 그와 동일한 죄 속에서 산다. 한 주인이 자기의 견습생을 맹세한다고 책망하지만 그러면서도 자기 자신이 맹세를 한다. 언약궤의 심지 자르는 가위는 순금이었다. 다른 사람들의 악덕을 책망하고 심지를 자르는 사람들은 자기 자신들이 그런 죄에서 자유하지 않으면 안 된다. 심지 자르는 가위는 금으로 되어 있어야 한다.

(3) 사람이 서원한 후에 죄지을 때이다.
"하나님이여 내가 주께 서원함이 있사온즉"(시 56:12)이라고 하였다. 서원은 하나님께 우리 자신을 헌신하기 위하여 그에게 드린 신앙적 약속이다. 서원은 목적일 뿐 아니라 약속이다. 모든 헌신자는 자신을 채무자로 만든다. 그는 엄숙한 방식으로 자기 자신을 하나님께 속박시킨다. 그래서 서원 후에 죄짓는 것, 즉 하나님께 서원으로 헌신하고 나서 자기 영혼을 마귀에게 내어 주는 것은 최고의 확신에 거스른 것임에 틀림없다.

(4) 사람이 권고와 훈계와 경고를 받고 나서도 죄를 지었을 때는 몰랐다고 변호할 수 없다.
복음의 나팔이 그의 귀에 울렸고, 그의 죄에서 멀리하라고 소환하는 귀영 나팔이 울렸다. 그는 그의 불의와 악의에 빠진 생활과 나쁜 친구와 사귀는 것에 대하여 말을 들었으면서도, 죄를 무릅쓰고 감행하려고 한다. 이것은 확신에 거슬러 죄짓는 것이며 죄를 가중시키고, 저울에 올려놓은 추와 같아서 그의 죄를 더 무겁게 만든다. 만일 항로표지가 세워져 있어서 그 장소에 암붕들과 암초들이 있다고 경고하고 있는 데도 선원이 그리로 항해해서 파선한다면 이것은 고범죄이다. 만일 그가 표류한다 하더라도 누가 그를 동정하겠는가?

(5) 사람이 명백한 신벌 선언과 위협에도 불구하고 죄를 지을 때이다.
하나님은 그러한 죄에 대하여 위협을 우레같이 발하셨다. "그 죄과에 항상 행하는 자의 정수리는 하나님이 쳐서 깨치시리로다"(시 68:21)라고 하였다. 하나님은 그의 칼날을 죄인의 가슴에 갖다 대었는데도 그는 여전히 죄를 범할 것이다. 죄의 쾌락이 그를 기쁘게 하는 것이 위협이 그를 놀라게 하는 것보다 더하다. 리워야단처럼 그는 "창을 던짐을 우습게 여기며"(욥 41:29)라고 하였다. 아니 그는 하나님의 경고하심을 조롱한다. "그는 그 일을 속속히 이루어 우리로 보게 할 것이며"라고 하였다. 즉 우리는 하나님이 무엇을 하시려고 의도하시는지, 그리고 다가오는 심판에 대하여 많이 들어 왔으니 어쩔 수 없이 이것을 만나게 될 것이라는 것이다(사 5:19). 사람들이 하나님의 위협의 화염검이 휘둘림을 보면서도 죄로 스스로 강하게 하는 것은 계몽과 확신을 거슬러 가중적으로 죄를 짓는 것이다.

(6) 사람이 그 고난 중에서도 죄를 지을 때이다.
위협조로 하나님은 우레를 발하실 뿐 아니라 그의 벼락을 떨어지게 하신다. 하나님은 사람에게 심판을 내리사 사람이 그의 심판 가운데서 자기의 죄를 읽을 수 있게 하시지만 그래도 사람은 죄를 짓는다. 그의 죄는 자기 재산은 물론 자기의 기력도 탕진한 음란이었다. 그는 졸도를 일으켜 왔지만 그래도 죄의 아픔을 느끼는 가운데서도 죄의 사랑을 지속한다. 이것도 확신에 거슬러 죄짓는 것이다. "이 아하스 왕이 곤고할 때에 더욱 여호와께 범죄하여"(대하 28:22)라고 하였다. 교화된 양심에 거슬러 죄짓는 것은 죄를 더 크게 만드는 것이다. 이것은 완고함(obstinacy)으로 가득한 것이다. 사람들은 그들의 죄에 대하여 이유도 듣지 못하고 변호도 하지 못하지만 그래도 죄악을 고수할 결의를 다짐한다. '의지는 행동의 자요 표준이다' (*Voluntas estregula et mensura actionis*). 즉 행동은 연루된 의지에 의하여 측정되고 판단받는다.

즉 죄에 의지가 더 많이 개입할수록 그만큼 죄는 더 크다. "우리는 우리의 도모대로 행하며"(렘 18:12)라고 하였다. 비록 매 발걸음마다 사망과 지옥이 있다 할지라도 우리는 사단의 깃발 아래 계속 진군할 것이다. 타락한 천사들의 죄를 그토록 크게 만들었던 것은 그 죄가 의도적(wilful)이었다는 것이었다. 즉 그들 마음속에 모르는 것도 없었으며 충동을 일으킬 정욕도 없었으며 그들을 속일 유혹자도 없었으나 다만 완강하게, 그리고 선택적으로 죄를 지었던 것이다. 확신과 계몽에 거슬러 죄 짓는다는 것은 하나님 배척 및 멸시와 연합되어 있다. 죄인이 하나님을 잊어버리는 것은 나쁘지만 하나님을 멸시하는 것은 더 악하다. "어찌하여 악인이 하나님을 멸시하여"(시 10:13)라고 하였다. 교화된 죄인은 자기의 죄로 인해 하나님을 거역하며 노하시게 한다는 것을 알고 있다. 그러나 그는 하나님이 기뻐하시든 아니 하시든 개의치 않고 자기 죄만 지으려 한다. 그러므로 그러한 자는 하나님을 훼방한다고 한다. "무릇 짐짓 무엇을 행하면 여호와를 훼방하는 자니"(민 15:30)라고 하였다. 모든 죄는 하나님을 불쾌하게 하지만 교화된 양심을 거스른 죄는 주님을 훼방한다. 군주의 권위를 멸시하는 것은 그에게 가해진 훼방이다. 이것은 건방짐을 동반한다. 두려움과 수치는 추방되고 겸손의 면사포는 집어치워진다. "불의한 자는 수치를 알지 못하는도다"(습 3:5)라고 하였다. 유다는 그리스도가 메시아이심을 알았다. 그는 그것을 하늘로부터의 음성과 그가 행하신 이적들에 의하여 확신하였으나 건방진 마음으로 대역죄를 계속 감행했다. 심지어는 그리스도께서 "나와 함께 그릇에 손을 넣는 그가 나를 팔리라"라고 말씀하셨을 때도 그는 그리스도께서 자기를 의미한 줄을 알았다. 그가 대역죄를 지으려고 하였을 때 그리스도께서는 그에게 화를 선언하셨지만 그 모든 것에도 불구하고 자기의 대역죄를 진척시켰다(눅 22:22). 이와 같이 교화된 양심을 거슬러 고범죄를 짓는 것은 죄를 주홍색으로 물들이며 그 죄를 다른 죄들보다 더욱 크게 만든다.

4) 지속적으로 짓는 죄는 다른 것들보다 더욱 흉악하다.

죄의 지속은 죄의 가중화이다. 대역죄를 음모하는 자는 자기 자신을 더 큰 죄인으로 만든다. 어떤 사람들의 머리는 마귀의 조폐국이며 그들은 해악의 주조실이다. "악을 도모하는 자요"(롬 1:30)라고 하였다. 어떤 사람들은 새로운 맹세를 지어내고 또 어떤 사람들은 새로운 올가미를 지어낸다. 그러한 자들이 바로 다니엘을 박해하는 법령을 날조하여 왕으로 하여금 이것에서 명하게 하였던 그 총리들이었다(단 6:9).

5) 악의의 정실에서 비롯되는 죄들은 더욱 크다.

거룩을 중상하는 것은 악마적이다. 이것은 은혜가 결여된 죄이며 은혜를 미워하는 것은 더 악하다. 성격에서 포도나무와 월계수 사이에서처럼 반감이 있다. 어떤 사람들은 하나님의 순결성 때문에 하나님께 반감을 갖는다. "이스라엘의 거룩하신 자로 우리 앞에서 떠나시게 하라 하는도다"(사 30:11)라고 하였다. 죄인들은 그들의 능력이 닿기만 하면 하나님을 퇴위시키려 할 뿐만 아니라 그를 말살하려고까지 한다. 그들의 힘이 닿기만 한다면 하나님은 더 이상 하나님이 되시지 못한다. 이와 같이 죄는 더욱 기세 높게 비등한다.

6) 배은망덕과 혼합된 저 죄들은 일층 더 중하다.

무엇보다도 하나님은 자기의 인자하심이 무시당하는 것을 못 참으신다. 그의 긍휼은 인간들에게 그토록 오랫동안 집행유예를 연장시키는 데서, 그의 성령과 사역자들에 의해 화목하도록 그들에게 구애하시는 데서, 그들을 그 많은 이생의 축복으로 관 씌우시는 데서 나타난다. 그런데 이 모든 사랑을 남용하는 것-하나님이 그의 긍휼의 분량을 가득 채우시고 계실 때 인간들은 그들의 죄의 분량을 가득 채운다는 것-이것은 고도의 배은망덕이며 그들의 죄를 더 진한 주홍색으로 만든다. 어떤 죄들은 긍휼 때문에 더 악하다. "독수리는 향료에서 병을 얻어낸다"고 엘리엔은 말한다. 이와 같이 죄인은 하나님의 긍휼의 아름다운 향기로부터 악을 초래한다. 영국사기는 패리(Parry)라고 하는 어떤 사람에 대하여 보도하기를, 그는 사형선고를 받았는데 엘리자베스 여왕이 특사를 내렸다고 한다. 그런데 그는 사면받은 후에 여왕을 살해할 음모와 모의를 꾸몄다. 어떤 이들은 하나님을 이와 똑같이 대한다. 하나님은 긍휼을 베푸시고 그들은 하나님을 대적하여 반역을 꾀한다. "내가 자식을 양육하였거늘 그들이 나를 거역하였도다"(사 1:2)라고 하였다. 아덴 사람들은 테미스토클레스가 그들에게 베푼 선한 봉사의 대가로 그를 그들의 도시로부터 추방했다. 우화에 나오는 뱀은 얼어 죽게 되었을 때 자기를 따뜻하게 해준 사람을 물었다. 분명히 긍휼을 거스르는 자는 더욱 흉악하다.

7) 쾌락을 가지고 범한 죄는 다른 것들보다 더욱 흉악하다.

하나님의 자녀는 뜻하지 않게 또는 본의 아니게 죄지을 수 있다. "원치 아니하는 바 악은 행하는도다"(롬 7:19)라고 하였다. 그는 본의 아니게 개울물 아래로 떠내려가는 사람과 같다. 그러나 기쁨을 가지고 죄짓는 것은 죄를 증가시키고 확대시킨다. 이것은 마음이 죄에 가 있다는 신호이다. "그 마음을 저희의 죄악에 두는도다"라고 하였으니 사람이 기름을 가지고 자기의 이익을 따라가는 것과 같나(호 4:8). "개들과…거짓말을 좋아하며 지어내는 자마다 성 밖에 있으리라"(계 22:15)고 하였다. 거짓말하는 것은 죄이다. 그러나 거짓말하기를 좋아하는 것은 더 큰 죄이다.

8) 종교를 빙자하여 짓는 죄들은 다른 것들보다 더욱 흉악하다.

속이고 횡령하는 것은 죄이다. 그러나 손에 성경책을 들고 그렇게 하는 것은 이중적인 죄이다. 정숙치 못한 것은 죄이다. 그러나 종교의 가면을 쓰고 매춘행위를 하는 것은 죄를 더 크게 만든다. "내가 화목제를 드려서 서원한 것을 오늘날 갚았노라. 오라, 우리가 아침까지 흡족하게 서로 사랑하며"(잠 7:14, 18)라고 하였다. 그 여자는 마치 교회에 갔었던 것처럼, 그리고 기도를 하고 있었던 것처럼 말하고 있다. 누가 그녀의 부정직을 의심인들 해보았겠는가? 그러나 그녀의 위선을 보라. 그녀는 자기의 헌신을 간음죄의 서곡으로 삼는다. "저희는 과부의 가산을 삼키며 외식으로 길게 기도하니"(눅 20:47)라고 하였다. 죄는 길게 기도하는 데 있지 않았다. 왜냐하면 그리스도께서도 온 밤을 기도로 보내셨던 것이다. 그러나 불의한 행동을 하기 위해서 오래 기도하는 것이 그들의 죄를 더욱 괘씸하게 만들었다.

9) 배도의 죄는 다른 것들보다 더욱 흉악하다.

데마는 진리를 버리고 그 후에 우상의 신전에서 제사장이 되었다고 도로테우스가 말한다(딤후 4:10). 타락하는 것은 죄이다. 그러나 타락하여 배반하는 것은 더 큰 죄이다. 배도자들은 종교에 치욕을 끼친다. 터툴리안은 "배도자는 하나님과 사단을 저울에 올려놓는 것 같으며 그래서 양쪽 다 섬기는 것을 달아본 후에 마귀의 섬김을 더 좋아하여 마귀를 가장 좋은 주인이라고 선포한다"라고 말한다. 이런 점에서 볼 때 배도자는 그리스도를 "현저히 욕을 보임이라"(히 6:6)라고 함이 된다. 이것은 죄를 근본적으로 물들이며 죄를 증대시킨다. 그리스도를 공언하지 않는 것은 죄이다. 그러나 그를 부인하는 것은 더 큰 죄이다. 그리스도의 군기를 착용하지 않는 것은 죄이나 그의 군기로부터 도망하는 것은 더 큰 죄이다. 이교도는 세례 받은 배교자보다 죄를 덜 짓는다.

10) 종교를 박해하는 것은 죄를 더 중하게 한다.

신앙을 갖지 않는 것은 죄이지만, 신앙을 파괴하려고 노력하는 것은 더 큰 죄이다. 안티오쿠스 에피파네스는 유대인들을 괴롭히고 적대하기 위하여 그의 모든 선임자들이 승리를 얻기 위하여 했던 것보다도 더 많은 지루한 여행을 했고 더 많은 위험을 무릅썼다. 헤롯은 "이 위에 한 가지 악을 더하여 요한을 옥에 가두니라"(눅 3:20)고 하였다. 그는 이전에 근친간음죄를 지었다. 그런데 선지자를 옥에 가둠으로써 그는 자기의 죄에 죄를 덧붙여서 죄를 더 크게 만들었다. 박해는 죄의 분량을 가득 채운다. "너희가 너희 조상의 양을 채우라"(마 23:32)고 하였다. 만일 당신이 한 대접의 물을 탱크에 쏟는다면 이것은 약간 보태게 되겠지만, 만일 당신이 한두 통의 물을 붓는다면 이것은 물탱크의 분량을 가득 채운다. 이와 같이 박해는 죄의 분량을 가득 채우고 죄를 더 크게 만든다.

11) 악의적으로 죄짓는 것은 죄를 더 크게 만든다.

아퀴나스와 다른 스콜라 철학자는 죄를 악의로 성령을 거스르는 위치에 갖다 놓는다. 죄인은 하나님을 괴롭히기 위하여 할 수 있는 모든 짓을 다하며 은혜의 성령을 멸시한다(히 10:29). 이와 같이 줄리안 황제는 그의 검을 공중으로 던져 올림으로써 마치 하나님께 복수라도 하고 싶은 것같이 행동했다. 이것은 죄를 극대화시키는 것이며 그보다 더 큰 죄가 있을 수 없다. 사람이 한번 이 지경이 되어서 신성모독적으로 성령을 욕되게 할 때에는 그가 타락할 수 있는 바 더 낮은 단계는 오직 한 가지, 즉 지옥이다.

12) 사람이 자기 사신이 죄를 지을 뿐 아니라 다른 사람들도 죄짓도록 힘쓰는 것은 죄를 가중시키고 죄를 증대시킨다.

백성에게 오류를 가르치는 자들, 즉 그리스도의 신성을 깎아내리거나 그의 덕성을 깎아내려 그를 정치적인 머리로만 삼고 감화력의 머리로 삼지 않는 자, 안식일의 도덕성을 반대하거나 영혼의 불멸을 반대하는 설교를 하는 자, 이런 사람들의 죄는 다른 것들보다 더욱 크다. 하나님의 율법을 범하는 자들이 죄짓는 것이라면, 사람들에게 그것들을 범하라고 가르치는 자들은 무엇을 하는 것인가(마 5:19)?

자기들의 나쁜 모범으로 다른 사람들을 멸망시키는 그런 자들, 즉 맹세하는 아비는 자기 아들에게 맹세하는 것을 가르쳐 주며 그래서 자기의 모범으로서 아들을 망하게 한다. 그러한 사람들의 죄는 다른 사람들보다 더 크며 지옥에서도 더 뜨거운 장소를 차지하게 될 것이다.

적용 모든 죄는 다 동등하지 않음을 알았다. 어떤 죄들은 다른 것들보다 더 악하며, 따라서 더 큰 진노를 초래한다. 그러므로 특별히 이런 죄들을 조심하라. "주의 종으로 고범죄를 짓지 말게 하사"(시 19:13)라고 하였다. 아무리 작은 죄라도 족히 나쁜 것이다. 당신은 당신의 죄를 가중시킬 필요가 없고 더 흉악하게 만들 필요가 없다. 경한 상처를 입은 사람은 이 상처를 더 깊게 만들지 않을 것이다. 오! 당신의 죄를 증가시키고 그것을 더 흉악하게 만드는 상황들을 조심하라. 사람이 더 높이 죄 짓는 데 처할수록 그만큼 더 낮게 고통 중에 누울 것이다.

3. 하나님의 진노

모든 죄는 무엇을 받아 마땅한가? 이생과 그리고 오는 세상 양면에서의 하나님의 진노와 저주이다. "저주를 받은 자들아 나를 떠나…영영한 불에 들어가라"(마 25:41)고 하셨다. 사람이 범죄하고 나면 왕의 은총에서 제외된 총신과 같으며 하나님의 진노와 저주를 받기에 족하게 된다. 그는 하나님의 저주를 받아 마땅하다(갈 3:10). 그리스도께서 무화과나무를 저주하셨을 때 그것이 말랐던 것처럼 하나님이 아무나 저주하시면 그는 영혼으로부터 말라버린다(마 21:19). 하나님의 저주는 그 어디에 임하든지 파멸시킨다. 그는 또한 하나님의 진노를 받아 마땅하게 되는데 이 진노는 그의 진노의 집행 외에 아무것도 아니다. 그렇다면 이 진노는 무엇인가?

1) 이 진노는 하나님의 기쁨을 탈취한다.

다시 말하면 하나님의 얼굴의 미소를 탈취한다. 하나님의 임재하심이 배제되는 것은 충분히 지옥이다. "주의 우편에는 영원한 즐거움이 있나이다"(시 16:11)라고 하였다. 하나님의 웃으시는 얼굴은 그 안에 천사들을 기쁨으로 황홀하게 하는 바 저 화려함과 아름다움을 지니고 있다. 이것은 영장의 반지에 박힌 다이아몬드이다. 압살롬에게 왕의 얼굴을 보지 못하는 것이 그토록 고통이었다면 악인이 하나님의 기쁘신 얼굴을 뵈옵지 못하도록 차단당하는 것이야말로 그 어떠하겠는가! '하나님을 뵈옵지 못하는 것이 모든 형벌 중에서 가장 큰 형벌이다'(*Privatio divinae visionis omnium suppliciorum summum*).

2) 이 진노는 그 안에 무엇인가 적극적인 것을 가지고 있다.

그것은 "노하심이 끝까지 저희에게 임하였느니라"(살전 2:16)고 함과 같다. 이러한 하나님의 진노의 특징을 살펴보면 다음과 같다.

(1) 하나님의 진노는 불가항력적이다.
"누가 주의 노의 능력을 알며"(시 90:11)라고 하였다. 죄인들은 하나님의 노를 빈대할 수는 있으나 그의 진노는 막을 수 없다. 가시나무가 불과 다투겠는가? 유한한 것이 무한하신 분과 다투겠는가? "네가 하나님처럼 팔이 있느냐"(욥 40:9)라고 하였다.

(2) 하나님의 진노는 무섭다.
스페인의 격언에 '사자는 그린 것만큼 사납지 못하다' 라는 말이 있다. 우리는 하나님의 진노를 과소평가하기 쉽다. 그러나 이것은 마치 뜨거운 납이 눈 속으로 떨어져 들어감같이 대단히 엄청나고 무시무시하다. 진노를 나타내는 히브리 단어는 열(heat)을 의미한다. 하나님의 진노가 뜨겁다는 것을 보이기 위해서는 이것은 그러므로 본문에서 불에 비유된다. 불은 타오를 때

무시무시하다. 이와 같이 하나님의 진노도 불과 같아서 무서운 것 중에 무서운 것이다. 다른 불은 이것에 비하면 허식적인 것에 불과하다. 만일 하나님의 진노가 조금만 격동되고 그것의 불꽃이 이생에서 악인의 양심에 날아들어 가도 그토록 무섭거든 하물며 하나님이 "그 진노를 다 발하시면"(시 78:38) 어찌 되겠는가? 영혼이 유기에 처해지는 것이 얼마나 슬픈 일인가! 하나님은 그때 쓸개즙에 그의 펜을 찍어 쓰라린 일들을 기록하신다. 그의 독화살은 가슴속에 단단히 박힌다. "주의 두렵게 하심을 당찰 때에 황망하였나이다. 주의 진노가 내게 넘치고"(시 88:15-16)라고 하였다. 루터는 '유기 상태에서 너무나 마음의 공포에 사로잡혀서 열의도 기력도 남아 있지 않았다' (*nec calor, nec sanguis superesset*)라고 하였다. 그는 얼굴에 핏기도 없이 다만 죽은 자처럼 누워 있었다. 그렇다면 만일 하나님의 진노가 그 사랑하시는 자들에게 향하여 그와 같다면 그의 미워하시는 자들을 향하여는 어떠하겠는가? 잔을 한 모금 마시는 자들이 그렇게 쓰다는 것을 안다면 남김없이 마시는 자들에게는 어떻겠는가(시 75:8)? 솔로몬은 "왕의 노함은 사자의 부르짖음 같고"(잠 19:12)라고 말한다. 그렇다면 하나님의 진노는 어떠하겠는가? 하나님이 그의 모든 군대를 소집하시고 죄인을 향하여 몸소 진을 치신다면 어떻게 죄인의 마음이 견뎌낼 수 있는가(겔 22:14)? 누가 진노의 태산 밑에 누워 있을 수 있는가? 하나님은 가장 친한 벗이지만 가장 쓰라린 대적이시다.

하나님의 진노는 죄인의 모든 부분을 장악하실 것이다. 먼저 몸을 장악 하신다. 너무나 연약해서 더위나 추위도 감당할 수 없었던 육체가 하나님의 진노의 포도주 틀에서 고통당할 것이다. 이전에 사랑스러운 대상들을 바라볼 수 있었던 눈들도 마귀의 광경에 고통당할 것이다. 이전에 음악으로 즐거워하면 귀들이 저주받은 자들의 소름끼치는 비명소리에 고통당할 것이다. 또한 하나님의 진노는 버림받은 자의 영혼을 장악하실 것이다. 보통의 불은 영혼을 건드리지 못한다. 순교자들의 육체가 불에 타고 있었을 때 그들의 영혼은 불꽃 속에서 개가를 올렸다. 그러나 하나님의 진노는 영혼을 태운다. 기억력은 그 어떠한 은혜의 수단이 악용되었는지를 기억하느라고 고통당할 것이다. 양심은 자책으로서 고난당할 것이다. 죄인은 고범죄로 인하여, 그의

제3장 **율법과 죄** · 333

귀중한 시간들을 잘못 써버림을 인하여, 그리고 성령을 저항한 것을 인하여 스스로를 책망할 것이다.

하나님의 진노는 중단이 없다. 지옥은 영속하는 처소이지 휴식하는 처소는 아니다. 일분의 휴식도 없다. 외부적인 고통은 얼마간의 삭감이 있다. 결석이나 복통이라면 환자는 때에 따라 편할 때도 있다. 그러나 저주받은 자의 고통은 중단이 없다. 하나님의 진노를 느끼는 사람은 "나는 편하다"라는 말을 절대 안 한다.

하나님의 진노는 영원하다. 본문이 그렇게 말씀한다. "영영한 불"이다. 아무런 눈물도 하나님의 진노의 불꽃을 끄지 못한다. 우리가 눈물의 강수를 흘릴 수 있다 하더라도 끄지 못한다. 이생에서의 극심한 고통 중에서는 사람들은 중단을 소망한다. 그러나 고난은 오래 계속되지 않을 것이다. 고통을 가하는 자나 고통을 당하는 자가 죽을 것이다. 그러나 하나님의 진노는 항상 죄인을 침식하고 있다. 자연적인 불의 공포는 그것이 태우는 것을 소멸시킨다는 것이다. 그러나 하나님의 진노의 불을 무섭게 만드는 것은 이것이 태우는 것을 소멸시키지 않는다는 것이다. '저주받은 자들은 항상 살도록 그렇게 죽어간다'(*Sic morientur damnati ut semper vivunt*). 즉 버림받은 자들은 항상 살아 있게끔 죽는다(Bernard). 죄인은 언제나 용광로 속에 있을 것이다. 무수한 천년들의 세월이 지난 후에도 하나님의 진노는 처음과 마찬가지로 결코 끝날 줄을 모른다. 모든 육지와 바다가 모래라고 한다면, 그리고 천년 만에 새 한 마리가 와서 모래 한 알을 가져간다 해도 오랜 세월이 지나면 그 방대한 모래더미를 비우게 될 것이다. 그러나 만일 그 모든 세월 후에라도 저주받은 자가 지옥에서부터 나오게 된다면 얼마간의 소망은 있을 것이다. 그러나 이 '항상'(ever)이란 단어가 마음을 상하게 한다.

일순간에 범해진 죄를 영원한 불로 심판하는 것이 하나님의 공의와 어떻게 양립하는가? 죄의 흉악한 성격 때문이다. 훼방을 받으신 그 인격을 생각해 보라. 이것은 위엄을 손상시킨 죄목이다(*crimen laesae majestatis*). 즉 최고의 반역죄이다. 죄는 무한하신 위엄을 거슬러 범해지며, 그러므로 그것은 무한하고, 따라서 그 형벌도 무한해야 한다. 인간의 본성은 다만 유한하고 죄인은 무한한 진노를 한꺼번에 감당할 수 없기 때문에 한꺼번에 만족시킬 수 없는 것을 영원히 만족시키지 않으면 안 된다.

악인이 진노의 불꽃 중에서 그슬리며 누워 있는 동안 그들을 동정해 줄 사람은 아무도 없다. 우리를 위로해 줄 사람이 있다고 하는 것은 슬픔을 어느 정도 덜어준다. 그러나 악인은 진노를 당하면서도 가엾이 여겨줄 사람이 없는 것이다. 누가 그들을 가엾게 여기랴? 하나님도 가엾게 여기지 않으실 것이다. 그들은 하나님의 성령을 비웃었다. 그래서 하나님은 이제 그들이 재앙을 만날 때 웃으실 것이다(잠 1:26). 성도들도 그들을 불쌍히 여기지 않을 것이다. 그들은 땅 위에서 성도들을 박해하였고, 그러므로 그들에게 하나님의 공의가 집행됨을 목도하고 성도들은 기뻐할 것이다. "의는 악인의 보복 당함을 보고 기뻐함이여"(시 58:10)라고 하였다.

진노 아래 있는 죄인은 아무도 그를 위하여 선한 말을 해줄 사람이 없다. 택함 받은 사람이 죄를 범하면 그를 위하여 대언해 줄 사람이 있다. "우리에게 대언자가 있으니 곧 의로우신 예수 그리스도시라"(요일 2:1)라고 하였다. 그리스도께서는 "이는 내가 너를 위하여 내 피를 흘린 바 내 친구입니다. 아버지여 그를 용서하소서"라고 말씀하실 것이다. 그러나 죄 가운데서 죽는 악인은 그들을 위해 간청해 줄 사람이 아무도 없다. 그들은 고발자는 있어도 변호자는 없다. 그리스도의 피도 그들을 위하여 변론하지 않을 것이다. 그들은 그리스도를 무시하였으며 그의 통치 아래 들어오기를 거절하였으므로 그리스도의 피는 그들을 대적하여 부르짖는 것이다.

(3) 하나님의 진노는 정당하다.

복수라는 그리스어 단어는 정의(justice)를 나타낸다. 악인은 바닷물을 마실 것이나, 부당한 것은 한 방울도 마시지 않을 것이다. 하나님의 명예가 배상받는 것은 당연하거니와 훼방자들을 형벌하지 않고서야 어떻게 그것이 가능하겠는가? 왕의 법을 침해하는 자는 형벌 받아 마땅하다. 긍휼은 은총에 의하여 오고 형벌은 공적에 의하여 온다. "수욕이 우리에게 돌아오고"(단 9:8)라고 하였다. 진노는 우리가 죄인인고로 우리에게 닥쳐오는 것이며 이것은 지불되는 임금과 같이 우리에게 마땅한 것이다.

적용 1 정보를 제공한다면, 하나님은 마지막 날에 죄인들을 정죄하시는 것이 정당하시다. 그들은 진노를 받아 마땅하며, 따라서 그들이 받아 마땅한 것을 베푸는 것은 부당한 것이 아니다. 악행자가 사형 받아 마땅하다면 재판관이 그를 유죄 판결하는 것은 잘못되지 않다.

사람을 영원한 하나님의 진노에 처하게 하는 죄가 얼마나 큰 악인가 보라. 당신은 그 발을 보고 사자를 알 수 있다. 당신은 죄가 가져다주는 진노와 저주로 죄가 그 어떠한 악인 것을 알 것이다. 사람이 처형받기 위해 형틀에 끌려가는 것을 볼 때 당신은 그가 그런 형벌을 받을 만한 무슨 중죄라도 지은 것이라고 단정한다. 이와 같이 사람이 하나님의 진노의 열대지대에 앉아서 불꽃 중에서 소리칠 때 당신은 "죄는 이 얼마나 무서운 악인가!"라고 말할 것임에 틀림없다. 지금 맹세하는 것이나, 또는 안식일을 범하는 데 악을 볼 줄 모르는 사람들은 지옥 고통의 안경으로 보면 검게 보인다는 것을 알게 될 것이다.

여기 벽에 적혀 있는 필적을 보라. 이것은 죄인의 환락을 억제할 것이다. 그는 지금 원기 있고 유쾌하다. 그는 비올라의 소리에 맞추어 읊조리며 악기를 발명한다(암 6:5). 그는 "훔친 물"을 마시며 "물이 달다"라고 말한다. 그러나 하나님의 진노와 저주가 그에게 임박해 있어서 만일 그가 회개하지 아니하면 이것이 즉시 그에게 집행될 것이라는 것을 그는 기억할지어다. 디오니우스는 식탁에 앉았을 때 시퍼런 칼날이 그의 머리 위에 임박해 있는 것을 보게 된다고 생각하였다. 그러나 하나님의 공의의 칼날은 죄인 위에 임박해 있어서 생명의 가느다란 실이 끊어질 때에는 그 칼날이 그 사람 위에 떨어진다. "청년이여 네 어린 때를 즐거워하며 네 청년의 날을 마음에 기뻐하여… 그러나 하나님이 이 모든 일로 인하여 너를 심판하실 줄 알라"(전 11:9)고 하였다. 한 방울의 쾌락 때문에 그대는 진노의 바닷물을 마시지 않으면 안 된다. 당신의 쾌락은 진노가 쓴 것만큼 달 수는 없다. 육체의 즐거움은 양심의 공포를 상쇄하지 못한다. 하나님의 진노로 쏘이는 것보다 마귀의 단 꿀이 없는 것이 더 낫다. 쾌락을 의미하는 에덴동산은 그 동쪽 끝에 화염검을 설치해 놓았다(창 3:24). 육체적이며 죄스러운 즐거움의 동산은 하나님의 진노의 화염검으로 둘러싸여 있다.

적용 2 응분의 하나님의 저주와 진노로도 더 이상 돌이킬 줄 모르는 죄인들의 우매성은 책망받는다. "마음에 생각도 없고"(사 44:19)라고 하였다. 만일 그들이 빚을 지고 고등변호사가 그들을 체포하려고 한다면 그들은 그로 인해 영향을 받을 것이다. 그러나 맹렬한 하나님의 진노가 그들을 사로잡게 된다 할지라도 이것을 기억하지 않는다. 짐승은 부끄러움을 모른다 할지라도 두려움은 가지고 있다. 그것은 불을 무서워하는 것이다. 죄인들은 짐승만도 못하니 "지옥의 불"에 들어가기 전에는 무서워하지 않는 것이다. 대부분 그들의 양심들은 잠자고 있거나 마비되어 있다. 하나님의 진노의 대접들이 쏟아지는 것을 볼 때에는 그들은 부자들처럼 소리칠 것이다. "내가 이 불꽃 가운데서 고민하나이다"(눅 16:24)라고 하였다.

적용 3 그동안 우리에게 이런 진노와 저주를 붓지 않으신 하나님의 참으심을 경애하자. 우리는 진노를 받아 마땅하였으나 그래도 하나님은 우리에게 보응하시지 않으셨다. 우리는 시편 103:8의 "여호와는…노하기를 더디하시며"와 10절의 "우리의 죄악을 따라 갚지 아니하셨으니"에 수긍할 수 있다. 하나님은 그의 진노를 연기하셔서 우리에게 회개할 여유를 주셨다(계 2:21). 그는 빚 갚기를 요구하여 지불할 시간의 여유를 주지 않는 성급한 채권자 같지 않으시다. 그는 살인적 사격을 하시지 않기 위해서 경고 사격을 하신다. "오직 너희를 대하여 오래 참으사 아무도 멸망치 않고"(벧후 3:9)라고 하였다. 순회재판을 연기하셔서 혹시 죄인들이 돌이키는가 보신다. 그의 진노의 폭풍을 막으시는 것이다. 그러나 만일 사람들이 경고를 받지 않으려 하거든 그들은 오래 참으심이 사유하심이 아닌 줄 알라.

우리가 받아 마땅한 진노를 방지하기 위하여 노력하자. 사람들은 빈곤이나 망신을 방지하기 위하여 얼마나 주의하는가! 오! 하나님의 영원한 진노를 방지하기 위하여 그것이 연기될 뿐만 아니라 재거되도록 노력하자. 우리는 장차 올 진노를 방지하고 피하기 위해서 어떻게 해야 할 것인가?

예수 그리스도에 관해서 관심을 가짐으로써 한다. 그리스도는 우리와 하나님의 진노 사이에 서있는 유일한 장벽이다. 그는 자기를 믿는 사람들이 결코 하나님의 진노를 당하지 않게 하기 위하여 하나님의 진노를 당하셨다. "이는 장래 노하심에서 우리를 건지시는 예수시니라"(살전 1:10)라고 하였다. 느부갓네살의 불타는 용광로는 하나님의 진노의 예표였는데 그 용광로는 세 친구의 옷을 그을리지도 않았고 "불 탄 냄새도 없었더라"(단 3:27)라고 하였다. 예수 그리스도께서 그의 아버지의 진노의 용광로 속에 들어 가셨기에 지옥 불의 냄새가 그를 믿는 자들에게 결코 임하지 아니할 것이다.

또한 우리가 만일 하나님의 진노를 방지하고자 한다면 그것을 격동시킬 죄들을 조심하자. 안셀름의 후계자 에드문트는 "하나님을 대적하여 고의로 죄를 짓기보다는 차라리 용광로 불 속으로 들어가겠다"라고 말하였다. 하나님의 진노의 불을 격동시킬 우리가 조심해야 할 몇 가지 불같은 죄들이 있다. 성급한 분노의 불이다. 경건심을 공언하는 어떤 사람들이 그들의 혀를 재갈 먹이지 못한다. 그들은 자기들의 분노 중에 무엇을 말하는지를 개의치 않는다. 그들은 심지어 그들의 격분까지도 저주할 것이다. 야고보는 말하기를 "혀는…그 사르는 것이 지옥 불에서 나느니라"(눅 3:6)라고 하였다. 오! "불같은 혀"가 당신을 "불같은 고통" 속으로 끌고 갈까 조심하라. 부자는 자기의 혀를 식힐 물 한 방울을 구걸하였나. 퀴프리안은 말하기를 지기의 혀로 가장 많이 과오를 저질렀으며 그 대부분이 불을 일으켰다고 한다. 악의는 적의에 찬 심경으로서 다른 사람들에게 재앙이 닥치기를 소원한다. 이것은 피를 빨아먹고 사는 해충이다. 이것은 복수만을 꾀한다. 칼리굴라 황제는 자기에게 악의를 품고 있는 사람들을 죽일 치명적인 독약을 보관하고 있는 큰 괴를 가지고 있었다. 악의의 불은 사람들을 하나님의 진노의 불붙는 용광로로 데리고 간다. 음란의 죄를 조심하라. "음행하는 자들과 간음하는 자들을 하나님이 심판하시리라"(히 13:4)고 하였다. 음란에 불타고 있는 그런 자들은 어느 날엔가 지옥에서 불 탈 큰 위험 속에 빠져 있다. 한 가지 불로 하여금 다른 불을 꺼버리게 하라. 하나님의 진노의 불로 하여금 색욕의 불을 끄게 하라.

　당신이 지금까지 마땅히 받아야 했었던 이 진노를 당하지 않게 될 것이라는 근거 충분한 소망을 가지고 있는 당신에게 권면하노니 이 어마어마한 진노로부터 당신을 구원할 그의 아들을 주신 하나님께 참으로 감사하라. 예수께서 닥쳐올 진노에서 구출하셨다. 하나님의 어린양은 당신을 위하여 하나님의 진노의 불 속에서 태움을 입었다. 그리스도께서는 그대들이 마땅히 받았어야 할 진노를 피하게 하기 위하여 마땅히 받지 않아야 할 진노를 당하셨다. 플리너는 말하기를 불을 끄는 데는 피보다 더 좋은 것이 없다고 한다. 그리스도의 피는 당신을 위하여 하나님의 진노의 불을 꺼주셨다. 리브가는 "너의 저주는 내게로 돌리리니"라고 야곱에게 말하였다(창 27:13). 이와 같이 그리스도께서는 하나님의 공의를 향하여 "그 저주는 내게로 돌리어 나의 택한 자가 축복을 상속받게 하라"고 말씀하셨다. 당신은 견디는 모든 고난 가운데서 인내하라. 고난은 매섭지만, 이것은 진노도 아니고 지옥도 아니다. 정죄의 잔을 결코 마시지 않을 것이라는 것을 알고 있는 사람치고 누군들 고난의 잔을 기꺼이 마시려 하지 않겠는가? 하나님의 진노를 결코 당하지 않을 줄 알고 있는 사람치고 누군들 인간의 노여움을 기꺼이 견디려 하지 않겠는가? 그리스도인이여, 비록 그대는 매를 맞을지언정 피비린내 나는 도끼는 결코 당하지 않을 것이다. 어거스틴은 이렇게 말한 적이 있다. "죄가 용서받는다면, 주여! 당신이 원하시는 곳을 치소서." 이와 같이 말하라. "내가 장차 올 진노를 피할 것을 볼진대, 주여! 이생에서 당신이 원하시는 대로 나를 괴롭게 하소서."

제4장 구원의 길

1. 믿음

1) 우리가 우리의 죄 때문에 응당 받아야 할 하나님의 진노와 저주를 피하기 위하여 하나님은 우리에게 무엇을 요구하시는가?

그리스도께서 구속의 은총을 우리에게 전달해 주시는 바 모든 외적 수단을 늘 부지런히 사용하는 것과 더불어 예수 그리스도를 믿는 것과 생명에 이르는 회개이다.

필자는 먼저 예수 그리스도께 대한 믿음부터 시작하겠다. "이 예수를 하나님이 그의 피로 인하여 믿음으로 말미암는 화목제물로 세우셨으니"(롬 3:25)라고 하였다. 본문에 나와 있는 그 커다란 특권은 그리스도를 화목제물로 소유하는 것이다. 이것은 우리를 하나님의 진노로부터 자유하게 하는 것일 뿐만 아니라 우리를 그의 사랑과 은총 속으로 영접받게 하는 것이다. 그리스도를 우리의 화목제물이 되시도록 소유하는 방도는 "그의 피를 믿음"이다. 두 가지 믿음이 있는데 하나는 '믿어지는 믿음'(*Fides quae creditor*). 즉 "믿음의 교리"이며 또 하나는 '인하여 믿어지는 믿음'(*Fides qua creditor*). 즉 "믿음의 은혜"이다. 의롭다 하시는 믿음의 행위는 의지하는 데 있다. 우리는 구원을 위하여 오직 그리스도에게만 의지하는 것이다. 물에 익사 직전에 있는 사람이 나뭇가지라도 붙들려고 하는 것과 같이 가련한 떠는 죄인도 자기가 곧 멸망할 것을 알고 그리스도께 대한 믿음으로 말미암아 생명의 나무를 붙들고 구원을 얻는다. 믿음의 역사는 성령으로 말미암는다. 그러므로 믿음은 "성령의 열매"(갈 5:21)라고 일컫는다. 믿음은 자연 속에서 자라지 않으니 이것은 이국풍의 나무, 즉 성령의 열매다. 이 믿음의 은혜는 '인간의 마음속에 있는 가장 거룩한 선이다'(sanctissimum humani pectoris bonum). 다른 모든 것들보다 가장 보배로운 부요한 믿음, 가장 거룩한 믿음, 그리고 하나님의 택하신 자의 믿음이다. 그런고로 이것은 "보배로운 믿음"(벧후 1:1)이라고 일컬어진다. 금이 금속들 중에서 가장 보배로운 것처럼 은혜들 중에서 믿음이 또한 그렇다.

믿음은 은혜들 중의 여왕이며 이것은 복음의 조건이다. "네 믿음이 너를 구원하였으니"라고 하였지, 네 눈물이 구원하였다고 하지 않았다(눅 7:50). 믿음은 영혼에 생기를 불어넣는 "영혼의 생명력 있는 동맥"이다. "의인은 그 믿음으로 말미암아 살리라"(합 2:4)라고 하였다. 비록 불신자들은 호흡을 하지만 생명은 없다. 믿음은 클레멘스 알렉산드리누스가 말하듯이 모성적 은혜이다. 즉 그것은 모든 은혜들을 자극시키고 고무시키니 믿음이 역사하게 하기 전에는 한 은혜도 움직이지 않는다. 믿음은 회개를 역사하게 한다. 이것은 정지한 것에 대하여 불과 같으며 이것은 소망으로 하여금 역사하게 한다. 먼저 우리는 약속을 믿으며 그런 다음 이것에 대한 소망을 갖는다. 만일 믿음이 소망의 등잔에 기름을 치지 않는다면 등불은 곧 꺼질 것이다. 믿음은 사랑으로 하여금 역사하게 한다. "사랑으로써 역사하는 믿음"(갈 5:6)이라고 하였다. 누가 그리스도의 무한한 공로를 믿으면서 그의 마음이 사랑의 불수레를 타고 승천하지 않을 수 있는가?

믿음은 만병통치약, 또는 모든 우환을 고치는 치료제이다. 이것은 우리를 절망 속에 빠지지 않도록 지키기 위하여 하나님의 긍휼의 바다 속에 던져 넣은 비상용 닻줄이다. 다른 은혜들도 훌륭하게 일을 하였다. 그런데 오! 믿음이여, 그대는 그들 모든 것 중에 뛰어나다. 하늘나라에서는 사랑이 주된 은혜가 될 것이다. 그러나 우리가 여기 있는 동안은 사랑은 믿음에게 자리를 양보하지 않으면 안 된다. 사랑은 영광을 점령하나, 믿음은 그것에게 자격을 부여한다. 사랑은 하늘에서 정상에 오르는 은혜이지만, 믿음은 땅 위에서 정복하는 은혜이다. "세상을 이긴 이김은 이것이 너 우리의 믿음이니라"(요일 5:4)라고 하였다. 믿음은 다른 모든 은혜들로부터 승리의 영광을 가져가 버린다. 다른 은혜들은 우리를 성화시키는 데 도움이 되지만 오직 믿음만이 우리를 의롭다 하는 영광을 차지한다. "믿음으로 의롭다 하심을 얻었은즉"(롬 5:1)이라고 하였다.

2) 어떻게 해서 믿음이 그토록 보배롭다 하는가?

이것이 다른 은혜들보다 더 거룩한 성질을 가졌다거나 더욱 훌륭한 가치를 가졌다는 것이 아니라 '그 대상에서'(respectu objecti) 그렇다는 것이다. 즉 "그것은 축복의 대상이신 그리스도를 꼭 붙들고" 그의 충만한 중에 가져오기 때문이다(요 9:36). 믿음은 그 자체만을 생각해 볼 때 '거지의 손'(manus mendica)에 지나지 않는다. 그러나 이 손이 그리스도의 공로의 풍성한 자선금을 받아들이기 때문에 이것은 보배로우며 나머지 은혜들에 대한 우월성에 도전한다.

적용 1 모든 죄 중에서 불신앙의 바위를 조심하라. "혹 너희 중에 누가 믿지 아니하는 악심을 품고…떨어질까 염려할 것이요"(히 3:12)라고 하였다. 사람들은 자기들이 술주정꾼이나 맹세하는 자가 아닌 한에는 불신자가 되는 것이 별 문제가 아니라고 생각한다. 불신앙은 복음적인 죄로서 당신의 다른 죄들을 철저히 물들인다. 이러한 불신앙의 특징을 살펴보면 다음과 같다.

불신앙은 그리스도를 욕되게 하는 죄이다.
이것은 그리스도의 무한한 공로를 마치 이것이 구원할 수 없는 양 헐뜯는 것이다. 이것은 죄의 상처를 그리스도의 피의 연고보다 더 넓게 만든다. 이것은 그리스도에게 보내는 가장 큰 멸시이며 유대인들이 그의 옆구리에 찔렀던 것보다 더 깊은 창상이다.

불신앙은 감사치 않는 죄이다.

'감사치 않는 것은 무서운 범죄처럼 피할 것이니 이 세상 자체도 그보다 더 가증한 것을 만들어내는 일이 전혀 없다'(Ingratus vitandus est ut dirum scelus, tellus ipsa foedius nihil creat). 배은망덕은 괴물적인 사악이며, 불신앙은 지극히 풍성한 긍휼에 대한 배은망덕이다. 한 임금이 한 사람의 포로를 속량하기 위하여 자기의 금관을 남에게 넘겨주고, 이렇게 한 후 그 속량받은 사람에게 말하기를, "나의 친절의 대가로 내가 네게 바라는 모든 것은 내가 너를 사랑한다는 것을 믿어주는 것이다"라고 하였다고 하자. 만일 그 사람이 말하기를 "아니요. 나는 그 따위 것은 믿지도 않고 또 당신이 나를 사랑한다는 것도 믿지 않습니다"라고 한다면 이런 것이 괘씸한 배은망덕이 아닌지 당신에게 호소하고 싶다. 여기서도 마찬가지 경우이다. 하나님은 그의 아들을 보내사 피를 흘려주셨다. 그는 다만 우리를 구원할 수 있고 구원하시기를 기뻐하시며, 우리에게 그를 믿을 것을 요구하신다. 그런데 불신앙은 "아니다. 그의 피는 나를 위해 흘리지 않았고 그리스도께서 나에게 어떤 사랑의 목적을 가지셨다고 믿을 수 없다"라고 한다면 이것은 가중한 배은망덕이 아닌가? 이것은 죄를 가중시켜 주홍빛으로 물들인다.

불신앙은 주도적인 죄이다.

이것은 죄의 사육자이다. '악한 생활의 근성은 그 기원을 불신앙에서 취한다'(Qualitas malae vitae initium summit ab infidelitate). 즉 악한 생활은 불신앙을 출발점으로 삼는다. 불신앙은 근원적인 죄이며 마귀는 이 죄의 뿌리에 애써 물을 줌으로써 가지들이 열매를 잘 맺도록 한다. 불신앙은 완악한 마음을 길러준다. 그래서 이들은 함께 취급되었다(막 16:14). 그리스도께서는 사람들의 불신앙과 마음의 완악함을 꾸짖으셨다. 불신앙은 마음의 돌덩이를 길러준다. 그리스도를 믿지 않는 사람은 그의 고난에도 감동받지 않으며 사랑의 눈물 가운데 녹아지지 않는다. 불신앙은 마음을 얼어 붙인다. 먼저 그것은 더럽히고 그 다음에는 완악하게 한다. 불신앙은 불경죄를 사육한다. 불신자는 무슨 죄든지 주저하지 않을 것이다. 거짓 저울추에도 그렇고 거짓 맹세에도 그렇다. 그는 반역죄도 꿀꺽 삼킨다. 유다는 맨 먼저 불신자였다가 그 다음에는 반역자가 되었다(요 6:64). 그 마음속에 믿음이 없는 사람은 그의 목전에서 하나님을 두려워함이 없을 것이다.

불신앙은 진노에 이르는 죄이다.
'이것은 구원의 원수다'(inimica salutis–Bernard, 요 3:18). '그는 이미 정죄를 받았으니'(Jam condemnatus est). 이런 상태로 죽어갈 때 그는 마치 이미 그렇게 정죄당한 것과 똑같이 정죄당할 것이 틀림없다. "아들을 믿는 자는 영생이 있고 아들을 순종치 아니하는 자는 영생을 보지 못하고 도리어 하나님의 진노가 그 위에 머물러 있느니라"(요 3:36)고 하였다. 어린양의 피를 믿지 아니하는 자는 어린양의 진노를 통감할 것이 틀림없다. 그리스도를 믿지 않는 이방인들이나 그리스도를 훼방하는 유대인들이나 다 똑같이 정죄당할 것이다. 그리고 만일 불신앙이 그토록 무섭고 가증한 죄라면 우리는 불신앙 안에서 살기를 두려워하지 않겠는가?

적용 2 무엇보다도 은혜는 믿음으로 하여금 그리스도에게 역사하도록 한다. "이는 저를 믿는 자마다 영생을 얻게 하려 하심이니라"(요 3:15)고 하였고, "모든 것 위에 믿음의 방패를 가지고"(엡 6:16)라고 하였다. 에스더 왕비처럼 "왕에게 나아가리니 죽으면 죽으리이다"라고 말하라. 그녀는 자기를 격려해 주는 것이 아무것도 없었다. 그녀는 법을 무릅쓰고 나갔지만, 금홀은 그녀를 향해 내밀어졌다. 우리는 우리의 믿음을 북돋아주는 약속을 받았다. "내게 오는 자는 내가 결코 내어쫓지 아니하리라"(요 6:37)고 하였다. 그렇다면 우리는 그리스도의 공로에 거룩히 의지함으로써 믿음을 향상시키자. 그리스도의 피는 믿음이 없이는 의롭다 해주시지 않을 것이다. 그래서 이 둘은 성경 본문에 같이 따라다닌다. "그의 피를 믿음"이다. 그리스도를 믿음이 없이는 하나님의 피도 구원하지 못한다. 그리스도의 고난은 죄로 병든 영혼을 치료하는 고약이지만, 이 고약도 믿음으로 발라야 한다. 부자의 손에 있는 돈이 아무리 우리에게 제공된다 하더라도 우리가 그것을 받지 아니 한다면 우리를 부요하게 하지 못한다. 이와 같이 그리스도의 덕, 또는 은택도 우리가 그것들을 믿음의 손으로 받아들이지 않는다면 우리에게 아무 유익이 되진 못한다. 무엇보다도 은혜는 믿음으로 하여금 역사하게 한다. 하나님께 가장 합당한 것은 반드시 믿음이다.

믿음은 하나님을 높이는 은혜이다.
이것은 하나님을 영화롭게 한다. 아브라함도 "믿음에 견고하여져서 하나님께 영광을 돌리며"(롬 4:20)라고 하였다. 우리에게 죄가 있는 것보다 하나님께 더 많은 긍휼과 그리스도께 더 많은 공로가 있다는 것을 믿는 것, 그리고 그리스도께서 모든 율법의 요구를 만족시키셨으며, 그리고 그의 피가 우리를 위하여 완전 속죄하셨다는 것을 믿는 것은 하나님을 지극히 존귀케 하는 것이다. 중보자를 믿는 것은 순교나 가장 영웅적인 순종의 행동보다도 더 하나님께 영광을 돌린다.

그리스도께 대한 믿음은 자신을 부인하는 은혜이기 때문에 하나님께 합당하다.
이 믿음은 사람으로 하여금 자기 자신을 떠나서 모든 자기 의(self-righteousness)를 버리고 의롭다 하심을 위하여 그리스도께 온전히 의지하게 한다. 이것은 대단히 겸손하며 자기 자신의 빈곤을 고백하고 완전히 그리스도께 의지하여 산다. 벌이 꽃으로부터 단맛을 빨아들이듯이 믿음은 그리스도로부터 모든 능력과 위로를 빨아들인다.

믿음으로 우리는 하나님이 가장 기뻐하시는 의를 그에게 드리기 때문이다.
우리는 하나님의 의라고 불리는 그리스도의 의를 법정으로 가지고 간다(고후 5:21). 그리스도의 의를 가지고 가는 것은 베냐민을 우리와 함께 데리고 가는 것이다. 신자는 말할 수 있다. 주여! 내가 당신 앞에 가지고 가는 것은 아담이나 천사들의 의가 아니오며 다만 신이시며 인간이신 그리스도의 의로소이다. 주님은 그리스도의 의에서 아름다운 향취를 맡으실 수밖에 없다.

적용 3 우리는 우리의 믿음을 시험해 보자. 믿음같이 보이면서도 실상은 아닌 것이 있다. 플리니는 말하기를 빛깔이 다이아몬드 같은 사이프러스 돌이 있다고 한다. 그러나 그것은 진짜 다이아몬드는 아니다. 이와 같이 세상에는 가짜 믿음이 있다. 어떤 식물들은 다른 식물과 똑같은 잎을 가졌지만, 약초 장수는 뿌리와 맛을 가지고 그것들을 구별할 수 있다. 이와 같이 어떤 것은 참 믿음 같이 보이는 수가 있지만 몇 가지 방법으로 이것을 구별해 낼 수 있다.

참 믿음은 지식에 기초를 두고 있다.

지식은 믿음 앞에서 횃불을 비춰준다. 그리스도의 아름다운 탁월성을 나타내는 지식이 있다(빌 3:8). 그는 모든 사랑과 아름다움으로 구성되어 있다. 참 믿음은 현명한 지적인 은혜이며 이것은 누구를 믿어야 할지, 그리고 왜 믿는지를 안다. 믿음은 의지에 자리 잡고 있음과 똑같이 이해력에도 자리 잡고 있다. 그것은 그리스도에게로 날아갈 날개를 가지고 있음과 똑같이 그리스도를 볼 눈을 가지고 있다. 그러므로 무지에 휩싸여 있거나 교회가 믿는 바와 같은 맹신만을 가진 사람들은 참되고 진정한 믿음을 갖지 못한 것이다.

믿음은 상한 마음을 가지고 산다.

"그 아이의 아비가 소리를 질러 가로되 내가 믿나이다"(막 9:24)라고 하였다. 참 믿음은 항상 죄로 멍든 마음을 가지고 있다. 그러므로 죄 때문에 절대로 손상받아 보지 못한 마음을 가진 사람들은 믿음이 없다. 만일 의사가 우리에게 말하기를 모든 전염병을 방지해 줄 약초가 있는데 이것이 항상 물가에서 자란다고 하자. 만일 우리가 색깔이나 잎이나 냄새나 꽃이 그것과 같은 식물을 보았는데 그것이 바위에서 자라고 있다고 한다면 우리는 그것이 진짜 약초가 아니라고 결론지을 것이다. 이와 같이 구원받은 신앙은 항상 죄로 인하여 겸손해진 마음, 눈물 흘리는 눈과 눈물어린 양심 속에서 성장한다. 그러므로 만일 믿음의 외형은 있지만 이것이 회개할 줄 모르는 완악한 마음의 바위 위에서 자라난다면 이것은 참 믿음이 아니다.

참 믿음은 처음에는 싹에 지나지 않아 미미하고 작다.
이것은 의심과 시험과 두려움으로 가득 차 있다. 이것은 연약 가운데서 시작한다. 이것은 꺼져가는 심지와 같다(마 12:20). 이것은 욕망으로 연기를 피우지만 위안으로 불타지 않는다. 이것은 처음에는 너무 작아서 좀처럼 식별할 수도 없다. 단숨에 그리스도는 자기들의 것이라고 강한 신념을 갖는 사람들, 죄에서 나와 확신 속으로 뛰어오르는 사람들은 거짓되고 사이비적인 믿음을 가진 것이다. 그 태어나는 날에 그 충만한 키에 도달하는 믿음은 괴물이다. 갑자기 돋아난 씨는 말랐다(마 13:5-6).

믿음은 세련시키는 은혜이다.
즉 성별시키고 정화시킨다. 윤리적 덕성은 겉을 씻고 믿음은 안을 씻는다. "믿음으로 저희 마음을 깨끗이 하사"(행 15:9)라고 하였다. 믿음은 마음으로 하여금 "주님께 성결"이란 제명을 가진 성전이 되게 한다. 그 마음속에 수많은 육욕이 자리 잡고 있는 사람들은 결단코 참 믿음을 알지 못하였다. 어떤 사람이 믿음을 가졌노라고 말하면서도 아직도 죄 가운데서 산다는 것은 마치 어떤 사람이 그의 생명력이 소멸되면서도 건강하다고 말하는 것과 같다. 믿음은 순결한 은혜일지라. 이것은 성스러움과 연결되어 있다. "깨끗한 양심에 믿음의 비밀을 가진 자라야 할지니"(딤전 3:9)라고 하였다. 믿음의 보석은 항상 순수한 양심의 장 속에 넣어둔다. 믿음으로 그리스도를 만졌던 그 여인은 그로부터 나음과 정결케 되는 효력을 얻어냈다.

참 믿음은 순종한다.
"믿어 순종케"(롬 16:26)라고 하였다. 믿음은 우리의 의지를 녹여서 하나님의 의지로 화하게 한다. 만일 하나님이 의무를 명하신다면 혈과 육에는 십자가가 된다 하더라도 믿음은 순종한다. "믿음으로 아브라함은…순종하여"(히 11:8)라고 하였다. 믿음은 약속을 믿을 뿐만 아니라 또 명령을 순종한다. 당신이 신자임을 입증해 주는 것은 사색적 지식을 갖고 있다는 것이 아니다. 마귀도 지식을 가지고 있다. 그러나 마귀로 하여금 마귀 되게 하는 것은 그가 순종하지 않는다는 것이다.

참 믿음은 증진한다.
"믿음으로 믿음에 이르게 하나니." 즉 한 등급의 믿음에서 또 다른 등급으로이다(롬 1:17). 믿음이 마음속에 있는 것은 돌이 혼속에 있는 것과 같지 않고 자라나는 씨와 같다. 아리마대 요셉은 그리스도의 제자였으나 그리스도를 고백하기를 두려워하였다. 그 후에는 그는 담대하게 빌라도에게 가서 예수님의 시체를 요구했다(요 19:38). 그리스도인의 믿음의 증진은 두 가지 방법으로 알려진다.

첫째, 확고부동(steadfastness)으로 안다.
그는 하나님의 전의 기둥이요 "그 안에 뿌리를 박으며 세움을 입어…믿음에 굳게 서서"(골 2:7)라고 하였다. 불신자들은 종교에 있어서는 회의주의자들이다. 그들은 안정되어 있지 않아서 모든 진리를 의문시한다. 그러나 증진하는 쪽에 믿음이 있을 때 이것은 '영을 확고하게 함'(*stabilire animus*) 그리스도인을 확실하게 한다. 그는 자기의 원칙을 증명할 수 있다. 그는 그가 위하여 죽으려 하는 것 이상을 주장하지 않는다. 저 순교한 여인이 "나는 그리스도를 위하여 논쟁하지는 못하나 그를 위하여 불탈 수는 있다"라고 말한 것과 같다. 증진하는 믿음은 바다 가운데 디서 요동하며 물결 따라 흔들리는 배와 같지 않고 확고하고 부동한 정박해 있는 배와 같다.

둘째, 힘(strength)으로 안다.
전에 할 수 없었던 것을 이제는 할 수 있다. 사람이 어른으로 성장하면 아이였을 때 할 수 없었던 것들을 할 수 있게 된다. 그는 더 무거운 짐을 운반할 수 있는 것이다. 이와 같이 성장하는 그리스도인은 더 큰 인내심을 가지고 십자가를 질 수 있다.

그러나 나는 믿음이 너무 약하니 믿음이 없는 것이 아닌가? 만일 당신이 믿음이 있다면 믿음이 아무리 어리더라도 낙심하지 말라. 왜냐하면 적은 믿음도 믿음인 것은 하나의 불티도 불인 것과 같기 때문이다. 또 약한 믿음도 강하신 그리스도를 붙잡을 수 있기 때문이다. 이것은 약한 손도 강한 손과 마찬가지로 결혼의 매듭을 지을 수 있는 것과 같다. 복음서에 보면 그리스도를 만지기만 한 여자도 그에게서 효력을 얻어냈다. 믿음이 어리더라도 낙심하지 말아야 할 또 다른 이유는 약속들은 강한 믿음에게만 주어진 것이 아니고 참 믿음에게 주어진 것이기 때문이다. 약속들은 거대한 믿음을 가진 자, 찌푸린 얼굴로도 하나님의 사랑을 믿을 수 있는 자, 고난 중에 기뻐할 수 있는 자, 기사를 행할 수 있는 자가 산을 옮기고 사자의 입을 막고 구원을 얻을 것이라고 말씀하지 않고 다만 믿는 자가 아무리 그의 믿음이 적다 하더라도 이런 것을 한다고 말씀한다. 갈대는 약하기만 하고 특히 상했을 때 그렇다. 그래도 약속은 이 갈대에게 주어졌다. "상한 갈대를 꺾지 아니하며"(마 12:20)라고 하였다. 약한 믿음도 열매가 풍성할 수 있다. 가장 약한 것들이 가장 잘 번식한다. 포도나무는 약한 식물이지만 열매가 잘 맺힌다. 죽기 직전 회심했던 십자가에 달린 강도는 은혜에서는 약하기 짝이 없었다. 그러나 얼마나 많은 귀한 포도송이가 그 연약한 나무에서 자라났던가! 그는 그의 동료 도적을 나무랐다. "네가 하나님을 두려워 아니하느냐"(눅 23:40)라고 하였다. 그는 자기 자신을 심판하여 "우리는 상당한 보응을 받는 것이다"라고 하였다. 그가 "주여"라고 말했을 때 그리스도를 믿은 것이었다. 그는 하늘나라의 기도를 하여 말하기를 "당신의 나라에 임하실 때에 나를 생각하소서"라고 하였다. 약한 그리스도인들도 강한 애정을 가질 수 있다. 처음 믿음이 심겨진 후에 처음 사랑이야말로 얼마나 강한가! 끝으로 가장 약한 신자도 가장 강한 신자와 마찬가지로 그리스도의 지체이므로 우리는 낙심할 필요가 없다. 가장 약한 신비적인 몸의 지체도 망하지 않을 것이다. 그리스도께서는 썩은 지체들을 잘라버릴 것이나 약한 지체들은 잘라버리지 않을 것이다. 그러므로 그리스도인이여, 낙심하지 말라. 믿음에 연약한 자들을 우리가 용납하기를 원하시는 하나님께서 친히 그 연약한 자들을 거절치 아니하시리라(롬 14:1).

2. 회개

 "그러면 하나님께서 이방인에게도 생명 얻는 회개를 주셨도다"
(행 11:18).

회개는 먹기에 쓴 약같이 보이지만, 죄의 악한 기질을 씻어버리는 것이다. 어떤 무율법주의 인물들에 의하여 이것은 율법적 교리라고 헐뜯음을 당하지만, 그리스도께서 친히 이것을 설교하셨다. "이때부터 예수께서 비로소 전파하여 가라사대 회개하라"(마 4:17)라고 하셨다. 예수님은 승천하실 때 그의 마지막 작별에서 "또 그의 이름으로 죄사함을 얻게 하는 회개가…전파될 것이"(눅 24:47)라고 하셨다. 회개는 순수한 복음적 은혜이다. 행위 언약은 회개를 용납지 않을 것이다. 이 언약은 완전하고 인격적인 순종을 이행하지 못한 모든 사람을 저주하였다(갈 3:10). 회개는 복음에 의하여 들어왔다. 회개하는 죄인들이 구원을 받는다는 것은 그리스도의 대속의 열매이다. 이것은 복음의 사역에 의하여 우리 눈앞에 십자가에 못박히신 그리스도를 보여줌으로써 이행된다. 이것은 임의적이 아니지만 필수적이다. 이것 없이는 구원받을 수 없다. "너희도 만일 회개치 아니하면 다 이와 같이 망하리라"(눅 13:3)라고 하였다. 파선당한 후에도 이런 널빤지를 우리에게 남겨주신 하나님께 우리는 감사할 일이다.

1) 가짜 회개

(1) 타고난 영적 부드러움과 유연함

어떤 사람들은 체질적으로 나타나는 부드러운 감정을 가지고 있어서 가엾은 대상을 볼 때 울고 동정하기 쉽게 된다. 그러나 이것들은 회개하는 눈물이 아니다. 왜냐하면 많은 사람들이 다른 사람의 불행을 보고 울면서도 자기 자신들의 죄에 대하여는 울지 못하는 것이다.

(2) 율법적 공포

죄의 생애를 살아왔던 사람이 마지막에 민감하게 되면서 지옥이 그를 즉시 삼키려 하는 것을 보게 되고 번뇌와 공포로 가득 차게 된다. 그러나 조금 후에 양심의 폭풍은 멎고 그는 평온해진다. 그 때 그는 어떤 죄의 쓰라림을 느꼈기 때문에 자기가 참다운 참회자라고 결론을 내리지만 이것은 회개가 아니다. 유다도 어떤 마음의 괴로움을 가졌었다. 만일 번뇌와 괴로움이 회개를 위하여 충족하다면 저주받은 자가 가장 참회자일 것이다. 왜냐하면 그들은 마음의 고통이 가장 크기 때문이다. 하나님을 거스른 죄에 대하여 슬퍼함이 없는 곳에도 마음의 괴로움이 있을 수 있다.

(3) 가벼운 피상적 슬픔

아프거나 불구일 때처럼 하나님의 손길이 사람을 짓누를 때, 그 사람은 탄식이나 눈물을 쏟기 쉽고 "주여! 긍휼히 여기소서"라고 말할 수 있다. 그러나 이것은 참다운 회개가 아니다. 아합은 이 모든 것보다도 더 많이 하였다. 그는 그는 "그 옷을 찢고 굵은 베로 몸을 동이고 금식하고 굵은 베에 누우며 행보도 천천히 한지라"(왕상 21:27)고 하였다. 하지만 그는 옷은 찢었을지언정 그의 마음은 찢지 않았다. 눈에는 눈물이 어리면서도 마음은 부싯돌같이 단단할 수 있다. 살구는 겉은 부드러울지 모르지만 그 안에는 단단한 돌멩이를 가지고 있다.

(4) 마음속에서 일어나는 선한 의향

어떤 사람들은 생각하기를 만일 자기의 죄를 끊어버릴 의향이 마음속에 일어나고 종교적이 되는 것을 가리켜 회개라고 한다. 마귀가 경건한 사람의 마음속에 악한 의향을 일으킬 수 있는 것과 마찬가지로 하나님의 성령도 악한 자의 마음속에 선한 의향을 일으킬 수 있다. 헤롯은 세례 요한의 설교를 듣고 자기 속에 많은 선한 생각들과 성향들이 일어났었지만, 그는 참으로 회개하지 아니하였으니 이는 그가 아직도 근친간음죄 속에서 살고 있었기 때문이었다.

(5) 서원과 결심

얼마나 많은 사람들이 병상에서 하나님이 자기들을 회복시켜 주신다면 새 사람이 되겠다고 서원과 엄숙한 단언을 한 뒤에도 여전히 악하게 되는가! "네가 옛적부터 네 멍에를 꺾고 네 결박을 끊으며 말하기를 나는 순복지 아니하리라 하고 모든 산 위와 모든 푸른 나무 아래서 몸을 굽혀 행음하도다"(렘 2:20)라고 하였다.

(6) 어떤 큰 죄를 떠나는 것

사람은 어떤 죄들을 떠나면서도 다른 죄들을 간직하고 있을 수 있다. 헤롯은 잘못되었던 많은 것들을 개혁하였으나 그의 헤로디아는 버리지 못했다. 묵은 죄를 떠나서 새로운 죄를 용납할 수도 있다. 사람은 방탕과 낭비를 떠나면서도 탐욕스럽게 될 수가 있다. 이것은 단지 한 가지 죄를 다른 죄와 교환하는 것이다.

이런 것들이 가짜 회개이다. 이제 만일 당신의 회개가 가짜 회개라는 것을 알게 되고, 그리고 올바로 회개한 것이 아니라는 것을 알게 되었다면 당신이 모르고 한 것을 고치라. 몸속에서 만일 뼈가 잘못 맞추어졌다면 의사는 다시 이것을 떼어내서 올바로 맞추는 길밖에 다른 도리가 없는 것처럼 당신도 회개를 이와 같이 해야 한다. 만일 당신이 올바로 회개하지 않았다면 당신의 마음을 경건한 방식으로 다시 찢어야 되고 이전보다 더 깊이 죄로 인해 고민하여야 한다.

2) 회개의 방법

회개의 방법에는 두 가지가 있다. 그것은 굴복(humiliation)과 변화(transformation)이다.

(1) 굴복

"그 할례 받지 아니한 마음이 낮아져서"(레 26:41)라고 하였다. 스콜라 철학자들이 말하듯이 두 가지의 굴복, 또는 마음의 찢음이 있다. 첫째, 뉘우침이다. 바위가 산산이 깨어지는 때와 같다. 이것은 마음을 부수는 망치인 율법에 의해 된다. 둘째, 회오이다. 얼음이 녹아서 물이 되는 때와 같다. 이것은 마음을 녹이는 불과 같은 복음에 의해 된다. 오용된 애정의 의식(the sense of abused kindness)이 회오를 일으킨다.

(2) 변화

"마음을 새롭게 함으로 변화를 받아"(롬 12:2)라고 하였다. 회개는 전 인격에 변화를 역사한다. 포도주를 한 잔의 물에 탈 때 이것이 물의 각 부분에 확산되어서 그 빛깔과 맛을 변화시키듯이 참 회개는 한 부분에 머물러 있지 않고 스스로 모든 부분 속으로 확산되고 분포된다.

먼저, 회개는 마음에 변화를 일으킨다. 이전에는 사람이 죄를 매우 좋아하였고, 요나처럼 죄를 옹호하기 위해 "내가 성내어 죽기까지 할지라도 합당하니이다"(욘 4:9)라고 말하거나, 또한 맹세하거나 안식일을 범한 것이 잘한 것이라고 말하였다. 그가 참회하면 그의 판단력은 바뀌어서 죄를 최대의 악으로 간주한다. 회개에 대한 그리스어 단어는 뒤늦은 지혜(after-wisdom)를 나타낸다. 죄가 얼마나 추악하고 가증한 것인가를 알고 나서 우리의 마음을 바꿀 때를 말한다. 바울은 회심 전에는 예수님의 이름을 반대하는 많은 일을 해야 할 줄로 진정 생각하였다(행 26:9). 그러나 그가 참회하게 되었을 때 그는 다른 마음이었다. "또한 모든 것을 해로 여김은 내 주 그리스도 예수를 아는 지식이 가장 고상함을 인함이라"(빌 3:8)라고 하였다. 회개는 판단력의 변화를 일으킨다.

또한 회개는 정서를 변형시킨다. 회개는 의지를 사령관으로 하여 그 밑에서 움직이는 정서에 변화를 일으킨다. 죄를 기뻐하는 데서 죄를 슬퍼하는 데로 바꾼다. 죄에 담대한 것으로부터 거룩한 부끄러움으로 바꾼다. 이것은 죄를 사랑하는 데서 미워하는 것으로 바꾼다. 암논이 다말을 전에 사랑하였던 것보다 더 미워한 것처럼 (삼하 8:15), 참다운 참회자는 이전에 죄를 사랑하였던 때보다 더욱 미워한다. "모든 거짓 행위를 미워하나이다"(시 119:104)라고 하였다.

끝으로 회개는 생활에 변혁을 일으킨다. 비록 회개는 마음에서 시작되지만 이것을 거기에 머무르지 않고 생활 속으로 파고든다. 회개는 마음에서부터 시작한다. "예루살렘아 네 마음의 악을 씻어버리라"(렘 4:14)라고 하였다. 만일 샘물이 썩어 있다면 거기서 깨끗한 냇물이 흐를 수 없다. 그러나 비록 회개는 마음에서 시작되지만 거기에 그치지 않고 생활을 변혁시킨다. 회개는 바울 속에서 그 어떠한 변혁을 일으켰던가! 이것은 핍박자를 전파자로 변화시켰다. 이것은 간수에게 그 어떤 변화를 일으켰던가(행 16:33)! 그는 바울과 실라를 데려다가 그들의 채찍 맞은 자국을 것에 주고 그들 앞에 음식을 베풀어주었다. 회개는 막달라 마리아에게 그 어떠한 변화를 일으켰던가! 전에 음란한 포옹으로 그녀의 연인들을 입맞추었던 그녀가 이제는 그리스도의 발에 입을 맞춘다. 머리를 곱슬곱슬하게 지지고 값비싼 보석으로 단장하기를 잘 하던 그녀가 이제는 이것을 그리스도의 발을 씻기는 수건으로 삼는다. 육욕과 연인들을 유혹하는 불순한 눈빛으로 반짝거리던 그녀의 눈이 이제는 그녀의 구세주의 발을 씻기는 눈물의 샘이 된다. 헛되이, 그리고 주책없이 지껄이던 그녀의 혀도 이제는 하나님을 찬양하는 곡조에 맞춘 악기이다. 이런 생활의 변화는 두 가지 면을 가지고 있다.

첫째, '돌아서기'(*terminus aquo*)이다. 즉 죄를 끊어버리는 것이다. "공의를 행함으로 죄를 속하고"(단 4:27)라고 하였다. 이렇게 죄를 끊어버리는 것은 세 가시의 조건을 구비해야 한다. ① 이것은 보편적이어야 한다. 즉 모든 죄를 끊어버리는 것이다. 한 가지 병은 더 많은 병과 똑같이 죽일 수 있다. 한 가지 죄 속에서 사는 것은 여러 죄 속에서 사는 것과 똑같이 멸망케 할 수 있다. 참다운 참회자는 은밀하고 수지맞는 상습적 죄들을 끊어버린다. 그는 희생제사적 금욕의 칼을 취하여 그의 가장 소중한 육욕의 마음을 꿰뚫어 버린다. ② 죄를 끊어버리는 것은 진실해야 한다. 이것은 공포로부터 되어서는 안 되고 영적인 이유로 되어야 한다. 죄에 대한 반감과 혐오감, 그리고 하나님께 대한 사랑의 원리에서 되어야 한다. 만일 죄가 그런 악한 결과를 가져오지 않는다 하더라도 참다운 회개자는 하나님께 대한 사랑 때문에 이것을 버릴 것이다. 얼어붙은 물건들을 떼어놓는 최선의 길은 불에 의한다. 죄와 마음이 같이 얼어붙었을 때에는 그들을 갈라놓는 최선의 길은 사랑의 불에 의한다. 내가 은혜로우신 성부 하나님께 범죄하여 나를 용서하시는 그 사랑을 악용할 것인가? ③ 죄를 끊어 버리는 것은 영구적이어야 하며 절대로 죄와는 더 이상 상관하지 말아야 한다. "내가 다시 우상과 무슨 상관이 있으리요"(호 14:8)라고 하였다. 회개는 죽을 때까지 가야 할 영적 이혼이다.

둘째, '돌아가기'(terminus a quo)이다. 즉 주께 돌아가는 것을 동반한다. 이것을 "하나님께 대한 회개"(행 20:21)라고 부른다. 우리가 회개할 때 옛 죄들을 떠나는 것으로는 족하지 않다. 우리는 하나님 섬기는 일에 종사하지 않으면 안 된다. 바람이 서쪽을 떠나면 그 반대 방향으로 향하는 것과 같다. 회개하는 탕자는 창녀들에게서 떠났을 뿐만 아니라 일어나서 그의 아버지에게로 갔다(눅 15:18). 참다운 회개에서는 마음이 직접 하나님께로 향하는 것이 마치 나침판이 북극을 가리키는 것과 같다.

적용 우리 모두 이 회개의 대사업에 착수하자. 우리는 성실히, 그리고 신속히 회개하자. 우리의 모든 죄들, 우리의 교만, 성급한 분노, 그리고 불신앙을 회개하자. "회개 없이는 사함이 없다." 반역의 범행 중에 있는 죄인을 용서하는 것은 하나님의 거룩의 본성과 일치하지 않는다. 오! 하나님을 만나라. 무기를 가지지 말고 당신의 눈에 눈물을 가지고, 녹아지는 참회의 마음가짐으로 당신을 일깨우라.

죄 속에 무엇이 있기에 당신이 죄의 습성 속에 계속 머물러야만 하는지 고려해 보라.

이것은 "저주받은 물건"(수 7:11, 영어성경을 직역함-역주)이다. 이것은 증류된 독한 화주이다. 이것은 영혼의 영광을 더럽히며 이것은 아름다움을 더럽히는 오점이다. 이것은 마음의 재앙에 비유된다(왕상 8:38). 죄만큼 사람의 영광을 변하여 수치되게 하는 것은 아무것도 없다. 회개 없는 죄는 최후의 파멸에 이른다. '죄는 행동을 넘어가서 죄책으로 남는다'(*Peccatum transit actu, manet reatu*). 즉 죄의 순간은 지나가고 죄책은 머문다. 죄는 처음에는 술잔에서 그의 빛깔을 나타내지만 그 후에는 뱀처럼 문다. 요한계시록 9:7에 나오는 저 황충들은 죄의 상징이다. "그 머리에 금 같은 면류관 비슷한 것을 썼으며 그 얼굴은 사람의 얼굴 같고 또 여자의 머리털 같은 머리털이 있고 그 이는 사자의 이 같으며…또 전갈과 같은 꼬리와 쏘는 살이 있어"라고 하였다. 회개하지 않은 죄는 비극으로 끝난다. 이것은 마귀를 아버지로, 수치를 친구로, 사망을 그 삯으로 삼고 있다(롬 6:23). 그런데 죄에는 무엇이 있기에 사람들이 그 속에서 계속 머무는가? 그것이 달콤하다고 말하지 말라. 죽이는 쾌락을 누가 갈망하겠는가?

회개는 하나님을 대단히 기쁘시게 한다.

상한 심령만한 제사는 없다. "하나님이시여 상하고 통회하는 마음을 주께서 멸시치 아니하시리이다"(시 51:17)라고 하였다. 어거스틴은 병들었을 때 자기 침상 위에 이 구절을 써놓게 하였다. 과부가 빈 그릇들을 들여왔을 때 기름이 이 그릇들에 부어졌다(왕하 4:6). 참회하는 심령의 상한 그릇을 하나님께 가져가라. 그러면 그는 긍휼의 기름을 부어주실 것이다. 회개하는 눈물은 하나님과 천사들의 기쁨이다(눅 15:7). 비둘기들은 물 근처에 있기를 좋아한다. 그리고 이전에 비둘기의 형체로 내려오셨던 하나님의 성령도 틀림없이 회개의 눈물을 크게 기뻐하신다. 마리아는 예수님의 발 앞에서 울며 서 있었다(눅 7:38). 그는 두 가지 물건을 그리스도께 가져왔으니, 곧 눈물이 그녀의 향유보다 그리스도께는 더욱 귀중하였다.

회개는 용서를 영접해 들인다.

그러므로 이 둘은 함께 연합되어 있다. "죄사함을 얻게 하는 회개가"(눅 24:47)라고 하였다. 죄의 사함을 받는 것은 가장 부요한 축복이다. 병든 사람을 낫게 하면 족한 것이다. "그 거민은 내가 병들었노라 하지 아니할 것이라 거기 거하는 백성이 사죄함을 받으리라"(사 33:24)고 하였다. 사죄는 보다 부요한 약속의 헌장을 우리에게 내려준다. 사죄하는 긍휼은 다른 모든 긍휼을 더 달콤한 맛을 내게 만드는 양념이다. 이것은 우리의 건강과 재물과 명예를 향기롭게 한다. 다윗은 그의 머리에 순금관을 썼다(시 21:3). 다윗이 가장 많이 하나님을 찬양한 제목은 하나님께서 그의 머리 위에 금관을 씌워주셨다는 것이 아니라 긍휼의 관을 씌워주셨다는 것이었다. "인자와 긍휼로 관을 씌우시며"(시 103:4)라고 하였다. 무엇이 이 긍휼의 관이었는가? 이것을 3절에서 볼 수 있다. "저가 네 모든 죄악을 사하시며"라고 하였다. 다윗은 순금의 관을 썼다는 것보다도 사죄로 관 씌움을 받았다는 것을 더 기뻐하였다. 자, 회개가 아니면 죄사함의 길을 마련해 주는 것이 무엇인가? 다윗의 영혼이 낮아지고 상했을 때 선지자 나단은 그에게 좋은 소식을 가져다주었다. "여호와께서도 당신의 죄를 사하셨나니"(삼하 12:13)라고 하였다.

그러나 나의 죄는 너무나 커서 만일 내가 회개한다 하더라도 하나님은 이것을 용서하지 않으실 것이다! 하나님은 그의 약속에서 떠나지 않으신다. "여호와께서 가라사대 배역한 이스라엘아 돌아오라 나의 노한 얼굴을 너희에게로 향하지 아니하리라 나는 긍휼이 있는 자라"(렘 3:12)라고 하였다. 만일 그대의 죄가 바위 같다 할지라도 그대가 회개만 하면 하나님의 긍휼의 바다가 그 죄들을 삼켜 버릴 수 있다. "너희는 스스로 씻으며 스스로 깨끗케 하여"(사 1:16)라고 하였다. 회개의 놋대야 속에서 씻으라. "여호와께서 말씀하시되 오라 우리가 서로 변론하자 너희 죄가 주홍 같을지라도 눈과 같이 희어질 것이요"(사 1:18)라고 하였다. 므낫세는 주홍 같은 죄인이었다. 그러나 그가 그토록 자기 자신을 겸비했을 때 긍휼의 금홀이 내밀어졌다. 그의 머리가 죄 때문에 우는 샘물이 되었을 때 그리스도의 허리는 죄를 씻어버리는 샘물이었다. 파멸케 하는 것은 죄의 크기가 아니라 회개치 않는 것이다. 그리스도를 십자가에 못박는 데 관계하였던 유대인들은 회개하고 나서 그들이 흘린 피가 그들을 치료하는 최상의 향유인 것을 발견하였다. 탕자가 집으로 돌아왔을 때 아버지는 그에게 예복을 입히고 반지를 끼워주고 "아버지가…입을 맞추니"(눅 15:20, 22)라고 하였다. 만일 당신이 죄들을 끊어 버린다면 하나님은 당신에게 친구가 되어주실 것이다. 하나님께 있는 모든 것이 당신의 것이 될 것이며, 그의 능력이 당신의 것이 되어 당신에게 조언할 것이며, 그의 성령이 당신의 것이 되어 당신을 성화시킬 것이며, 그의 약속이 당신의 것이 되어 당신을 위로할 것이며, 그의 천사들이 당신의 것이 되어 당신을 지킬 것이며, 그의 긍휼이 당신의 것이 되어 당신을 구원할 것이다.

회개하는 눈물에는 맛은 향기로움이 있다.

영혼이 죄 때문에 순순히 녹아질 수 있을 때보다 더 넓어지고 내면적으로 기쁨을 주는 때는 결코 없다. 울음의 날들은 축제의 날들이다. "회개하다"의 히브리어 단어 nicham(니함)은 Consolari, 즉 '위로를 받다'(to take comfort)이다. "너희 근심이 도리어 기쁨이 되리라"(요 16:20)라고 하였다. 그리스도는 눈물을 포도주로 변화시키신다. 이스라엘에서 탁월한 애통자였던 다윗은 아름다운 시인이었다. 그리고 참다운 참회자가 발견하는 기쁨은 낙원의 기쁨을 미리 맛보는 것이요 그것의 예상이다. 악한 사람의 기쁨은 슬픔으로 변하고 참회자의 슬픔은 기쁨으로 변한다. 비록 회개가 처음에는 아프고 쓰지만 그래도 이 가시나무로부터 그리스도인은 포도를 거둔다. 이런 모든 고찰은 우리 영혼 속에 경건한 슬픔의 기질을 열어 놓을 것이다. 그래서 우리는 죄 때문에 울기도 하고, 죄로부터 돌이킬 수도 있게 할 것이다. 만일 하나님이 위로를 회복시킨다면 이것은 그의 애통자에게 하신다(사 57:18). 우리가 울었거든 용서를 위하여 그리스도의 피를 바라보자. 저 거룩한 사람처럼, '주여! 나의 눈물을 씻기소서'(lava, Domino, lacrimas meas). 즉 "주여! 나의 눈물을 당신의 피로 씻으소서"라고 말하라. 우리는 우리의 눈물과 함께 죄를 떨어뜨리고 이것들을 씻기 위하여 그리스도의 피를 필요로 한다. 이 회개는 곧 끝나버리는 친구를 위한 애통과 같이 몇 날 동안만 있어서는 안 되고 우리의 평생의 사업이어야 한다. 경건한 슬픔의 발로는 죽을 때까지 멈추어서는 안 된다. 죄가 용서받은 후에도 우리는 회개하여야 한다. 우리는 거듭 계속해서 빚을 진다. "우리는 매일 죄를 짓는다. 그러므로 매일 회개하여야 한다." 어떤 사람들은 죄 때문에 얼마간의 눈물을 흘린다. 그리고 그 과부의 기름처럼 얼마동안 흐르다가는 멈춘다. 많은 사람은 회개의 고약이 좀 쑤시면 이것을 뜯어낸다. 그러나 회개의 고약은 계속 붙여져 있어서 다른 모든 눈물들처럼 이들 경건한 슬픔이 씻겨버릴 죽음의 순간까지 떼어버리지 말아야 한다. 참회하는 마음을 견지하기 위하여 우리는 어떻게 해야 하는가? 이것을 위하여 하나님께 구하라. "부드러운 마음"(겔 36:26)을 주시고 애통의 영(슥 12:10)을 우리에게 부어주시겠다는 것이 하나님의 약속이다. 하나님의 "성령"을 간청하라. "바람을 불게 하신즉 물이 흐르는도다"(시 147:18)라고 하였다. 하나님의 성령의 바람이 우리에게 불어오면 그 때 회개의 눈물이 우리에게서 흐를 것이다.

3. 말씀

하나님의 진노와 저주를 피하고 그리스도에 의한 구속의 은혜를 얻는 세 번째 방법은 규례, 특히 "말씀, 성례, 기도"를 부지런히 사용하는 것이다. 이들 규례들 중에서 첫째 것부터 시작해보자. "이 말씀이 또한 너희 믿는 자 속에서 역사 하느니라"(살전 2:13). 말씀이 효과적으로 역사 한다는 것은 무엇을 의미하는가? 하나님의 말씀은 이것이 하나님께서 지정하신 바대로 우리에게 좋은 효자를 나타낼 때 효과적으로 역사한다고 말한다. 즉 강력한 조명과 철저한 개혁을 역사할 때이다. "그 눈을 뜨게 하여…사단의 권세에서 하나님께로 돌아가게 하고"(행 26:18). 그들의 눈을 뜨게 하는 것은 조명을 의미하고 그들을 사단에게서 하나님께로 돌아가게 하는 것은 개혁을 의미한다. 말씀이 구원에 효과적이 되게 하기 위하여 어떻게 말씀을 읽고 들어야 하는가? 이 문제는 두 가지로 되어 있다.

1) 어떻게 말씀이 효과 있게 읽혀질까?

우리의 구원에로 효과 있게 이끌어가도록 말씀을 읽는 것이다.

(1) 성경의 모든 부분에 대하여 경의성을 갖자.

"금 곧 많은 정금보다 더 사모할 것이며"(시 19:18)라고 하였다. 하나님의 책을 다른 모든 책보다도 소중히 여기라. 이것은 성령에 의하여 쓰여서 하늘로부터 우리에게 보내진 황금의 편지이다. 더욱 자세히 우리의 존경심을 높인다면 성경은 우리의 영혼에 씌워주는 영적 안경이다. 이것은 우리가 자연적인 양심의 빛에 의하여 볼 수 있는 것보다 더 많은 것을 보여준다. 자연적인 양심은 큰 죄를 발견할 수 있겠으나, 말씀의 안경은 우리에게 마음의 죄, 헛된 생각, 불신앙 등등을 보여준다. 이것은 우리의 오점을 보여줄 뿐만 아니라 그것들을 씻어버린다. 성경은 사단에 대항하여 싸울 영적 대포를 꺼내올 수 있는 무기고이다. 우리 구주께서 마귀에게 시험을 받으셨을 때에도 성경에서 갑옷과 무기를 끌어 내셨다. "기록되었으되"(마 4:4, 7)라고 하신 것이다. 성경은 만병통치약, 또는 영혼을 위한 만능약이다. 이것은 마음의 무기력(시 119:50), 교만(벧전 5:5), 불신(요 3:36)을 고치는 비법을 준다. 이것은 죄의 독설을 추방하는 약초나 해독제를 수거할 수 있는 약초 동산이다. 성경의 페이지들(leaves)은 생명나무의 잎들(leaves)처럼 "만국을 조성하기 위하여"(계 22:2) 있는 것이다. 이것이 말씀에 대한 경의심을 불러일으키지 않겠는가?

(2) "마음의 열의"를 가지고 추구하자.

"성경을 상고하거니와"(요 5:39)라고 하였다. 헬라어 단어 '상고'(*ereunate*)는 '은광맥' 같은 것을 딤색하는 것을 뜻한다. 베뢰아 사람은 "날마다 성경을 상고하므로"(행 17:11)라고 하였다. 여기서 상고(*anakrinontes*)라는 단어는 면밀하고 비평적인 탐색을 하는 것을 뜻한다. 아볼로는 성경에 능통한 사람이었다(행 18:24). 어떤 사람들은 한 장 한 장을 급히 훑어 읽어서 그것으로써 아무 유익도 얻지 못한다. 만일 우리가 말씀이 효과적이고 구원해 주기를 원한다면 성경의 모든 구절을 주의하여 관찰하여야 한다. 우리가 성경을 정독하는 데 열심을 내기 위하여서는 기록된 말씀이 기록된 생활 '양식의 표준'(*norma cultus*), 즉 행위의 유일 표준, 우리가 이에 우리의 생활을 일치시켜야 할 규칙과 강령임을 생각하라. 그것은 구원에 필요한 모든 것을 포함하고 있다. 어떤 의무를 우리가 이행해야 하며 어떤 죄들을 우리가 피해야 할지를 포함하고 있다(시 19:7). 하나님은 모세에게 어떻게 언약궤를 만들기를 원하시는지 그 양식을 보여주셨다. 그리고 모세는 그 양식대로 정확히 이행해야 했다(출 25:9). 말씀은 우리의 생활을 본뜨도록 하나님이 문서로 우리에게 주신 귀감(pattern)이다. 그러므로 이 귀감을 추구하고 살펴보는 데 우리는 얼마나 주의 깊어야 하겠는가! 기록된 말씀이 우리의 귀감이듯이 마찬가지로 이것은 우리의 재판자일 것이다. "나의 한 그 말이 마지막 날에 저를 심판하리라"(요 12:48)라고 하였다. 우리는 책들을 펴는 것에 대해서 읽어본다(계 20:12). 하나님이 펴신 한 가지 책은 성경책이며 이것으로부터 사람들을 심판할 것이다. 그는 "너는 이 말씀의 규칙에 따라 살아왔느냐?"라고 말씀하실 것이다. 말씀은 이중의 역사를 한다. 가르치는 것, 그리고 심판하는 것이다.

(3) 말씀을 읽음에 믿음을 결부시켜야 한다.

즉 영원하신 여호와의 말씀임을 믿는 것이다. 말씀은 권위를 가지고 와서 그것의 하늘로부터 받은 명령을 제시한다. "주께서 이와 같이 말씀하시되"라고 한다. 이것은 하나님의 감동으로 된 것이다(딤후 3:16). 성경의 말씀은 하늘에서는 음성보다도 더욱 우리에게 확실함에 틀림없다(벧후 1:18-19). 불신앙은 성경의 효력을 약화시키며 이것을 무효하게 만든다. 먼저 사람들은 성경의 진리성을 의문시하고 그리고 나서 그것으로부터 떨어져 나간다.

(4) 말씀을 영적 강장제로서 즐겨야 한다.

"내가 주의 말씀을 얻어먹었사오니 주의 말씀은 내게 기쁨과 내 마음의 즐거움이오나"(렘 15:16)라고 하였다. 모든 참다운 충실한 위로는 말씀으로부터 나온다. 말씀은 크리소스톰이 말하듯이 영적인 동산이며 약속들은 이 동산 안에 있는 향기로운 꽃들, 또는 향료들이다. 우리는 얼마나 이들 향료의 화단 가운데를 거닐기를 기뻐하여야 하겠는가! 모든 미심쩍고 난처한 경우에 처할 때 우리를 충고할 상담자를 갖는다는 것은 위로가 아니겠는가? "주의 증거는…나의 모사니이다"(시 119:24)라고 하였다. 하늘의 증거들을 발견하는 것이 위로가 아닌가? 그리고 말씀에서가 아니면 어디서 그것들을 발견하겠는가(살전 1:4-5)? 기록된 말씀은 곤고한 시간에 특효약 또는 위로이다. "이 말씀은 나의 곤란 중에 위로라 주의 말씀이 나를 살리셨음이니이다"(시 119:50)라고 하였다. 이것은 우리의 모든 "물을 포도주로" 변화시킬 수 있다. 얼마나 우리는 말씀 속에서 큰 만족과 기쁨을 취하여야 할 것인가! 기쁨을 가지고 말씀으로 나아오는 자들만이 성공을 가지고 거기서부터 나간다.

(5) 말씀을 반드시 우리 마음속에 간직하여야 한다.
"주의 말씀을 내 마음에 두었나이다"(시 119:11)라고 하였다. 마음속에 간직해 둔 말씀은 죄에 대한 방부제이다. 왜 다윗은 말씀을 그의 마음속에 간직하였는가? "내가 주께 범죄치 아니하려" 했기 때문이다. 사람이 전염병 오염 지역 근처에 갈 때는 해독제를 몸에 지니고 가듯이 다윗은 자기를 죄의 감염으로부터 보존하기 위하여 거룩한 해독제로서 말씀을 그 마음속에 지니고 다녔다. 수액이 뿌리 속에 감추어져 있으면 나뭇가지들을 견실하게 한다. 씨가 땅 속에 감추어져 있으면 곡식이 돋아난다. 이와 같이 말씀이 마음속에 간직되어 있으면 선한 열매를 열리게 한다.

(6) 말씀의 빛을 우리 머릿속에 가질 뿐만 아니라 그것의 능력을 우리 마음속에 가지기 위하여 노력하자.
우리는 이것을 전부 복사해서 우리 마음속에 두 번 기록되도록 노력하자. "그 마음에는 하나님의 법이 있으니"(시 37:31)라고 하였다. 말씀은 "겸손으로 허리를 동이라"(벧전 5:5)고 말한다. 우리는 우리 자신이 보기에 천하고 겸손해지자. 말씀은 거룩을 요청한다. 우리는 신의 성품에 참여하도록 노력하며 그래서 무엇인가 우리 속에 성령으로 말미암은 것을 이해하도록 노력하자(벧후 1:4). 이와 같이 말씀이 우리 마음 안으로 전부 복사되고, 우리가 그것의 닮은꼴로 변화될 때에 이것은 우리에게 효과적으로 되는 것이며 인생의 향기가 되는 것이다.

(7) 성경을 읽을 때는 축복을 얻도록 하나님을 바라보자.

우리는 지혜와 계시의 성령께 빌어서 "하나님의 깊은 곳"을 보도록 하자(엡 1:17; 고전 2:10). 성경을 쓰신 동일한 성령께서 우리로 하여금 이것을 이해할 수 있게 해달라고 하나님께 기도하라. 하나님이 우리에게 "그리스도를 아는 냄새"를 주셔서 우리가 읽는 말씀 속에서 향기를 맛볼 수 있게 해달라고 기도하라(고후 2:14). 다윗은 이것을 "꿀과 송이꿀보다 더 달도다"라고 그 맛을 표현했다(시 19:10). 우리는 하나님이 거룩의 규칙으로서 그의 말씀을 우리에게 주실 뿐만 아니라 또한 거룩의 원리로서 그의 은혜를 주시기를 기도하자.

2) 우리는 어떻게 말씀을 들어서 이것이 우리 영혼에게 효과적으로 구원함이 되게 할 것인가?

(1) 설교된 말씀에 대단한 주의를 기울이라.

특별한 주의를 그것에 기울이지 않고는 지나쳐 버리지 못하게 하라. "백성이 다 그에게 귀를 기울여 들으므로"(눅 19:48)라고 하였다. 그들은 그의 입술에 의지하였다. "하나님을 공경하는 루디아라 하는 한 여자가 들었는데 주께서 그 마음을 열어 바울의 말을 청종하게 하실지라"(행 16:14)고 하였다. 사활에 관한 문제로서 말씀에 주의를 기울이라. 이 목적으로 당신을 산만하게 하여 손에 일이 잡히지 않게 할 헛되고 부적합한 생각들을 추방하도록 주의하라. 이 새들은 희생 제물에 모여들 것이므로 우리는 그것들을 쫓아버려야 한다(창 15:11). 활 쏘는 사람이 바른 겨냥을 할 수 있겠지만, 만일 한 사람이 그의 팔꿈치에 서 있다가 그가 쏘려고 할 때 그를 살짝 건드린다고 하면 그는 과녁을 맞히지 못할 것이다. 그리스도인들은 들을 때 바른 겨냥을 할지 모르나 당신을 건드려서 하나님의 봉사를 못하게 방해하는 부적당한 생각들을 경계하라. 둔감증을 추방하라. 마귀는 많은 청중에게 잠 오는 약을 주어서 그 결과 그들은 설교 때 깨어 있을 수 없게 된다. 그들은 주의 날에 너무나 과식해서 성전보다는 베개와 잠자리가 더 알맞게 된다. 설교 때 자주 습관적으로 자는 것은 규례에 대한 대단한 멸시와 불손을 나타낸다. 이것은 다른 사람들에게 나쁜 본을 보여준다. 이것은 당신의 진실성에 대하여 의문을 제기시킨다. 이것은 마귀의 파종시기가 된다. "사람들이 잘 때에 그 원수가 와서 곡식 가운데 가라지를 덧뿌리고 갔더니"(마 13:25)라고 하였다. 바울이 독사를 떨쳐버렸듯이 졸음을 떨쳐버리라. 진지하고 조심성 있게 말씀을 들으라. "이는 너희에게 허사가 아니라 너희의 생명이니"(신 32:47)라고 하였다. 하나님이 그의 말씀 가운데서 그들에게 무엇을 말씀하시는지 사람들이 염두에 두지 않을 때 하나님도 그들이 기도로 그에게 무엇을 아뢰는지 별로 염두에 두지 않으신다.

(2) 거룩한 갈망을 가지고 말씀을 대하라(벧전 2:2).
목마른 영혼이 번영하는 영혼이다. 사람이 식욕은 갖고 있으면서도 소화는 못하는 경우가 있다. 그러나 종교에서는 그렇지 않다. 말씀에 대한 큰 갈망이 있는 곳에는 대체로 좋은 소화력이 있게 된다. 영혼의 굶주림을 가지고 말씀을 찾으라. 그리고 이것을 갈망하라. 그래서 말씀이 당신을 기쁘게 할 뿐 아니라 당신에게 유익되도록 하라. 음식보다도 식기의 장식을 더 바라보지 말라. 실속 있는 내용보다도 웅변과 수사학을 더 바라보지 말라. 건강에 좋은 식품보다도 생채요리와 진미를 주식으로 하는 것은 방종한 미각과 과식한 위를 아울러 입증한다.

(3) 당신의 마음속에 부드러움을 가지고 말씀을 대하라.
우리가 굳은 마음들에게 설교할 때는 놋쇠로 만든 벽에 사격하는 것과 같아서 말씀이 들어가지 않는다. 이것은 대리석에 황금의 날인을 하는 것과 같아서 자국을 남기지 않는다. 누그러진 마음을 가지고 설교 말씀을 대하라! 인장 날인을 받아들이는 것은 녹는 밀랍(wax)이다. 이와 같이 마음이 누그러진 상태에 있을 때 설교된 말씀의 도장을 더 잘 받아들일 것이다. 바울의 마음이 녹아져서 죄 때문에 상했을 때 그는 부르짖기를 "주여 내가 무엇을 하기를 원하시나이까"(행 9:6, 영어성경을 직역함-역주)라고 하였다. 굳은 마음을 가지고 말씀을 대하지 말라. 씨가 돌 많은 땅에서 자란다면 누가 수확을 기대하겠는가?

(4) 말씀을 온유함으로 받으라.

"마음에 심긴 도를 온유함으로 받으라"(약 1:21)고 하였다. 온유한 마음은 말씀에 불복하는 마음의 태도이다. 즉 말씀의 충고와 책망을 듣기를 자원하는 마음이다. 이 온유함에 반대되는 것은 영의 사나움으로 이것으로 사람들은 말씀에 대하여 격분하여 반란을 일으키기를 잘한다. 교만하고 죄 있는 사람들은 그들의 허물에 대하여 듣는 것을 견디지 못한다. 교만한 헤롯은 세례 요한을 옥에 가두었다(막 6:17). 유죄한 유대인들은 그들이 그리스도를 십자가에 못박은 것에 대하여 말을 들었을 때 스데반을 돌로 쳐 죽였다(행 7:59). 사람들에게 죄를 지적해 주는 것은 얼굴이 일그러진 사람에게 거울을 대주는 것과 같아서 자기 자신의 얼굴을 보는 것을 견디지 못한다. 온유함에 반대되는 것은 마음의 완고함인데 이것에 의하여 사람들은 말씀이 무엇이라고 하든지 자기들 죄를 고수한다. "하늘 여신에게 분향하고 그 앞에 전제를 드리리라"(렘 40:47)라고 하였다. 오! 이것을 조심하라! 만일 당신이 설교 말씀이 효과 있기를 바란다면 사나움과 상고함을 버리고 말씀을 온유함으로 받으라. 설교 말씀은 온유함에 의하여 접붙임을 받게 된다. 나쁜 줄기에 접목된 좋은 어린 가지가 실과의 품질을 변화시켜서 단맛을 내게 하는 것처럼 말씀이 영혼에 접붙여지면 이것은 영혼을 성화시키고 의의 아름다운 열매를 열리게 한다.

(5) 설교 말씀을 믿음으로 화합시키라.

"그 들은 바 말씀이 저희에게 유익되지 못한 것은 듣는 자가 믿음을 화합지 아니함이라"(히 4:2)라고 하였다. 만일 당신이 약에서 주요 성분을 빼어버린다면 그것은 효험을 방해할 것이다. 믿음의 성분을 빼놓지 말라. 말씀을 믿으라. 그리고 이것이 적용되게끔 믿으라. 그리스도가 설교되는 것을 들을 때 그리스도를 당신 자신에게 적용시켜라. 이것이 주 예수로 옷 입는 것이다

(롬 13:14). 당신이 약속의 말씀을 들을 때는 이것을 적용하라. 이것은 약속의 꽃을 빨아들여 이것을 꿀로 변화시키는 것이다.

(6) 들을 때 주의 깊을 뿐 아니라 듣고 나서 잘 간직하라.
"그러므로 모든 들은 것을 우리가 더욱 간절히 삼갈지니 혹 흘러 떠내려갈까 염려하노라." 즉 물이 체를 통해 나오듯 떠내려가게 될까 염려하는 것이다(히 2:1). 만일 땅이 심겨진 씨앗을 지탱하지 않는다면 좋은 수확이 있을 수 없다. 어떤 사람들은 새는 그릇과 같은 기억력을 가지고 있어서 들은 설교는 즉시 사라져 버리고 아무 선한 일도 행하는 것이 없다. 만일 식물이 위 속에 남아서 소화되지 않는다면 그것은 영양 공급을 못할 것이다. 사단은 마음으로부터 말씀을 훔쳐가려고 애쓴다. "말씀을 들었을 때에 사단이 즉시 와서 저희에게 뿌린 말씀을 빼앗는 것이요"(막 4:15)라고 하였다. 우리의 기억력은 율법을 넣어둔 언약궤의 상자와 같아야 한다.

(7) 들은 것을 실천으로 옮기라.
당신이 듣는 설교를 주식으로 살아라. "내가…주의 계명을 행하였나이다"(시 119:166)라고 하였다. 라헬은 자기의 아름다움으로 만족하지 않았다. 그녀의 소원은 자녀를 낳는 것이었다. 열매 맺는 마음이 없다면 아는 머리가 무슨 소용인가? "의의 열매가 가득하여"(빌 1:11)라고 하였다. 듣는 것을 최후로 장식하는 것은 순종이다. 생활을 개혁하지 못하는 그 들음은 결코 영혼을 구원하지 못할 것이다.

(8) 하나님께 그의 임재하심과 축복이 그의 말씀에 동행하시도록 빌라.
성령이 모든 것을 효과 있도록 꼭 역사할 것이다. 목사들은 약을 처방하겠지만 이것을 역사하는 이는 하나님의 성령이시다. "영혼들을 회심시키는 사람은 하늘에 그의 강단을 가지고 있다"(Augustine). "베드로가 이 말할 때에 성령이 말씀 듣는 모든 사람에게 내려오시니"(행 10:44)라고 하였다. 연금술사는 철에서 기름을 뽑아낼 수 있다는 말이 있다. 하나님의 성령은 가장 완고한 마음속에 은혜를 산출해 낼 수 있다.

(9) 말씀에 정통하도록 하라.

집에 돌아오거든 당신의 들은 바를 발표해 보라. "내 혀가 주의 말씀을 노래할지니이다"(시 119:172)라고 하였다. 어떤 사람들이 그들이 듣는 것으로 그다지 유익을 얻지 못하는 한 가지 이유는 그들의 들은 바를 서로 결코 이야기하지 않는다는 것이다. 마치 설교는 다시는 말해서는 안 될 비밀인 것처럼, 또는 마치 구원 문제를 이야기하는 것이 부끄러운 일인 것처럼 말하지 않는 것이다. "그 때에 여호와를 경외하는 자들이 피차에 말하매 여호와께서 그것을 분명히 들으시고 여호와를 경외하는 자와 그 이름을 존중히 생각하는 자를 위하여 여호와 앞에 있는 기념책에 기록하셨느니라"(말 3:16)고 하였다.

 적용 1 당신이 당신의 영혼을 사랑함과 같이 말씀이 당신에게 비효과적이 되지 않도록 조심하라. 설교된 말씀이 무효케 되는 몇몇 사람들이 있다. 첫째, 말씀을 비평하는 사람들, 즉 자기 자신들을 판단하는 대신 말씀을 판단하는 사람들이다. 둘째, 말씀과 정반대로 살아가는 사람들이다(사 30:9). 셋째, 말씀에 의하여 더욱 완악해지는 사람들이다. "그 마음을 금강석 같게 하여"(슥 7:12)라고 하였다. 사람들이 그들의 마음을 고의적으로 경화시킬 때 하나님도 그들을 법정적으로 경화시키신다. "이 백성의 마음으로 둔하게 하며 그 귀가 막히고"(사 6:10)라고 하였다. 말씀은 이런 사람들에게 효과가 없다. 사람의 음식이 그에게 영양분이 되지 않는다면, 아니 이것이 독약으로 변한다면 얼마나 슬플까? 오! 설교 말씀이 무효하거나 무용하지 않도록 조심할진저!

적용 2 아래 세 가지 사항을 고려하라.

만일 설교 말씀이 우리에게 유익되지 못하다면 우리가 구원받을 수 있는 다른 방도란 없다. 말씀은 하나님의 법령이며 그가 영혼들을 회심시키기 위하여 사용하시는 주요 수단이다. "모세와 선지자들에게 듣지 아니하면 비록 죽은 자 가운데서 살아나는 자가 있을지라도 권함을 받지 아니하리라"(눅 16:31)고 하였다. 비록 천사가 하늘로부터 당신에게로 와서 영광스러운 상태의 그 탁월함과 하늘의 기름에 대하여, 그것도 가장 감상적인 방식으로 설교한다 하더라도 만일 설교 말씀이 납득되지 않는다면 그러한 하늘로부터의 연설도 당신에게 영향을 끼치지 못할 것이다. 만일 저주받은 영이 지옥으로부터 와서 불꽃 중에서 당신에게 설교하며 지옥이란 그 어떠한 곳이라는 것을 당신에게 말하며 저주받은 자의 고통을 외쳐댄다 하더라도 이것은 당신을 얼리게는 할지언정 말씀의 설교가 당신을 회심시키지는 못할 것이다.

말씀 앞에 와서도 구원받도록 영향을 받지 못하는 것은 바로 마귀가 기뻐하는 것이다. 만일 효과적으로 듣지 않는다면 아무리 자주 당신이 듣는다 하더라도 마귀는 개의치 않는다. 그는 듣는 것의 원수가 아니라 유익을 얻는 것의 원수이다. 비록 목사가 당신에게 법도를 가르쳐 준다 하더라도 당신이 말씀의 순전한 젖을 빨지 않는 한 마귀는 개의치 않는다. 아무리 많은 설교의 알약을 당신이 복용한다 하더라도 이것들이 당신의 양심에 역사하지 않는 한 마귀는 개의치 않는다.

만일 설교 말씀이 사람들의 회심에 효과를 끼치지 못한다면 이것은 그들의 정죄에 효과적이 될 것이다. 말씀은 어차피 효과적이게 마련이다. 만일 이것이 당신의 마음을 개량시키지 못한다면 당신의 속박의 사슬을 더욱 무겁게 만들 것이다. 우리는 설교 말씀을 듣지 못한 사람들을 불쌍히 여기지만, 이 말씀으로 깨끗함을 받지 못하는 사람들이 더 가엾은 것이다. 설교의 짐을 지고 지옥으로 가는 사람들의 경우는 무서운 것이다. 그러나 사도의 말씀으로 결론을 내리자면 "너희에게는 이보다 나은 것과 구원에 가까운 것을 확신하노라"(히 6:9)라고 할 수 있겠다.

4. 세례

 "그러므로 너희는 가서 모든 족속으로 제자를 삼아 아버지와 아들과 성령의 이름으로 세례를 주고"(마 28:19).

1) 그리스도께서 구속의 혜택을 우리에게 전달해 주시는 방도는 성례의 사용에 있다.

(1) 일반적인 성례는 무엇인가?
그것은 무형적인 은혜의 유형적인 표징(signs)이다.

(2) 하나님의 말씀은 구원에 충족하지 아니한가? 그러면 성례의 필요성은 무엇인가?
우리는 기록된 것보다 더 지혜로워서는 안 된다. 하나님의 교회가 성례를 지켜야 하는 것이 하나님의 뜻이다. 이렇게 해서 약한 그릇들에게 은혜 베푸시는 것이 하나님의 선하심이다. "너희는 표적과 기사를 보지 못 하면 도무지 믿지 아니하리라"(요 4:48)고 하였다. 우리의 믿음을 강화시키기 위하여 하나님은 약속에 의해서 뿐만 아니라 또한 성례의 표징에 의해서도 은혜 언약을 확증하신다.

(3) 신약의 성례들은 무엇인가?
성례는 둘이니 세례와 주의 만찬이다. 그 밖에 가톨릭교도들은 다섯 가지를 더 말한다. 즉 견진(confirmation), 고해성사(penance), 결혼(matrimony), 신품(orders), 그리고 종부성사(extreme unction)이다.
그러나 율법 아래서는 두 성례밖에 없었으므로 지금도 그 이상은 없다(고전 10:2-4). 이 두 성례로서 충족하다. 하나는 우리가 그리스도 안에 들어가는 것을 표시하고, 다른 하나는 그리스도 안에서 우리의 성장과 궁극적으로 구제됨을 표시한다.

2) 첫 성례: 세례

"너희는 가서 모든 족속으로 제자를 삼아 아버지와 아들과 성령의 이름으로 세례를 주고…지키게 하라"라고 하였다. 즉 "가서 모든 족속을 가르치라"라고 하였다. 이에 해당하는 그리스 단어는 "모든 족속을 제자로 삼으라"이다. 어떻게 그들을 제자로 삼을 것인가 묻는다면 대답하기를 "그들에게 세례를 주고 그들을 가르침으로써이다"라고 할 것이다. 이방나라에서는 먼저 가르치고 다음에 세례 줄 것이나 기독교교회에서는 먼저 세례를 주고 다음에 가르칠 것이다.

(1) 세례란 무엇인가?

일반적으로 이것은 입학허가, 또는 그리스도의 양떼의 회중 속으로 자녀를 유형적으로 가입시키는 것이다. 좀더 특수하게는 "세례는 아버지와 아들과 성령의 이름으로 물로 씻거나 또는 부림으로써 우리가 그리스도께로 접붙임 받음과 은혜 언약의 혜택에 참여함과 주님의 것이 된다는 계약을 표시하고 인치는 성례이다."

(2) 부모가 그의 자녀를 세례 받도록 드리는 것은 무엇을 의미하는가?

부모는 자녀를 드려 세례 받게 함으로 원죄를 공인하는 것이다. 즉 자녀의 영혼은 오염되었으므로 그리스도의 피와 성령에 의하여 죄 씻음이 필요하다는 것, 이 두 가지 씻음이 세례에서 물뿌림에 의하여 표시된다는 것을 공인하는 것이다.

부모는 자기 자녀를 데려와 세례 받게 함으로써 엄숙히 주님께 바치는 것이며, 그를 하나님의 가족 중에 등록하는 것이다. 그리고 자기의 자녀를 세례로서 주님께 바쳤다고 하는 것은 경건한 부모에게 큰 만족이 되는 것이다. 어떻게 부모가 하나님께 봉헌되지 않은 자녀를 마음 편히 바라볼 수 있겠는가?

(3) 세례의 혜택은 무엇인가?

첫째, 세례 받은 당사자는 교회의 유형적 조직체 내에 가입된다. 둘째, 그들은 규례에 대하여 인침받은 권리를 받게 되는데 이것은 영광으로 충만한 특권이다(롬 9:4). 셋째, 세례 받은 자녀는 갓난 아기의 생명 호위자로서 천사들의 보호를 임명하시는 그리스도의 좀더 특별한 섭리적 돌보심을 받게 된다. 이것이 혜택의 전부인가? 아니다! 택하심을 받은 그런 사람들에게 있어 세례는 "믿음의 의의 인침"이요 중생의 물두멍이며 양자됨의 상징이다(롬 4:11).

(4) 자녀들이 세례 받을 권리가 있다는 것이 어떻게 가능한가?

자녀들도 은혜 언약의 당사자이다. 언약은 그들과 맺어진 것이다. "내가 내 언약을 나와 너와 네 대대 후손의 사이에 세워서 영원한 언약을 삼고 너와 네 후손의 하나님이 되리라"(창 17:7)라고 하였다. "이 약속은 너희와 너희 자녀와…하신 것이라"(행 2:39)라고 하였다. 은혜 언약은 다음 두 가지 중 하나라고 생각할 수 있다.

첫째, 좀더 엄밀히 말해서 구원의 은혜를 주신다는 절대적인 약속이다. 따라서 택함 받은 자 외에는 하나님과 언약 관계에 있지 않다.

둘째, 좀더 넓게는 그 속에 많은 외향적 영광의 특권을 간직하고 있는 언약이다. 그래서 이런 점에서 신자의 자녀가 은혜 언약에 속한다고 생각할 수 있다는 것이다. 약속은 당신과 당신의 후손에게 주어진 것이다. 신자의 어린 아이 후손도 그들의 부모와 똑같이 은혜 언약을 주장할 수 있다. 따라서 언약에 대한 권리가 있기 때문에 그들은 그 언약의 인침인 세례를 마땅히 거부당할 수 없다. 신자의 자녀들이 한때 유형적으로 하나님과 언약 관계에 있었으며 교회에의 가입의 인침을 받았던 것이 확실하다. 이제는 어디에서 우리가 이 언약의 권익, 또는 유아들의 교회 구성원 자격이 철회되거나 무효케 됨을 본단 말인가? 분명코 예수 그리스도는 신자와 그들의 자녀들을 예전보다 더 못한 상태에 두시기 위하여 오신 것이 아니다. 만일 신자의 자녀들이 세례 받지 못한다면 그들은 지금 그리스도께서 오시기 이전보다 더 못한 상태에 있는 것이다.

(5) 성경이 유아 세례에 대해 언급하지 않는다는 주장

유아 세례라는 단어는 비록 성경에 없지만 그래도 그 사실은 있다. 성경에는 여자의 성례 받는 것에 대한 언급이 없다. 그러나 "받아 먹으라 이것이 내 몸이니라"라고 하신 명령이 여자들에게 해당되지 않는다고 누가 말할 것인가? 그들의 믿음도 다른 사람들과 마찬가지로 강화될 필요가 있지 않은가? 이와 같이 성삼위일체라는 단어도 성경에서 볼 수 없지만, 그것에 해당한 것이 있는 것이다. "하늘에서 증거하는 이가 세 분이시니 아버지와 말씀과 성령이시라 또한 이 세 분이 하나이니라"(요일 5:7, 영어성경을 직역함-역주)라고 하였다.

유아 세례라는 단어는 성경에 언급되어 있지 않지만 명백한 귀결에 의하여 유아들에게 세례 주는 판례를 성경으로부터 이끌어낼 수 있다.

그것이 어떻게 증명되는가? 성경은 전 가족이 세례 받은 사실을 언급한다. 루디아, 그리스보, 그리고 간수의 식구 등이 그들이다. "자기와 그 권속이 다 세례를 받은 후"(행 16:33)라고 하였다. 거기에는 몇 명의 어린아이들도 있었다고 합리적으로 상상하여 마땅하다. 만일 여기에는 아이들에 관하여는 언급한 바 없다고 말한다면 나는 대답하노니 하인들의 이름도 나와 있지는 않다. 그래도 그와 같은 대가족에 얼마간의 하인들도 있었다는 것을 상상할 수밖에 없다.

유아들이 세례의 목적에 부합할 수는 없다. 왜냐하면 세례는 그리스도의 피에 의하여 죄를 씻어버리는 것을 표시하는 것이기 때문이다. 유아들은 이것을 이해하지 못한다. 그러므로 그들에게 세례가 무슨 유익이 될 수 있는지 물을 수 있다.

하지만 할례 받게 되어 있는 아이도 할례를 이해할 수 없었다. 그래도 할례와 규례는 생략하거나 연기시켜서는 안 된다. 비록 유아는 세례의 의미를 이해하지 못하지만 그는 세례의 축복에 참여할 수 있다. 그리스도께서 그의 품에 안으셨던 어린아이들은 그리스도의 의미를 이해하지 못했지만 그리스도

의 축복을 받았었다. "저희 위에 안수하시고 축복하시니라"(막 10:16)고 하였다.

만일 아이가 세례의 성격을 이해하지 못한다면 세례에서 무슨 유익을 얻을 수 있는가? 아이는 인봉된 약속을 가질 권리가 있어서 나중에 믿음을 갖게 될 때 이 약속에 대한 실제적 권익을 가지게 될 것이다. 요람에 누워 있는 아기에게 유산권이 쓸모 있을 수도 있다. 비록 지금은 유산권을 이해하지는 못하지만 그래도 아이가 몇 살까지 자라면 이것을 충분히 소유할 줄 알게 된다. 그러나 이에 대한 반론이 있을 수 있다.

세례 받을 당사자는 하나님께 계약되어 있는 것이다. 그러나 어떻게 아이가 그런 계약에 들어갈 수 있는가?

부모가 아이를 위해 계약할 수 있으니 이것을 하나님은 아이 본인의 계약처럼 받으시기를 기뻐하신다. 만일 세례가 할례 대신에 들어오고, 그리고 남성들만이 할례를 받았다면 여성들에게 세례 주는 데에는 무슨 정당한 근거가 있는가(창 17:10)? 여성들도 포함되어 있으며, 그리고 남성들 안에서 사실상 할례 받은 것이다. 머리에게 되는 것은 몸에게 되는 것이다. 남자는 여자의 머리이다(고전 11:3). 따라서 남성에게 된 것은 해석적으로 여성에게 된 것이다.

(6) 유아 세례에 대한 논증

만일 아이들이 그들의 유아기간 동안 은혜를 받을 수 있다면 그들은 세례도 받을 수 있다. 그런데 아이들은 그들의 유아기간에 은혜를 받을 수 있다. 그러므로 그들은 세례를 받을 수 있다. 아이들도 은혜를 받을 수 있다는 소전제를 증명한다면 이와 같다. 만일 아이들이 그들의 유아기간에 구원받을 수 있다면, 그들은 은혜를 받을 수 있다. 그런데 아이들은 그들의 유아기간에 구원받을 수 있다. 이것은 또 다음과 같이 증명된다. 만일 하늘나라가 그들의 것이라면 그들은 구원받을 수 있다. 그런데 하늘나라는 그들의 것일 수 있다. "하나님의 나라가 이런 자의 것이니라"(막 10:14)고 하신 말씀으로 보아 분명하다. 그렇다면 세례의 인침이 그들에게도 적용되어야 한다는 것을 누가 금할 수 있는가?

만일 유아들이 하나님의 종들의 수효에 든다면 그들이 하나님의 가속에서 제외되어야 할 이유가 없다. 그런데 유아들은 하나님의 종들의 수효 중에 있을 수 있다. 왜냐하면 하나님은 그들을 자기 종들이라고 부르시기 때문이다. "그와 그 자녀가 함께 네게서 떠나 그 본족에게로 돌아가서…그들은 나의 품군인즉"(레 25:41-42)이라고 하였다. 그러므로 아이들은 그들의 유아기간에 하나님의 종들인 이상, 하나님이 그의 종들에게 표시해 놓으시는 마크 또는 날인, 즉 증표(tessera)인 세례를 왜 받지 못하겠는가?

"그러나 이제 거룩하니라"(고전 7:14)고 하였다. 아이들이 마치 원죄가 없는 것처럼 거룩하다 일컬어지는 것은 아니다. 그러나 사랑의 판단으로서 그들은 거룩하다 여김을 받는 것이며, 하나님의 교회의 참다운 일원으로 여김을 받는 것이다. 왜냐하면 그들의 부모는 신자들이기 때문이다. 따라서 저 탁월한 목회자 힐더삼(Hildersam)씨는 "신자의 자녀들은 태어나자마자 언약의 거룩을 갖게 되며, 그리고 언약의 증표인 세례를 받을 권리와 자격을 갖는다"라고 말한다.

교부들의 의견과 교회의 관례로 보아서 그렇다. 이레니우스, 바질, 락탄티우스, 키프리안, 어거스틴 같은 초대 교부들은 유아 세례의 강력한 주장자들이었다. 희랍 교회도 그의 유아들을 세례 주는 것이 관례이었다. 에라스무스는 유아 세례가 하나님의 교회에서 1400년 이상이나 시행되어 왔다고 말한다. 그리고 어거스틴은 펠라기우스를 반박히는 책에서 유아들을 세례 주는 것이 모든 시대에 걸쳐 교회의 관습이 되어 왔다고 확인한다. 그렇다. 이것은 사도적 관례였다. 바울은 스데바나 집 모두에게 세례 주었다고 확언하였다(고전 1:16).

지금까지 유아 세례를 지지하는 성경의 논증을 알아보았으니, 이제는 아이들에게 세례 주는 것을 장성한 나이까지 연기시키는 사람들의 관례가 정당한 것인지 고려해 보자. 이에 대한 것을 성경에서는 찾아볼 수 없다. 비록 우리는 사도들의 시대에 성인들과 분별 연령까지 장성한 사람들이 세례 받는 것에 대하여 읽어보게 되지만, 그들은 이교도적 우상숭배에서 참다운 정통

신앙으로 개심했던 그런 사람들이 있다. 그러나 기독교 교회 내에서 신자의 자녀들을 수년간 세례 받지 못하게 했었다는 것은 성경에서 그 규정이나 실례를 알지 못하는 바이고 오직 이것은 전혀 위경적일 뿐이다. 장성한 사람들을 세례 주는 것도 '결과론적으로'(ab effectu)보아서, 즉 그것의 나쁜 결과로 보아서 반대 논의를 할 수 있다. 그들은 세례 주는 사람들을 머리까지 온통 알몸으로 찬물에 잠근다. 이것은 점잖지 못한 것만큼 위험하기도 하며 가끔 만성 질병, 아니 죽음 그 자체의 계기가 된 적도 있었다. 그래서 명백한 제6계명의 위반이 되는 것이다. 얼마나 하나님은 세례를 연기하는 것을 찬성하는 많은 사람들을 다른 비열한 견해와 악한 행실에다 내버려두셨는지는 역사를 찾아보면 명백해진다. 특히 독일에서의 재세례파의 행실을 읽어보면 안다.

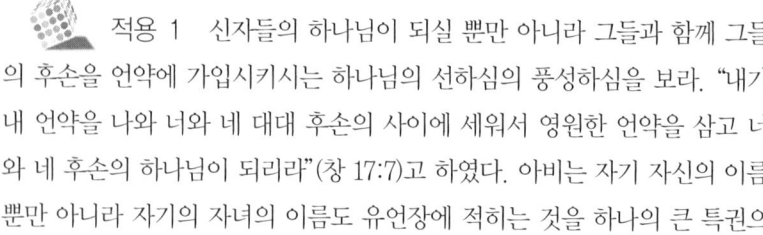 적용 1 신자들의 하나님이 되실 뿐만 아니라 그들과 함께 그들의 후손을 언약에 가입시키시는 하나님의 선하심의 풍성하심을 보라. "내가 내 언약을 나와 너와 네 대대 후손의 사이에 세워서 영원한 언약을 삼고 너와 네 후손의 하나님이 되리라"(창 17:7)고 하였다. 아비는 자기 자신의 이름 뿐만 아니라 자기의 자녀의 이름도 유언장에 적히는 것을 하나의 큰 특권으로 여긴다.

적용 2 어린 자녀들을 그리스도께로 데려오기를 금하고 그들에게서 이 규례를 지키지 못하게 막는 부모들은 책망을 받아야 한다. 그들은 유아 세례를 부인함으로써 자녀들을 유형교회 내의 일원이 되는 것으로부터 제외시키고 그들의 자녀들로 하여금 젖 먹는 이교도가 되게 한다. 자녀들에게 세례 주는 것을 거부하는 그런 사람들은 율법 아래 있는 하나님의 제도를 복음 아래 있는 하나님의 제도보다 자녀들에게 더욱 인자와 은혜로 충만한 것으로 만든다. 이것은 얼마나 괴상한 역설인지 당신이 판단하도록 맡겨두겠다.

적용 3 우리 세례 받은 사람들은 우리 자신의 영혼 속에 축복 받은 세례의 열매를 발견하도록, 언약의 표징을 갖기 위하여 뿐 아니라 언약의 은혜도 갖기 위하여 노력하자.

많은 사람이 그들의 세례를 자랑한다. 유대인들이 그들의 할례를 자랑한 것은 그들의 왕적인 특권 때문이었다. 그들에게는 양자됨과 영광과 언약이 부여되어 있었다(롬 9:4). 그러나 그들 중 많은 사람들이 그들의 할례에 대하여 수치와 치욕이 되었다. "하나님의 이름이 너희로 인하여 이방인 중에서 모독을 받는도다"(롬 2:24)라고 하였다. 고약한 유대인들은 비록 할례를 받았다고는 하지만 하나님 보시기에는 이방인들과 같았다. "여호와께서 가라사대 이스라엘 자손들아 너희는 내게 구스 족속 같지 아니하냐"(암 9:7)라고 하였다. 오호라! 그리스도의 이름을 가지고 있으면서도 그의 형상이 결여되어 있는 것은 어찌된 일인가? 성령의 세례 받음이 없이 물의 세례 받음이 무엇인가? 많은 세례 받은 기독교인들이 이방인들보다 더 낫지 못한 것이다. 우리는 세례의 열매를 발견하도록, 우리 속에 그리스도가 형상화되도록(갈 4:19), 우리의 성품이 변화되도록, 우리가 거룩하고 천국적이 되도록 노력하자. 이것이 그리스도와 합하여 세례 받는 것이다(롬 6:3). 세례에 합당치 못하게 사는 그런 자들은 세례의 물을 얼굴에 바르고 성찬식 떡을 입에 물고 지옥으로 갈 것이다.

그런즉 우리는 세례를 올바로 사용하도록 노력해야 할 것이다.

우리는 이것을 시험을 막는 방패로 사용하자. 사단이여, 나는 세례에서 성스러운 서원으로 하나님께 나 자신을 드렸노라. 나는 나 자신의 것이 아니라 그리스도의 것이다. 그러므로 나는 네 유혹에 질 수 없다. 왜냐하면 내가 세례에서 하나님께 드린 충성의 맹세를 위배하게 될 것이기 때문이다. 루터는 한 경건한 여인에 관하여 말해 주고 있는데, 마귀가 죄짓도록 유혹했을 때 그 여인은 "사단이여, 나는 세례를 받았노라"(*baptizata sum*)라고 대답하여 그 유혹자를 격퇴하였다고 한다.

우리는 이것을 거룩함을 위한 박차로 사용하자. 우리의 세례를 기억함으로 말미암아 우리는 세례의 계약을 선용하도록 분발하자. 세상과 육체와 마귀를 버리고 우리 자신을 하나님과 그의 봉사를 위하여 바치자. 성부, 성자, 성령의 이름과 합하여 세례 받는다는 것은 성삼위일체의 삼위 모두에게 우리 자신을 엄숙히 봉헌하여 섬긴다는 것을 의미한다. 우리 부모가 세례에서 우리를 하나님께 봉헌하는 것으로 족하지 않고, 우리가 우리 자신을 그에게 봉헌하여야 한다. 이것을 일컬어 주를 향하여 사는 것이라 한다. "우리가 살아도 주를 위하여 살고 죽어도 주를 위하여 죽나니 그러므로 사나 죽으나 우리가 주의 것이로라"(롬 14:8)고 하였다. 우리의 생애는 하나님을 예배하고 하나님을 사랑하고 하나님을 높이는 데 쓰여야 한다. 우리는 복음에 합당하게 행하여야 한다(빌 1:27). 우리는 세상에서 별들같이 빛나야 하며 지상의 천사들같이 살아야 한다.

우리는 이것을 용기에 이르는 논법으로 사용하자. 우리는 그 이름과 합하여 세례 받은 바 저 성삼위일체를 고백할 각오가 되어 있어야 한다. 마음의 회심에는 입의 고백이 동반해야 한다. "누구든지 사람 앞에서 나를 시인하면 인자도 하나님의 사자들 앞에서 저를 시인할 것이오"(눅 12:8)라고 하였다. 베드로는 공개적으로 십자가에 못박히신 그리스도를 고백하였다(행 4:10). 키프리안은 용감한 정신의 사람으로서 아무런 물결도 흔들 수 없는 바위와 같았으며, 아무런 칼로도 벨 수 없는 금강석과 같았다. 그는 총독 앞에서 그리스도를 고백함으로써 자신이 추방당하는 것을 감수했다. 아니, 그리스도의 진리를 배반하느니보다 차라리 죽음을 택하였다. 성삼위일체 하나님을 고백할 용기가 없는 사람은 그의 세례를 부끄럽게 하는 사람이며, 하나님은 심판날에 그 사람을 소유하시기를 부끄러워하실 것이다.

적용 4 배교하는 죄의 무서움을 알라! 이것은 우리의 세례를 포기하는 것이다. 엄숙한 서원 후에 하나님에게서 떠나버리는 것은 지옥에 떨어질 위증죄이다. 바울은 "데마는…나를 버리고"(딤후 4:10)라고 하였다. 그는 배교자로 변신해서 그 후 한 우상 전각의 제사장이 되었다고 도로테우스(Dorotheus)는 말한다. 배교자 줄리안 황제는 이방신들에게 희생제사 드릴 짐승의 피에 목욕을 했다고 그레고리 나지안젠은 진술한다. 그래서 그의 힘이 미치는 한 그의 이전 세례를 씻어버렸다. 세례 받은 후에 타락해 버리는 경우는 무시무시한 것이다. "또한 뒤로 물러가면"(히 10:38)이라고 하였다. 뒤로 물러간다는 그리스어 단어는 군기로부터 몰래 도망하는 병사를 암시한다. 그런즉 누구든지 그리스도로부터 몰래 도망가서 마귀 편에 가담한다면 "내 마음이 그를 기뻐하지 아니하리라." 다시 말하면 나는 그에게 혹독히 보복할 것이며, 나는 나의 화살로 하여금 그의 피를 마시게 할 것이다. 만일 성경에 나오는 모든 재앙이 그 사람을 비참하게 만들 수 있다면 그가 바로 그렇게 될 것이다.

5. 주의 만찬

 "저희가 먹을 때에 예수께서 떡을 가지사"(막 14:22).

세례 성례를 말하였으니 이제는 성만찬 성례를 생각해 보겠다. 주의 만찬은 일찍이 제정되었던 가장 신령하고 가장 아름다운 예식이다. 여기서 우리는 그리스도의 인격과 좀더 직접적으로 관계하게 된다. 우리는 기도로 하나님께 가까이 나아간다. 성찬식에서 우리는 그와 하나가 된다. 기도에서 우리는 그리스도를 바라본다. 성찬식에서 믿음으로 말미암아 우리는 그를 만진다. 설교된 말씀에서 우리는 그리스도의 음성을 듣는다. 성찬식에서 우리는 그를 먹는다.

1) 성경에서는 어떠한 이름과 명칭이 성찬식에 붙여져 있는가?

'주의 상'(*Mensa Domini*, 고전 10:21)이라고 부른다. 가톨릭교도들은 이것을 제단이라고 부르고 상이라고 하지 않는다. 그 이유는 그들은 성찬식을 제사로 변경시켜 미사에서 그리스도를 육체적으로 바친다고 자처하기 때문이다. 이것이 주의 상이라 함은 우리가 어떤 경의심과 엄숙한 헌신으로 이 거룩한 신비에 가까이해야 할 것을 나타내준다. 우리가 이 상에 임할 때 주님은 우리 마음가짐을 눈여겨 보신다. "임금이 손을 보러 들어올새"(마 22:11)라고 하였다. 우리는 어떤 위대한 제왕의 식탁에 임할 때 정장을 한다. 이와 같이 우리가 주의 상에 임할 때에는 거룩한 묵상과 심사숙고로 정장해야 하는 것이다. 많은 사람이 성찬식에 참석하는 것으로 족하게 여기지만, 그들이 "규례대로"(대상 15:13) 참석하는지를 염두에 두지 않는다. 아마도 그들은 어디에 참석하고 있는지 먼저 심각히 생각해 보기도 드물 것이다. 그들의 모든 복장은 유리로 되어 있고 성경말씀으로 되어 있지 않다. 크리소스톰은 이것을 "두려운 주의 상"이라고 부른다. 그리고 이것은 합당치 못하게 성찬식에 참석하는 그런 사람에게 그렇다는 것이다. 성찬식은 '주의 만찬'(Coena Domini)이라고 부른다. 말하자면 이것은 영적인 잔치이다(고전 11:20). 이것은 왕의 잔치이다. 여기서 하나님이 음식이 되신다. 즉 그리스도는 신과 인간의 양심으로 이 만찬의 질료(matter)가 되신다. 이것은 '참예'(communion)라고도 한다. "우리가 떼는 떡은 그리스도와 몸에 참예함이 아니냐"(고전 10:16)라고 하였다. 성찬식이 영교(성경에서는 참예-역주)라고 불림으로써 다음과 같은 것을 나타낸다.

(1) 이 규례는 오직 신자들만을 위함이라는 것이다.

왜냐하면 이 거룩한 성찬물 안에서 신자들 외에는 아무도 그리스도와 영교를 가질 수 없기 때문이다. "영교는 연합에 기초하고 있다"(Communio fundatur in unione). 믿음만이 그리스도와의 연합을 우리에게 주며, 이것에 의해서만 우리는 그의 몸과 피 안에서 그와 연결을 가진다. 배우자 외에는 아무도 그녀의 남편과 교통하지 않는다. 타인도 그의 잔을 마실 수 있는지는 모르지만 오직 아내만 그의 마음을 차지하고 부부관계를 가지고 그와 교통한다. 이와 같이 타인들도 잔을 마실 수 있는지 모르지만, 오직 신자들만 그리스도의 피를 마시며 그와의 영교를 갖는다.

(2) 이 규례는 사랑의 결속이다.

성찬식이 영교라 하는 것은 '사랑의 상징'(symbolun amoris)이라는 것, 즉 그리스도인들 가운데 있어야 할 바로 그 일치와 사랑의 결속이라는 것이다. "많은 우리가 한 몸이니"(고전 10:17)라고 하였다. 많은 낟알들이 한 떡을 이루는 것처럼 많은 그리스도인들이 한 몸이다. 성찬식은 사랑의 잔치이다. 초대 그리스도인들은 저스틴 마터가 말한 바와 같이, 그들이 서로 가지고 있던 애정의 고귀함의 표시로서 그 축복의 만찬 때 거룩한 인사를 드렸었다. 그러므로 이것은 영교이다. 사랑과 연합이 있어야만 한다. 이스라엘 백성은 유월절을 쓴 나물과 함께 먹었다. 이와 같이 우리도 성찬식을 쓴 회개의 나물과 함께 먹어야 하지만 분노와 악의 쓴 마음으로 먹어서는 안 된다. 수찬자들의 마음은 사랑의 매는 줄로 결합되어야 한다. "당신은 당신의 믿음을 자랑하나, 성도들에 대한 당신의 사랑으로서 당신의 믿음을 나에게 보이라"고 어거스틴은 말한다. 이것은 마치 태양에서 빛과 열이 불가분인 것처럼 믿음과 사랑도 불가분리적으로 함께 꼬여져 있기 때문이다. 분열이 있는 곳에서 주의 만찬은 영교가 아니라 내분이다.

2) 주의 만찬은 무엇인가?

이것은 거기 십자가에 못박히신 그리스도가 우리 앞에 진설되는 바 유형적 설교이다. 또는 이것은 거기서 떡과 포도주의 거룩한 성찬물을 받음으로써 우리의 그리스도와의 영교가 우리에게 표시되고 봉인되는 바 새 언약의(새 유언의-역주) 성례이다. 또는 거기서 떡과 포도주를 받음으로써 그리스도의 죽으심이 제시되고 믿음으로 합당히 받는 자들이 그의 몸과 피에 참예하는 자가 되고 거기서 흘러나오는 모든 은택에 참여하는 자가 되게 하신 바 하나님이 제정하신 성례이다.

주의 만찬의 성격을 더 확실히 설명하기 위하여 여기서는 이것의 제정에 관하여 언급하여 보겠다.

(1) "예수께서 떡을 가지사"

여기에 잔치의 주인, 또는 성례의 제정자가 있다. 주 예수께서 떡을 가지셨다. 성례에게 효능과 축복을 줄 수 있는 그분만이 성례를 제정하시기에 합당하시다. "그가 떡을 가지사." 그가 떡을 가지심은 그의 성찬물들의 성별하심의 일부분이었으며 거룩한 용도를 위해 따로 구별해 놓으심이었다. 그리스도께서 그 성찬물들을 성별해 놓으셨던 것처럼 우리는 주의 만찬에서 이들 거룩한 성찬물들을 받기 전에 우리 마음을 성별시키도록 노력하여야 한다. 어떤 사람이 마음을 교만이나 탐욕이나 시기로 발효시켜 가지고 이 거룩한 성찬물에 참여하는 것은 얼마나 보기에 꼴사나운가? 이런 이들은 유다와 함께 빵조각에서 마귀를 받아들이며, 그래서 영광의 주를 십자가에 못박는 자보다 더 나을 것이 없다.

(2) "축복하시고"

이것은 그 성찬물의 성별시키심의 다른 일부분을 이룬다. 그리스도께서 이것을 축복하셨다. 그가 축복하시니 이것이 축복받을 것이다. 그는 이 새로 설립된 예식에 축복을 내리시고자 하늘을 우러러 보셨다.

(3) "떼어"

떡을 떼고 포도주를 붓는 것은 우리에게 그리스도의 고난의 고통과 수욕을, 십자가 위에서의 그리스도의 몸이 찢겨짐을, 그리고 그의 축복의 허리에서 방울져 떨어진 피의 유출을 표시한다.

(4) "제자들을 주시며"

제자들에게 주셨다는 것, 이것은 자녀들의 떡이다. 그리스도께서는 이 진주들을 돼지 앞에 던지지 않으신다. 유다가 그 만찬에 참석했었는지가 논쟁점이 되고 있다. 필자는 그가 참석하지 않았다고 생각하고 싶다. 왜냐하면 그리스도께서 제자들에게 "이 잔은 내 피로 세우는 새언약이니 곧 너희를 위하여 붓는 것이라"(눅 22:20)고 말씀하셨기 때문이다. 그는 결코 유다를 위하여 효과적으로, 그리고 의도적으로 자기의 피가 흘려지지 않았다는 것을 아셨다. 유월절 식사 때도 예수님은 유다에게 쓴 나물로 만든 소스에 찍은 무교병 한 조각을 주셨다. 유다는 이 빵조각을 받은 후에 즉시 나갔다(요 13:30). 유다가 거기 있었다고 하더라도, 그는 그 성찬물을 받았지만 축복은 받지 못했다.

(5) "받아 먹으라"

이 먹으라는 표현은 네 가지 사항을 표시한다. 첫째, 그리스도와 그의 성도 간의 가까운 신비적 연합, 먹은 식물이 몸과 동화되어 하나가 되는 것처럼 그리스도의 살을 먹고 그의 피를 영적으로 마심으로써 우리는 그의 공로와 은혜에 참예하여 신비적으로 "그들과 하나"가 된다. "내가 저희 안에"(요 17:23)라고 하였다. 둘째, 먹는 것은 믿는 영혼이 그리스도 안에서 갖는 무한한 기쁨을 나타낸다. 먹는 것은 미각에게 즐겁고 기쁜 것이다. 이와 같이 살아 있는 믿음을 가지고 그리스도를 먹는 것은 아주 즐거운 것이다. '아무 식물도 영혼에게 이보다 더 달지 못하다' (*Nullus amimae suavior cibus*-Lactantius). 십자가에 못박히신 그리스도를 먹는 것과 같은 그런 좋은 양식은 없다. 이것은 "기름진 것과 통풍이 잘되는 곳에 둔 포도주의 잔치"이다. 셋째, 먹는 것은 영양분을 의미한다. 음식이 미각에 좋은 것처럼 몸에는 영양을 공급한다. 이와 같이 그리스도의 살을 먹고 그의 피를 마시는 것은 영혼에게 영양이 된다. 새 피조물은 주의 상에서 영생에 이르는 영향 공급을 받는다. "내 살을 먹고 내 피를 마시는 자는 영생을 가졌고"(요 6:54)라고 하였다. 넷째, "받아 먹으라"는 말씀은 우리가 타락한 바 그 똑같은 수단에 의하여 우리를 회복시키시는 하나님의 지혜를 나타낸다. 우리는 금지된 열매를 따먹음으로써 타락했고 우리는 또 그리스도의 살을 받아서 먹음으로써 회복되어 가고 있다. 우리는 지식의 나무를 먹음으로써 죽었고 우리는 생명의 나무를 먹음으로써 산다.

(6) "이것이 내 몸이니라"

이 말씀(즉 *Hoc tost corpus mecum*)은 우리와 가톨릭교도들 사이에 많이 논쟁되어 왔었다. "이것이 내 몸이니라", 즉 환유(metonymy)에 의해 그렇다는 것이다. 이것은 내 몸의 표징(sign)과 상징(figure)이다. 가톨릭교도들은 화체설을 신봉한다. 떡은 성별받은 다음 그리스도의 몸의 실제 자제로 변환된다는 것이다. 우리는 그리스도의 몸을 영적으로 받는다고 말한다. 그들은 그리스도의 몸을 육체적으로 받는다고 말한다. 이것은 성경에 어긋난다. 성경은 "만유를 회복하실 때까지는"(행 3:21) 하늘이 그리스도의 몸을 받아두어야 한다고 확언한다. 그리스도의 몸은 동시에 하늘에도 있고 성찬식 빵에도 있을 수는 없다. 아퀴나스는 "한 물체가 장소적으로 동시에 두 곳에 있다는 것은 어떤 기적으로도 불가능하다"라고 말한다. 뿐만 아니라 성찬식에서의 빵이 그리스도의 살로 변한다고, 전에 십자가에 달리셨던 그의 몸이 다시 빵으로 된다고 상상하는 것은 어리석다. 그러므로 "이것이 내 몸이니라"라는 말씀은 마치 그리스도께서 "이것이 내 몸의 표징과 표시이다"라고 말씀하신 것과 같다

(7) "또 잔을 가지사"

잔은 주어의 환유법에 의하여 부속어, 즉 잔 속에 있는 포도주를 나타내는 말이다. 이것은 우리 죄를 위하여 흘리신 그리스도의 피를 의미한다. 잔을 드는 것은 그리스도 안에 있는 공로의 넘침과 그리스도로 말미암는 우리의 구속의 충만을 표시한다. 그는 떡만을 집으신 것이 아니라 잔도 집으셨다.

(8) "사례하시고"

그리스도께서는 이들 떡과 포도주의 성찬물을 주셔서 그리스도에 의한 인간구속의 표징과 봉인이 되게 하실 하나님께 감사하셨다. 그리스도께서 감사하신 것은 타락한 인간이 이제 회복의 도상에 있으며, 또 무죄시에 처하였던 것보다 더 높이 그리스도 안에서 높임을 받는다는 것을 그토록 기뻐하셔서

서 하나님을 송축하신 바 그의 박애, 또는 인류애를 나타낸다.

(9) "저희에게 주시며"

그렇다면 왜 누군들 감히 잔 주기를 거절하는가? 이것은 예식을 오염시키고 삭감시키고 또 최초의 제정에서 변경시키는 것이다. 그리스도와 그의 사도들은 성찬식을 떡과 잔 양면 다 집행했다(고전 11:24-25). 잔은 두 종교회의에서 고백되었듯이 초대교회에서 1400년 동안이나 받아졌다. 그리스도는 명백히 "너희가 다 이것을 마시라"라고 말씀하신다. 그는 "저희가 다 이것을 먹으라"고 말씀하시지 않고 "너희가 다 마시라"라고 말씀하신다. 마치 로마교회가 평신도들에게 잔 주기를 거절하는 것의 신성모독적 불경건을 미리 보신 듯하다. 콘스탄스의 가톨릭회의는 분명히, 그러면서도 뻔뻔스럽게 "비록 그리스도께서는 떡과 포도주 두 가지의 성찬식을 제정하시고 집행하셨으나 그래도 거룩한 교회 법규의 권위와 모교회의 관습은 평신도들에게 잔을 거부하는 것을 선히 여긴다"라고 말한다. 그래서 가톨릭 신부들이 그리스도를 반쪽 구세주로 만들 듯이 그들은 성찬식도 반쪽만 교인들에게 집행한다. 성찬식은 그리스도의 마지막 유언이다. "이것은…나의 피 곧 언약의 피니라"고 하셨다. 그러면 사람의 뜻과 유언에서 무엇을 변경시키거나 없애버리는 것도 큰 불경일진대 그리스도의 유언을 변경시키고 난도질하는 것은 무엇이란 말인가? 틀림없이 이것은 그리스도께 대한 일대 모욕이다.

3) 주의 만찬의 목적은 무엇인가?

(1) 이것은 우리의 믿음을 확증하기 위하여 정하신 예식이다.

"너희는 표적과 기사를 보지 못하면 도무지 믿지 아니하리라"(요 4:48)고 하였다. 그리스도께서 성찬물들을 우리 앞에 베푸시는 것은 이 표징들에 의하여 우리의 믿음이 강화되게 하기 위함인 것이다. 믿음이 들음으로 말미암아 오듯이 이것은 십자가에 못박히신 그리스도를 봄으로 말미암아 확증된다. 성찬식은 그리스도를 표시하는 표징일 뿐 아니라 그분 안에 있는 우리의 권익을 확증하는 인침이기도 하다.

성령이 믿음을 확증하기 때문에 성찬식은 확증하지 않는다는 말은 마치 "하나님이 우리의 몸을 먹이시기 때문에 떡은 우리를 먹이지 않는다"라고 말하는 것과 같다. 실은 하나님은 떡으로 우리를 먹이시는 것이며, 이와 같이 성령은 성찬식을 사용하여 우리의 믿음을 확증하신다.

(2) "그리스도의 죽으심의 기억을" 유지하기 위한 것이다.

"이것을 행하여 마실 때마다 나를 기념하라"(고전 11:25)고 하였다. 만일 친구가 임종시에 우리에게 반지를 준다면 우리는 친구의 기억을 유지하기 위하여 이것을 낄 것이다. 하물며 우리는 성찬식을 통해 그리스도의 죽으심의 기념을 계속 유지하여야 한다. 그의 죽으심은 우리가 그로부터 받는 모든 엄청난 축복의 기반을 놓아준다. 은혜의 언약은 하늘에서 승인되었으나 십자가상에서 봉인되었다. 그리스도께서는 모든 평화의 조항들을 그의 피로써 봉인해 놓으셨다. 죄의 사함은 그리스도의 죽으심으로부터 흘러나온다. "이것은 죄 사함을 얻게 하려고 많은 사람을 위하여 흘리는 바 나의 피 곧 언약의 피니라"(마 26:28)고 하였다. 성별, 또는 우리를 거룩케 하는 것은 그리스도의 죽으심의 열매이다. "하물며…그리스도의 피가 어찌 너희 양심으로…깨끗하게…못하겠느뇨"(히 9:14)라고 하였다. 그리스도의 중재역은 그의 죽으심의 덕택으로 우리에게 유효하게 된다. 그가 먼저 희생제물이 되지 않았더라면 변호자로 인정받지 못하셨을 것이다. 우리가 하늘에 들어가는 것은 그의 피의 열매이다(히 10:19). 그가 먼저 그의 죽으심으로 값주고 사놓지 않으셨다면 우리를 위하여 저택을 마련해 놓으실 수 없었을 것이다. 그러므로 우리는 성찬식에서 그의 죽으심을 기념할 중대한 이유를 가지고 있는 것이다.

어떠한 방법으로 우리는 성찬식에서 그의 죽으심을 기억할까? 이것은 그리스도의 죽으심과 고난에 대한 역사적 기억에 지나지 않는 것이 아니다. 유다는 그의 죽으심을 기억했으면서 그를 팔았다. 그리고 빌라도도 그의 죽으심을 기억했으면서 그를 십자가에 못박았다. 그러나 우리가 성찬식에서 그의 죽으심을 기억하는 것은 먼저 슬픔에 잠긴 기억이 되어야 한다. 우리는 십자가에 못박히신 그리스도를 메마른 눈으로 바라보아서는 안 되겠다. "그들이 그 찌른 바 그를 바라보고 그를 위하여 애통하기를"(슥 12:10)라고 하였다. 오! 그리스도인이여, 그대가 성찬식에서 그리스도를 바라볼 때 얼마나 자주 그대는 그를 십자가에 못박았는지 상기하라! 유대인들은 한 번만 못박았으나 그대는 자주 하였다. 모든 맹세는 그대가 그의 손을 찌르는 못질이다. 모든 불의의 죄스런 행동은 그대가 그의 가슴을 찌르는 창이다. 오! 그대가 새로이 그의 상처에 피흘리게 한다는 것을 생각하고 슬픔을 가지고 그리스도를 기억하라!

다음으로 이것은 즐거운 기억이어야 한다. "아브라함은 나의 때 볼 것을 즐거워하다가 보고 기뻐하였느니라"(요 8:56)라고 하였다. 그리스도인은 성찬식 날이 닥쳐오는 것을 볼 때 즐거워하여야 한다. 이 만찬의 규례는 하늘의 보증금이다. 이것은 우리 영혼이 사랑하는 바 그분을 보는 거울이며, 우리가 그리스도께로 운송되는 수레이다. 야곱이 자기를 그 아들 요셉에게로 태워갈 마차와 수레를 보았을 때 그의 정신이 소생하였다(창 45:27). 하나님은 슬픈 마음을 북돋아주고 소생시켜 줄 작정으로 성찬식을 제정하였다. 우리가 우리의 죄를 바라볼 때 슬퍼할 이유가 성립한다. 그러나 우리 죄를 위해 흘려주신 그리스도의 피를 볼 때 우리는 기뻐한다. 성찬식에서 우리의 부족은 공급받고 우리의 힘은 소생한다. 여기서 우리는 그리스도와 만나는데 이것이 기쁨을 요구하지 않겠는가? 남편과의 동거생활에서 오랫동안 떨어져 있던 여인은 남편을 대면하는 것이 기쁘다. 성찬식 때 믿음을 가진 배우자는 그리스도와 만난다. 그는 배우자에게 "내가 가진 모든 것은 그대의 것이다. 나의 사랑도 그대의 것이니, 그대를 불쌍히 여기노라. 나의 긍휼도 그대의 것이니, 그대를 구원하노라"고 말씀하신다. 어떻게 우리는 성찬식에서 그리스도의 흘리신 피를 생각하면서 기뻐하지 않을 수 있는가? '그리스도의 피는 낙원의 열쇠이다'(Sanguis Christi clavis paradisi). 우리는 모두 그 외에서는 차단되어 있다.

(3) 그리스도께 대한 간절한 사랑을 우리 안에 이룩하기 위한 것이다.

그리스도께서 우리를 위하여 피흘리실 때 우리는 "보라 얼마나 그가 우리를 사랑하셨는가?"라고 당연히 말할 것이다. 누가 그리스도께서 죽으시는 것을 보고서도 "사랑병"이 나지 않을 수 있을까? 그리스도의 사랑으로도 녹일 수 없는 마음은 돌 같은 마음이다.

(4) 타락을 억제하는 것이다.

그리스도께서 우리를 위해 십자가에 못박히신 것을 보는 것은 우리 안에 있는 죄를 십자가에 못박는 수단이다. 그의 죽으심은 질투의 물처럼 죄의 넓적다리로 하여금 썩게 한다(민 5:27). 어떻게 아내가 그 남편을 죽인 창날을 보는 것을 견딜 수 있는가? 마찬가지로 그리스도로 하여금 그의 영광을 가리시게 하였고 그의 피를 흘리시게 하였던 저 죄들을 어떻게 우리가 견딜 수 있는가? 로마국민은 시저의 피 묻은 겉옷을 보았을 때 그를 죽인 자들에게 대하여 격분하였다. 죄는 그리스도의 흰 겉옷을 찢었고 이것을 진홍색으로 물들였다. 이것에 대한 생각이 우리로 하여금 죄에 대하여 복수하도록 노력하게 할 것이다.

(5) 모든 은혜와 소망과 열심과 인내의 증대와 증가이다.

설교된 말씀은 은혜를 낳고 주의 만찬은 이것을 길러준다. 육체가 영양공급을 받아 힘을 증가시키는 것과 같이 영혼도 성찬식으로 그리스도의 영양공급을 받아 힘을 증가시킨다. '영력이 떨어질 때 나는 강건케 하는 잔을 받는다'(*Cum defecerit virtus mea calicem salutarem accipiam*). 즉 나의 영적 능력이 쇠약해지기 시작할 때 나는 치료법을 알고 있다는 말이다. "나는 주의 상으로 나가서 거기서 잔을 마시고 나의 쇠퇴하는 힘을 복구시킨다"라고 버나드는 말한다. 죽은 돌과 살아 있는 나무 사이에는 차이가 있다. 돌들과 같은 악인은 아무런 영적 성장을 받지 못한다. 그러나 의의 나무들인 경건한 자는 그리스도의 피로 급수를 받아 은혜 안에서 더욱 열매 맺도록 자라간다.

4) 왜 우리는 이 거룩한 만찬을 받아야 하는가?

(1) 주의 만찬은 의무로 지워진 것이기 때문이다.
"받아 먹으라." 그리고 자세히 보라. 이것은 사랑의 명령이다. 만일 그리스도께서 우리에게 좀더 큰 문제를 명령하셨다면 우리가 이것을 아니했겠는가? "선지자가 당신을 명하여 큰일을 행하라 하였더면 행치 아니하였으리이까"(왕하 5:13)라고 하였다. 만일 그리스도께서 수천의 수양을 자기에게 드리라고 분부하셨다면, 또는 우리 몸의 열매와 헤어지라고 명하셨다면 우리가 이것을 아니했겠는가? 하물며 그가 "받아라", 그리고 "먹으라"라고 말씀하시는 것임이라. 나의 찢긴 몸이 너를 먹이게 하라. 나의 쏟아낸 피가 너를 구원하게 하라. "받아라", 그리고 "먹으라" 이것은 사랑의 명령이니 우리가 쾌히 순복하지 않겠는가?

(2) 주의 만찬에 불참하는 것은 그리스도를 노엽게 하기 때문이다.
"지혜가…상을 갖추고"(잠 9:2)라고 하였다. 이와 같이 그리스도께서는 그의 상을 베푸시고, 떡과 포도주(그의 몸과 피를 나타내는)를 손님들 앞에 진설하셨는데, 그들이 고의적으로 이 예식을 저버릴 때, 그는 이것을 자기의 사랑을 무시하는 것으로 간주하신다. 그래서 이것이 그를 노엽게 한다. "내가 너희에게 말하노니 전에 청하였던 그 사람은 하나도 내 잔치를 맛보지 못하리라 하였다"(눅 14:24)라고 하였다. 나는 그들을 내 나라에서 쫓아내리라. 나는 그들에게 불길한 연회를 배설하리니, 거기서는 울음이 첫째 코스가 될 것이고 이를 갊이 둘째 코스가 될 것이다.

5) 주의 만찬은 자주 집행해야 하는가?

그렇다. "너희가 이 떡을 먹으며 이 잔을 마실 때마다"(고전 11:26)라고 하였다. 이 규례는 일 년에 한 번, 또는 우리 일생에 한 번만 거행할 것이 아니라 자주 할 것이다. 그리스도인 자신의 필요성이 성찬식에 자주 나오게 만들 수도 있다. 그의 부패는 강하기 때문에 죄의 독성을 몰아낼 해독제를 얻기 위하여 여기에 자주 참석할 필요가 있다. 그의 은혜는 약하다. 은혜는 등불과 같아서 자주 기름을 공급해주지 않으면 꺼지기 쉽다(계 3:2). 그런즉 이 규례를 좀처럼 지키지 않는 사람들이야 얼마나 하나님께 죄를 짓겠는가! 오랜 동안 음식을 삼가는 사람들이 강건하겠는가? 다른 사람들은 전적으로 피하는 이들이 있는데 이것은 그리스도의 규례에 대한 대단한 경멸이다. 그들은 암암리에 그리스도 혼자서나 그 잔치를 지키게 하라고 말한다. 인간은 얼마나 성미가 비뚤어진 존재인가! 그는 먹지 말아야 할 것을 먹으려 하고 먹어야 할 것을 먹지 않으려 한다. 하나님이 "이 금단의 열매를 먹지 말라"라고 말씀하시면, 그는 기어코 먹을 것이다. 하나님이 "이 떡을 먹으라. 그리고 이 잔을 마시라"고 말씀하시면 그는 먹기를 거절한다.

6) 모든 사람이 무차별적으로 이 거룩한 예식에 참여하여야 하는가?

아니다. 그렇게 되면 주의 상을 범상하게 만들게 되기 때문이다. 그리스도께서는 "진주를 돼지 앞에 던지지 말라"(마 7:6)고 하신다. 성찬식의 떡은 자녀의 떡이며, 따라서 이것은 불경한 자에게 던져져서는 안 된다. 율법을 주실 때 하나님이 아무도 건드리지 못하도록 산 주위에 경계를 제한하신 것처럼 하나님의 상도 불경한 자가 가까이 못하도록 경계하여야 한다(출 19:12). 초대교회 때에는 설교가 끝난 후 주의 만찬이 거행되려 할 즈음에 한 직원이 일어나서 "거룩한 것은 거룩한 사람들에게"라고 소리치면 회중 중에서 몇 명은 떠나가 버렸다. "나는 그리스도의 몸과 피를 불경한 자에게 주기보다는 차라리 내 손을 끊어버리고 싶다"라고 크리소스톰은 말한다. 악인은 그리스도의 살을 먹지 않고 찢는다. 그들은 그의 피를 마시지 않고 흘린다. 성찬식에서의 이 거룩한 신비들은 '떨리는 신비들', 즉 영혼이 보고 떨어야 할 신비이다. 죄인들은 하나님의 거룩한 성물을 더럽히며 그들은 성찬식의 잔을 망친다. 성경에는 악인은 그리스도의 발밑에 둘 것이요, 그의 상에 둘 것이 아니라고 한다(시 110:1).

7) 주의 만찬에 나아가기 전에 자신을 엄숙히 준비해야 한다.

우리는 주의 만찬을 합당하게 받기 위하여, 그리고 이것이 효과 있게 하기 위하여 자신을 엄숙히 준비해야 한다. 우리는 이 예식에 무례하고 불손하게 덤벼들어서는 안 되고 마땅한 순서로 임해야 한다. 유월절을 위해서는 많은 준비가 있었으며 성찬식은 이것의 대신이 된다(대하 30:18-19). 이 예식을 위한 엄숙한 준비는 다음과 같은 데 있다. 첫째, 자신을 조사해 보는 것과 둘째, 참석 전에 우리 영혼을 단장하는 것인데 이것은 회개의 물로 씻음과 은혜의 습관을 자극하여 실행에 옮김에 의하여 된다. 셋째, 이 예식에 축복을 내리시도록 간구하는 것이다.

(1) 성찬식을 위한 엄숙한 준비는 자기반성에 있다.

"사람이 자기를 살피고 그 후에야 이 떡을 먹고 이 잔을 마실지니"(고전 11:28)라고 하였다. 이것은 권고일 뿐 아니라 또한 명령이다. "자기를 살필지니"라고 하였다. 마치 왕이 "이것을 법으로 정할지니"라고 말함과 같다. 이들 만찬의 성찬물들은 예수 그리스도에 의하여 고귀한 신비의 경지로 성별됨으로써 그의 몸과 피를 나타낸다. 그러므로 준비가 있어야 하는 것이다. 그리고 만일 준비가 있어야 한다면 넌서 자기반성이 있어야 하는 것이다. 우리의 구원이 여기 달려 있으니 우리 자신을 검토하는 데 진실하자. 우리는 다른 일들을 조사하는 데는 호기심이 강하다. 우리는 시금석을 가지고 조사해보기 전에는 금을 사들이지 않을 것이다. 소유권을 조사해보기 전에는 땅을 사들이지 않을 것이다. 하물며 우리 영혼의 상태를 조사하는 데는 그만큼 정확하고 면밀하지 않겠는가?

자기반성을 위하여 무엇이 요구되는가? 영혼의 엄숙한 퇴거가 있어야 한다. 우리는 우리 자신을 구별하여야 하며, 당분간 모든 세속적인 사역에서 은퇴하여야 한다. 그래서 이 일에 좀더 진지해야 한다. 군중 속에서는 계산서를 셈하는 것이 불가하며, 또 세상적인 사업에 골몰하는 군중 속에 있을 때는 자신을 반성해 볼 수가 없다. 성경에 의하면, 여행 중에 있는 사람은 유월절에 참석해서 인치는데 그 이유는 그의 마음이 세속적인 염려로 가득 차 있으며, 그의 생각은 그의 여행에 관하여 붙잡혀 있기 때문이다(민 9:13). 우리가 자기반성의 작업을 할 때 서두를 필요는 없다. 또는 산만한 생각을 가질 필요가 없고 다만 이 작업에 더욱 집중하기 위하여 골방 속에 잠그고 들어가 은둔할 필요가 있다.

자기반성이란 무엇인가? 이것은 양심의 법정을 설정하고 거기 장부에 기록하는 것인데 엄격한 검사에 의하여 사람이 하나님과 자기 사이가 어떤 상태에 있는지 깨닫는 것이다. 이것은 영적 심문이며 마음의 해부이다. 이것으로 사람은 자기의 마음을 시계처럼 조각조각 분해해서 거기에 무엇이 결여되어 있는지 보는 것이다. 이것은 자기 자신과의 대화이다. "마음에 묵상하며"(시 77:6)라고 하였다. 다윗은 자기 자신에게 책임을 물었으며 자기 자신의 마음을 심문하였다. 자기반성은 비판적 취조, 또는 수색이다. 비유에 나오는 여인이 촛불을 켜서 잃어버린 돈을 찾아 헤맨 것처럼 양심은 주님의 촛불이다(눅 15:8). 이 촛불을 가지고 성령이 당신 안에 이룩하신 것을 찾을 수 있는 대로 찾아내라.

우리가 우리 자신을 검사해야 할 척도와 표준은 성경이다. 우리는 공상이나 다른 사람들이 우리에게 갖는 좋은 평판을 우리 자신을 판단하는 척도로 삼아서는 안 된다. 금장색이 그의 금을 시금석에 갖다 대듯이 우리는 우리의 마음을 성경의 시금석에 갖다 대야 한다. "율법과 증거의 말씀을 좇을지니"(사 8:20)라고 하였다. 말씀은 무엇을 말하는가? 우리는 죄에서 떠났는가? 우리는 성령으로 새로워졌는가? 우리가 합당한 수찬자인지 아닌지 말씀으로 하여금 결정하게 하라. 우리는 태양 빛에 의하여 색깔을 판단한다. 이와 같이 우리는 성경의 햇빛에 의하여 우리의 영혼의 상태를 판단하여야 한다.

우리가 주의 만찬에 나아가기에 앞서 자기반성을 해야 할 주된 이유는 무엇인가?

첫째, 이것은 우리에게 지워진 의무이다. "자기를 살필지니"라고 하였다. 유월절에 날로 먹어서는 안 된다(출 12:9). 그러한 예식에 반성도 없이 경시하는 태도로 임하는 것은 합당치 못한 태도로 임하는 것이며 유월절을 날로 먹는 것과 같다.

둘째, 우리가 성찬에 참석하기 전에 자신을 반성하여야 하는 것은 이것이 지워진 의무일 뿐만 아니라 반대를 받는 의무이기 때문이기도 하다. 자기반성보다도 더 자연적으로 마음에 꺼리는 것은 아무것도 없다. 우리는 마음이 반대하는 그런 의무가 좋은 것인들 알 수 있다. 그러나 왜 마음은 이것을 그토록 반대하는가? 왜냐하면 이것은 부패한 본성의 경향을 거스르고 혈과 육에 어긋나기 때문이다. 마음은 유죄하다. 그런데 유죄한 사람이 조사받기를 좋아하겠는가? 마음은 이것을 반대한다. 그러므로 이것을 맹공격하는 것이다. 마음이 반대하는 그 의무가 선하기 때문이다.

셋째, 자기반성은 필요한 작업이기 때문이다. 이것이 없이는 사람은 자기가 어떻게 되어 있는지, 그가 은혜를 받았는지 안 받았는지 결코 알 길이 없다. 그리고 이것은 대단히 불안할 수밖에 없다. 그가 즉시 죽을는지, 그가 어떻게 될 것인지, 어떤 해안으로 항해하게 될 것인지, 하늘로 갈 것인지 알지 못한다. 소크라테스가 "나는 곧 죽을 것이다. 그리고 내가 행복할 것인지 불행할 것인지 신들은 안다"라고 말한 것과 같다. 그러므로 자기반성은 얼마나 필요한가? 반성에 의하여 사람은 자기 영혼의 진정한 상태를 알고 영원히 자기가 어떻게 될 것인가를 알 수 있게 된다!

자기반성이 필요한 것은 성찬시의 탁월성 때문이다. '그 떡을'(*do illo pane*), 즉 그 탁월한 떡을, 그 성별된 떡을, 주의 떡일 뿐 아니라 바로 주님이신 그 떡을 먹게 하라(고전 11:28). '그 잔을'(*de illo poculo*), 즉 그 보배로운 잔을, 그리스도의 사랑으로 향을 뿌리고 양념을 곁들인, 상징적으로 하나님의 피를 담고 있는 그 잔을 마시게 하라. 클레오파트라는 나라의 대가를 담고 있는 잔 속에 보석을 넣었다. 그러나 하나님의 피로 기름지게 한, 우리가 마셔야 할 이 거룩한 잔은 나라의 대가 이상이다. 이것은 하늘보다도 더 값어치가 있다. 그러므로 그러한 왕이 잔치에 임할 때, 그리스도 전부를, 그의 신성과 인성을 다 먹게 될 때, 우리는 그러한 연회에 합당한 손님이 되기 위하여 얼마나 우리 자신을 미리부터 반성해야 하겠는가!

자기반성이 필요한 것은 하나님이 우리를 조사하시기 때문이다. 그것은 슬픈 질문이었다. "친구여 어찌하여 예복을 입지 않고 여기 들어왔느냐"(마 22:12)라고 하였다. 사람들은 "오! 내 영혼아! 너는 주의 상에 합당한 손님이냐?"라는 질문을 자문하기를 몹시 싫어한다. 그대가 애통할 만한 어떤 죄가 있지 아니한가? 그대가 얻어야 할 어떤 하늘의 증거들이 있지 아니한가? 그래서 사람들이 스스로 이 질문을 묻지 않을 때는 하나님이 그들에게 이 질문을 던지사, 너는 어떻게 준비도 하지 않고 여기 내 상에 들어왔느냐고 하실 것이다. 너는 어떻게 믿지 않는, 또는 불경한 마음을 가지고 여기에 들어왔느냐? 그러한 질문은 마음을 열리게 할 것이다. 천부장이 채찍질하여 바울을 심문하려 했던 것처럼 하나님은 사람을 심문하실 것이다(행 22:24). 만일 하나님이 저울로 다신다면 가장 선한 성인도 부족함이 발견될 것이다. 그러나 그리스도인이 편견 없는 탐색을 했을 때, 그리고 하나님과 자기 자신의 영혼 사이에 정직하게 처신하려고 노력했을 때는 그리스도의 공로가 저울접시에 몇몇의 허용의 분동을 보태 줄 것이다.

자기반성이 필요한 것은 수색을 하지 않고는 발견할 수 없는 마음속의 비밀한 부패 때문이다. 마음속에는 '통탄스런 어두움'(plangendae tenebrae), 즉 "숨은 오염"이 있다(Augustine). 청지기가 잔을 가졌다고 나무랐을 때 즉시 갖지 않았다고 명세할 태세가 되어 있는 것이 그리스도인이나 요셉의 형제들이나 마찬가지다. 수색해 보니 그들 중 한 사람의 자루 속에서 발견되었던 것이다. 수색해 보기 전까지는 자기 마음속에 어떠한 교만과 무신론과 불결함이 있는지 그리스도인은 거의 생각하지 않는다. 그러므로 그러한 땅 밑에서 흐르는 샘물같이 숨은 죄악이 있을진대, 우리의 비밀한 죄를 찾아내서 겸손해지고 회개하기 위하여 우리 자신을 조사해 볼 필요가 있다. 만일 숨은 죄를 찾아내지 않는다면 영혼을 더럽힌다. 알곡이 오랫동안 왕겨 속에 묻혀 있으면 왕겨가 알곡을 더럽힌다. 이와 같이 오랫동안 숨겨져 있는 죄는 우리의 본분을 더럽힌다. 그러므로 우리는 이 거룩한 만찬에 나오기 전에 이스라엘이 유월절에 나오기 전에 누룩을 수색해 냈던 것처럼 이들 숨은 죄들을 찾아낼 필요가 있다.

자기반성이 필요한 것은 이것이 없이는 우리는 쉽사리 우리 자신을 속일 수 있기 때문이다. "만물보다도 거짓되고 심히 부패한 것은 마음이라"(렘 17:9)고 하였다. 허다한 사람의 마음은 자기가 주의 상에 합당하다는 것을 자기에게 말해 줄 것이다. 그리스도께서 세베대의 아들들에게 "나의 마시려는 잔을 너희가 마실 수 있느냐"(마 20:22)라고 질문하셨을 때와 같다. 너희는 그와 같은 피흐르는 고난의 잔을 마실 수 있는가? "저희가 말하되 할 수 있나이다"라고 하였다. 이와 같이 마음은 사람에게 성찬식의 잔을 마시기에 합당한지, 결혼예복을 입고 있는지 암시해 줄 것이다. '심히 깊은 것이 인간이다'(Grande profundum est homo-Augustine). 즉 "마음은 큰 사기꾼이다." 속이는 장사꾼이 나쁜 상품을 주어 사람을 따돌리듯이 마음도 사람을 구원받는 은혜 대신 허울 뿐인 은혜를 주어 따돌릴 것이다. 한두 방울 흘린 눈물이 회개요, 몇 가지 게으른 욕구가 믿음이요, 마치 곡식 가운데서 자라나는 울긋불긋한 꽃들이 좋은 꽃들처럼 보이지만 단지 아름다운 잡초에 지나지 않는 것과 같다. 미련한 처녀들의 그릇은 그 속에 기름이 들어 있는 것처럼 보였지만, 그 속에 기름은 없었다. 그러므로 참 은혜보다 거짓 은혜를 받지 않도록 속임수를 방지하려면 주의 상에 나오기 전에 우리는 우리 마음을 철저히 탐색할 필요가 있다.

자기반성이 필요한 것은 경건한 사람이 그들의 마음속에 품고 있기 쉬운 거짓 두려움 때문인데, 이것은 그들로 하여금 슬픈 태도로 성찬식에 참여하게 만든다. 은혜 없는 사람들이 반성의 부족 때문에 주제넘게 나서는 것처럼 은혜 있는 사람들은 반성의 부족 때문에 낙심하기 쉽다. 많은 하나님의 자녀들은 자기 자신들을 두려움의 검은 안경을 통해 바라본다. 그들은 그리스도께서 자기들 속에 이루어지지 아니했을까 두려워하며, 그들은 약속에 참여권이 없을까 두려워한다. 이 마음의 두려움들이 눈에 눈물이 나게 한다. 그렇지만 탐색하고 조사해 보기만 하면 은혜가 있다는 것을 발견할 수 있다. 그들의 마음은 죄로 인하여 낮추어지지 않았는가? 이것이 상한 갈대가 아니고 무엇인가? 그들은 주를 갈망하여 울지 않는가? 이 눈물이 믿음의 씨앗이 아니고 무엇인가? 그들은 예식에서 그리스도를 위하여 목말라 하지 않는가? 이것은 젖을 위하여 부르짖는 새 피조물이 아니고 무엇인가? 여기에 은혜의 씨앗이 있음이 확실하다. 그래서 그리스도인들이 그들의 마음을 조사한다면 자기들 속에 무엇인가 하나님의 것이 있음을 알게 될 것이며, 그래서 그들의 잘못된 두려움은 방지될 것이며 그들은 성찬식 때에 거룩한 성찬물에 위로를 가지고 접근할 수 있을 것이다.

자기반성은 이것 없이 합당치 않게 나아오는 위험을 고려할 때 필요하다. 그는 "주의 몸과 피를 범하는 죄가 있느니라"(고전 11:27)고 하였다. 이것은 마치 그리스도를 도살하는 것과 동등하다(*Par facia quasi christum trucidaret*-Grotius). 하나님은 주 예수를 십자가에 못박은 자와 셈하듯이 그와 셈하신다. 그는 그리스도의 피를 마시지 않고 흘린다.

그래서 유대인들이 "그 피를 우리와 우리 자손에게 돌릴지어다"라고 말했을 때와 같은 그런 저주를 자초한다. 그리스도의 피의 은덕보다도 더 안위하는 것은 없다. 이것의 죄 책보다도 더 무서운 것은 없다.

넷째, 자기반성의 어려움 때문에 성찬식 전에 우리 자신을 검토해 보아야 한다. 어려움은 고귀한 정신을 함양한다. 자기반성이 어려운 것은 이것이 내면적인 작업이기 때문이요 마음속에 있는 것이기 때문이다. 외적인 헌신의 행위는 쉽다. 우러러보는 것, 무릎을 꿇는 것, 몇 줄 기도문을 속독하는 것은 가톨릭교도들이 몇 개의 염주알을 세며 기도하는 것만큼이나 쉽다. 그러나 사람이 자신을 조사하는 것, 마음을 갈기갈기 찢는 것, 주의 상에 우리가 합당한지를 성경으로 시험하는 것은 쉽지 않다. 성찰의 행위는 가장 어려운 것이다. 눈은 거울로 보지 아니하면 자체를 볼 수 없다. 이와 같이 우리는 우리 자신의 마음을 보기 위하여 말씀과 양심의 거울을 가지고 있어야 한다. 다른 사람들의 허물을 찾아내기는 쉬우나 우리 자신의 허물을 찾아내기는 어렵다. 자기반성은 자기사랑을 고려할 때 어렵다. 무지가 눈멀게 하는 것처럼 자기애는 아첨한다. 솔로몬이 사랑에 대하여 말하는 바 "사랑은 모든 허물을 가리우느니라"라고 한 말씀은 자기사랑에 대하여도 가장 적중한다(잠 10:12). 자기애라는 아첨의 거울로 자기 자신을 들여다보고 있는 사람에게는 자기 덕이 실제보다 더 커 보이고 그의 죄는 더 작아 보인다. 자기애는 사람으로 하여금 자기를 반성하기보다는 오히려 자기 자신을 변명하게 만든다. 자기애는 아첨으로 자기 자신을 최선이라고 생각하게 만든다. 그리고 자기 자신을 좋게 평가하는 사람은 자기 자신을 의심하지 않는다. 그리고 자기 자신을 의심하지 않으므로 그는 자진하여 자기 자신을 반성하지 않는다. 그러므로 자기반성의 작업은 그토록 어렵기 때문에 좀더 공평무사와 근면을 요구한다. 어려움은 근면에 이르는 박차가 될 것이다.

다섯째, 우리가 참석하기 전에 우리 자신을 검사해야 하는 것은 자기반성이 주는 이익 때문이다. 그 혜택은 그것이 어떤 방법으로 끝나든지 크다. 만일 검사하고 나서 진리 안에서 우리에게 은혜가 없음을 발견한다면 잘못은 발견되고 위험은 방지된다. 만일 은혜가 있음을 발견한다면 우리는 이것으로 위로를 얻을 수 있을 것이다. 탐색하고 나서 자기가 '최소한의 은혜를' (minimum quod sit) 가지고 있는 것을 발견하는 사람, 그는 증인석을 발견한 사람과 같다. 그는 행복한 사람이다. 그는 주의 상에 합당한 손님이다. 그는 모든 약속의 상속인이다. 그는 마치 벌써 하늘에 가 있는 사람처럼 하늘나라에 갈 것임에 틀림없다.

그러면 성찬을 통해 우리는 무엇을 검사해야 하는가?

첫째, 우리의 죄들이다. 어떤 죽은 파리가 아름다운 향유를 망쳐놓는지 탐색하라. 우리가 성찬식에 임할 때는 유대인들이 유월절 전에 한 것처럼 누룩을 찾아내야 할 것이며, 이것을 발견한 다음에는 태워버려야 할 것이다. 우리는 교만의 누룩을 찾아내자. 이것은 우리의 거룩한 성찬물을 상하게 만든다. 겸손하신 그리스도가 교만한 마음속에 영접되겠는가? 교만은 그리스도를 내어쫓는다. '내부에 존재할 때 이것은 다른 것을 금지시킨다' (Intus existens prohibet alienum). 교만한 사람에게는 그리스도의 피가 효험이 없으며, 죽은 사람의 입 속에 넣어준 강장제와 같아서 그 효력을 잃는다. 우리는 교만의 누룩을 찾아내어 던져버리자. 우리는 탐심의 누룩을 찾아내자. 주의 만찬은 그리스도의 몸과 피를 나타내는 영적 신비이다. 땅에 속한 마음이 여기서 무엇을 하겠는가? 흙은 불을 끈다. 이와 같이 현세적인 마음은 거룩한 사랑의 불을 끈다. '흙은 가장 무거운 원소이다'(*elementum gravissimum*). 이것은 올라가지 못한다. 흙을 끈끈이로 바른 영혼은 하늘의 사고력에까지 올라가지 못한다. "탐심은 우상숭배니라"(골 3:5)라고 하였다. 우상이 있는 그 마음속에 그리스도께서 들어오시겠는가? 이 예식에 참석하기 전에 이 누룩을 찾아내라. 현세적인 마음이 어떻게 영이신 하나님과 사귈 수 있는가? 흙덩어리가 태양에 입맞출 수 있는가? 위선의 누룩을 찾아내라. "바리새인들의 누룩 곧 외식을 주의하라"(눅 12:1)고 하였다. 아퀴나스는 이것을 덕성을 '가장하는 것'(*simulatio virtutis*)이라고 묘사한다. 위선자는 살아 있는 연극이라 그는 단지 종교의 모양만을 낸다. 그는 하나님께 자기의 무릎은 드리면서 마음은 드리지 아니하며, 하나님은 성찬식에서 그에게 떡과 포도주를 주시면서 그리스도는 주시지 않는다. 오! 우리는 이 위선의 누룩을 찾아내서 태워버리자!

둘째, 우리의 은혜를 조사해 보아야 한다. 한 가지만 예를 들겠다. 즉 우리의 지식이다. 우리는 지식을 가지고 있는지, 또는 하나님께 도리에 맞는 봉사를 드릴 수 있는지 조사해 보아야 한다(롬 12:1). 성찬을 받는 사람에게 지식은 필수적인 요소이다. 이것이 없이는 성찬식에 대한 합당함이 있을 수 없다. 선함이 없는 사람은 주의 상에 참여하기에 합당하지 못하다. 그런데 지식이 없이는 마음이 선하지 않다(잠 19:2). 어떤 사람은 지식이 없으면서 선한 마음을 가졌노라고 말한다. 마치 자기의 눈은 좋지만 시력이 없다고 말하는 것과 같다. 율법 아래서는 사람의 머리에 문둥병이 있을 때 제사장은 그를 부정하다고 선언해야 했다. 무지한 사람은 그의 머리에 역병을 가지고 있으니 그는 부정하다. 무지는 육욕의 모태이다(벧전 1:14), 그러므로 참석 전에 우리는 종교의 주요 기초 원리에 대하여 지식을 가지고 있는지 살펴보는 것이 필요하다. "오늘까지…수건이 오히려 그 마음을 덮었도다"라는 말씀이 우리에게 해당되지 않도록 하라(고후 3:15). 이 지적인 시대에서 우리는 복음의 신비에 대한 어느 정도의 통찰력을 갖지 않을 수가 없다. 우리는 예쁘고 시력이 좋지만 불임증이 있던 라헬처럼 될까 두렵다. 그러므로 우리는 우리의 지식이 바르게 갖춘 지식인지 검토하자. 이것은 영향력이 있는가? 우리의 지식은 우리의 마음을 뜨겁게 하는가? '이해력에서의 명확성은 결과적으로 뜨거움을 산출한다'(Claritus intellectu parit ardorem in effectu). 즉 이해력에서의 명확성은 행위에서 열심을 불러일으킨다. 구원하는 지식은 인도할 뿐만 아니라 또한 활기를 준다. 이것은 생명의 빛이다(요 8:12). 우리의 지식은 실제적인가? 우리는 많은 것을 듣는다. 우리는 알고 있는 진리를 사랑하는가? 마음을 치장해 줄 뿐만 아니라 또한 생활을 개혁시켜 주는 그 지식이 올바른 지식이다.

(2) 성찬식을 위한 엄숙한 준비는 우리의 영혼을 옷 입히는 데 있다.

이 영혼의 정장은 두 가지로 된다. 첫째, 회개하는 눈물의 놋대야에서 씻는 것이다. 회개하지 아니한 죄의 죄책을 가지고 이 예식에 참여하는 것은 마음을 한층 더 완악하게 해주는 길을 마련해 주는 것이며, 사단에게 이것을 더욱 완전히 장악하게 해주는 것이다. "그들이 그 찌른 바 그를 바라보고 그를 위하여 애통하기를"(슥 12:10)이라고 하였다. 슬픔의 구름은 눈물 되어 떨어져야 한다. 우리는 오염 때문에 슬퍼하는 것과 마찬가지로 우리를 위하여 죽으신 그리스도의 사랑에 배치되는 모든 죄 속에 있는 무정한 짓 때문으로도 슬퍼하여야 된다. 베드로는 자기의 비중생으로부터 자기를 불러내어 사도로 삼으시고 변화산상으로 자기를 데리고 올라가서 거기서 환상 가운데 하늘의 영광을 보게 하신 그리스도의 사랑을 생각하고 그리고 나서 자기가 그리스도를 부인한 것을 생각하고 그 마음이 아팠다. 그래서 "심히 통곡하니라"(마 26:75)고 하였다. 성찬식에 나아가기 전에 성부 하나님의 깊은 자비와, 성자 하나님의 피흘리는 상처와 성령 하나님의 복된 영감에 거스른 죄를 생각하는 것은 우리의 눈을 눈물로 가득 채워서 우리를 비탄한 가책의 거룩한 몸부림 속으로 들게 하기에 족하다. 우리는 죄 때문에 고민하며 죄로부터 떠나야 한다. 뱀은 들이마시기 전에 그 독을 뱉어낸다. 이 점에서 우리는 뱀처럼 지혜로워야 한다. 성찬식의 잔을 마시기 전에 우리는 회개함으로써 죄의 독을 뱉어내야 한다. '애통할 것을 범하지 않는 그 사람이 참으로 범죄한 것을 애통한다'(fille vere plangit commissa, qui non committit plangenda-Augustine).

즉 "자기가 슬퍼했었던 죄를 범하지 않는 그 사람 이 진실로 자기가 범했던 죄를 슬퍼한다."

둘째, 영혼의 정장은 은혜의 습관을 자극시키고 분기시켜서 열렬한 실천으로 옮기는 것이다. "네 속에 있는 하나님의 은사를 다시 불일듯 하게 하기 위하여 너로 생각하게 하노니"라고 하였다. 즉 성령의 은사와 은혜를 말한다(딤후 1:6). 불일듯 하게 한다는(stir up) 뜻의 그리스어 단어는 은혜를 불어서 불꽃을 일으키게 하는 것을 의미한다. 은혜는 흔히 불어 일으킬 필요가 있는 등걸불 속의 불과 같다. 선한 사람조차도 사전에 합당한 절차를 밟아 나아가기 위하여, 즉 은혜를 분기시켜 활발한 실천에 옮기기 위하여 마음으로 애써 본 적이 없기 때문에 기분 좋게 이 예식에 임하지 않을 수도 있다는 것이 가능하다. 그래서 비록 그는 저주를 먹고 마시지는 않지만 성찬식에 있는 위로는 받지 못한다.

(3) 성찬식을 위한 엄숙한 준비는 이 예식을 위해 축복을 비는 데 있다.

성찬식의 효능은 성령의 협동과 축복의 말씀에 달려 있다. 창립 때 그리스도께서는 성찬물들을 축복하셨다. "예수께서 떡을 가지사 축복하시고"라고 하였다. 성찬식은 이것이 우리에게 축복된 것 이상으로 우리에게 유익을 끼치지는 않을 것이다. 우리는 참석하기 전에 축복을 위해 기도해야 한다. 그래서 이것이 표시하는 표징일 뿐만 아니라 확증하는 봉인이요 그리스도와 우리에게 향한 그의 모든 혜택을 전달해 주는 도구가 되도록 해야 하는 것이다. 이 큰 예식이 우리의 죄에 대하여는 독이 되고 우리의 은혜에 대하여는 양식이 되도록 기도하여야 한다. 요나단의 경우 그가 꿀을 맛보았을 때 "눈이 밝아졌더라"라고 한 것과 같이, 이 거룩한 성찬을 받음으로 우리의 눈은 밝아져서 "주의 몸을 분별할" 수 있게 된다(삼상 14:27). 이와 같이 우리는 참석하기 전에 성찬식에 내릴 축복을 간주하여야 한다. 성찬식은 열매가 가득 열린 나무와 같다. 그래서 기도의 손으로 흔들지 않고는 이 열매 중에 아무것도 떨어지지 않을 것이다.

8) 성찬식이 우리에게 효과적이기 위해서는 올바른 참여가 있어야 하는데 이것은 네 가지로 되어 있다.

(1) 무가치하다는 겸손한 심정으로 하나님의 상에 가까이 갈 때이다.

우리는 생명의 떡의 한 부스러기도 받을 자격이 없다. 우리는 우리의 영광을 잃어버렸고, 또 파선한 선박 같은 가련하고 궁핍한 피조물들이다. 우리는 세리처럼 가슴을 치며 "하나님이여 우리 죄인을 불쌍히 여기옵소서" 하는 것이다. 이것이 이 예식에 올바로 참여하는 것이다. 우리의 무가치성을 볼 줄 아는 것이 우리의 가치성의 일부분이 된다.

(2) 주의 상에서 영혼의 호흡으로 충만하고, 그의 피 외에는 아무것도 끌 수 없는 그리스도를 향한 불타는 갈망으로 충만할 때이다.

"목마른 자는 복이 있나니"(마 5:6)라고 하였다. 충만할 때 뿐만 아니라 또한 목말라 하는 동안에도 그들은 축복을 받는다.

(3) 만찬의 올바른 참여는 우리가 그것을 믿음으로 받을 때이다.

우리는 믿음이 없이는 아무 좋은 것도 얻지 못한다. 설교된 말씀에 관하여 하신 말씀, 곧 "저희에게 유익되지 못한 것은 듣는 자가 믿음을 화합지 아니함이라"는 말씀은 성찬식에 대해서도 진리이다(히 4:2). 그리스도는 돌들을 변하여 떡이 되게 할 수도 있었겠으나 불신있은 떡을 변하여 영양을 공급해 주지 않는 돌이 되게 한다. 우리는 믿음으로 임할 때 올바로 참여하는 것이다. 믿음은 두 가지 행위를 가지고 있는데 그것은 집착하는 것과 적용하는 것이다. 우리는 첫 번째 것에 의하여 그리스도에게로 가며 두 번째 것에 의하여 그리스도를 우리에게로 모셔온다(갈 2:20). 이것이 우리가 일에 착수시켜야 할 은혜이다(행 10:43). 필로는 이것을 '믿음의 눈'(*fides ocular*)이라 부른다. 이것은 주의 몸을 분별하는 예리한 눈이다. 이것이 사실상의 접촉을 유발시키니 이것이 그리스도와 접촉한다. 그리스도께서는 마리아에게 "나를 만지지 말라"고 말씀하셨다(요 20:17). 그녀는 그녀의 육체의 손으로 그리스도를 만져서는 안 되었다. 그러나 그는 우리에게는 "나를 만지라", 네 믿음의 손으로 나를 만지라고 말씀하신다. 믿음은 그리스도를 영혼에게 소개시켜 준다. 신자는 성찬식에서 실재적인 임재를 가지게 된다. 태양의 몸체는 창공에 있지만 태양의 빛은 눈에 들어온다. 그리스도의 본체는 하늘에 있지만 그의 빛과 영향력에 의하여 신자의 마음속에 계신다. "믿음으로 말미암아 그리스도께서 너희 마음에 계시게 하옵시고"(엡 3:17)라고 하였다. 믿음은 그리스도를 맛보는 미각력이다(벧전 2:3). 이것이 생명의 떡으로 하여금 영양공급을 하게 한다. '믿으라 그러면 당신은 먹은 것이다'(Crede et manducasti-Augustine). 믿음은 우리를 그리스도와 하나가 되게 한다(엡 1:23). 다른 은혜들은 우리를 그리스도를 닮게 하고, 믿음은 우리를 그리스도의 지체가 되게 한다.

(4) 성찬식을 사랑으로 받을 때 성찬식에 올바로 참여하는 것이다.

먼저 그리스도께 대한 사랑이다. 그의 마음이 그리스도에 대한 사랑으로 필히 연련해 있지 않고서야 그 누가 가시 면류관으로 찔리시고 고통으로 땀 흘리시며 십자가상에서 피흘리시는 그리스도를 볼 수 있을까? 우리를 위하여 자기의 생명을 속죄금으로 주신 그분을 어찌 우리가 사랑하지 않을 수 있는가? 사랑은 우리가 그리스도에게 드려야 할 향기로운 포도주요 석류즙이다(아 8:2). 이 우월하시고 복되신 예수께 대한 우리의 사랑은 다른 것들에 대한 우리의 사랑을 능가해야 된다. 마치 기름이 물 위에 뜨는 것과 같다. 비록 우리는 마리아처럼 우리의 값비싼 향유를 가져다 그의 몸에 부어드리지는 못하지만 모든 향유와 향료보다도 더욱 아름다운 우리의 사랑을 그에게 갖다 드릴 때 우리는 이보다 더 귀한 일을 하는 것이다.

다음으로 성도들에 대한 사랑이다. 성찬식은 사랑의 연회이다. 비록 우리는 이것을 회개의 쓴 나물과 함께 먹어야 하지만 악의의 쓴 나물과 함께 먹어서는 안 된다. 우리가 먹는 모든 음식이 나쁜 체액으로 변화된다면 어찌 아니 슬프겠는가? 주의 상에 악의를 품고 나오는 사람은 그가 먹는 모든 것을 자기에게 해로운 것으로 변화시킨다. "자기의 죄를 먹고 마시는 것이라"

(고전 11:29)고 하였다. "사랑으로 임하라." 난로에 하루 종일 불을 지펴두는 것처럼 사랑의 경우도 마찬가지지만, 특별한 경우에는 더 큰 불을 땐다. 우리는 모든 사람을 사랑해야 한다. 그러나 여기서 함께 지체가 된 성도들에게 대해서는 우리의 사랑의 불을 더 크게 발휘해야 한다. 그리고 그들에 대한 우리의 애정적 관대함을 표시하는데 그들의 인격을 존중함으로써, 그들과의 교제를 선택함으로써, 그들에게 모든 사랑의 직분을 이행함으로써, 그들이 의심할 때 조언해 줌으로써, 그들이 두려워할 때 위로해줌으로써, 그리고 그들이 궁핍할 때 공급해 줌으로써 해야 한다. 이렇게 하여 한 그리스도인은 다른 그리스도인에게 에벤에셀이 될 수 있으며 그에게는 하나님의 사자같이 될 수 있다. 성찬식은 이것을 사랑으로 받지 않는 사람에게는 효과적일 수가 없다. 만일 사람이 독을 마시고 그런 다음에 강장제를 먹으면 그 강장제는 그에게 유익이 거의 없을 것이다. 이와 같이 자기 영혼 속에 악의의 독을 머금은 그 사람에게는 그리스도의 피의 강장제도 아무 유익이 없을 것이다. 그러므로 사랑과 박애를 가지고 나아오라.

적용 1 성찬식에 관한 전체 교리에서 성찬식이 얼마나 우리에 귀중한 것인가를 배우라. 이것은 새 언약의 축복을 우리에게 양도하는 인봉한 증서이다. 양피지 증서에 붙여진 조그마한 밀초 조각이 다른 사람에게 귀중한 양도증서나 주권을 확인해 주는 문서가 된다. 이와 같이 떡과 포도주로 된 성찬물들은 비록 그 자체로서는 대단한 가치가 없지만 은혜 언약을 확인해 주는 인봉이 되도록 성별되었기 때문에 인도제국의 모든 부보다도 더욱 값어치가 있다.

적용 2 성찬식이 그토록 거룩한 예식이기 때문에 거룩한 마음을 가지고 참석하자. 성별된 마음속이 아니면 십자가에 못박히신 그리스도를 영접할 수 없다. 그리스도께서는 잉태시에는 순결한 처녀의 모태 속에 누우셨으며, 임종시에는 그의 몸은 깨끗한 세마포 속에 싸여서 여태껏 한번도 더럽혀진 일이 없는 처녀 무덤에 누우셨다. 그리스도께서 더러운 무덤에 누워 있지 않으려 하셨다면 틀림없이 그는 더러운 마음속에는 영접되지 않으실 것이다. "여호와의 기구를 메는 자여 스스로 정결케 할지어다"(사 52:11)라고 하였다. 주님의 기구를 운반하던 자들도 거룩했어야 했다면 주님의 기구가 되어 그리스도의 피와 몸을 담고 있어야 할 그 사람들은 더구나 거룩하여야 한다.

 적용 3 성찬식에서의 그리스도의 몸과 피는 곤고한 영혼에게 가장 탁월한 특효약, 또는 위로가 된다. 그의 피를 쏟으심으로서 하나님의 공의는 완전히 만족되었다. 그리스도의 죽으심에는 모든 의심에 대하여 답변할 충분한 것이 들어 있다. 죄가 독이라면 무엇하랴? 그리스도의 살은 이것을 막는 해독제이다! 죄가 주홍같이 붉은들 어떠하랴, 그리스도의 피는 더 진한 색깔이 아니냐? 그래서 죄를 씻어 버릴 수 있지 않은가? 만일 사단이 그의 시험의 화살로 우리를 맞춘다 하더라도 여기 우리를 고칠 그리스도의 상처에서 나온 고귀한 유약이 있다(사 53:5). 성찬식에서 우리가 생명의 떡을 먹고 사는 한 고생의 떡을 먹고 산다 한들 어떠랴? 성찬식에서 올바로 받아들여진 그리스도는 치료를 위한 만병통치약이며 우리의 곤고한 영혼을 북돋아주기 위한 만능 강장제이다.

6. 기도

"나는 기도할 뿐이라"(시 109:4).

필자는 여기서 기도에 관하여 상론하지 않기로 한다. 이것은 『주의 기도』라는 책에서 더욱 상세히 고찰하게 될 것이다. 기도한다는 것과 기도에 몰두한다는 것은 별문제이다. 자주 기도하는 사람을 기도에 몰두한다고 말한다. 자주 구제를 하고 다니는 사람을 자선사업에 몰두한 사람이라고 말하는 것과 같다. 기도는 영광스러운 규례이며 이것은 영혼이 하늘과 교통하는 것이다. 하나님은 성령에 의하여 우리에게 내려오시고 우리는 기도에 의하여 그에게로 올라간다.

1) 기도란 무엇인가?

기도란 하나님 뜻에 합당한 것들을 얻기 위한 우리의 소원을 그리스도의 이름으로 하나님께 아뢰는 것이다. "기도는 우리의 소원을 아뢰는 것이다." 그러므로 우리의 요청을 알려 드리는 것이라고 불린다(빌 4:6). 기도로써 우리는 겸허한 청원자의 입장으로 나아가 우리의 청원을 인허받기 위하여 간청한다. 이것은 또 "우리의 소원을 하나님께 아뢰는 것"이다. 기도는 하나님 외의 다른 이에게는 드려서는 안 된다. 가톨릭교도들은 우리의 애로사항을 알 바 없는 성직자들과 천사들에게 기도한다. "아브라함은 우리를 모르고"(사 63:16)라고 하였다. 모든 우상숭배는 금지되었다(골 2:18-19). 우리가 믿어도 되는 그분 외에 다른 것에게는 우리는 기도해서는 안 된다. "그런즉 저희가 믿지 아니하는 이를 어찌 부르리요"(롬 10:14)라고 하였다. 우리는 천사를 믿을 수 없다. 그러므로 우리는 천사에게 기도해서는 안 된다.

2) 왜 기도는 하나님께만 드려야 되는가?

(1) 하나님만이 기도를 들으시기 때문이나.

"기도를 들으시는 주여"(시 65:2)라고 하였다. 하나님은 기도를 들으신다는 이 점에서 참 하나님이신 줄 알 수 있다. "여호와여 내게 응답하옵소서 내게 응답하옵소서 이 백성으로 주 여호와는 하나님이신…것을 알게 하옵소서"(왕상 18:37)라고 하였다.

(2) 하나님만이 도우실 수 있기 때문이다.

우리는 제2 원인들에게 호소하여 여인처럼 "나의 주 왕이여 도우소서"라고 외칠 수 있다. 그때 왕은 "여호와께서 너를 돕지 아니하시면 내가 무엇으로 너를 도우랴"(왕하 6:26-27)라고 말하였다. 만일 우리가 외부적인 고난에 빠져 있으면 하나님은 하늘로부터 보내사 구원하실 것이 틀림없다. 만일 우리가 내부적인 고통 속에 들어 있으면 하나님만이 기름의 기름을 부어 넣어 주실 수 있다. 그러므로 기도는 하나님께만 드려야 된다.

우리는 "하나님 뜻에 합당한 것들을 위하여" 기도해야 한다. 우리가 외적인 것들, 재물 또는 자녀들을 위하여 기도할 때는 아마도 하나님은 이것들이 우리를 위하여 유익되지 않다고 보실 것이다. 그리고 우리의 기도는 그의 뜻과 어울려야 한다. 우리는 은혜를 위해서는 무조건으로 기도할 수 있다. "하나님의 뜻은 이것이니 너희의 거룩함이라"(살전 4:3)고 하였다. 다른 향을 드려서도 안 된다(출 30:9). 우리가 하나님 뜻에 합당치 않은 것들을 위하여 기도할 때는 이것은 다른 향을 드리는 것이 된다. 우리는 "그리스도의 이름으로" 기도해야 한다. 그리스도의 이름으로 기도하는 것은 기도 가운데 그리스도의 이름을 언급하는 것일 뿐만 아니라 그의 공로에 대한 소망과 확신 가운데서 기도하는 것이다. "사무엘이 젖 먹는 어린양을 취하여 온전한 번제를 여호와께 드리고"(삼상 7:9)라고 하였다. 우리는 우리의 믿음의 팔로 어린양 그리스도를 안고 가야 되며 그렇게 해야 기도에서 승리할 것이다. 웃시야가 제사장도 없이 분향하고자 했을 때 하나님은 진노하사 그를 문둥병으로 치셨다(대하 26:16). 우리가 그리스도의 이름으로, 그의 중재해 주심을 바라고 기도하지 않을 메는 제사장 없이 분향하는 것이 된다. 그러면 우리가 책망을 받게 되고 하나님으로 하여금 우리에게 무서운 것으로 응답하시게 하는 것 밖에 우리가 무엇을 기대할 수 있겠는가?

3) 기도는 몇 가지 부분으로 되어 있는가?

첫째, 고백적인 부분이 있는데 이것은 죄를 시인하는 것이다.

둘째, 간구의 부분이 있는데 이것은 어떤 악을 없이해 달라고 기도하거나, 또는 어떤 선을 얻게 해달라고 요청할 때이다.

셋째, 감사의 부분이 있는데 이것은 은혜에 대하여 감사를 드릴 때이며, 이것은 기도의 가장 우수한 부분이다. 간청을 하는 데서 우리는 인간처럼 행동하고 감사를 드리는 데서 우리는 천사처럼 행동한다.

4) 기도의 종류들은 무엇인가?

(1) 마음으로 하는 묵상기도가 있다(삼상 1:13).

(2) 음성의 기도가 있다(시 77:1).

(3) 부르짖는 기도가 있다.
이것은 하나님께 마음을 갑자기, 그리고 짧게 올려드리는 것이다. "내가 곧 하늘의 하나님께 묵도하고"(느 2:4)라고 하였다.

(4) 영감받은 기도가 있다.
이것은 하나님이 우리 마음속에 넣어주신 그것들을 위하여 기도하는 경우이다. 성령은 탄식과 신음으로 우리를 도우신다(롬 8:26). 혀에 의한 표현이나 마음의 느낌이나 다 올바른 한 성령으로부터 온 것이다.

(5) 규정된 기도가 있다.
우리 구주께서는 우리에게 기도의 본보기를 설정해 주셨다. 하나님은 제사장들을 위하여 축복의 격식을 규정해 주셨다(민 6:23).

(6) 공중기도가 있다.
이것은 다른 사람들이 듣는 데서 기도하는 것이다. 많은 사람이 모여 그들의 힘을 합칠 때 기도는 더욱 강력하게 된다. '단결된 힘은 더 강하다'(*Vis unita fortior*, 마 18:19).

(7) 개인기도가 있다.

이것은 우리가 혼자 기도하는 경우이다. "네 골방에 들어가"(마 6:6)라고 하였다.

올바로 갖출 것을 갖춘 그 기도가 하나님께서 가장 들으심직하다. 올바른 성분을 가지고 있는 그 약이 좋은 약이다. 그리고 다음 일곱 가지 성분을 그 속에 가지고 있는 그 기도가 즉은 기도요, 가장 하나님께서 들으심직한 기도다.

5) 기도의 성분

(1) 기도는 믿음으로 화합되어야 한다.

"오직 믿음으로 구하고"(약 1:6)라고 하였다. 하나님이 들으시며, 그리고 때가 되면 허락해 주실 것을 믿으라. 그의 사랑과 그의 진리를 믿으라. 그는 사랑이시니 당신을 부인하지 아니하시리라는 것을 믿으라. 그는 진리이시니 자기 자신을 부인하지 아니하시리라는 것을 믿으라. 믿음은 기도로 하여금 역사하게 한다. 믿음이 기도에 대하여 가지는 관계는 깃털이 화살에 대하여 갖는 관계와 같다. 믿음은 기도의 화살에 깃을 달아주며 이것을 빠르게 날아가도록 만들어서 은혜의 보좌를 꿰뚫게 한다. 믿음 없는 기도는 열매가 없다.

(2) 녹이는 기도라야 한다.

"하나님이 구하시는 제사는 상한 심령이라"(시 51:17)고 하였다. 향은 기도할 때의 마음의 상함을 예표하도록 잘 다져져야 했다. 오! 나는 다른 사람들과 같은 그런 은사와 그런 웅변으로 기도하지 못한다고 어떤 그리스도인은 말한다. 모세가 "나는 본래 말에 능치 못한 자라"고 말한 것과 같다. 그러나 당신은 울 수 있는가? 당신의 마음은 기도할 때 녹는가? 울음의 기도가 승리한다. 눈물방울은 눈으로부터 진주알처럼 떨어진다. 야곱은 울며 간구하였더니 "천사와 힘을 겨루어 이기고"(호 12:4)라고 하였다.

(3) 기도는 열심과 열정으로 불타야 한다.

"의인의 간구는 역사하는 힘이 많으니라"(약 5:16)고 하였다. 냉랭한 기도는 냉랭한 구혼자들처럼 결코 성공하지 못한다. 열정이 없는 기도는 불이 없는 제사와 같다. 기도는 "영혼을 쏟아놓는 것"이라고 불린 점으로 열렬함을 표시한다(삼상 1:15). 형식성은 기도를 얼어 죽게 한다. 기도는 향에 비유된다. "나의 기도가 주의 앞에 분향함과 같이 되며"(시 141:2)라고 하였다. 뜨거운 숯불을 향에 올려놓아서 이것을 향기롭고 아름답게 하였다. 이와 같이 사랑의 열렬함은 향에 대해서 숯불과 같다. 이것은 기도로 하여금 아름다운 향과 같이 올라가게 한다. 그리스도께서는 심한 통곡으로 기도하셨다(히 5:7). '그러한 통곡은 구름을 뚫는다'(Clamor isle penetrat nubes-Luther). 열렬한 기도는 하늘 문을 향해 설치해 놓은 화약 병기처럼 이것을 활짝 열리게 한다. 기도할 때에 영혼의 거룩한 열정과 열심을 일으키기 위해서는 다음을 고려하라.

첫째, 열렬함이 없는 기도는 전혀 기도가 아니다. 이것은 말하는 것이지 기도하는 것이 아니다. 맥 빠진 기도가 기도 아닌 것은 사람의 그림이 사람이 아닌 것과 같다. 사람은 바로처럼 "내가 한 꿈을 꾸었으나"(창 41:15)라고 말할 수는 있다. 이것은 꿈꾸는 것이지 기도하는 것이 아니다. 생명과 열렬함은 의무에 세례를 베풀어 이름을 지어준다.

둘째, 우리가 기도 중에 구하는 것들이 왜 필요한지 생각해 보라. 우리는 하나님의 은총을 구하게 되는데 만일 우리에게 그의 사랑이 없다면 우리가 즐기는 모든 것은 우리에게 저주가 된다. 우리는 우리 영혼이 그리스도의 피로 씻어지기를 위하여 기도한다. 만일 그가 우리를 씻어주시지 않는다면 우리는 그분과 아무 상관이 없다(요 13:8). 우리 영혼의 생명을 위하여 기도하고 있을 때가 아니면 우리는 어느 때에 열심을 내겠는가?

셋째, 긍휼의 약속이 첨부된 것은 오직 뜨거운 기도이다. "저희가 전심으로 나를 찾고 찾으면 나를 만나리라"(렘 29:13)라고 하였다. 약속 없이 기도하는 것은 죽은 것이다. 그리고 약속은 열렬한 것에만 주어졌다. 로마인들 중에서 조영사 관리들(aediles)은 그들의 문을 항상 열어 놓아서 청원할 것이 있는 사람들은 다 자기들에게 자유롭게 접근할 수 있게 했었다. 이와 같이 하나님의 마음은 뜨거운 기도를 향하여 항상 열려 있다.

(4) 기도는 성실해야 한다.

성실성은 종교의 전 직무를 관통해야 할 은실 줄이다. 기도할 때의 성실성은 우리가 은혜로운 거룩한 목적을 가지는 경우이다. 즉 우리의 기도가 현세적인 긍휼을 위함보다도 영적인 긍휼을 위하는 경우가 된다. 우리는 기도를 우리의 상선으로 내보내서 영적 축복의 큰 수익을 올리고자 하는 것이다. 여기서 우리의 목표는 우리의 마음이 좀더 거룩하게 되며, 우리가 하나님과 좀더 영교를 갖게 되며, 그리고 우리의 은혜의 저장을 늘리고자 하는 데 있다. 선한 목표가 없는 기도는 선한 결과가 없다.

(5) 하나님께 들으심을 받는 기도는 마음이 확고부동해야 한다.

"하나님이여 내 마음이 확정되었고"(시 57:7)라고 하였다. 타락 이후로 마음은 고정되어 있으려 하지 않는 수은과 같다. 이것은 '운동의 원리는 가지고 있으나'(*principium modus*), '안정의 원리는 가지고 있지 못하다'(*principium fuietis*). 생각들은 기도 중에 배회하며 왔다갔다 춤을 추게 되니 마치 어떤 장소로 여행하고 있는 사람이 길에서 이탈하여 어디로인지 알지 못하는 곳으로 방황하는 것과 같다. 우리는 기도 가운데 은혜의 보좌로 여행하고 있지만 얼마나 자주 우리는 우리의 헛된 사고로 인하여 길에서 이탈하는가! 이것은 기도하는 것이라기보다는 오히려 방랑하는 것이다. 이처럼 기도가 우리를 산만하게 하여 두렵건대 그것이 열납되는 것을 방해하는 이 헛되고 주제넘은 생각들을 우리는 어떻게 치료할 것인가?

첫째, 기도할 때 하나님의 위엄과 순결의 무한대하심을 몹시 두려워해야 한다. 그의 눈은 기도할 때 우리에게 향해 있으며, 그래서 우리는 다윗처럼 "나의 유리함을 주께서 계수하셨으니"(시 56:8)라고 말할 수 있다. 이것에 대한 생각들이 우리를 '당면 문제에 힘쓰게 할 것이다'(*hoc agere*). 즉 우리가 해야 할 의무에 유의하도록 만들 것이다. 만일 한 사람이 지상의 군주에게 청원서를 제출한다고 한다면, 그가 똑같은 시간에 깃털 장식을 가지고 장난하고 있겠는가? 당신은 기도할 때 하나님의 존전에서 하는 것처럼 처신하라. 당신이 하늘의 열쇠 구멍을 통해서 들여다볼 수 있기만 하 다면 그래서 천사들이 하나님을 경배함에 얼마나 경건하며 열중한지 볼 수만 있다면 틀림없이 당신은 기도할 때의 당신의 헛된 생각과 비열한 무례에 대하여 즉시 얼굴을 붉히게 될 것이다.

둘째, 만일 당신이 기도 가운데 당신의 마음을 확고부동하기를 원한다면 당신의 눈을 고정시키라. "하늘에 계신 주여 내가 눈을 들어 주께 향하나이다"(시 123:1)라고 하였다. 많은 허영심이 눈을 통해서 들어온다. 눈이 기도 중에 방황할 때는 마음이 방황한다. 기도 가운데 마음을 확정시키기로 생각하면서도 눈이 주목하도록 내버려두면 이것은 마치 사람이 자기 집을 안전하게 지키리라 생각하면서도 창문을 열어놓는 것과 같다.

셋째, 만일 당신이 기도 중에 당신의 생각이 확고부동하기를 바란다면 하나님께 대한 생각을 더 많이 가지라. 사랑은 생각들의 위대한 고정자이다. 사랑에 빠진 사람은 그의 생각을 그 대상에서 멀리할 수가 없다. 세상을 사랑하는 사람은 그의 생각을 세상에다 둔다. 우리가 하나님을 보다 더 사랑한다면 우리의 마음은 기도 중에서 그에게 더욱 집중할 것이다. 직무에 대한 즐거움이 보다 더 있다면 주의산만은 보다 더 적을 것이다.

넷째, 당신의 마음을 고정시키도록 하나님의 성령의 도우심을 간청하라. 그리고 기도에서 마음을 얼중하게 하며 진지하게 하라. 항해사가 없는 배는 항해한다기보다 표류하는 것이다. 우리의 생각들이 기도 가운데서 이리저리 표류하지 않기 위해서는 복되신 성령이 우리의 항해사가 되어 우리를 조정해 나갈 필요가 있다. 오직 하나님의 성령만이 생각들을 제한하실 수 있다. 우리가 하나님의 성령이 없이도 기도 중에 우리 마음을 고정시킬 수 있기보다는 오히려 떨리는 손이 글을 일정하게 써나가기가 더 나을 것이다.

다섯째, 당신의 통상적인 인생행로에서 기록한 생각들이 당신에게 익숙하도록 만들라. 다윗은 자주 하나님께 관하여 묵상에 잠겼었다. "내가 깰 때에도 오히려 주와 함께 있나이다"(시 139:18)라고 하였다. 헛된 생각을 기도로부터 자유자재로 추방할 수 있는 사람은 기도 가운데 다른 생각들을 좀처럼 하지 않게 될 것이다.

여섯째, 만일 당신이 당신의 마음을 하나님께 고정해 두기를 바란다면 기도 후에 뿐만 아니라 기도 가운데서도 당신의 마음을 감시하라. 마음은 당신을 미끄러지게 하기 쉬울 것이며, 그리고 기도 가운데 일천 가지 주책을 떨게 할 것이다. 성경을 읽어보면 야곱의 사닥다리 위에 천사들이 오르락내리락 하는 것이 있는데, 이와 같이 기도 가운데도 당신은 당신의 마음이 하늘로 올라갔다가 순식간에 지상의 대상물로 내려오는 것을 발견하게 될 것이다. 오! 그리스도인들이여, 기도 가운데 당신들의 마음을 경계하라. 우리가 하나님께 말씀드리고 있을 때 우리의 마음이 밭에 가 있거나 회계실에 가 있거나 이모저모로 마귀 심부름을 다니고 있다는 것을 생각하면 얼마나 부끄러운가!

일곱째, 더 큰 등급의 은혜를 위하여 노력하라. 배는 바닥짐을 더 많이 실을수록 그만큼 더 잘 항해한다. 이와 같이 마음은 은혜의 바닥짐을 더 많이 실을수록 그만큼 더 안정되게 기도 가운데 하늘로 항해하게 될 것이다.

(6) 하나님을 설복시킬 만한 기도는 변론적이라야 한다.

하나님은 우리가 그와 더불어 변론하며 기도 가운데서 논변을 사용하게 하시기를 기뻐하신다. 야곱이 기도 가운데서 얼마나 많은 변론을 사용하였는가 보라. "내가 주께 간구하오니 내 형의 손에서…나를 건져내시옵소서"(창 32:11)라고 하였다. 그가 사용한 논변은 하나님의 명령인 "주께서 전에 내게 명하시기를"(9절)에 기인한 것이다. 이것은 마치 "주의 지시가 없었다면 나는 이 여행을 나 자신의 책임으로는 하지 아니하였겠나이다"라고 말하는 것과 같다. 그러므로 "주께서는 도의상 나를 보호하시지 않을 수 없습니다"라고 하는 것이다. 그리고 그는 또 다른 논변을 사용한다. "주께서 말씀하시기를 내가 정녕 네게 은혜를 베풀어"(12절)라고 하였다. 주여! 주께서는 당신이 친히 하신 약속을 취소하시겠나이까? 이와 같이 그는 기도 가운데서 변론적이었다. 그래서 그는 새로운 축복을 받았을 뿐만 아니라 새 이름도 받았다.

"이름을 다시는 야곱이라 부를 것이 아니요 이스라엘이라 부를 것이니 이는 네가 하나님과 사람으로 더불어 겨루어 이기었음이니라"(28절)고 하였다. 하나님은 변론의 힘에 항복하시기를 좋아하신다. 이와 같이 우리는 기도 가운데서 은혜를 구하러 하나님께 나아갈 때 변론적이 되자. 주여! 주님은 당신 자신을 가리켜 모든 은혜의 하나님이라 부르십니다. 그러니 우리는 우리의 그릇을 가지고 샘 근원으로 가지 않고 어디로 가오리이까? 주여! 당신의 은혜는 나누어주실 수 있사오나 손상될 수는 없습니다. 그리스도께서는 가련하고 부족한 피조물들을 위하여 은혜를 값주고 사주시지 않으셨습니까? 어떤 소량의 은혜도 다 피의 대가를 요했습니다. 그리스도께서는 우리를 위하여 은혜를 값주고 사주셨는데 우리는 그의 사주신 열매가 없어서야 되겠습니까? 주여! 긍휼과 은혜의 젖을 먹이시는 것이 당신의 기쁨이시거늘 주님은 당신 자신의 기쁨을 빼앗기시리까? 주님은 은혜를 불어넣어 주시기 위하여 당신의 성령을 주시기로 약속하셨습니다. 진리가 거짓말할 수 있으리까? 성실하심이 속일 수 있으리까? 하나님은 이와 같이 기도 가운데서 변론에 항복하시기를 기뻐하시는 것이다.

(7) 하나님이 들으심직한 기도는 개혁과 직결되어 있어야 한다.

"주를 향하여 손을 들 때에 네 손에 죄악이 있거든 멀리 버리라"(욥 11:13-14). 죄는 그 속에서 살면 마음을 완악하게 만들고 하나님께서는 듣지 않으신다. 죄에 반내되는 기도를 드리고, 그러고 나서는 기도에 반대되는 죄를 짓는 것은 어리석다. "내가 내 마음에 죄악을 품으면, 주께서 듣지 아니하시리라"(시 66:18)고 하였다. 천연자석은 전면을 마늘로 발라 놓으면 그 효능을 잃는다. 기도도 죄로 더럽혔을 때에는 이와 같다. 기도의 향은 거룩한 마음의 제단 위에서 드려져야 한다. 이렇게 해서 하나님이 가장 들으심직한 기도가 어떤 기도인지를 알게 되었다.

 적용 1 다음과 같은 사람들은 책망을 받는다.

전혀 기도하지 않는 사람들. 유기자는 하나님을 부르지 않는다고 기록되어 있다(시 14:4). 절대로 구하지 않는 그 사람이 구제금을 받을 생각을 하겠는가? 긍휼을 찾지 않는 사람들이 하나님으로부터 긍휼을 얻을 줄 생각하는가? 그렇게 되면 하나님은 자기 자신의 아들보다도 그들을 더 도우시리라. 그리스도께서는 심한 통곡으로 기도를 올리셨다(히 5:7). 하나님의 자녀들은 아무도 벙어리로 태어난 자가 없다(갈 4:6).

기도를 그만둔 사람들. 그만둔 것은 기도와 열매와 위로를 결코 느껴본 적이 없다는 징조이다. 기도를 그만두는 사람은 하나님 두려워하기를 그만둔다. "네가 하나님 경외하는 일을 폐하여 하나님 앞에 묵도하기를 그치게 하는구나"(욥 15:4)라고 하였다. 기도를 그만둔 사람은 무슨 악이든지 행하기에 알맞다. 사울은 하나님께 묻는 일을 포기해 버렸을 때 엔돌에 있는 신접한 여인에게로 갔다.

적용 2 기도에 몰두한 사람들이 되라. "나는 기도할 뿐이라"고 다윗은 말한다. 용서와 순결을 위하여 기도하라. 기도는 하늘문을 여는 황금 열쇠이다. 약속의 나무는 기도의 손으로 흔들지 않으면 그의 열매를 떨어뜨리지 않을 것이다. 그리스도의 구속의 모든 은택들은 기도에 의하여 우리에게 양도된다.

5) 오랫동안 긍휼을 위하여 기도하였는데 응답이 없다.

"내가 부르짖음으로 피곤하여"(신 69:3)라고 하였다.

우리가 하나님께로부터 듣지 못할 때도 하나님은 우리를 듣고 계실 것이다. 기도를 하자마자 즉시 응답치 않으신다 하더라도 하나님은 이것을 들으신다. 친구는 즉시 우리에게 답장을 보내지 않는다 하더라도 우리의 편지를 받을 것이다. 하나님은 기도 응답을 지연시키기도 하시지만 거절하지는 않으실 것이다.

6) 왜 하나님은 기도에 대한 응답을 지연시키시는가?

왜냐하면 기도의 소리를 들으시기를 기뻐하시기 때문이다. "정직한 자의 기도는 그가 기뻐하시느니라"(잠 15:8)고 하였다. 당신은 악사가 상당히 오랫동안 연주하도록 내버려둔 후에야 그에게 돈을 던져준다. 왜냐하면 당신은 그의 음악 듣기를 좋아하기 때문이다(아 2:14).

하나님은 기도를 거절치 않으실 터이면서도 기도를 지연시키실 수가 있는데, 이것은 우리를 낮추시기 위해서다. 그는 오랫동안 그의 말씀으로 죄를 떠나라고 우리에게 말씀해 오셨지만 그래도 우리는 그를 들으려 하지 않는다. 그러므로 그는 우리가 기도로 그에게 말씀드리게 해놓으시고는 우리를 들으시지 않는 것처럼 보이신다.

하나님은 기도를 거절치 않으실 터이면서도 기도에 응답하시기를 지연하실 수가 있는데, 이것은 우리가 구하는 긍휼에 우리가 합당치 않다고 보시기 때문이다. 아마도 우리는 아직 합당치 않을 때에 구조해 달라고 기도할 것이다. 우리의 거품 찌꺼기는 아직도 끓어 증발해 버리지 않은 것이다. 우리는 하나님이 신속히 구출해 주시기 바라면서도 회개하기를 더디 한다.

하나님이 기도에 응답하시기를 지체하시는 것은 우리가 위하여 기도하는 바 긍휼이 임할 때에는 보다 더 값지고 보다 더 아름답게 하기 위함이다. 상인의 배가 해외에 더 오래 머물면 머물수록 그만큼 더 그는 향료와 보석을 싣고 집에 돌아올 때 기뻐한다. 그러므로 용기를 잃지 말고 기도로 하나님을 따르라. 비록 하나님은 지체하시더라도 거절치는 않으실 것이다. '기도는 정복불능을 정복한다'(*vincit invincibilem*). 즉 이것은 전능자를 이긴다(호 12:4). 두로인들은 그들의 신 허큘레스를 금사슬로 단단히 묶어서 움직이지 못하게 했으며, 주님은 금사슬에 묶이시듯 모세의 기도에 잡히셨다. "나대로 하게 하라"고 하였다. 모세가 무엇을 하였기에? 그는 단지 기도했을뿐이다(출 32:10). 기도는 긍휼을 맞아들인다. 그대의 사정에 대해 그다지 슬퍼하지 말지어다. 만일 그대가 기도할 수만 있다면 그대는 두려워할 필요가 없다(시 10:17). 그러므로 그대는 기도에 몰두하라.

청교도의거장 토마스 왓슨
(Thomas Watson, 1620-1686)

1. 출생지와 대학 시절

출생지는 요크셔로 추정되나, 그의 생일은 알려져 있지 않다. 그가 케임브리지대학교 내의 임마누엘 칼리지에서 수학하였다는 것은 알려져 있다. 이미 100년 전 케임브리지대학교는 영국 종교개혁의 산실이었고 임마누엘 칼리지는 이들의 "양성소"로서 오랫동안 그 명성을 간직했었다. 그는 이곳에서 1639년(19세)에 학사학위를 그리고 1642년(22세)에 석사학위를 받을 정도로 헌신적인 학자였다.

2. 교회 사역(26세-42세)과 결혼 생활

그는 학문을 마친 뒤에 메리 베레(Vere) 여사의 청교도 가정에서 잠시 거하였다. 그 후, 1646년(26세)에 왓슨은 런던의 왈브룩(Walbrook)에 있는 성스데반교회로 가서 설교하기 시작하였다. 1648년(28세), 왓슨은 아비가일 비들(Abigail Beadle, 청교도 신념을 가진 에섹스의 사역자인 존 비들의 딸)과 결혼 하였다(그 후 13년 동안 7명의 자녀를 두었는데, 그중에 4명은 일찍 죽었다).

3. 영국 정치의 소용돌이 속에서의 시련

왓슨은 다른 동료 청교도와는 달리, 찰스 I세의 처형에 대해 올리버 크롬웰에게 항의했던 장로교 목회자 중의 하나였다. 결국 그는 1651년(31세)에 크리스토퍼 러브(Christopher Love), 윌리엄 젠킨(William Jenkyn)과 또 다른 사람들과 더불어 군주제를 부활시키려는 음모에 가담하였다는 명목으로 감옥에 수감되었다. 하지만 1652년(32세), 그는 감옥에서 나와 왈브룩에서 목회사역을 재개하였다.

그는 동료 청교도들과 달리 찰스 II세를 지지하였다. 하지만 여전히 그는 찰스 II세에 의하여 복음이 희석되는 것과 양심이 억눌려지는 것마저 지지한 것은 아니었다. 왓슨이 런던에서 사역을 시작한 16년 후인 1662년(42세), 찰스 II세가 이끄는 정부는 '기도방식통일령'(the Act of Uniformity)을 통과시켰다. 왓슨은 왕권에 늘 충성을 다했지만, 이 법안은 청교도 신념에 모순되기에 찬성할 수 없었다. 그 해(1662년) 정부는 그를 목사직에서 면직시켰다.

4. 비공식적 설교(43세-52세)와 목사직의 복권(52세)

그후, 왓슨은 자신의 법익피발탁자(outlaw)라는 생활양식이 허용하는 한 사적인 기회를 자주 만들어 헛간, 가정집, 숲속에서 설교를 하였다. 런던의 대화재 후인, 1666년(46세)에 그는 공식적 예배를 위하여 큰 공간을 마련하고 예배에 참석하기를 원하는 이들을 환영하였다. 몇 년 후인 1672년(52세)에, '신교의 자유에 관한 법령'(Act of Indulgence)이 나와서 '기도방식통일령'을 무효화하였기에 왓슨은 원래의 생활로 다시 돌아왔다.

5. 후기 사역(53세-60세), 은퇴(60세), 소천(66세)

왓슨은 비숍스게이트(Bishopsgate)의 크로스비 홀(Crosby Hall)에서 설교 할 허가를 얻었다. 거기에서 그는 스데반 차녹(Stephen Charnock)과 함께 사역할 때까지 3년을 설교하다가, 1680년(60세) 차녹이 죽을 때까지 함께 일하였다. 그후 그는 에섹스(Essex)에 있는 반스톤(Barnston)으로 은퇴하여, 1686년(66세) 개인 기도 중 갑자기 소천하여 그의 장인 목사가 묻혔던 묘역에 같이 묻혔다.

6. 왓슨의 저명한 저서들

교리를 깊이 있게 설명함, 분명한 표현, 따뜻한 영성, 사랑의 적용, 예화의 은사는 설교자와 작가로서의 왓슨의 명성을 한층 더 높이었다. 그래서 오늘날까지 그의 책들은 여전히 널리 읽히고 있다.

십계명 해설

The Ten Commandments

2007년 8월 20일 초판 발행
2016년 3월 14일 초판 3쇄 발행

지 은 이 | 토마스 왓슨
옮 긴 이 | 이기양

펴 낸 곳 | 사)기독교문서선교회
등   록 | 제16-25호(1980. 1. 18)
주   소 | 서울시 서초구 방배로 68
전   화 | 02) 586-8761~3(본사)   031) 942-8761(영업부)
팩   스 | 02) 523-0131(본사)   031) 942-8763(영업부)
홈페이지 | www.clcbook.com
이 메 일 | clckor@gmail.com
온 라 인 | 기업은행 073-000308-04-020, 국민은행 043-01-0379-646
          예금주: 사)기독교문서선교회

ISBN 978-89-341-0048-5 (03230)

※ 낙장 · 파본은 교환해 드립니다.